우리말의 비슷한 꼴 되풀이 낱말 연구

우리말의 비슷한 꼴 되풀이 낱말 연구

저자　한 길

　　연세대학교 문과대학 국어국문학과 마침(76)
　　같은 대학교 대학원 문학석사(78), 문학박사(87)
　　미국 슬리퍼리 록 대학교 교환교수(91~92)
　　미국 브리검 영 대학교 객원교수(98~99)
　　일본 천리대학 초빙교수(04~05)
　　강원대학교 인문대학 국어국문학과 교수(81~　)

　저서　『국어 종결어미 연구』(1991, 강원대학교출판부)
　　　　『현대 우리말의 높임법 연구』(2002, 역락)
　　　　『현대 우리말의 마침씨끝 연구』(2004, 역락)
　　　　『현대 우리말의 반어법 연구』(2005, 역락)
　　　　『현대 우리말의 형태론』(2006, 역락)
　　　　『우리말의 낱말 생성 되풀이법 연구』(2009, 강원대학교출판부)
　　　　『현대 우리말의 되풀이법 연구』(2009, 역락) 외 다수

　논문　「월조각의 되풀이법 연구」 외 다수

우리말의 비슷한 꼴 되풀이 낱말 연구

　　인 쇄　2010년 8월 20일
　　발 행　2010년 8월 31일
　　지은이　한 길
　　펴낸이　이대현
　　편 집　박선주
　　펴낸곳　도서출판 역락
　　　　　　서울 서초구 반포4동 577-25 문창빌딩 2층
　　　　　　전화 02-3409-2058(영업부), 2060(편집부) | FAX 3409-2059
　　　　　　이메일 youkrack@hanmail.net
　　　　　　등록 1999년 4월 19일 제303-2002-000014호
　　ISBN　978-89-5556-854-7 93710

　　정 가 28,000원

　*잘못된 책은 교환해 드립니다.

우리말의 비슷한 꼴 되풀이 낱말 연구

한 길

역락

말을 이루고 있는 다양한 층위에 걸쳐 일어나는 되풀이 현상은 일정한 질서와 원리 아래 체계적이고 규칙 지배적으로 일어나며, 되풀이 자체가 새로운 기능과 뜻을 만들어 내기 때문에 우리말 연구의 얼안으로 되풀이법을 세운 바 있다.

되풀이법에 관한 지은이의 연구서로는 이 책이 세 번째에 해당한다. 『우리말의 낱말 생성 되풀이법 연구』에서는 낱말, 뿌리, 단순 음절들이 되풀이되어 낱말과 뿌리를 생성하는 같은 꼴 되풀이법을 다루었고, 『현대 우리말의 되풀이법 연구』에서는 낱말 밖에 월을 포함한 그 밖의 모든 요소들의 되풀이법을 살핀 바 있다.

이 책은 낱말 만드는 방식 중에서 바탕소가 비슷한 꼴의 되풀이소로 되풀이되어 낱말이나 뿌리를 생성하는 비슷한 꼴 되풀이법에 대한 연구서로서, 이 방식에 따라 생성된 비슷한 꼴 되풀이 낱말과 비슷한 꼴 되풀이 한자 낱말의 형태적 특성과 의미 기능을 밝히고자 하였다.

이 글의 연구 대상은, 바탕소가 되풀이되는 과정에서, 뜻에서 반의관계나 유의관계, 상관관계 따위를 이루는 되풀이소와 결합하여 생성되는 비슷한 꼴 되풀이 낱말이다. 또한 바탕소 첫소리의 닿소리를 삭제하거나, 되풀이소에 특정의 닿소리를 첨가하여 생성되는 비슷한 꼴 되풀이 낱말과, 바탕소가 되풀이되는 과정에서 바탕소의 앞부분이나, 가운뎃부분, 끝부분이 되풀이되어 생성되는 비슷한 꼴 되풀이 낱말이다.

제2장에서는 비탕소와 되풀이소가 비슷한 꼴로 이루어진 되풀이 낱말

에 관하여 논의하였다. 이 짜임새에 속하는 비슷한 꼴 되풀이 낱말에는, 바탕소와 되풀이소의 첫 번째 음절이 다른 [ABCB] 꼴, 바탕소가 되풀이 되면서 바탕소의 첫 닿소리가 탈락한 [A-cBAB] 꼴, 되풀이소의 첫 음절에 특정의 닿소리가 첨가된 [ABA+cB] 꼴이 있다. 각 짜임새에 해당하는 보기를 들고 바탕소와 되풀이소의 형태적 특성과 뜻을 기술하였다.

제3장에서는 바탕소의 앞부분 되풀이법에 관하여 논의하였다. 바탕소의 앞부분 되풀이법에는 바탕소 [AB]가 비슷한 꼴 되풀이 낱말인 [A[A]B]의 짜임새로 되풀이되는 것과 [[AB]A]의 짜임새로 되풀이되는 것 등 두 가지 방식이 있다. 각 짜임새에 해당하는 보기를 들고 그 형태적 특성과 의미를 규명하였다.

제4장에서는 바탕소의 가운뎃부분 되풀이법에 관하여 논의하였다. 가운뎃부분 되풀이 낱말은 세 음절로 이루어진 바탕소가 되풀이되면서, 되풀이소로 바탕소의 둘째 음절만 실현된 것들이다. 가운뎃부분 되풀이법에 속하는 낱말은 공통적으로 바탕소를 이루는 세 음절 중 첫 음절이 뜻을 가지지 않은 단순 음절로, 바탕소 자체가 단순형식의 어찌씨들이다. 각 짜임새의 가운뎃부분 되풀이 낱말로는 어떤 것들이 있으며, 짜임새마다의 낱말 생산성은 어떠한가를 밝혔다.

제5장에서는 바탕소의 끝부분 되풀이법에 관하여 논의하였다. 이 짜임새에 속하는 유형으로는 [[X-AA]-A]와 [[AA]-A], [[AB]-B]가 있다. [[X-AA]-A]에 속하는 비슷한 꼴 되풀이 낱말은 'AA' 자리에 '르르', '루루', '스스/시시/소소/수수' 따위가 놓여 많은 어찌씨가 생성되며, 이를 바탕소로 하고 끝 음절이 되풀이되어 비슷한 꼴 되풀이 어찌씨가 생성된다. [[AA]-A]에 속하는 비슷한 꼴 되풀이 낱말에서 [AA]가 바탕소가 되고, 끝 음절 'A'만이 되풀이되어 비슷한 꼴 되풀이 낱말의 짜임새를 이룬다. [[AB]-B]에 속하는 비슷한 꼴 되풀이 낱말에서 [AB]가 바탕소가

되고, 끝 음절 'B'만이 되풀이되어 비슷한 꼴 되풀이 어찌씨나 느낌씨의 짜임새를 이룬다. 각 짜임새에 속하는 낱말들의 보기를 들고 그 특성을 밝혔다.

제6장에서는 한자말 비슷한 꼴 되풀이법에 관하여 논의하였다. 비슷한 꼴 되풀이 한자말에서는 바탕소가 단일 음절 [A]인 것은 없으며, 최소한 두 음절 [AB]로 이루어진 것들이 있다. 바탕소 [AB]가 비슷한 꼴로 되풀이되면, 되풀이소로 [AC]로 실현되는 것과 [CB]로 실현된다. 따라서 바탕소 [AB]에 비슷한 꼴 되풀이법이 적용되면, [ABAC] 꼴과 [ABCB] 꼴 되풀이 한자말이 생성된다. 각 짜임새에 해당하는 비슷한 꼴 되풀이 한자 낱말의 보기를 들고 그 특성을 규명하였다.

책을 펴낼 때마다 흔쾌히 승낙해 주시고, 이 책이 간행될 수 있도록 여러 모로 도움을 주신 역락출판사 이대현 사장님께 감사를 드린다. 아울러 이 책을 위해 애써 주신 편집부 박선주 님을 비롯한 관계자 여러분께도 고마운 마음을 전한다.

2010년 8월
지은이 적음

■■■ **제1장** ■■■
모두 풀이

1. 연구 목적 및 대상

우리말에서 되풀이 현상은 꼭 같은 꼴로 되풀이되기도 하고 비슷한 꼴로 되풀이되기도 하는데, 월과 월 사이에서의 되풀이는 물론이고 월을 이루고 있는 모든 층위에서 나타나는 보편적 특성이다. 따라서 말의 단위 가운데 가장 작은 것인 음소[음성]을 비롯해서, 형태소, 낱말, 월조각, 이은말, 마디, 월에 이르기까지 다양한 층위에서 이루어지며, 되풀이 자체가 특정한 의미 작용을 가진다. 또한 모든 되풀이 현상은 일정한 질서와 원리 아래 체계적으로 일어나는 규칙 지배적 성격을 띠기 때문에 되풀이법으로 설정한 바 있다.[1]

되풀이법을 우리말 연구의 한 분야로 설정하고 이에 관하여 세부적으

---

1) 우리말 연구에서 되풀이법 중 월조각의 되풀이법을 논의하면서 되풀이법을 설정한 논의로는 한길(1993)이 있다.

로 논의한 저서로는 한길(2009ㄱ)과 한길(2009ㄷ)이 있다. 한길(2009ㄱ)에서는 되풀이법에 의한 낱말 생성 측면에 초점을 맞추어, 주로 같은 꼴 되풀이 낱말의 짜임새를 체계화하였으며, 바탕소와 되풀이소의 형태적 특성과 뜻을 밝히고, 각 짜임새에 해당하는 보기를 모두 든 바 있다. 한길(2009ㄷ)에서는 되풀이 낱말에 관한 것을 제외하고 우리말을 이루고 있는 요소들 가운데 되풀이되어 쓰이는 모든 것들을 선정하여 그 쓰임의 특성과 의미적 기능을 살핀 바 있다.

따라서 이 글에서는 앞선 연구에서 다루지 않은 비슷한 꼴 되풀이 낱말에 초점을 두어 그 짜임새의 종류를 가르고, 각 짜임새의 속하는 모든 보기를 들며, 비슷한 꼴 되풀이 낱말을 이루고 있는 바탕소와 되풀이소의 형태적 특성과 뜻을 밝히는 데 목적이 있다.

우리말의 되풀이법에 의해 생성되는 되풀이 낱말은 대체로 같은 꼴이건 비슷한 꼴이건 관계없이 바탕소(basis element)와 되풀이소(repetition element)로짜 이루어진 합성 낱말에 속하게 된다.[2] 바탕소는 낱말일 수도 있고, 낱말 자격이 모자라는 뿌리일 수도 있으며, 되풀이소 역시 마찬가지이다. 같은 꼴 되풀이 낱말에서는 바탕소가 낱말이면 되풀이소도 낱말이고 바탕소가 뿌리이면 되풀이소도 뿌리임이 당연하다. 그러나 비슷한 꼴 되풀이소에서는 반드시 일치하지는 않아서 바탕소가 낱말인 경우 되풀이소가 뿌리일 수 있으며, 바탕소가 뿌리인 경우 되풀이소가 낱말일 수도 있다.

같은 꼴 되풀이 낱말은 바탕소와 되풀이소가 꼭 같은 음성 형식을 취하며, 뜻도 같아야 하는 제약이 따른다. 뜻이 같다고 하더라도 꼭 같은 것을 지시해야 하는 것이 아니다. 이를테면, '곳곳'이란 같은 꼴 되풀이 이름씨는 바탕소와 되풀이소의 음성 형식이 꼭 같고 뜻도 <장소>로 같지만, 바탕소의 '곳'이 지시하는 대상과 되풀이소의 '곳'이 지시하는 대상이 다르다. 따라서 '곳곳'은 [곳$_1$곳$_2$]의 짜임새를 이루고 있다.

이에 비해 비슷한 꼴 되풀이 낱말은 바탕소와 되풀이소가 꼭 같은 음

___

2) 바탕소와 되풀이소에 대한 개념 정의는 한길(2009ㄱ:12) 참조.

성 형식을 취하는 것이 아니라 비슷한 음성 형식으로 이루어지되, 적어도 바탕소와 되풀이소가 1음절 이상 같은 음성 형식이어야 하며, 뜻에서 같거나, 비슷하거나, 대립적이거나, 상관관계에 놓이는 것에 한정하기로 한다. 따라서 이 글의 연구 대상인 비슷한 꼴 되풀이 낱말은 바탕소와 되풀이소가 비슷하되 1음절 이상 같으며, 뜻에서 같거나 비슷하거나 대립적인 것들에 한정된다.[3]

한길(2009ㄱ:14)에서 비슷한 꼴 되풀이 낱말로 "홀소리가 바뀌어 되풀이되는 경우도 있다."고 하고 다음 보기를 들었다.

    (1) ㄱ. 홀소리 바뀜 : 똑-딱
        ㄴ. 홀소리와 닿소리 바뀜 : 왈가닥-덜거덕

위 보기는 비록 비슷한 꼴 되풀이 낱말의 범주에 포함되지만 이 글의 연구 대상에서는 제외된다. 왜냐하면 바탕소와 되풀이소의 음성 형식에서 적어도 1음절이 같아야 하지만, 이 낱말들은 이 조건을 충족시키지 못했기 때문이다.

비슷한 꼴 되풀이 낱말에는 여러 가지 유형이 있다. 첫째, 바탕소와 되풀이소가 한 음절 이상 동일하며, 뜻에서 반의관계나 유의관계, 상관관계 따위를 맺고 있는 비슷한 꼴 되풀이 낱말이 있다.

    (2) ㄱ. 지나새나
        ㄴ. 상글방글
        ㄷ. 이곳저곳

---

3) 이석주(1989:66)에서 예로 든 바와 같이 "흙허물, 족발, 가지각색, 어림짐작, 밑바닥, 길거리, 사내놈, …"은 바탕소와 되풀이소가 형태에서는 비슷한 점이 없으나, 뜻에서 동일한 것들이 되풀이된 낱말이다. 이들은 적어도 한 음절 이상 바탕소와 되풀이소가 비슷해야 하는 제약에서 벗어났기 때문에, 이 글의 연구 대상에는 포함되지 않는다.

(2)에서 ㄱ은 '-나'를 공통으로 하고 반의관계에 있는 '지-'와 '새-'가 '-나'와 결합하여 바탕소 '지나'와 되풀이소 '새나'를 짜 이루었으며, ㄴ은 바탕소 '상글'과 되풀이소 '방글'이 유의관계를 이루어 결합되었다. ㄷ은 상관관계를 이루는 바탕소 '이곳'과 되풀이소 '저것'이 결합되었다. 바탕소와 되풀이소는 대체로 고정되어 있어 자리바꿈을 하면 부적격해지는 것들이 대부분이다. 이 짜임새에 해당하는 비슷한 꼴 되풀이 낱말에는 어떤 것들이 있으며, 바탕소와 되풀이소는 어떤 특성을 보이는가, 이들의 의미 특성과 비슷한 꼴 되풀이 낱말의 의미 특성은 어떠한가 따위를 이 글에서 밝히고자 한다.

둘째, 바탕소에 비슷한 꼴 되풀이법이 적용되어 바탕소가 그대로 되풀이소로 실현되는 것이 아니고 되풀이소의 첫머리에 특정의 닿소리가 첨가되어, 되풀이소가 바탕소와 비슷한 꼴로 바뀌는 경우가 있다.

    (3) ㄱ. 얼룩 → [[얼룩]덜룩]
       ㄴ. 오목 → [[오목]조목]

(3)에서 ㄱ은 바탕소 [얼룩]에 /ㄷ/이 첨가되어 되풀이소 [덜룩]을 이루어 비슷한 꼴 되풀이 낱말 '얼룩덜룩'이 생성되었으며, ㄴ은 바탕소 [오목]에 /ㅈ/이 첨가되어 되풀이소 [조목]을 이루어 비슷한 꼴 되풀이 낱말 '오목조목'이 생성되었다. 이와 같은 되풀이법에서 되풀이소에 첨가되는 닿소리에는 어떤 것들이 있고, 어떤 낱말들이 생성될 수 있는가, 바탕소의 특성은 어떠하며, 바탕소와 되풀이 낱말의 뜻은 어떤 특성을 나타내는가도 이 글의 연구 대상이다.

셋째, 바탕소에 비슷한 꼴 되풀이법이 적용되면서 바탕소의 첫머리에 특정의 닿소리가 삭제되어, 되풀이소가 바탕소와 비슷한 꼴로 바뀌는 경우가 있다.

(4) ㄱ. 구불 → [[우불]구불]
    ㄴ. 조마 → [[오마]조마]

(4)에서 ㄱ은 바탕소 [구불]이 되풀이소 [구불]로 실현되면서 바탕소의
첫소리 /ㄱ/이 탈락되어 [우불]로 바뀌어 비슷한 꼴 되풀이 낱말 '우불구
불'이 생성되었으며, ㄴ은 바탕소 [조마]가 되풀이소 [조마]로 실현되면
서 바탕소의 첫소리 /ㅈ/이 탈락되어 [오마]로 바뀌어 비슷한 꼴 되풀이
낱말 '오마조마'가 생성되었다. 이와 같은 되풀이법에서 바탕소에서 탈
락되는 닿소리에는 어떤 것들이 있고, 이 방식이 적용되어 어떤 비슷한
꼴 되풀이 낱말들이 생성될 수 있는가, 바탕소의 특성은 어떠한가, 바탕
소와 되풀이 낱말의 뜻은 어떤 특성을 나타내는가도 이 글에서 밝히고자
한다.
　넷째, 되풀이의 대상인 바탕소가 되풀이 과정에서 앞부분만 되풀이소
로 실현되어 비슷한 꼴 되풀이 낱말로 생성되는 경우가 있다.

(5) ㄱ. 지난 → [지[지]난]
    ㄴ. 쿵덕 → [[쿵덕]쿵]

(5)에서 ㄱ은 되풀이 과정에서 바탕소의 첫 음절이 되풀이소로 실현되
면서 바탕소의 첫 음절 바로 뒤에 자리 잡아 비슷한 꼴 되풀이 낱말이
생성되었으며, ㄱ과 달리 ㄴ은 바탕소의 첫 음절이 되풀이소로 실현되면
서 바탕소의 첫 음절 바로 뒤에 자리 잡은 것이 아니라 바탕소의 뒤에
자리 잡아 비슷한 꼴 되풀이 낱말이 생성되었다. 이와 같이 바탕소의 앞
부분이 되풀이될 때 어떤 방식으로 되풀이되는가, 그 과정에서 어떤 특
성이 나타나는가, 이 방식이 적용되어 어떤 비슷한 꼴 되풀이 낱말들이
생성될 수 있는가, 바탕소의 특성은 어떠하며, 바탕소와 되풀이 낱말의
뜻은 어떤 특성을 보이는가 따위가 연구 대상이다.
　다섯째, 되풀이의 대상인 바탕소가 되풀이 과정에서 가운뎃부분만 되

풀이소로 실현되어 비슷한 꼴 되풀이 낱말로 생성되는 경우가 있다.

(6) ㄱ. 오도독 → [오도[도]독]
　　 ㄴ. 우두둑 → [우두[두]둑]

(6)에서 ㄱ은 바탕소의 가운뎃부분인 '도'만이 되풀이소로 실현되어 비슷한 꼴 되풀이 낱말인 '오도도독'이 생성되었으며, ㄴ은 바탕소의 가운뎃부분인 '두'만이 되풀이소로 실현되어 비슷한 꼴 되풀이 낱말인 '우두두둑'이 생성되었다. 이 되풀이 방식에 따라 생성되는 비슷한 꼴 되풀이 낱말4)에는 어떤 것들이 있는가, 바탕소의 특성은 어떠하며, 바탕소와 되풀이 낱말의 뜻은 어떤 특성을 보이는가 따위를 살피기로 한다.

여섯째, 되풀이의 대상인 바탕소가 되풀이 과정에서 뒷부분만 되풀이소로 실현되어 비슷한 꼴 되풀이 낱말로 생성되는 경우가 있다.

(7) ㄱ. 우르르 → [[우르르]르]
　　 ㄴ. 살살 → [[살살]살]

(7)에서 ㄱ은 바탕소의 뒷부분인 '르'만이 되풀이소로 실현되어 비슷한 꼴 되풀이 낱말인 '우르르르'가 생성되었으며,5) ㄴ은 바탕소의 뒷부분인 '살'만이 되풀이소로 실현되어 비슷한 꼴 되풀이 낱말인 '살살살'이 생성되었다.6) 이와 같이 바탕소의 뒷부분이 되풀이될 때 어떤 방식으

---

4) 사전류에는 이 방식에 따라 생성되는 비슷한 꼴 되풀이 낱말을 올림말로 올리지 않았다. 실제 말살이에서 흔히 접할 수 있는 낱말들이지만 사전류에서는 바탕소에 해당하는 것만 올림말로 실어 낱말로 인정하고, 이 짜임새에 속하는 비슷한 꼴 되풀이 낱말은 낱말로 인정하고 있지 않는 셈이다.

5) '우르르르'도 사전류에는 올림말로 올라 있지 않다.

6) '살살살'은 바탕소 '살살'의 같은 꼴 되풀이 낱말처럼 보이지만, 바탕소인 '살살'과 되풀이소인 '살'이 꼭 같은 음성 형식에 해당하지 않기 때문에 비슷한 꼴 되풀이 낱말에 해당한다. 이에 관한 자세한 논의는 제5장에서 논의하기로 한다.

로 되풀이며, 이에 속하는 짜임새에는 어떤 것들이 있는가, 그 과정에서
어떤 특성이 나타나는가, 이 방식이 적용되어 어떤 비슷한 꼴 되풀이 낱
말들이 생성될 수 있는가, 바탕소의 특성은 어떠하며, 바탕소와 되풀이
낱말의 뜻은 어떤 특성을 보이는가 따위가 연구 대상에 해당한다.

우리말의 한자 낱말은 토박이말과 낱말 만드는 방식에서 차이를 보이
므로, 토박이말과는 별도로 비슷한 꼴 되풀이 한자 낱말을 살필 필요가
있다. 한자 낱말도 '조목조목(條目條目)'과 같이 바탕소와 되풀이소가 꼭
같은 경우도 있고, '사사건건(事事件件)'과 같이 두 음절의 바탕소인 [사건
(事件)]이 한 음절마다 되풀이되는 방식이 있다.7) 이 되풀이 방식에 의해
생성된 한자 낱말은 같은 꼴 되풀이 한자말에 해당한다.

일곱째, 같은 꼴 되풀이 한자 낱말 밖에도 바탕소와 되풀이소가 비슷
한 음성 형식으로 한 음절 이상이 꼭 같은 뜻, 같은 소리를 이루며, 뜻에
서 반의관계나 유의관계, 상관관계를 이루는 것이 비슷한 꼴 되풀이 한
자 낱말에 해당한다. 이 글의 연구 대상은 바로 이에 관한 것이다.

    (8) ㄱ. [[半凶]半吉](반흉반길)
        ㄴ. [[無室]無家](무실무가)
        ㄷ. [[一言]一行](일언일행)

(8)에서 ㄱ은 '半(반)'이 공통이고 반의관계에 놓이는 '凶(흉)'과 '吉(길)'
의 대립에 따라 되풀이되었으며, ㄴ은 '무(無)'가 공통이고, 유의관계에
놓이는 '室(실)'과 '家(가)'의 대립에 따라 되풀이되었다. ㄷ은 '一(일)'을
공통으로 하고 상관관계에 놓이는 '言(언)'과 '行(행)'의 대립에 따라 되풀
이되었다. 비슷한 꼴 한자 낱말의 되풀이법은 토박이말에서보다 간단한
편이다. 한자 낱말인 경우에 바탕소의 앞 음절이 그대로 되풀이소로 되
풀이되는 방식과 뒤 음절이 그대로 되풀이소로 되풀이되는 방식이 있을

---

7) 바탕소의 음절 하나하나가 되풀이되는 방식은 토박이말에서는 발견되지 않는다.
한자 낱말의 같은 꼴 되풀이법에 관하여는 한길(2009ㄱ:319−369) 참조.

뿐이고, 바탕소의 앞부분이나, 가운뎃부분, 뒷부분만이 되풀이소로 실현되는 방식은 없다.

이 글에서는 비슷한 꼴 되풀이 한자 낱말에 관하여, 되풀이 방식에 따라 구분하고, 각 영역의 보기를 모두 들기로 한다. 비슷한 꼴 되풀이 한자 낱말을 이루는 바탕소와 되풀이소는 각각 낱말 자격이 있는 것, 낱말 자격이 모자라는 뿌리에 해당하는 것이 있으며, 낱말에 해당하더라도 품사 정보가 각기 다르고, 뿌리에 해당하더라도, 불구형태소에 해당하기도 하고, '-거리다' 등 파생의 가지가 결합되기도 하는 등 여러 양상을 보인다. 따라서 비슷한 꼴 되풀이 한자 낱말을 그 바탕소와 되풀이소의 말본적 특성에 따라 구분하고 그 의미적 특성을 규명하는 것이 이 글의 연구 목적이다.

요컨대, 이 글의 연구 목적은 낱말 만드는 방식 중에서 바탕소와 비슷한 꼴의 되풀이소로 되풀이되어 낱말을 생성하는 비슷한 꼴 되풀이법에 대한 연구로서, 이 방식에 따라 생성된 비슷한 꼴 되풀이 낱말과 비슷한 꼴 되풀이 한자 낱말의 말본적 특성과 의미 기능을 밝히는 데 있다. 이 글의 연구 대상은 바탕소가 되풀이되는 과정에서, 뜻에서 상관관계를 이루는 되풀이소와 결합하여 생성되는 비슷한 꼴 되풀이 낱말과, 되풀이소에 특정한 닿소리를 첨가하거나, 바탕소 첫소리의 닿소리를 삭제하여 생성되는 비슷한 꼴 되풀이 낱말이다. 또한 바탕소가 되풀이되는 과정에서 바탕소의 앞부분이나, 가운뎃부분, 끝부분만이 되풀이되어 생성되는 비슷한 꼴 되풀이 낱말, 한자 낱말 중 바탕소의 어느 한 음절이 소리-뜻에서 되풀이소의 그것과 일치하며, 나머지 음절이 뜻에서 반의관계나 유의관계, 상관관계를 이루고 있는 비슷한 꼴 되풀이 한자 낱말이다.

2. 연구 방법

이 글의 연구 대상인 비슷한 꼴 되풀이 낱말은 되풀이 방식의 낱말 만들기에 의해 만들어졌으며, 바탕소와 되풀이소가 낱말이나 뿌리의 합치기에 해당하기 때문에, 이에 관한 연구는 조어법에 속하며, 조어법 중에서 대체로 합성법에 해당하고, 합성법 중에서 되풀이법에 속한다. 따라서 비슷한 꼴 되풀이 낱말 연구는 되풀이법에 관한 다양한 연구 방법의 적용과 함께 합성법의 연구 방법, 나아가 우리말 조어법의 연구 방법 따위가 적용되어야 할 것이다.

되풀이법의 적용에 의한 비슷한 꼴 되풀이 낱말의 생성은 생산성이 클 뿐 아니라 새말을 생성해 낼 가능성도 많다.[8] 특히 소리흉내말이나 모양흉내말의 어찌씨에서 대단히 생산성이 클 뿐 아니라 현재 사전류에는 낱말로 올림말에 올라 있지 않지만 실제 말살이에서 쓰이고 있는 비슷한 꼴 되풀이 낱말이 많이 발견된다. 따라서 이 글에서는 사전류에 올림말로 실려 있는 비슷한 꼴 되풀이 낱말이 주 연구 대상이지만, 사전에 실려 있지 않더라도 실제로 쓰이고 있는 비슷한 꼴 되풀이 낱말들도 연구 범위에 당연히 포함된다.

이 글의 연구 대상인 비슷한 꼴 되풀이 낱말을 선정하기 위해 먼저 사전류에 올림말로 실려 있는 비슷한 꼴 되풀이 낱말은 가능한 모두 가려내었다. 국립국어연구원편(1999) 『표준국어대사전』과 연세대학교 언어정보개발원편(2001) 『연세한국어사전』, 한글학회편(1992)편 『우리말큰사전』에 올림말로 올라 있는 것들을 주 대상으로 하고, 최근에 간행된 고려대학교 민족문화연구원편(2009) 『고려대 한국어대사전』을 참고하여 앞선 사전에 올라 있지 않는 비슷한 꼴 되풀이 낱말을 보완하였다.

---

8) 같은 꼴 되풀이 낱말에서도 생산성이 크며, 새말의 생성 가능성이 많음을 한길 (2009ㄱ:20)에서 밝힌 바 있다.

사전류에 올림말로 실려 있지 않더라도 비슷한 꼴 되풀이 낱말로서 쓰이고 있는 것들도 연구 대상으로 선정하였다. 특히 바탕소의 일부분이 되풀이되는 방식으로, 바탕소의 앞부분, 가운뎃부분, 뒷부분 되풀법으로 생성되는 비슷한 꼴 되풀이 어찌씨들은 상당 부분이 사전류에 올라 있지 않았지만, 바탕소에 해당하는 어찌씨를 찾아서, 부분 되풀이되기가 가능한가 가능하지 않은가를 면밀히 따져서, (9)와 같이 부분 되풀이가 가능한 것을 비슷한 꼴 되풀이 낱말로 선정하였다.

(9) ㄱ. 저번 → [저[저]번]
ㄴ. 따르릉 → [따르[르]릉]
ㄷ. 바르르 → [[바르르]르]

(9)에서 ㄱ은 바탕소 [서번]의 앞부분 되풀이 낱말 '저저번'의 생성을 보여주지만, '저저번'이 사전류에는 올림말로 올라 있지 않다. 그러나 실제 말살이에서는 <저번의 바로 그 전>이란 뜻의 비슷한 꼴 되풀이 낱말로 두루 쓰이고 있다.9) ㄴ은 바탕소의 가운뎃부분 되풀이 낱말 '따르르릉'이지만 사전류에는 올림말로 실려 있지 않다. 실제 말살이에서는 <잇따라 '따르릉'>의 뜻으로 쓰이기 때문에 비슷한 꼴 되풀이 낱말로 선정된다. ㄷ은 바탕소의 끝부분 되풀이 낱말 '바르르르'이지만 사전류에는 올림말로 실려 있지 않다. 실제 말살이에서는 <잇따라 '바르르'>의 뜻으로 쓰이기 때문에 비슷한 꼴 되풀이 낱말로 선정된다. 이와 같은 방법으로 이 글의 연구 대상인 비슷한 꼴 되풀이 낱말을 가려내었다.

토박이말로 이루어진 비슷한 꼴 되풀이 낱말 중에서 '싱글벙글'과 같

---

9) 이와 같은 짜임새인 '다다음'은 사전에 따라서 올림말로 올라 있기도 하고, 그렇지 않기도 하다. 『표준국어대사전』에는 올라 있지 않지만, 『고려대 한국어대사전』에는 올라 있다. 이런 경우에 모든 사전류 공통으로 올라 있는 것을 논의 대상으로 삼을 수도 있지만, 이 글에서는 어떤 특정 사전에만 올라 있더라도 사전류에 올라 있는 낱말로 간주하기로 한다. '저저번'은 '다다음'과 달리 어떤 사전류에도 올림말로 올라 있지 않고 여기에서만 낱말의 자격을 인정하는 것이다.

이 [[AB]CB] 꼴로 되풀이되는 낱말의 선정은, 바탕소인 [AB]가 단일 형태소인 경우에 되풀이소인 [CB]와의 의미적 특성에 따라, ‘B’가 공통이면서 서로 실과 바늘의 관계처럼 긴밀하게 관련성을 맺고 있는 것들, 곧 바탕소와 되풀이소가 상관관계를 이루는 것들로 한정하여 선정하였다. 바탕소인 [AB]가 복합형식인 경우에는, ‘B’가 음성 형식만이 아니라 뜻에서도 꼭 같아야 하면서, 바탕소의 ‘A’와 되풀이소의 ‘C’가 반의관계나 유의관계, 상관관계를 이루면서 긴밀히 결합되어 있는 것들로 한정하여 선정하였다.

비슷한 꼴 되풀이 낱말 중에서 바탕소의 첫 닿소리가 삭제되거나 되풀이소의 첫 음절에 특정 닿소리가 첨가되어 이루어진 것들의 선정은 바탕소와 되풀이소의 뜻이 같을 때, 형태 결합적 특성에 따라 바탕소가 유일형태소이거나 불구형태소이지만 되풀이소가 형태 결합 가능성이 큰 일반 형태소인 경우에는 바탕소의 첫 닿소리 탈락의 [A-cBAB] 꼴 비슷한 꼴 되풀이 어찌말로 설정하였고, 바탕소는 형태 결합의 제약이 적은 일반 형태이지만 되풀이소가 유일형태소이거나 불구형태소인 경우에는 되풀이소의 첫머리에 특정의 닿소리가 첨가된 것으로 설정하였다.10)

비슷한 꼴 되풀이 한자 낱말의 선정은 그다지 어려운 편은 아니다. 바탕소와 되풀이소가 완전히 동일한 경우는 같은 꼴 되풀이 한자 낱말에 해당하지만, 바탕소의 첫 음절과 되풀이소의 첫 음절이 소리와 뜻에서 꼭 같고 나머지가 반의관계나 유의관계, 상관관계를 이루면서 긴밀히 결합되어 있는 것들로 한정하여 [[AB]AC] 꼴의 비슷한 꼴 되풀이 한자 낱말로 선정하였다. 또한 바탕소의 끝 음절과 되풀이소의 끝 음절이 소리와 뜻에서 꼭 같고 나머지가 반의관계나 유의관계, 상관관계를 이루면서 긴밀히 결합되어 있는 것들로 한정하여 [[AB]CB] 꼴의 비슷한 꼴 되풀이 한자 낱말로 선정하였다.

---

10) 바탕소의 첫머리에 특정의 닿소리가 첨가되거나 되풀이소의 첫머리에 특정의 닿소리가 삭제되어 되풀이되는 비슷한 꼴 되풀이 낱말은 없다.

위에서 밝힌 비슷한 꼴 되풀이 낱말의 선정 방식에 따라 사전류에 실려 있는 것은 물론이고 사전에 올라 있지 않지만 실제 말살이에서 사용되거나, 사용 가능성이 있는 것들까지 찾아내어, 비슷한 꼴 되풀이 낱말을 실현 방식에 따라 유형화하였다. 아울러 각 유형에 속하는 것들을 짜이루고 있는 바탕소와 되풀이소의 형태적 특성과 의미 기능을 밝히고, 바탕소와 되풀이소의 결합으로 이루어지면서 첨가되는 비슷한 꼴 되풀이 낱말의 뜻도 함께 살피는 방법을 따르기로 한다.

바탕소와 되풀이소의 형태적 특성에서는 그 자체가 낱말에 해당하는가, 낱말 자격이 모자라는 뿌리인가를 밝히고, 뿌리인 경우에 결합관계를 이루는 데에 제약이 있는가 없는가, 제약이 있으면 그 제약이 극히 심하여 오직 하나의 요소와만 결합되는 유일형태소인가, 오직 하나는 아니지만 극히 심한 제약에 놓이는 불구형태소[11]인가를 밝히기로 한다. 이를 통하여 바탕소나 되풀이소에 특정 닿소리를 첨가하거나 삭제하여 되풀이되는 비슷한 꼴 되풀이 낱말의 특성을 규명할 수 있는 중요한 준거가 되기 때문이다.

또한 되풀이소와 바탕소의 형태적 특성을 바탕으로 비슷한 꼴 되풀이 낱말을 유형화하고, 그 특성을 밝힐 수 있게 된다. 바탕소와 되풀이소가 낱말인 경우, 바탕소는 낱말이되 되풀이소가 뿌리인 경우, 바탕소는 뿌리이고 되풀이소가 낱말인 경우, 바탕소와 되풀이소가 모두 뿌리인 경우로 유형화할 수 있고, 뿌리이더라도 결합관계의 제약에 따라 여러 가지 하위 유형으로 체계화할 수 있다. 이를 통해 비슷한 꼴 되풀이 낱말의 형태, 통사적 특성을 밝힐 수 있게 된다.

바탕소와 되풀이소가 뿌리인 경우에 결합 가능한 뿌리를 찾아서 결합이 광범위한 일반 형태소에 해당하는가, 결합에 심한 제약이 따르는 불

---

11) 유일형태소는 오직 붙을 수 있는 뿌리가 하나이지만, 불구형태소는 결합 가능한 뿌리에 극히 제약이 심한 것을 가리키기 때문에 불구형태소에 유일형태소가 포함된다.

구형태소인가, 불구형태소이면 결합될 수 있는 뿌리에는 어떤 것이 있는가, 오직 하나의 뿌리에만 결합되는 유일형태소인 경우에 결합되는 뿌리는 무엇인가를 밝혀서 바탕소와 되풀이소의 형태적 특성을 드러내는 방식을 적용하기로 한다. 아울러 바탕소와 되풀이소가 결합과정을 거쳐 비슷한 꼴 되풀이 낱말로 생성되면서 형태적 특성에서 어떤 변화가 생기는가를 규명하는 방식을 따르기로 한다.

비슷한 꼴 되풀이 한자 낱말도 그 낱말 만들기의 특성을 밝히기 위해 바탕소와 되풀이소의 형태적 특성을 살피고자 한다. 바탕소와 되풀이소가 낱말로서의 자격이 있는가 없는가, 낱말로서 지격이 모자라는 뿌리인 경우, 결합될 수 있는 뿌리의 제약이 어떠한가에 따라 일반 형태소, 불구형태소, 유일형태소로 갈라 비슷한 꼴 되풀이 한자 낱말들을 유형화하는 방식을 적용하기로 한다.

비슷한 꼴 되풀이 낱말에서의 바탕소와 되풀이소의 뜻은 전적으로 사전류의 뜻풀이에 기대었다. 전반적으로 『표준국어대사전』과 『연세한국어사전』에 기대었으며, 『고려대 한국어대사전』의 뜻풀이도 참조하여 기워 넣는 방식을 따랐다. 비슷한 꼴 되풀이 낱말의 뜻도 바탕소와 되풀이소에서와 마찬가지 방식을 따랐지만, 사전류에 올림말로 올라 있지 않는 것들은 바탕소와 되풀이소의 뜻과 문맥에서의 쓰임을 통해 유추하는 방식으로 이루어졌다.

바탕소와 되풀이소가 결합과정을 거쳐 비슷한 꼴 되풀이 낱말이 생성되면 새로운 뜻을 가지게 된다. 그러므로 되풀이 자체가 낱말 만들기의 기능뿐 아니라 특정한 뜻을 나타내는 기능도 함을 알 수 있다. 비슷한 꼴 되풀이 낱말의 뜻풀이를 바탕으로 되풀이 자체의 의미 기능을 추출해 낼 수 있다.[12]

---

12) 같은 꼴 되풀이 낱말은 기본적으로 되풀이소에 <강조>를 바탕으로 한 <잇따라, 자꾸> 따위의 뜻을 덧보태었지만, 비슷한 꼴 되풀이 낱말은 이 밖에도 바탕소와 되풀이소의 적절한 의미 합계와 아울러 바탕소와 되풀이소를 바탕으로 유추할 수 있는 제3의 뜻을 나타내기도 한다.

비슷한 꼴 되풀이 한자 낱말에서도 사전류의 뜻풀이에 전적으로 기대었다. 바탕소와 되풀이소의 뜻과 아울러 이들이 결합과정을 거쳐 이루어진 낱말의 뜻도 사전류의 뜻풀이를 바탕으로 기술하였다.[13]

3. 연구사 개관

되풀이법과 되풀이법에 관련된 그 동안의 연구 논저에 대한 고찰은 이미 한길(2009ㄱ:20-30)과 한길(2009ㄷ:32-40)에서 이루어진 바 있다. 여기에서는 비슷한 꼴 되풀이 낱말에 관한 그 동안의 연구 성과에 국한하여 개괄적으로 검토하기로 한다.

지금까지 비슷한 꼴 되풀이법에 관한 언급은 주로 '반복법', '첩어'로 불리는 분야에서 '부분 반복법', '유음첩어' 따위로서 극히 일부 보기만을 들고 있을 뿐 별다른 논의는 없는 실정이다. 낱말 만들기 방식 중에 바탕소와 소리-뜻에서 비슷한 되풀이소와 결합하여 비슷한 꼴 되풀이 낱말을 생성하거나, 바탕소의 한 부분을 되풀이소로 삼아 결합과정을 거쳐 비슷한 꼴 되풀이 낱말을 생성하는 방식은 우리말에서 생산성이 큰 낱말 만들기 방식임에도 불구하고, 이에 관한 논의는 그리 활발하게 이루어지지 않았다.

이희승(1974:259-260)에서는 되풀이 낱말에 해당하는 첩어(duplicated word)를 "獨立性이 있는 單語나 또는 語源的 語根이 중복되어 결합"하는 것이라 하고, "同音과 類音"으로 나누고 유음첩어는 "同一한 語音이 重複되지 않고 類似한 音이나 音群이 重疊하는 경우니, 거의 象徵的 意味에 限하여 使用된다."고 하였다. 이 글의 연구 대상인 비슷한 꼴 되풀이 낱말이 바로 '類音疊語'에 해당한다. 이희승(1974:260)은 다음과 같이 '類音疊語'를

---

13) 비슷한 꼴 되풀이 한자 낱말의 뜻은 대부분 바탕소와 되풀이소의 적절한 뜻 합계이거나 바탕소와 되풀이소를 바탕으로 유추할 수 있는 제3의 뜻에 해당한다.

바탕소의 음절수와 품사 유형에 따라 가르고, 형태적 특성을 간략히 기술하였다.

> 單音節疊語 : 짭짤, 씁쓸, 탑탈, 텁털, 나날이, 다달이 …
> 二音節疊語 : 울긋불긋, 얼룩덜룩, 얼숭덜숭, 어슥비슥, 시금새금 …
> 三音節疊語 : 왈가닥달가닥, 우당탕쿠당탕, 일기죽알기죽, 곤드레만드
> 레, 물끄럼말끄럼, 물덤벙술덤벙 …
> 이것을 또 品詞別로 분류하여 보면 主로 副詞로 使用되고, 그 副詞的
> 語根에 "-하다, -거리다, -대다"가 添加될 경우에는 動詞로 使用되는
> 말이 많으며, "-하다"만이 添加되어서 그 大部分이 形容詞로 사용된다.

이와 같이 비슷한 꼴 되풀이 낱말에 대하여 바탕소의 음절수에 따라 구분하고, 이들의 형태적 특성을 설명한 점에서 의의가 있다. '單音節疊語'로 본 것 중 '짭짤, 씁쓸, 탑탈, 텁털'은 비슷한 꼴 되풀이 낱말로 보기는 어렵다. 왜냐하면 되풀이의 대상이 되는 1음절에 해당하는 바탕소를 찾기가 어렵기 때문이다. 따라서 이것들은 첫음절과 둘째 음절이 소리에서만 비슷할 뿐이고, 바탕소인 첫 음절이 비슷한 꼴로 되풀이되어 생성된 비슷한 꼴 되풀이 낱말로는 볼 수 없다. '二音節疊語'에서는 앞 두 음절이 바탕소이고 뒤의 두 음절이 바탕소와 비슷한 꼴의 되풀이소에 해당하며, '三音節疊語'에서도 이와 같은 짜임새를 이루고 있는 점에서 '單音節疊語'와는 차이를 보인다.

이석주(1989:61-66)에서는 비슷한 꼴 되풀이 낱말과 관련된 것으로 '부분반복'에 관하여 비교적 상세하게 보기를 들고 설명하였다. 이석주(1989)에서 들고 있는 부분반복의 유형은 다음과 같다.

> 부분반복 : 동형반복 : 더더구나, 그끄저께, 스르르, 따르릉, 아리아리랑
> 이형반복(유사형반복) : 음운교체 : 울긋불긋, 오손도손
> 음절교체 : 오락가락, 들락날락,
> 이럭저럭, 애걸복걸
> 강세어미 : 크나크다, 쓰디쓰다

　동형반복 중에서 '더더구나'와 '그끄저께'는 유의적(有意的)인 작용을 하는 반복어로 복합어에 해당하지만, '스르르', '따르릉'은 무의미한 형태의 반복어로, 다만 소리의 차이의 표현으로 동일한 형태가 중첩된 것이지 의미 차이를 표출하는 것이 아니기 때문에 복합어에 해당하지 않는다고 하였다.

　이형반복 중에 음운교체인 '울긋불긋', '오손도손'은 중심어의 한 음운이 어떤 음성적 목적을 위해 교체되었을 뿐 유사형태의 반복이고, 음절교체에 해당하는 것들은 대조 의미 형태의 교체를 통하여 어떤 의미적 목적을 나타내려고 반복된 것으로 반복어가 된다고 하였다.

　'슬슬, 슬쩍, 슬그머니'에서 '슬'의 어말반복인 '스르르', '따르릉'의 어중반복인 '따르르릉', '아리랑'의 어두반복인 '아리아리랑'은 반복어에 해당하지만, 이들 반복어는 무의미한 반복형태를 가진 것으로 복합어가 될 수 없다고 하였다.

　이와 같이 이석주(1989)는 이 글의 연구 대상인 비슷한 꼴 되풀이 낱말에 해당하는 것들을 부분 반복어라 하고, 반복어의 범위와 반복어들이 복합어에 포함되는가 안 되는가에 대한 논의를 하였다. 따라서 복합어를 기준으로 비슷한 꼴 되풀이 낱말을 고찰한 점에서 의의를 찾을 수 있다.

　하치근(1989:66-67)은 반복법에 의한 낱말 만들기도 국어에 있어서 어휘 파생의 중요한 기능을 담당한다고 하고, 이 글의 연구 대상인 비슷한 꼴 되풀이 낱말에 관련된 것으로 움직씨 뿌리의 반복인 '그럭저럭, 들락날락, 오락가락, 쥐락펴락'을 들고, 움직씨의 반복법에 의한 어찌씨화에는 움직씨 뿌리를 상태성으로 바꾸는 접미형태소 '-ㄱ~-ㄱ'을 필요로 한다고 하였다. 비슷한 꼴 되풀이를 요구하는 접미형태소를 지적한 점에서 의의가 있지만, '들락날락, 오락가락, 쥐락펴락'에서는 '-ㄱ~-ㄱ'에 의한 되풀이라기보다는 '-락~-락'에 의한 되풀이로 보는 것이 타당하다.

　고영근(1989:546)에서는 되풀이 낱말을 형성하는 부사형의 반복적 접미사의 보기를 다음과 같이 들고, 국어의 부사를 면밀히 검토하면 더 많이 발견될 것이라고 하였다.

-ㄱ -ㄱ(이렇- 저렇>이러- 저러-)
-궁 -궁(이렇- 저렇-)
-나 -나(가- 오-, 이렇- -저렇-)
-니 -니(그렇- 저렇-, 이렇- 저렇-)
-다 -다(그렇- 저렇-)
-든지 -든지(이렇- 저렇-)
-락 -락(들- 나-, 오- 가-)
-음 -음이(걷- 걷->걸- 걸-)
-ㅇ -ㅇ(그렇- 저렇-, 이렇- 저렇-)
-ㅇ성 -ㅇ성(그렇- 저렇-, 이렇- 저렇-)
-엄 -엄(뜯- 뜯-)
-(으)ㅁ -(으)ㅁ(듣- 듣-, 꺾이-, 꺾이-)
-읏 -읏(붉- 붉-)
-작(짝)/적 -작(짝)/적(갉- 갉-, 뜯-, 뜯-. 할- 할-, 따- 따-)

위의 부사형의 반복적 접미사 중에 '-엄 -엄, -(으)ㅁ -(으)ㅁ', '-읏 -읏, -작(짝)/적 -작(짝)/적'은 같은 꼴 되풀이 낱말을 형성하고 그 밖에는 비슷한 꼴 되풀이 낱말을 형성한다. 따라서 이에 관한 면밀한 고찰을 통하여 비슷한 꼴 되풀이 낱말의 형성과 관련하여 되풀이를 일으키는 요인을 파악하고 그 특성을 밝히는 데 도움이 된다.

김석득(1992:151-156)에서는 되풀이되기(reduplication)를 뿌리 또는 줄기의 일부분을 되풀이하는 부분 되풀이되기(partical reduplication)와 뿌리 또는 전체를 되풀이하는 완전 되풀이되기(complete reduplication)로 갈랐다. 이 글의 연구 대상에 해당하는 것은 부분 되풀이되기와 일부의 완전 되풀이되기이다.

김석득(1992:151-152)은 부분 되풀이되기를 기능에 따라 '되풀이 지속상'을 나타내는 것으로 '오락가락, 오르락내리락, 들락날락, 달락말락, 필락말락'을 들었고, '부조화성'을 나타내는 것으로 '들쭉날쭉'을 든 바와 같이 되풀이됨으로 말미암아 얻게 되는 말본적 기능을 밝힌 점에서 의의가 있다. 김석득(1992:154−156)은 완전 되풀이되기 가운데 비슷한 꼴 되풀이 낱말에 해당하는 것으로, 그림씨 뿌리의 되풀이인 '푸르디푸르다, 높디높다' 따위는 '강조'의 뜻을, 움직씨 뿌리의 되풀이인 '가고가다, 오르고오르다' 따위는 '동작의 지속'을 나타낸다고 하였다. 아울러 되풀이 과정에서 닿소리를 이어 붙이거나 없앤 비슷한 꼴 되풀이 낱말도 '되풀이 지속'에 '어정버벙, 아옹다옹, 우물쭈물'을, '강조'에 '얼싸절싸, 얼씨구절씨구, 알뜰살뜰'을, '뒤섞임(미분화, 부조화)'에 '울긋불긋, 알쏭달쏭, 얼룩덜룩, 울퉁불퉁, 옹기종기'를, '조화'에 '오순도순'을 든 바와 같이, 되풀이됨으로 말미암아 얻게 되는 말본적 기능을 밝힌 점에서 의의를 찾을 수 있다.

이철수(1994:92−93)에서는 반복법을 전체반복과 부분반복으로 나누고, 전체반복은 다시 동음반복과 유음반복으로 나누었으며, 부분반복은 반복의 위치에 따라 어두반복, 어중반복, 어말반복으로 나누었다. 이 글의 연구 대상인 비슷한 꼴 되풀이 낱말과 관련된 것으로는 전체반복 중 유음반복과 부분반복에 속하는 것들로, 그 보기를 들면 다음과 같다.

〈유음반복〉
　① 자음이 다른 것 : 쌉쌀(하다), 씁쓸(하다), 찝찔(하다), 땅딸(하다)
　　　　　　　　　　　　울긋불긋, 얼룩덜룩, 알쏭달쏭, 아롱다롱, 울뚝불뚝, 울근불근, 엄벙덤벙, 오손도손, 우툴두툴, 아옹다옹, 아등바등, 울뚝불뚝, 울퉁불퉁, 우락부락, 아근바근, 울고불고, 울며불며, 알뜰살뜰, 엉큼성큼, 올망졸망, 옹기종기
　② 모음이 다른 것 : 동당, 똑딱, 쓱싹, 쿵쾅, 툭탁
　　　　　　　　　　　　삐걱빼각, 실룩샐룩, 싱숭생숭, 이죽야죽, 타각태각, 피장파장, 희롱해롱,
　　　　　　　　　　　　득시글덕시글, 물끄럼말끄럼, 실기죽샐기죽, 일

기죽얄기죽, 찌그락째그락, 흥이야항이야
③ 자음과 모음이 다른 것 : 부랴사랴, 욱실덕실, 와삭버석, 왈각덜걱,
왈가닥덜거덕, 왁시글덕시글, 욱시글덕시글
〈부분반복〉
① 어두번복 : 끝끝내, 샅샅이, 잔잔누비, 더더군다나, 덩덩그렇다, 떨
떠름하다
② 어중반복 : 끄르륵거리다, 삐드득거리다, 오도독소리, 보도독거리
다, 파다닥거리다
③ 어말반복 : 아차차, 애개개, 쿵덕덕, 후닥닥, 데그르르

이철수(1994)에서는 위와 같이 비슷한 꼴 되풀이 낱말에 관련된 보기
를 들고 하위 범주로 나누어 비슷한 꼴 되풀이 낱말을 유형화시키는 데
유용하지만, 좀 더 세밀한 분류가 필요한 실정이다.

안상철(1998:109－110)에서는 되풀이 낱말에 관한 것을 중첩 현상으로 보
고, 그 유형을 크게 완전 중첩(total reduplication), 이중 중첩(double reduplication),
부분 중첩(partial reduplication)으로 나누었으며, 이 중에 비슷한 꼴 되풀이
낱말에 관련된 것은 부분 중첩에 해당하는 것이다. 부분 중첩의 유형과
보기를 보면 다음과 같다.

〈부분 중첩〉
① 어두 중첩(initial reduplication) : 둥실 → 두둥실, 떨름 → 떨떠름
② 어중 중첩(internal reduplication) : 아삭 → 아사삭, 쪼롱 → 쪼로롱
③ 어말 중첩(final reduplication) : 아차 → 아차차, 얼떨 → 얼떨떨
④ 교체 중첩(mutation reduplication) : 울긋불긋, 아롱다롱
⑤ 기타 유형 : 슬쩍 → 스리슬쩍, 둥실 → 두리둥실
돌 → 도르르, 빙글 → 빙그르르

안상철(1998)에서 든 위의 되풀이 낱말은 비슷한 꼴 되풀이 낱말의 일
부이다. 이들을 바탕으로 바탕소의 앞, 가운데, 뒤 부분의 중첩에 따라
어두 중첩, 어중 중첩, 어말 중첩으로 유형화하였고, 바탕소와 되풀이소

의 닿소리나 홀소리의 교체에 의한 교체 중첩과 특수한 경우의 기타 유형으로 유형화하여, 비슷한 꼴 되풀이 낱말을 체계화하는 데 도움이 될 수 있다. 기타 유형인 경우에도 규칙화가 가능하기 때문에14) 좀 더 정밀한 분석이 필요하다.

한길(2006:204−205)에서는 비슷한 꼴 되풀이 낱말에 해당하는 것으로 어근의 형태에 약간의 변동을 가한 어근이 되풀이되는 반복법을 유음 반복법이라 하고 이 방식에 따라 형성된 단어가 유음 반복 합성어로, 자음 변동(알쏭−달쏭), 모음 변동(똑−딱), 자음과 모음 변동(왈닥−덜거덕)으로 나눈 바 있다. 또한 단어나 어근의 일부분이 되풀이되는 반복법을 부분 반복법이라 하고, 이 방식에 따라 형성된 단어가 부분 반복 합성어로, 어두 반복법(덱데굴), 어중 반복법(끄르륵), 어말 반복법(데그르르)으로 나눈 바 있다.

지금까지 살펴 본 바와 같이 비슷한 꼴 되풀이법에 관련된 논의는 독자적으로 이루어진 경우는 찾기가 어렵고, 주로 낱말 만들기의 한 부분으로서 첩어나, 반복법, 중첩 현상에 관한 논의 중에 단편적으로 언급된 것들이다. 그렇더라도 기존의 연구 성과를 면밀히 검토하여 디딤돌로 삼으면, 비슷한 꼴 되풀이 낱말 연구에 크게 보탬이 될 것이다.

---

14) 예컨대, '스리슬쩍'은 바탕소의 첫 음절이 되풀이되면서 홀소리 'ㅣ'가 잇기어 들어간 것으로 보인다.

■■■ 제2장 ■■■
바탕소와 비슷한 꼴 되풀이법

1. 들머리

낱말 만드는 방법 가운데 뿌리끼리 결합하여 낱말 만드는 방식이 합성법이다. 합성법에 의한 낱말 만들기 중에 되풀이 방식에 의한 낱말 만들기는 되풀이법에 해당한다. 되풀이법에 따라 낱말을 생성할 때, 되풀이 대상이 되는 요소가 바탕소(basic element)가 되고 되풀이되는 요소가 되풀이소(repetition element)가 된다.

바탕소와 되풀이소가 꼭 같은 경우도 있고, 부분적으로 같고 일부가 다를 수도 있다. 꼭 같은 경우가 같은 꼴 되풀이법이고, 일부가 같은 경우가 비슷한 꼴 되풀이법이다. 같은 꼴 되풀이법에 따라 생성된 낱말이 같은 꼴 되풀이 낱말이고,[1] 비슷한 꼴 되풀이법에 따라 생성된 낱말이

---

1) 같은 꼴 되풀이 낱말에 관하여는 한길(2009ㄱ)에서 논의한 바 있고, 낱말 이외에 월을 포함한 모든 요소에 대하여는 한길(2009ㄷ)에서 논의한 바 있다.

비슷한 꼴 되풀이 낱말이다.[2]

우리말에서는 어찌씨에서 이 방식에 의한 낱말 생성이 대단히 생산적으로 이루어지며, 그 중에서도 소리흉내말, 몸짓흉내말, 소리·몸짓흉내말 따위에서 활발한 생산성을 보인다. 어찌씨 밖에도 한정적이기는 하나 이름씨, 풀이씨, 매김씨, 느낌씨 따위에서도 이 방식에 따라 낱말이 생성되기도 한다.

비슷한 꼴 되풀이 낱말이 되기 위한 전제 조건으로 첫째, 바탕소와 되풀이소 중 일부가 꼭 같은 꼴이어야 한다. 바탕소가 두 음절인 경우에 한 음절이 동일해야 하며, 세 음절인 경우에는 두 음절이 같아야 한다. 동일한 부분은 앞부분일 수도 있고 뒷부분일 수도 있어 제약이 따르지 않지만 바탕소와 되풀이소의 앞부분이 같거나 뒷부분이 같아야 한다.

둘째, 바탕소와 되풀이소는 뜻에서 같거나 비슷하거나 상호 의존성이 강한 상관관계를 이루어야 한다. 바탕소와 되풀이소는 뜻에서 실과 바늘 관계처럼 서로 불러일으키는 관계에 놓여 결속력이 강하여야 한다.

셋째, 바탕소와 되풀이소는 꼴에서 부분적으로 같아야 하며, 동시에 뜻에서도 같거나 비슷하거나 상관관계를 이루어 결속력이 있어야 한다.[3] 뜻이 같거나 비슷하더라도 꼴에서 부분적으로 일치하지 않으면 비슷한 꼴 되풀이 낱말에 해당되지 않는다.[4]

넷째, 대체로 바탕소와 되풀이소는 자리가 고정되어 있어, 자리를 바꾸게 되면 낱말로 성립되지 않는다. 이를테면, '오락가락'은 바탕소가 '오락'이고 되풀이소가 '가락'으로, 자리를 바꾸게 되면 '가락오락'이 되

---

2) 같은 꼴 되풀이 낱말을 완전 되풀이 낱말이라 할 수 있고 비슷한 꼴 되풀이 낱말을 부분 되풀이 낱말이라 할 수 있다.
3) 이를테면, '울긋불긋'에서 바탕소 '울긋'과 '불긋'은 뜻이 같으며, '싱글벙글'에서 '싱글'과 '벙글'은 뜻이 비슷하다. '오락가락'에서 '오락'과 '가락'은 상호 의존관계에 놓인다. 아울러 모두 바탕소와 되풀이소 사이에 강한 결속력을 유지하고 있다.
4) 이를테면, '삐걱빼각'에서 '삐걱'과 '빼각'은 뜻이 비슷하고 꼴에서 유사하지만, 부분적으로 일치하는 부분이 없기 때문에 비슷한 꼴 되풀이 낱말에 해당하더라도 이 글의 연구 대상에는 포함되지 않는다.

어 낱말에 해당되지 않는다. 그러나 이 제약은 필수적인 것은 아니어서 '오나가나'와 '가나오나'에서처럼 일부 바탕소가 되풀이소가 되기도 하고, 되풀이소가 바탕소가 되기도 한다. 그렇더라도 대부분 비슷한 꼴 되풀이 낱말에서는 바탕소와 되풀이소의 자리가 고정되어 있다.

바탕소와 되풀이소는 낱말일 수도 있고, 통사적 짜임새일 수도 있으며, 낱말 자격이 모자라는 단순형식의 뿌리일 수도 있고 복합형식의 뿌리일 수도 있다. 뿌리인 경우에는 '-하다'나 '-거리다' 결합 뿌리일 수도 있고[5] 오직 하나의 뿌리에만 결합되는 유일형태소이거나 유일 뿌리일 수 있으며, 극히 일부에만 결합될 수 있는 불구형태소이거나 불구 뿌리일 수도 있다.

비슷한 꼴 되풀이 낱말의 뜻은 바탕소의 뜻을 <강조>하거나 바탕소에 <잇따라, 자꾸, 계속> 따위의 뜻을 덧보태기도 하지만, 대체로 되풀이소와 바탕소의 의미를 바탕으로 한 새로운 뜻을 얻게 된다. 새로운 뜻을 획득하는 경우에는 바탕소와 되풀이소의 뜻에서 유추할 수 있는 것들도 있고, 바탕소나 되풀이소의 뜻에서 멀어져 유추가 잘 안 되는 제3의 뜻을 나타내는 것들도 있다.

되풀이소가 바탕소와 비슷한 꼴로 이루어진 비슷한 꼴 되풀이 낱말에는, 꼴이 부분적으로 같고 의미에서도 비슷하거나 상관관계에 놓이는, 바탕소와 되풀이소가 첫 번째 음절이 다른 것, 곧 [ABCB] 꼴인 것들과 두 번째 음절이 다른 것, 곧 [ABAC] 꼴인 것들이 있을 수 있다. 그러나 실제로는 [ABAC] 꼴은 잘 발견되지 않고 대부분 [ABCB] 꼴에 해당하는 것들이다. 또한 바탕소가 그대로 되풀이되면서 결합과정에서 바탕소의 첫 닿소리가 탈락하는 것, 곧 [A-cBAB] 꼴인 것들이 있고, 되풀이소의 첫 음절에 특정의 닿소리가 첨가되는 것, 곧 [ABA+cB] 꼴인 것들이

---

5) 오직 '-거리다'나 '-하다'에만 결합되는 뿌리라 할지라도 그 밖의 유일형태소나 유일 뿌리와는 쓰임에서 큰 차이를 보인다. '-거리다'나 '-하다'에만 결합되더라도 풀이씨를 짜 이루어 끝바꿈을 통해 적극적으로 쓰일 수 있게 된다.

있다.6)

이 글에서는 비슷한 꼴 되풀이법에 따라 생성된 낱말을 품사별로 나누고 각각의 짜임새와 바탕소 및 되풀이소의 형태적 특성과 의미적 특성을 밝히기로 한다. 아울러 비슷한 꼴 되풀이법에 따라 생성되었지만 낱말 자격이 모자라는 '―하다' 결합 뿌리도 함께 논의하기로 한다.

2. [ABCB] 꼴 비슷한 꼴 되풀이법

바탕소와 되풀이소가 첫 음절에서는 다르지만 끝 음절에서는 꼭 같아 부분적으로 같은 꼴을 유지하며, 뜻에서도 유사하거나, 반대이거나, 상호 의존적인 상관관계를 이루고 있는 비슷한 꼴 되풀이 낱말이 이 짜임새에 해당한다.

이 짜임새에 속하는 낱말들의 품사를 보면 어찌씨가 주류를 이루고, 이름씨, 풀이씨(움직씨, 그림씨), 매김씨, 느낌씨 따위가 일부 포함된다. 어찌씨 가운데 특히 소리흉내말이나 몸짓흉내말, 소리·몸짓흉내말인 어찌씨에서 대단히 활발한 생산성을 보인다.

비슷한 꼴 되풀이 낱말 중 생산성이 가장 큰 어찌씨를 비롯하여 이름씨, 풀이씨, 매김씨, 느낌씨 순서로 논의하고 마지막으로는 이 짜임새에 해당하지만 낱말 자격이 모자라는 뿌리에 관하여 살피기로 한다.

2.1. 어찌씨

되풀이소가 바탕소와 비슷한 꼴로 되풀이되는 비슷한 꼴 되풀이 어찌

---

6) '―c'는 음절의 첫소리 탈락을 나타내고, '+c'는 음절의 첫소리에 특정의 닿소리 첨가를 나타낸다.

씨는 바탕소와 되풀이소의 첫 음절만 다를 뿐이고, 뜻이 비슷하거나 상관관계에 놓이는 특성을 보인다. 바탕소와 되풀이소의 'B'가 풀이씨 씨끝으로 띄어쓰기를 하여 쓰인 것들은 통사적 짜임새에 해당하지만 결합과정을 거쳐 비슷한 꼴 되풀이 어찌씨가 된 것들이 있고, 그 밖에 낱말이나 뿌리가 바탕소와 되풀이소로 결합과정을 거쳐 비슷한 꼴 되풀이 어찌씨가 된 것들이 있다.

2.1.1. 'B'가 풀이씨 씨끝인 되풀이 어찌씨

[ABCB] 꼴로 이루어진 되풀이 어찌씨 가운데, 'A'와 'C'는 풀이씨의 뿌리에 해당하며, 'B'는 굴곡씨끝으로 되풀이되어, 결합과정을 거쳐 새로운 낱말로 생성된 것들이 이 짜임새에 해당한다.[7]

풀이씨 뿌리인 'A'와 'C'는 대체로 뜻에서 맞섬관계를 이루는 것들이며, 일부 서로 상관관계를 이루어 결속성이 큰 것들도 있다. 이를테면, '오나가나'에서 '오-'와 '가-'는 뜻에서 맞섬관계를 이루고 있으며, '이나저나<'이러나저러나'의 준말>'에서 '이'와 '저'는 뜻에서 상호 의존적 관계에 놓인다.

'B'에 해당하는 되풀이 굴곡씨끝에는 이음씨끝인 것과 마침씨끝인 것이 있으며, 이음씨끝으로는 '-나', '-으락', '-다(가)', '-고', '-으며', '-어', '-(다느)니' '-면(서)', '-을락', '-거니' 따위가 있다. 마침씨끝으로는 '-다', '-어라', '-네' 따위가 있다.

여기서는 'B'가 이음씨끝인 것과 마침씨끝인 것으로 나누고, 되풀이되는 씨끝에 의해 생성되는, 비슷한 꼴 되풀이 어찌씨의 생산성 크기 순서에 따라 살피기로 한다.

---

7) 결합과정을 거치지 않으면 통사적 짜임새가 된다. 이를테면, '오나'와 '가나'가 결합과정을 거침으로써 어찌씨 '오나가나'가 생성되었다. 결합과정을 거치지 않게 되면 통사적 짜임새 '오나 가나'가 된다.

2.1.1.1. 'B'가 이음씨끝인 경우

맞섬관계나 상관관계에 놓이는 풀이씨 뿌리에 되풀이 이음씨끝이 결합되어 비슷한 꼴 되풀이 어찌씨가 생성되는데, 되풀이 이음씨끝은 주로 통사적 짜임새를 이루며, 낱말 생성에 관여적인 되풀이 이음씨끝은 그리 많은 편은 아니다. 통사적 짜임새를 이루는 경우에는 앞과 뒤에 놓이는 풀이씨 뿌리에 제약이 심하지 않지만, 형태적 짜임새로 바뀌어 어찌씨로 생성되는 데에는 풀이씨의 제약이 극심하여, 일부 맞섬관계나 상호 의존성이 큰 풀이씨 뿌리로 제한된다.

비슷한 꼴 되풀이 어찌씨 생성에 관여적인 되풀이 이음씨끝[8]을 '-나', '-으락', '-다(가)', '-고', '-으며', '-어', '-(다느)니' '-면(서)', '-을락', '-거니' 순으로 살피기로 한다.

가. '-나'

본디 이음씨끝이 되풀이되어 '-나…-나'의 짜임새를 이루어, 앞자리와 뒷자리에 서로 맞섬관계에 놓이는 풀이씨 뿌리가 놓이는 것들이 이 짜임새에 해당한다. 이 짜임새는 본디 통사적 짜임새[9]였던 것이 결합과정을 거쳐 형태적 짜임새로 바뀌어 어휘화하였다. 곧 통사적 짜임새였던 '오나 가나'가 형태적 짜임새 '오나가나'로 결합한 다음, <어디를 가나 늘 다름없이>란 뜻의 어찌씨가 생성되었다. 되풀이 이음씨끝 '-나…-나'가 형태적 짜임새를 이루어 낱말이 생성되는 경우는 극히 일부에 한정된다.[10] 되풀이 이음씨끝 '-나…-나'에 의해 생성된 낱말은 어찌씨

---

8) 되풀이 이음씨끝에 의한 통사적 짜임새의 되풀이법에 관하여는 한길(2009ㄷ:140 -172)에서 논의한 바 있다.

9) 통사적 짜임새 '-나…-나'인 경우에는 풀이씨의 종류에 제약 없이 생산적으로 쓰인다.

10) 또한 'A' 자리에 놓이는 것과 'B' 자리에 놓이는 것도 대체로 고정되어 있어 자

들로 그 보기는 다음과 같다.

> **가나오나**<＝오나가나>
> **드나나나**<들어가거나 나오거나 늘>
> **오나가나**<어디를 가나 늘 다름없이>
> **자나깨나**<(어떤 행동을) 언제나 늘>
> **지나새나**<해가 지거나 날이 새거나 밤낮없이>

이 밖에 'A'와 'B' 자리에 두 음절로 이루어진 맞섬관계나 상호 의존적 관계에 놓이는 낱말들도 있다. '그러나저러나'[11)는 <그것은 그렇다 치고. 지금까지의 화제를 다른 데로 돌릴 때 씀>의 뜻을 나타내는 어찌씨로, '이러나저러나'[12)는 <이것은 이렇다 치고. 지금까지의 화제를 다른 데로 돌릴 때 씀>의 뜻을 나타내는 어찌씨로 쓰인다.[13) 비슷한 꼴 되풀이 어찌씨인 '그러나저러나'는 같은 꼴의 줄어든 말이 있다. 곧 통사적 짜임새인 '그리하나 저리하나'가 줄어든 말과 '그러하나 저러하나'가 줄어든 말인 '그러나저러나'가 있다. 줄어든 말은 본딧말로 회복이 가능하지만, 어찌씨로 생성된 '그러나저러나'는 본딧말로 회복될 수 없다. 비슷한 꼴 되풀이 어찌씨인 '이러나저러나'도 통사적 짜임새인 '이리하나 저리하나'가 줄어든 말과 '이러하나 저러하나'가 줄어든 말인 '이러나저러나'가 있다. '요리하나 조리하나'가 줄어든 말인 '요러나조러나'도 이 짜임새에 해당한다.

리를 바꿀 수 없다. '드나나나', '자나깨나', '지나새나'는 가능하지만, '나나드나', '깨나자나', '새나지나'는 불가능하다.

11) 어찌씨 '그러나저러나'의 준말로 '그나저나'가 있다.

12) 어찌씨 '이러나저러나'의 준말로 '이나저나'가 있다.

13) '이러−', '그러−', '저러'가 'A'와 'B' 자리에 놓일 수 있는 보기는 이들 두 가지에 국한된다. 곧 '*그러나이러나 *저러나그러나, *저러나이러나, *이러나그러나'란 어찌씨는 존재하지 않는다.

나. '-으락'

되풀이 이음씨끝 '-으락…-으락'은 뜻에서 맞섬관계나 상호 의존적 관계에 놓이는 풀이씨에 결합되어 비슷한 꼴 되풀이 어찌씨를 생성한다. 뜻에서 맞섬관계에 있는 그림씨 '높-'과 '낮-'이 '-으락…-으락'에 의해 되풀이되어 어찌씨 '높으락낮으락'이 생성되었다. 이 짜임새에 의해 생성된 비슷한 꼴 되풀이 어찌씨는 다음과 같다.

> **높으락낮으락**<높았다 낮았다 하여 높낮이가 고르지 않은 모양>
> **누르락붉으락**<몹시 화가 나서 얼굴빛이 누르렀다 붉었다 하는 모양>
> **누르락푸르락**<몹시 화가 나서 얼굴빛이 누르렀다 푸르렀다 하는 모양>
> **들락날락**[14]<자꾸 들어왔다 나갔다 하는 모양>
> **붉으락푸르락**<몹시 화가 나거나 흥분하여 얼굴빛 따위가 붉게 또는
>   푸르게 변하는 모양>
> **오락가락**<계속해서 왔다 갔다 하는 모양>
> **쥐락펴락**<남을 자기 손아귀에 넣고 마음대로 부리는 모양>

이 밖에 'A'와 'B' 자리에 두 음절이나 세 음절로 이루어진 맞섬관계나 상호 의존적 관계에 놓이는 비슷한 꼴 되풀이 어찌씨들도 있다.

> **뒤치락엎치락**<＝엎치락뒤치락>
> **엎치락덮치락**<자꾸 엎치었다 덮치었다 하는 모양>
> **엎치락뒤치락**<연방 엎치었다가 뒤치었다가 하는 모양>
> **엎치락잦히락**<자꾸 엎치었다 잦히었다 하는 모양>
> **푸르락누르락**<성이 나거나 흥분하여 얼굴빛이 푸르렀다 누르렀다 하
>   는 모양>
> **내치락들이치락**[15]<마음이 내켰다 들이켰다 하는 변덕스런 모양>

---

14) 풀이씨 뿌리가 '들-'과 '나-'이기 때문에 이론적으로는 '들락나락'으로 실현되어야 하지만, 예외적으로 '나-'에 받침 'ㄹ'이 첨가되어 '들락날락'이 되었다. '들락날락'인 경우에 한해서 '-락'이 '-랑'으로 실현되어 같은 뜻의 '들랑날랑'이 되기도 한다.

들이치락내치락<＝내치락들이치락>

이 짜임새에 의한 비슷한 꼴 되풀이 어찌씨 생성은 생산성에서 제한적이다. 풀이씨 가운데 극히 일부가 바탕소와 되풀이소의 앞자리에 놓일 수 있으며, 대체로 놓이는 자리도 고정되어 있어, '높으락낮으락'이란 어찌씨는 존재하지만 '낮으락높으락'이란 어찌씨는 존재하지 않는다.

다. '－다(가)'

되풀이 이음씨끝 '－다(가)…－다(가)'는 뜻에서 맞섬관계나 상호 의존적 관계에 놓이는 풀이씨에 결합되어 통사적 짜임새를 이루어 생산적으로 쓰인다. 이 통사적 짜임새 가운데 일부가 결합과정을 거쳐 형태적 짜임새를 이루어 비슷한 꼴 되풀이 어찌씨를 생성하기도 하지만, 그 보기는 극히 드물다.

오다가다<어쩌다가 가끔. 또는 지나는 길에 우연히>

본디 통사적 짜임새였던 것이 줄어들어 이 짜임새와 같아진 것들이 있다.

그랬다조랬다<'그리하였다가 조리하였다가'가 줄어든 말>
그랬다저랬다<'그리하였다가 저리하였다가'가 줄어든 말>
요랬다조랬다<'요리하였다가 조리하였다가'가 줄어든 말>
이랬다저랬다<'이리하였다가 저리하였다가'가 줄어든 말>

이들 보기는 쓰임과 뜻에서 비슷한 꼴 되풀이 어찌씨와 비슷하지만 본디의 통사적 짜임새로 회복이 가능할 뿐더러 뜻에서도 준말과 본딧말

---

15) '내치락들이치락'의 준말로 '내치락들치락'이 있다.

(통사적 짜임새)이 차이를 보이지 않기 때문에 어찌씨의 범주에 포함되지 않고 통사적 짜임새의 줄어든 말에 해당된다.

라. '-고'

되풀이 이음씨끝 '-고…-고'는 뜻에서 맞섬관계나 상호 의존적 관계에 놓이는 풀이씨에 결합되어 통사적 짜임새를 이루어 생산적으로 쓰인다. 그 중 일부에서 결합과정을 거쳐 형태적 짜임새를 이루어 비슷한 꼴 되풀이 어찌씨를 생성하기도 하지만, 그 보기는 극히 드물다.

울고불고<소리 내어 야단스럽게 부르짖으며 우는 모양>
어찌고저쩌고<'이러쿵저러쿵'을 익살스럽게 이르는 말>

이 짜임새와 같은 꼴이지만 통사적 짜임새가 줄어든 말로는 '그러고저러고<'그러하고 저러하고'가 줄어든 말>'과 '이러고저러고<'이러하고 저러하고'가 줄어든 말>'이 있다.

마. '-며'

되풀이 이음씨끝 '-며…-며'도 뜻에서 맞섬관계나 상호 의존적 관계에 놓이는 풀이씨에 결합되어 통사적 짜임새를 이루어 생산적으로 쓰인다. 극히 일부에서 결합과정을 거쳐 형태적 짜임새를 이루어 비슷한 꼴 되풀이 어찌씨를 생성하기도 하지만 그 보기는 극히 드물다.

울며불며<소리 내어 야단스럽게 부르짖으며 우는 모양>

바. '-어'

이음씨끝 '-어'가 상호 의존적 관계에 놓이는 풀이씨 뿌리에 결합되어 비슷한 꼴로 되풀이되면서 결합과정을 거쳐 비슷한 꼴 되풀이 어찌씨를 생성하기도 한다. 이를테면, '고래조래'는 상호 의존적 관계인 '고리하-'와 '조리하-'에 이음씨끝 '-어'가 결합하여 결합과정을 거치면서 줄어들어 비슷한 꼴 되풀이 어찌씨로 생성되었다. 이 짜임새에 해당하는 보기는 극히 드문 편에 해당한다.

> **고래조래**<고러하고 조러한 모양으로. 또는 고런조런 이유로>
> **그래저래**<그러하고 저러한 모양으로. 또는 그런저런 이유로>
> **요래조래**<요러하고 조러한 모양으로. 또는 요런조런 이유로>
> **이래저래**<이러하고 저러한 모양으로. 또는 이런저런 이유로>

사. '-(다느)니'

되풀이 이음씨끝 '-(다느)니'가 상호 의존적 관계에 놓이는 풀이씨에 결합되어 비슷한 꼴로 되풀이되기도 한다. 이 짜임새에 해당하는 보기는 통사적 짜임새가 줄어든 말에 해당하여, 마치 비슷한 꼴 되풀이 어찌씨와 같은 모습이다.

> **그러니저러니**<'그러하다느니 저러하다느니'가 줄어든 말>
> **요러니조러니**<'요러하다느니 조러하다느니'가 줄어든 말>
> **이러니저러니**<'이러하다느니 저러하다느니'가 줄어든 말>

'-(다느)니…-(다느)니'가 통사적 짜임새로 되풀이되는 경우에는 풀이씨 뿌리에 제약이 그리 심하지 않으며, 앞부분과 뒷부분의 자리바꿈도 가능하다.

아. '-면(서)'

이음씨끝 '-면(서)'가 뜻에서 맞섬관계에 놓이는 풀이씨 뿌리에 결합되어, 비슷한 꼴로 되풀이되면서 결합과정을 거쳐 비슷한 꼴 되풀이 어찌씨가 생성되기도 하지만 그 보기는 극히 드물다.

오면가면<오면서 가면서>

'오면가면'에서 '-면'은 <가정, 조건>을 뜻하는 '-면'과는 관계가 없고, <동시 움직임>을 뜻하는 '-면서'와 같은 것으로, '-면서'의 '-서'가 줄어든 것으로 보인다. 통사적 짜임새에서는 '-면서'가 이와 같이 쓰이는 경우는 없다.

자. '-을락'

되풀이 이음씨끝 '-을락…-을락'이 뜻에서 맞섬관계에 놓이는 풀이씨에 결합되어 통사적 짜임새를 이루는데, 그 중 극히 일부가 결합과정을 거쳐 비슷한 꼴 되풀이 어찌씨를 생성하기도 하지만 그 보기는 극히 드물다.

얼락녹을락<①얼었다가 녹았다가 하는 모양. ②남을 형편에 따라 다잡고, 늦추고, 칭찬하고, 책망하고, 가까이하고, 멀리하여 놀리는 모양>

'-을락…-을락'이 통사적 짜임새를 이루는 경우에는 주로 '-을락말락'으로 쓰이며, 풀이씨 뿌리에도 제약이 그리 심하지 않은 편이다.

차. '-거니'

되풀이 이음씨끝 '-거니…-거니'가 뜻에서 맞섬관계에 놓이는 풀이씨에 결합되어 통사적 짜임새를 이루는데, 그 중 극히 일부가 결합과정을 거쳐 비슷한 꼴 되풀이 어찌씨를 생성하기도 하지만 그 보기는 극히 드물다.

곁거니틀거니<서로 겨루느라고 버티고 맞서는 모양>

‘-거니…-거니’가 통사적 짜임새를 이루는 경우에는 풀이씨 뿌리에
제약이 그리 심하지 않으며, 앞부분과 뒷부분의 자리바꿈도 가능하다.

2.1.1.2. ‘B’가 마침씨끝인 경우

맞섬관계나 상관관계에 놓이는 풀이씨 뿌리에 마침씨끝이 결합되어
비슷한 꼴 되풀이 어찌씨가 생성되는데, 풀이씨의 제약이 극심하여, 일
부 맞섬관계나 상호 의존성이 큰 풀이씨 뿌리로 제한된다.
　비슷한 꼴 되풀이 어찌씨 생성에 관여적인 되풀이 마침씨끝에 대하여,
‘-다’, ‘-어라’, ‘-네’, ‘-자’ 순서로 살피기로 한다.

가. ‘-다’

서술법 마침씨끝 ‘-다’가 맞섬관계에 놓이는 풀이씨 뿌리에 결합되어
비슷한 꼴로 되풀이되면서 결합과정을 거쳐 비슷한 꼴 되풀이 어찌씨가
생성되기도 하지만, 그 보기가 극히 드물다.

　　가타부타<좋다거나 싫다거나, 옳다거나 그르다거나>
　　올타글타16)<옳은지 그른지 어쩐지>

‘가타부타’는 본디 ‘可하다否하다’의 준말로, 어찌씨로 쓰인다.17) 서술
법 마침씨끝 ‘-다’는 아주낮춤의 마침씨끝에 해당하는 것이 아니고 서
술법 마침씨끝의 중화형태에 해당한다.
　서술법 마침씨끝의 중화형태 ‘-다’와 꼴은 같지만, 뜻으로 보아 ‘-다
고 하거나’의 줄어든 말인 것들도 있다. ‘-다고 하거나’에서의 ‘-다’는
서술법 마침씨끝의 중화형태에 해당한다.

---

16) 이 낱말은 사전에 올림말로 실려 있지 않지만, 실제 말살이에서 접할 수 있다.

17) ‘가타부타’의 품사에 대하여 『표준국어대사전』과 『우리말큰사전』에서는 이름씨로,
　　『연세한국어사전』에서는 어찌씨로 처리하였다.

그렇다저렇다<‘그러하다거나 저러하다거나’가 줄어든 말>
이렇다저렇다<‘이러하다거나 저러하다거나’가 줄어든 말>

이들 보기는 쓰임과 뜻에서 비슷한 꼴 되풀이 어찌씨와 비슷하지만 뜻 차이 없이 본디의 통사적 짜임새로 회복이 가능하기 때문에 어찌씨의 범주에 포함되지 않고 통사적 짜임새의 줄어든 말에 해당된다.

나. ‘−어라’

시킴법 마침씨끝 ‘−어라’가 맞섬관계나 상호 의존적 관계에 놓이는 풀이씨 뿌리에 결합되어 비슷한 꼴로 되풀이되어 비슷한 꼴 되풀이 어찌씨를 생성하기도 한다. 이 짜임새와 같은 꼴의 다음 보기는 통사적 짜임새가 줄어든 말에 해당하여, 마치 비슷한 꼴 되풀이 어찌씨와 같은 모습이다.

요래라조래라<‘요리하여라 조리하여라’가 줄어든 말>
이래라저래라<‘이리하여라 저리하여라’가 줄어든 말>
오너라가거라<제멋대로 남을 오라고도 하고 가라고도 하는 모양>

위 보기는 쓰임과 뜻에서 비슷한 꼴 되풀이 어찌씨와 비슷하지만 뜻 차이 없이 본디의 통사적 짜임새로 회복이 가능하기 때문에 어찌씨의 범주에 포함되지 않고 통사적 짜임새의 줄어든 말에 해당된다.

라. ‘−네’

서술법 마침씨끝 ‘−네’가 맞섬관계나 상호 의존적 관계에 놓이는 풀이씨 뿌리에 결합되어 비슷한 꼴로 되풀이되면서 결합과정을 거쳐 비슷한 꼴 되풀이 어찌씨를 생성하기도 하지만 그 보기는 극히 드물다.

우네부네<소리 내어 야단스럽게 부르짖으며 우는 모양>

위 보기와 같이 어찌씨로 생성된 낱말은 찾기가 어렵지만 통사적 짜임새로 되풀이되는 경우는 매우 흔하다. 특히 '-네 마네'의 통사적 짜임새를 이루어 움직씨 뿌리에 그리 큰 제약 없이 결합되어 쓰일 수 있다.

마. '-자'

꾀임법 마침씨끝 '-자'가 맞섬관계나 상호 의존적 관계에 놓이는 풀이씨 뿌리에 결합되어 비슷한 꼴로 되풀이되면서 결합과정을 거쳐 비슷한 꼴 되풀이 어찌씨를 생성하기도 하지만 그 보기는 극히 드물다.

죽자사자<죽을 힘을 다하여>

2.1.2. 바탕소와 되풀이소의 형태적 특성에 따른 되풀이 어찌씨

비슷한 꼴 되풀이 어찌씨를 짜 이루는 바탕소와 되풀이소의 형태적 특성에서 보면, 바탕소가 어찌씨인 것, '-거리다' 결합 뿌리인 것, '-하다' 결합 뿌리인 것, 유일형태소이거나 유일 뿌리인 것, 어찌씨 이외의 다른 품사인 것이 있으며, 되풀이소도 마찬가지로 어찌씨인 것, '-거리다' 결합 뿌리인 것, '-하다' 결합 뿌리인 것, 유일형태소이거나 유일 뿌리인 것, 어찌씨 이외의 다른 품사인 것이 있을 수 있다. 따라서 바탕소와 되풀이소가 서로 결합 가능한 형태적 특성은 20가지에 이른다.

첫째, 바탕소와 되풀이소가 이름씨인 것에서부터 스무 번째, 바탕소는 느낌씨이고 되풀이소가 유일형태소인 것에 이르기까지 20가지 유형으로 분류하여 살피기로 한다.

2.1.2.1. 바탕소와 되풀이소 - 어찌씨

이 짜임새에 속하는 비슷한 꼴 되풀이 어찌씨는 소리나 몸짓흉내말의 어찌씨와 그 밖의 어찌씨로 나눌 수 있다. 소리나 몸짓흉내말의 비슷한 꼴 되풀이 어찌씨는 공통적으로 바탕소인 어찌씨와 되풀이소인 어찌씨가 한결같이 되풀이되어 같은 꼴 되풀이 어찌씨가 생성되어 있다. 그 밖의 어찌씨들은 일부의 바탕소나 되풀이소가 되풀이되어 같은 꼴 되풀이 어찌씨가 생성되어 있을 뿐이다.

가. 소리나 몸짓흉내말의 비슷한 꼴 되풀이 어찌씨

비슷한 꼴의 소리나 몸짓흉내말의 어찌씨가 되풀이되면서 바탕소의 첫 음절이 되풀이소에서 유사한 소리로 바뀌는 것들이 이 짜임새에 해당한다. 몸짓흉내말인 어찌씨 '비죽'과 '배죽'은 뜻도 거의 같을 뿐 아니라 첫 음절만 약간 다른 모습으로, '비죽'이 바탕소가 되고 '배죽'이 되풀이소가 되어 '비죽배죽'이란 비슷한 꼴 되풀이 어찌씨가 생성되었다. '비죽'과 '배죽'이 자리를 바꾸어 '배죽'이 바탕소가 되어 되풀이되는 '배죽비죽'은 허용되지 않는다. 극히 일부의 보기를 제외하고는 거의 대부분이 바탕소와 되풀이소의 자리가 고정되어 있어 자리를 바꾸면 부적격해진다.

비슷한 꼴 되풀이 어찌씨는 대체로 바탕소의 뜻과 되풀이소의 뜻이 한데 어우러지는 특성을 보이며, 제3의 뜻을 새로 만드는 경우는 거의 없다. 따라서 병렬관계의 합성 낱말에 해당한다. 이들 비슷한 꼴 되풀이 어찌씨에서도 되풀이 자체의 기능이 여느 경우에서와 마찬가지로 <강조>를 바탕으로 하고 <잇따라, 자꾸> 따위의 뜻을 더하기도 한다.

이 짜임새에 해당하는 보기를 들고 바탕소와 되풀이소의 뜻과 각각의 같은 꼴 되풀이 어찌씨에 관하여 살피기로 한다.

비죽배죽①<여럿이 다 끝이 고르지 아니하게 조금씩 내밀려 있는 모양>
　비죽<물체의 끝이 조금 길게 내밀려 있는 모양>
　비죽비죽<여럿이 다 끝이 조금 길게 내밀려 있는 모양>

배죽<물체의 끝이 조금 내밀려 있는 모양>

배죽배죽<여럿이 다 끝이 조금씩 내밀려 있는 모양>

비죽배죽②<비웃거나 언짢거나 울려고 할 때 소리 없이 입을 내밀고
실룩샐룩하는 모양>

비죽<비웃거나 언짢거나 울려고 할 때 입을 내미는 모양>

비죽비죽<비웃거나 언짢거나 울려고 할 때 입을 내밀고 실룩거리는
모양>

배죽<비웃거나 언짢거나 울려고 할 때 소리 없이 입을 내미는 모양>

배죽배죽<비웃거나 언짢거나 울려고 할 때 입을 내밀고 샐룩거리는
모양>

비쭉배쭉①<여럿이 다 끝이 고르지 아니하게 조금씩 내밀려 있는 모
양. 비죽배죽①보다 조금 센 느낌>

비쭉<물체의 끝이 조금 길게 내밀려 있는 모양. '비죽'보다 센 느낌>

비쭉비쭉<여럿이 다 끝이 조금 길게 내밀려 있는 모양. '비죽비죽'
보다 센 느낌>

배쭉<물체의 끝이 조금 내밀려 있는 모양. '배죽'보다 센 느낌>

배쭉배쭉<여럿이 다 끝이 조금씩 내밀려 있는 모양. '배죽배죽'보다
센 느낌>

비쭉배쭉②<비웃거나 언짢거나 울려고 할 때 소리 없이 입을 내밀고
실룩샐룩하는 모양. 비죽배죽②보다 조금 센 느낌>

비쭉<비웃거나 언짢거나 울려고 할 때 입을 내미는 모양. '비죽'보
다 센 느낌>

비쭉비쭉<비웃거나 언짢거나 울려고 할 때 입을 내밀고 실룩거리는
모양. '비죽비죽'보다 센 느낌>

배쭉<비웃거나 언짢거나 울려고 할 때 소리 없이 입을 내미는 모양.
'배죽'보다 센 느낌>

배쭉배쭉<비웃거나 언짢거나 울려고 할 때 입을 내밀고 샐룩거리는
모양. '배죽배죽'보다 센 느낌>

삐죽빼죽①<여럿이 다 끝이 고르지 아니하게 조금씩 내밀려 있는 모
양. 비죽배죽①보다 센 느낌>

삐죽<물체의 끝이 조금 길게 내밀려 있는 모양. '비죽'보다 센 느낌>

삐죽삐죽<여럿이 다 끝이 조금 길게 내밀려 있는 모양. '비죽비죽'
보다 센 느낌>

빼죽<물체의 끝이 조금 내밀려 있는 모양. '배죽'보다 센 느낌>

빼죽빼죽<여럿이 다 끝이 조금씩 내밀려 있는 모양. '비죽비죽'보다
　　　　센 느낌>

삐죽삐죽②<비웃거나 언짢거나 울려고 할 때 소리 없이 입을 내밀고
　　　　실룩샐룩하는 모양. 비죽배죽②보다 센 느낌>

삐죽<비웃거나 언짢거나 울려고 할 때 입을 내미는 모양. '비죽'보
　　　다 센 느낌>

삐죽삐죽<비웃거나 언짢거나 울려고 할 때 입을 내밀고 실룩거리는
　　　　모양. '비죽비죽'보다 센 느낌>

빼죽<비웃거나 언짢거나 울려고 할 때 소리 없이 입을 내미는 모양.
　　　'배죽'보다 센 느낌>

빼죽빼죽<비웃거나 언짢거나 울려고 할 때 입을 내밀고 샐룩거리는
　　　　모양. '배죽배죽①'보다 센 느낌>

삐쭉빼쭉①<여럿이 다 끝이 고르지 아니하게 조금씩 내밀려 있는 모
　　　　양. 비죽배죽①보다 아주 센 느낌>

삐쭉<물체의 끝이 조금 길게 내밀려 있는 모양. '비죽'보다 아주 센
　　　느낌>

삐쭉삐쭉<여럿이 다 끝이 조금 길게 내밀려 있는 모양. '비죽비죽'
　　　　보다 아주 센 느낌>

빼쭉<물체의 끝이 조금 내밀려 있는 모양. '배죽'보다 아주 센 느낌>

빼쭉빼쭉<여럿이 다 끝이 조금씩 내밀려 있는 모양. '배죽배죽'보다
　　　　아주 센 느낌>

삐쭉빼쭉②<비웃거나 언짢거나 울려고 할 때 소리 없이 입을 내밀고
　　　　실룩샐룩하는 모양. 비죽배죽②보다 아주 센 느낌>

삐쭉<비웃거나 언짢거나 울려고 할 때 입을 내미는 모양. '비죽'보
　　　다 아주 센 느낌>

삐쭉삐쭉<비웃거나 언짢거나 울려고 할 때 입을 내밀고 실룩거리는
　　　　모양. '비죽비죽'보다 아주 센 느낌>

빼쭉<비웃거나 언짢거나 울려고 할 때 소리 없이 입을 내미는 모양.
　　　'배죽'보다 아주 센 느낌>

빼쭉빼쭉<비웃거나 언짢거나 울려고 할 때 입을 내밀고 샐룩거리는
　　　　모양. '배죽배죽'보다 아주 센 느낌>

상글방글<눈과 입을 귀엽게 움직이며 소리 없이 정답고 환하게 웃는

모양>

상글<눈과 입을 귀엽게 움직이며 소리 없이 정답게 웃는 모양>

상글상글<눈과 입을 귀엽게 움직이며 소리 없이 정답게 자꾸 웃는
모양>

방글<입을 조금 벌리고 소리 없이 귀엽고 보드랍게 한 번 웃는 모양>

방글방글<입을 조금 벌리고 소리 없이 귀엽고 보드랍게 자꾸 웃는
모양>

상긋방긋<눈과 입을 귀엽게 움직이며 소리 없이 가볍고 환하게 웃는
모양>

상긋<눈과 입을 귀엽게 움직이며 소리 없이 가볍게 웃는 모양>

상긋상긋<눈과 입을 귀엽게 움직이며 소리 없이 가볍게 자꾸 웃는
모양>

방긋<입을 예쁘게 약간 벌리며 소리 없이 가볍게 한 번 웃는 모양>

방긋방긋<입을 예쁘게 약간 벌리며 소리 없이 가볍게 자꾸 웃는 모양>

상끗방끗<눈과 입을 귀엽게 움직이며 소리 없이 가볍고 환하게 웃는
모양. ‘상긋방긋’보다 조금 센 느낌>

상끗<눈과 입을 귀엽게 움직이며 소리 없이 가볍게 웃는 모양. ‘상
긋’보다 조금 센 느낌>

상끗상끗<눈과 입을 귀엽게 움직이며 소리 없이 가볍게 자꾸 웃는
모양. ‘상긋상긋’보다 조금 센 느낌>

방끗<입을 예쁘게 약간 벌리며 소리 없이 가볍게 한 번 웃는 모양.
‘방긋’보다 조금 센 느낌>

방끗방끗<입을 예쁘게 약간 벌리며 소리 없이 가볍게 자꾸 웃는 모
양. ‘방긋방긋’보다 조금 센 느낌>

생글방글<눈과 입을 살며시 움직이며 소리 없이 정답게 환하게 웃는
모양>

생글<눈과 입을 살며시 움직이며 소리 없이 정답게 웃는 모양>

생글생글<눈과 입을 살며시 움직이며 소리 없이 정답게 자꾸 웃는
모양>

방글<입을 조금 벌리고 소리 없이 귀엽고 보드랍게 한 번 웃는 모양>

방글방글<입을 조금 벌리고 소리 없이 귀엽고 보드랍게 자꾸 웃는
모양>

생글뱅글<눈과 입을 살며시 움직이며 소리 없이 정답고 귀엽게 웃는

모양>

생글<눈과 입을 살며시 움직이며 소리 없이 정답게 웃는 모양>

생글생글<눈과 입을 살며시 움직이며 소리 없이 정답게 자꾸 웃는
모양>

뱅글<입을 살며시 벌릴 듯하면서 소리 없이 한 번 보드랍게 웃는
모양>

뱅글뱅글<입을 살며시 벌릴 듯하면서 소리 없이 자꾸 보드랍게 웃
는 모양>

생긋방긋<눈과 입을 살며시 움직이며 가볍고 환하게 웃는 모양>

생긋<눈과 입을 살며시 움직이며 소리 없이 가볍게 웃는 모양>

생긋생긋<눈과 입을 살며시 움직이며 소리 없이 가볍게 자꾸 웃는
모양>

방긋<입을 약간 예쁘게 벌리며 소리 없이 가볍게 한 번 웃는 모양>

방긋방긋<입을 약간 예쁘게 벌리며 소리 없이 가볍게 자꾸 웃는 모양>

생긋뱅긋<눈과 입을 살며시 움직이며 가볍고 귀엽게 웃는 모양>

생긋<눈과 입을 살며시 움직이며 소리 없이 가볍게 웃는 모양>

생긋생긋<눈과 입을 살며시 움직이며 소리 없이 가볍게 자꾸 웃는
모양>

뱅긋<입을 살짝 벌릴 듯하면서 소리 없이 가볍게 한 번 웃는 모양>

뱅긋뱅긋<입을 살짝 벌릴 듯하면서 소리 없이 가볍게 자꾸 웃는 모양>

생끗방끗<눈과 입을 살며시 움직이며 가볍고 환하게 웃는 모양. '생긋
방긋'보다 조금 센 느낌>

생끗<눈과 입을 살며시 움직이며 소리 없이 가볍게 웃는 모양. '생
긋'보다 조금 센 느낌>

생끗생끗<눈과 입을 살며시 움직이며 소리 없이 가볍게 자꾸 웃는
모양. '생긋생긋'보다 조금 센 느낌>

방끗<입을 약간 예쁘게 벌리며 소리 없이 가볍게 한 번 웃는 모양.
'방긋'보다 조금 센 느낌>

방끗방끗<입을 약간 예쁘게 벌리며 소리 없이 가볍게 자꾸 웃는 모
양. '방긋방긋'보다 조금 센 느낌>

생끗뱅끗<눈과 입을 살며시 움직이며 가볍고 귀엽게 웃는 모양. '생긋
뱅긋'보다 조금 센 느낌>

생끗<눈과 입을 살며시 움직이며 소리 없이 가볍게 웃는 모양. '생

굿'보다 조금 센 느낌>

생끗생끗<눈과 입을 살며시 움직이며 소리 없이 가볍게 자꾸 웃는
　　모양. '생긋생긋'보다 조금 센 느낌>

뱅끗<입을 살짝 벌릴 듯하면서 소리 없이 가볍게 한 번 웃는 모양.
　　'뱅긋'보다 조금 센 느낌>

뱅끗뱅끗<입을 살짝 벌릴 듯하면서 소리 없이 가볍게 자꾸 웃는 모
　　양. '뱅긋뱅긋'보다 조금 센 느낌>

성글벙글<눈과 입을 천연스럽게 움직이며 소리 없이 정답고 환하게
　　웃는 모양>

성글<눈과 입을 천연스럽게 움직이며 소리 없이 정답게 웃는 모양>

성글성글<눈과 입을 천연스럽게 움직이며 소리 없이 정답게 자꾸
　　웃는 모양>

벙글<입을 조금 크게 벌리고 소리 없이 부드럽게 한 번 웃는 모양>

벙글벙글<입을 조금 크게 벌리고 소리 없이 부드럽게 자꾸 웃는 모양>

성긋벙긋<눈과 입을 천연스럽게 움직이며 소리 없이 가볍고 환하게
　　웃는 모양>

성긋<눈과 입을 천연스럽게 움직이며 소리 없이 가볍게 웃는 모양>

성긋성긋<눈과 입을 천연스럽게 움직이며 소리 없이 가볍게 자꾸
　　웃는 모양>

벙긋<입을 조금 크게 벌리고 소리 없이 한 번 거볍게 웃는 모양>

벙긋벙긋<입을 조금 크게 벌리고 소리 없이 자꾸 거볍게 웃는 모양>

성끗벙끗<눈과 입을 천연스럽게 움직이며 소리 없이 가볍고 환하게
　　웃는 모양. '성긋벙긋'보다 조금 센 느낌>

성끗<눈과 입을 천연스럽게 움직이며 소리 없이 가볍게 웃는 모양.
　　'성긋'보다 조금 센 느낌>

성끗성끗<눈과 입을 천연스럽게 움직이며 소리 없이 가볍게 자꾸
　　웃는 모양. '성긋성긋'보다 조금 센 느낌>

벙끗<입을 조금 크게 벌리고 소리 없이 한 번 거볍게 웃는 모양.
　　'벙긋'보다 조금 센 느낌>

벙끗벙끗<입을 조금 크게 벌리고 소리 없이 자꾸 거볍게 웃는 모양.
　　'벙긋벙긋'보다 조금 센 느낌>

실긋샐긋<물체가 자꾸 한쪽으로 비뚤어지거나 쏠리는 모양>

실긋<물체가 한쪽으로 비뚤어지거나 기울어지는 모양>

실긋실긋<물체가 자꾸 한쪽으로 비뚤어지거나 기울어지는 모양>
샐긋<물체가 한쪽으로 배뚤어지거나 기울어지는 모양>
샐긋샐긋<물체가 자꾸 한쪽으로 배뚤어지거나 기울어지는 모양>
실룩샐룩<근육의 한 부분이 자꾸 실그러지게 움직이는 모양>
실룩<근육의 한 부분이 실그러지게 움직이는 모양>
실룩실룩<근육의 한 부분이 자꾸 실그러지게 움직이는 모양>
샐룩<근육의 한 부분이 샐그러지게 움직이는 모양>
샐룩샐룩<근육의 한 부분이 자꾸 샐그러지게 움직이는 모양>
실쭉샐쭉<①어떤 감정을 나타내면서 입이나 눈이 자꾸 실그러졌다 샐
그러졌다 하며 움직이는 모양. ②마음에 차지 아니하여서 좀 고
까워하는 태도를 자꾸 나타내는 모양>
실쭉<①어떤 감정을 나타내면서 입이나 눈이 한쪽으로 약간 실그러
지게 움직이는 모양. ②마음에 차지 아니하여서 약간 고까워하
는 태도를 드러내는 모양>
실쭉실쭉<①어떤 감정을 나타내면서 입이나 눈이 자꾸 한쪽으로 약
간 실그러지게 움직이는 모양. ②마음에 차지 아니하여서 약간
고까워하는 태도를 자꾸 드러내는 모양>
샐쭉<①어떤 감정을 나타내면서 입이나 눈이 한쪽으로 약간 샐그러
지게 움직이는 모양. ②마음에 차지 아니하여서 약간 고까워하
는 태도를 드러내는 모양>
샐쭉샐쭉<①어떤 감정을 나타내면서 입이나 눈이 자꾸 한쪽으로 약
간 샐그러지게 움직이는 모양. ②마음에 차지 아니하여서 약간
고까워하는 태도를 자꾸 드러내는 모양>
싱글벙글<눈과 입을 슬며시 움직이며 소리 없이 정답고 환하게 웃는
모양>
싱글<눈과 입을 슬며시 움직이며 소리 없이 정답게 웃는 모양>
싱글싱글<눈과 입을 슬며시 움직이며 소리 없이 정답게 자꾸 웃는
모양>
벙글<입을 조금 크게 벌리고 소리 없이 부드럽게 한 번 웃는 모양>
벙글벙글<입을 조금 크게 벌리고 소리 없이 부드럽게 자꾸 웃는 모양>
싱글빙글<눈과 입을 슬며시 움직이며 소리 없이 정답게 슬쩍 웃는 모양>
싱글<눈과 입을 슬며시 움직이며 소리 없이 정답게 웃는 모양>
싱글싱글<눈과 입을 슬며시 움직이며 소리 없이 정답게 자꾸 웃는

모양>

빙글<입을 슬며시 벌릴 듯 말 듯 하면서 소리 없이 부드럽게 한 번
　　웃는 모양>

빙글빙글<입을 슬며시 벌릴 듯 말 듯 하면서 소리 없이 부드럽게
　　자꾸 웃는 모양>

싱긋벙긋<눈과 입을 슬며시 움직이며 소리 없이 가볍고 환하게 웃는
　　모양>

싱긋<눈과 입을 슬며시 움직이며 소리 없이 가볍게 웃는 모양>

싱긋싱긋<눈과 입을 슬며시 움직이며 소리 없이 가볍게 슬쩍 자꾸
　　웃는 모양>

벙긋<입을 조금 크게 벌리고 소리 없이 한 번 거볍게 웃는 모양>

벙긋벙긋<입을 조금 크게 벌리고 소리 없이 자꾸 거볍게 웃는 모양>

싱긋빙긋<눈과 입을 슬며시 움직이며 소리 없이 가볍게 슬쩍 웃는 모양>

싱긋<눈과 입을 슬며시 움직이며 소리 없이 가볍게 웃는 모양>

싱긋싱긋<눈과 입을 슬며시 움직이며 소리 없이 가볍게 슬쩍 자꾸
　　웃는 모양>

빙긋<입을 슬쩍 벌릴 듯하면서 소리 없이 거볍게 한 번 웃는 모양>

빙긋빙긋<입을 슬쩍 벌릴 듯하면서 소리 없이 거볍게 자꾸 웃는 모양>

싱끗벙끗<눈과 입을 슬며시 움직이며 소리 없이 가볍고 환하게 웃는
　　모양. '싱긋벙긋'보다 조금 센 느낌>

싱끗<눈과 입을 슬며시 움직이며 소리 없이 가볍게 웃는 모양. '싱
　　긋'보다 조금 센 느낌>

싱끗싱끗<눈과 입을 슬며시 움직이며 소리 없이 가볍게 슬쩍 자꾸
　　웃는 모양. '싱긋싱긋'보다 조금 센 느낌>

벙끗<입을 조금 크게 벌리고 소리 없이 한 번 거볍게 웃는 모양.
　　'벙긋'보다 조금 센 느낌>

벙끗벙끗<입을 조금 크게 벌리고 소리 없이 자꾸 거볍게 웃는 모양.
　　'벙긋벙긋'보다 조금 센 느낌>

싱끗빙끗<눈과 입을 슬며시 움직이며 소리 없이 가볍게 슬쩍 웃는 모
　　양. '싱긋빙긋'보다 조금 센 느낌>

싱끗<눈과 입을 슬며시 움직이며 소리 없이 가볍게 웃는 모양. '싱
　　긋'보다 조금 센 느낌>

싱끗싱끗<눈과 입을 슬며시 움직이며 소리 없이 가볍게 슬쩍 자꾸

웃는 모양. ‘싱긋싱긋’보다 조금 센 느낌>

빙끗<입을 슬쩍 벌릴 듯하면서 소리 없이 거볍게 한 번 웃는 모양.
‘빙긋’보다 조금 센 느낌>

빙끗빙끗<입을 슬쩍 벌릴 듯하면서 소리 없이 거볍게 자꾸 웃는 모
양. ‘빙긋빙긋’보다 조금 센 느낌>

쌩글빵글<‘상글방글’보다 센 느낌>

쌩글<눈과 입을 귀엽게 움직이며 소리 없이 정답게 웃는 모양. ‘상
글’보다 센 느낌>

쌩글쌩글<눈과 입을 귀엽게 움직이며 소리 없이 정답게 자꾸 웃는
모양. ‘상글상글’보다 센 느낌>

빵글<입을 조금 크게 벌리고 소리 없이 귀엽고 보드랍게 한 번 웃
는 모양. ‘방글’보다 센 느낌>

빵글빵글<입을 조금 크게 벌리고 소리 없이 자꾸 귀엽고 보드랍게
웃는 모양. ‘방글방글’보다 센 느낌>

쌩긋빵긋<눈과 입을 귀엽게 움직이며 소리 없이 가볍고 환하게 지꾸
웃는 모양. ‘상긋방긋’보다 센 느낌>

쌩긋<눈과 입을 귀엽게 움직이며 소리 없이 가볍게 웃는 모양. ‘상
긋’보다 센 느낌>

쌩긋쌩긋<눈과 입을 귀엽게 움직이며 소리 없이 가볍게 자꾸 웃는
모양. ‘상긋상긋’보다 센 느낌>

빵긋<입을 조금 크게 벌리고 소리 없이 한 번 가볍게 웃는 모양.
‘방긋’보다 센 느낌>

빵긋빵긋<입을 조금 크게 벌리고 소리 없이 자꾸 가볍게 웃는 모양.
‘방긋방긋’보다 센 느낌>

쌩끗빵끗<눈과 입을 귀엽게 움직이며 소리 없이 가볍고 환하게 자꾸
웃는 모양. ‘상긋방긋’보다 아주 센 느낌>

쌩끗<눈과 입을 귀엽게 움직이며 소리 없이 가볍게 웃는 모양. ‘상
긋’보다 아주 센 느낌>

쌩끗쌩끗<눈과 입을 귀엽게 움직이며 소리 없이 가볍게 자꾸 웃는
모양. ‘상긋상긋’보다 아주 센 느낌>

빵끗<입을 조금 크게 벌리고 소리 없이 한 번 가볍게 웃는 모양.
‘방긋’보다 아주 센 느낌>

빵끗빵끗<입을 조금 크게 벌리고 소리 없이 자꾸 가볍게 웃는 모양.

'방긋방긋'보다 아주 센 느낌>

씽글뺑글<눈과 입을 살며시 움직이며 소리 없이 정답고 환하게 자꾸
웃는 모양. '생글방글'보다 센 느낌>

쌩글<눈과 입을 살며시 움직이며 소리 없이 정답게 웃는 모양. '생
글'보다 센 느낌>

쌩글쌩글<눈과 입을 살며시 움직이며 소리 없이 정답게 자꾸 웃는
모양. '생글생글'보다 센 느낌>

뺑글<입을 조금 크게 벌리고 소리 없이 귀엽고 보드랍게 한 번 웃
는 모양. '방글'보다 센 느낌>

뺑글뺑글<입을 조금 크게 벌리고 소리 없이 자꾸 귀엽고 보드랍게
웃는 모양. '방글방글'보다 센 느낌>

씽글뺑글<눈과 입을 살며시 움직이며 소리 없이 정답고 귀엽게 자꾸
웃는 모양. '생글뺑글'보다 센 느낌>

쌩글<눈과 입을 살며시 움직이며 소리 없이 정답게 웃는 모양. '생
글'보다 센 느낌>

쌩글쌩글<눈과 입을 살며시 움직이며 소리 없이 정답게 자꾸 웃는
모양. '생글생글'보다 센 느낌>

뺑글<입을 살며시 벌릴 듯하면서 소리 없이 보드랍게 한 번 웃는
모양. '뱅글'보다 센 느낌>

뺑글뺑글<입을 살며시 벌릴 듯하면서 소리 없이 보드랍게 자꾸 웃
는 모양. '뱅글뱅글'보다 센 느낌>

씽긋뺑긋<눈과 입을 살며시 움직이며 소리 없이 가볍고 환하게 자꾸
웃는 모양. '생긋방긋'보다 센 느낌>

쌩긋<눈과 입을 살며시 움직이며 소리 없이 가볍게 웃는 모양. '생
긋'보다 센 느낌>

쌩긋쌩긋<눈과 입을 살며시 움직이며 소리 없이 가볍게 자꾸 웃는
모양. '생긋생긋'보다 센 느낌>

뺑긋<입을 조금 크게 벌리고 소리 없이 한 번 가볍게 웃는 모양.
'방긋'보다 센 느낌>

뺑긋뺑긋<입을 조금 크게 벌리고 소리 없이 자꾸 가볍게 웃는 모양.
'방긋방긋'보다 센 느낌>

씽긋뺑긋<눈과 입을 살며시 움직이며 소리 없이 가볍고 귀엽게 자꾸
웃는 모양. '생긋뺑긋'보다 센 느낌>

쌩긋<눈과 입을 살며시 움직이며 소리 없이 가볍게 웃는 모양. '생
    긋'보다 센 느낌>
쌩긋쌩긋<눈과 입을 살며시 움직이며 소리 없이 가볍게 자꾸 웃는
    모양. '생긋생긋'보다 센 느낌>
뺑긋<입을 살짝 벌릴 듯하면서 소리 없이 한 번 가볍게 웃는 모양.
    '뱅긋'보다 센 느낌>
뺑긋뺑긋<입을 살짝 벌릴 듯하면서 소리 없이 가볍게 자꾸 웃는 모
    양. '뱅긋뱅긋'보다 센 느낌>
쌩긋빵긋<눈과 입을 살며시 움직이며 소리 없이 가볍고 환하게 자꾸
    웃는 모양. '생긋방긋'보다 아주 센 느낌>
쌩끗<눈과 입을 살며시 움직이며 소리 없이 가볍게 웃는 모양. '생
    긋'보다 아주 센 느낌>
쌩끗쌩끗<눈과 입을 살며시 움직이며 소리 없이 가볍게 자꾸 웃는
    모양. '생긋생긋'보다 아주 센 느낌>
빵긋<입을 조금 크게 벌리고 소리 없이 한 번 가볍게 웃는 모양.
    '방긋'보다 센 느낌>
빵긋빵긋<입을 조금 크게 벌리고 소리 없이 자꾸 가볍게 웃는 모양.
    '방긋방긋'보다 센 느낌>
쌩끗빵끗<눈과 입을 살며시 움직이며 소리 없이 가볍고 귀엽게 자꾸
    웃는 모양. '생긋방긋'보다 아주 센 느낌>
쌩끗<눈과 입을 살며시 움직이며 소리 없이 가볍게 웃는 모양. '생
    긋'보다 아주 센 느낌>
쌩끗쌩끗<눈과 입을 살며시 움직이며 소리 없이 가볍게 자꾸 웃는
    모양. '생긋생긋'보다 아주 센 느낌>
뺑끗<입을 살짝 벌릴 듯하면서 소리 없이 한 번 가볍게 웃는 모양.
    '뱅긋'보다 아주 센 느낌>
뺑끗뺑끗<입을 살짝 벌릴 듯하면서 소리 없이 가볍게 자꾸 웃는 모
    양. '뱅긋뱅긋'보다 아주 센 느낌>
쌩글빵글<눈과 입을 천연스럽게 움직이며 소리 없이 정답고 환하게
    자꾸 웃는 모양. '성글벙글'보다 센 느낌>
쌩글<눈과 입을 천연스럽게 움직이며 소리 없이 정답게 웃는 모양.
    '성글'보다 센 느낌>
쌩글쌩글<눈과 입을 천연스럽게 움직이며 소리 없이 정답게 자꾸

웃는 모양. ‘성글성글’보다 센 느낌>

뻥글<입을 조금 크게 벌리고 소리 없이 부드럽게 한 번 웃는 모양.
　‘벙글’보다 센 느낌>

뻥글뻥글<입을 조금 크게 벌리고 소리 없이 부드럽게 자꾸 웃는 모
　양. ‘벙글벙글’보다 센 느낌>

씽긋뻥긋<눈과 입을 천연스럽게 움직이며 소리 없이 가볍고 환하게
　웃는 모양. ‘성긋벙긋’보다 센 느낌>

씽긋<눈과 입을 천연스럽게 움직이며 소리 없이 가볍게 웃는 모양.
　‘성긋’보다 센 느낌>

씽긋씽긋<눈과 입을 천연스럽게 움직이며 소리 없이 가볍게 자꾸
　웃는 모양. ‘성긋성긋’보다 센 느낌>

뻥긋<입을 조금 크게 벌리고 소리 없이 한 번 거볍게 웃는 모양.
　‘벙긋’보다 센 느낌>

뻥긋뻥긋<입을 조금 크게 벌리고 소리 없이 자꾸 거볍게 웃는 모양.
　‘벙긋벙긋’보다 센 느낌>

씽끗뻥끗<눈과 입을 천연스럽게 움직이며 소리 없이 가볍고 환하게
　자꾸 웃는 모양. ‘성긋벙긋’보다 아주 센 느낌>

씽끗<눈과 입을 천연스럽게 움직이며 소리 없이 가볍게 웃는 모양.
　‘성긋’보다 아주 센 느낌>

성끗성끗<눈과 입을 천연스럽게 움직이며 소리 없이 가볍게 자꾸
　웃는 모양. ‘성긋성긋’보다 아주 센 느낌>

뻥끗<입을 조금 크게 벌리고 소리 없이 한 번 거볍게 웃는 모양.
　‘벙긋’보다 센 느낌>

뻥끗뻥끗<입을 조금 크게 벌리고 소리 없이 자꾸 거볍게 웃는 모양.
　‘벙긋벙긋’보다 센 느낌>

씰룩쌜룩<근육의 한 부분이 실그러졌다 샐그러졌다 하며 자꾸 움직이
　는 모양. ‘실룩샐룩’보다 센 느낌>

씰룩<근육의 한 부분이 실그러지게 움직이는 모양. ‘실룩’보다 센
　느낌>

씰룩씰룩<근육의 한 부분이 자꾸 실그러지게 움직이는 모양. ‘실룩
　실룩’보다 센 느낌>

쌜룩<근육의 한 부분이 샐그러지게 움직이는 모양. ‘샐룩’보다 센
　느낌>

샐룩샐룩<근육의 한 부분이 자꾸 샐그러지게 움직이는 모양. '샐룩
    샐룩'보다 센 느낌>

씰쭉쌜쭉<①어떤 감정을 나타내면서 입이나 눈이 자꾸 실그러졌다 샐
    그러졌다 하며 움직이는 모양. ② 마음에 차지 아니하여 조금
    고까워하는 태도를 자꾸 드러내는 모양>

씰쭉<①어떤 감정을 나타내면서 입이나 눈이 한쪽으로 약간 실그러
    지게 움직이는 모양. ②마음에 차지 아니하여서 약간 고까워하
    는 태도로 드러내는 모양>

씰쭉씰쭉<①어떤 감정을 나타내면서 입이나 눈이 자꾸 한쪽으로 약
    간 실그러지게 움직이는 모양. ②마음에 차지 아니하여 약간 고
    까워하는 태도를 자꾸 드러내는 모양>

쌜쭉<①어떤 감정을 나타내면서 입이나 눈이 한쪽으로 약간 샐그러
    지게 움직이는 모양. ②마음에 차지 아니하여 약간 고까워하는
    태도를 드러내는 모양>

쌜쭉쌜쭉<①어떤 감정을 나타내면서 입이나 눈이 자꾸 한쪽으로 약
    간 샐그러지게 움직이는 모양. ②마음에 차지 아니하여 약간 고
    까워하는 태도를 자꾸 드러내는 모양>

씽글뺑글<눈과 입이 슬며시 움직이며 소리 없이 정답고 환하게 웃는
    모양. '싱글벙글'보다 센 느낌>

씽글<눈과 입을 슬며시 움직이며 소리 없이 정답게 웃는 모양. '싱
    글'보다 센 느낌>

씽글씽글<눈과 입을 슬며시 움직이며 소리 없이 정답게 자꾸 웃는
    모양. '싱글싱글'보다 센 느낌>

뺑글<입을 조금 크게 벌리고 소리 없이 부드럽게 한 번 웃는 모양.
    '벙글'보다 센 느낌>

뺑글뺑글<입을 조금 크게 벌리고 소리 없이 부드럽게 자꾸 웃는 모
    양. '벙글벙글'보다 센 느낌>

씽글뺑글<눈과 입이 슬며시 움직이며 소리 없이 정답게 슬쩍 웃는 모
    양. '싱글빙글'보다 센 느낌>

씽글<눈과 입을 슬며시 움직이며 소리 없이 정답게 웃는 모양. '싱
    글'보다 센 느낌>

씽글씽글<눈과 입을 슬며시 움직이며 소리 없이 정답게 자꾸 웃는
    모양. '싱글싱글'보다 센 느낌>

뼁글<입을 슬며시 벌릴 듯 말 듯 하면서 소리 없이 부드럽게 한 번 웃는 모양. ‘빙글’보다 센 느낌>

뼁글뼁글<입을 슬며시 벌릴 듯 말 듯 하면서 소리 없이 부드럽게 자꾸 웃는 모양. ‘빙글빙글’보다 센 느낌>

씽긋뼁긋<눈과 입이 슬며시 움직이며 소리 없이 가볍고 환하게 웃는 모양. ‘싱긋벙긋’보다 센 느낌>

씽긋<눈과 입을 슬며시 움직이며 소리 없이 가볍게 웃는 모양. ‘싱긋’보다 센 느낌>

씽긋씽긋<눈과 입을 슬며시 움직이며 소리 없이 가볍게 자꾸 웃는 모양. ‘싱긋싱긋’보다 센 느낌>

뼁긋<입을 조금 크게 벌리고 소리 없이 한 번 거볍게 웃는 모양. ‘벙긋’보다 센 느낌>

뼁긋뼁긋<입을 조금 크게 벌리고 소리 없이 자꾸 거볍게 웃는 모양. ‘벙긋벙긋’보다 센 느낌>

씽긋뼁긋<눈과 입이 슬며시 움직이며 소리 없이 가볍게 슬쩍 웃는 모양. ‘싱긋빙긋’보다 센 느낌>

씽긋<눈과 입을 슬며시 움직이며 소리 없이 가볍게 웃는 모양. ‘싱긋’보다 센 느낌>

씽긋씽긋<눈과 입을 슬며시 움직이며 소리 없이 가볍게 자꾸 웃는 모양. ‘싱긋싱긋’보다 센 느낌>

뼁긋<입을 슬쩍 벌릴 듯하면서 소리 없이 거볍게 한 번 웃는 모양. ‘빙긋’보다 센 느낌>

뼁긋뼁긋<입을 슬쩍 벌릴 듯하면서 소리 없이 거볍게 자꾸 웃는 모양. ‘빙긋빙긋’보다 센 느낌>

씽끗뼁끗<눈과 입이 슬며시 움직이며 소리 없이 가볍게 환하게 웃는 모양. ‘싱긋벙긋’보다 아주 센 느낌>

씽끗<눈과 입을 슬며시 움직이며 소리 없이 가볍게 웃는 모양. ‘싱긋’보다 아주 센 느낌>

씽끗씽끗<눈과 입을 슬며시 움직이며 소리 없이 가볍게 슬쩍 웃는 모양. ‘싱긋싱긋’보다 아주 센 느낌>

뼁끗<입을 조금 크게 벌리며 소리 없이 거볍게 한 번 웃는 모양. ‘벙긋’보다 아주 센 느낌>

뼁끗뼁끗<입을 조금 크게 벌리며 소리 없이 거볍게 자꾸 웃는 모양.

‘벙긋벙긋’보다 아주 센 느낌>

씽끗뻥끗<눈과 입이 슬며시 움직이며 소리 없이 가볍게 슬쩍 웃는 모
양. ‘싱긋빙긋’보다 아주 센 느낌>

씽끗<눈과 입을 슬며시 움직이며 소리 없이 가볍게 웃는 모양. ‘싱
긋’보다 아주 센 느낌>

씽끗씽끗<눈과 입을 슬며시 움직이며 소리 없이 가볍게 슬쩍 웃는
모양. ‘싱긋싱긋’보다 아주 센 느낌>

뻥끗<입을 슬쩍 벌릴 듯하면서 소리 없이 거볍게 한 번 웃는 모양.
‘빙긋’보다 아주 센 느낌>

뻥끗뻥끗<입을 슬쩍 벌릴 듯하면서 소리 없이 거볍게 자꾸 웃는 모
양. ‘빙긋빙긋’보다 아주 센 느낌>

아삭바삭<①연하고 싱싱한 과일이나 채소 따위를 보드랍게 베어 물
때 나는 아삭거리며 바삭거리는 소리. ②단단하고 깨지기 쉬운
물건이 가볍게 부서질 때 나는 아삭거리며 바삭거리는 소리>

아삭<‘아사삭<연하고 싱싱한 과일이나 채소 따위를 보드랍게 베어
물 때 나는 소리>’의 준말>

아삭아삭<‘아사삭아사삭<연하고 싱싱한 과일이나 채소 따위를 보
드랍게 베어 물 때 자꾸 나는 소리>’의 준말>

바삭<①보송보송한 물건이 가볍게 바스러지거나 깨지는 소리. 또는
그 모양. ②단단하고 부스러지기 쉬운 물건을 깨무는 소리. 또는
그 모양>

바삭바삭<①보송보송한 물건이 잇따라 가볍게 바스러지거나 깨지는
소리. 또는 그 모양. ②단단하고 부스러지기 쉬운 물건을 잇따라
깨무는 소리. 또는 그 모양>

어석버석<연하고 싱싱한 과일이나 채소 따위를 부드럽게 베어 물 때
어석거리며 버석거리는 소리>

어석<‘어서석<연하고 싱싱한 과일이나 채소 따위를 부드럽게 베어
물 때 나는 소리>’의 준말>

어석어석<‘어서석어서석<연하고 싱싱한 과일이나 채소 따위를 부
드럽게 베어 물 때 자꾸 나는 소리>’의 준말>

버석<부숭부숭한 물건이 부스러지거나 깨지는 소리>

버석버석<부숭부숭한 물건이 잇따라 가볍게 부스러지거나 깨지는
소리>

언뜻번뜻<갑자기 나타났다가 사라지는 모양>

　언뜻<지나가는 결에 잠깐 나타나는 모양>

　언뜻언뜻<지나가는 결에 잇따라 잠깐씩 나타나는 모양>

　번뜻<빛이 갑자기 나타났다 없어지는 모양>

　번뜻번뜻<빛이 잇따라 갑자기 나타났다 없어졌다 하는 모양>

와삭바삭<마른 가랑잎이나 얇고 빳빳한 물건이 바스러지거나 서로 스
　　치는 소리. 또는 그 모양>

　와삭<마른 가랑잎이나 얇고 빳빳한 물건이 서로 스치거나 바스러지
　　는 소리>

　와삭와삭<마른 가랑잎이나 얇고 빳빳한 물건이 자꾸 서로 스치거나
　　바스러지는 소리>

　바삭<가랑잎이나 마른 검불 따위의 잘 마른 물건을 가볍게 밟는 소
　　리. 또는 그 모양>

　바삭바삭<가랑잎이나 마른 검불 따위의 잘 마른 물건을 잇따라 가
　　볍게 밟는 소리. 또는 그 모양>

왁작박작<여럿이 매우 어수선하게 자꾸 떠들거나 웃는 소리, 또는 그
　　모양>

　왁작<여럿이 매우 어수선하게 떠들거나 웃는 소리. 또는 그 모양>

　왁작왁작<여럿이 매우 어수선하게 자꾸 떠들거나 웃는 소리. 또는
　　그 모양>

　박작<많은 사람이 어수선하게 높은 소리로 떠들거나 움직이는 모양>

　박작박작<많은 사람이 어수선하게 높은 소리로 떠들거나 자꾸 움직
　　이는 모양>

왈강달강<작고 단단한 물건들이 자꾸 서로 매우 거칠게 닿거나 부딪
　　히는 소리. 또는 그 모양>

　왈강<작고 단단한 물건들이 서로 부딪치면서 울리는 소리. 또는 그
　　모양>

　왈강왈강<작고 단단한 물건들이 자꾸 서로 부딪치면서 울리는 소리.
　　또는 그 모양>

　달강<'달가당<작고 단단한 물건이 부딪쳐 울리는 소리>'의 준말>

　달강달강<'달가당달가당<작고 단단한 물건이 자꾸 부딪쳐 울리는
　　소리>'의 준말>

왈캉달캉<작고 단단한 물건들이 어수선하게 자꾸 부딪히는 소리. 또는

그 모양>

왈캉<작고 단단한 물건이 서로 부딪치는 소리. 또는 그 모양>

왈캉왈캉<작고 단단한 물건이 자꾸 서로 부딪치는 소리. 또는 그 모양>

달캉<‘달카당’의 준말<작고 단단한 물건이 부딪쳐 울리는 소리. ‘달가당’보다 조금 거센 느낌>>

달캉달캉<‘달카당달카당’의 준말<작고 단단한 물건이 자꾸 부딪쳐 울리는 소리. ‘달가당달가당’보다 조금 거센 느낌>>

왱강쟁강<얇은 쇠붙이 따위가 마구 부딪쳐 울리는 가벼운 소리. 또는 그 모양>

왱강<‘왱그랑<작은 방울 따위가 흔들리며 요란스럽게 부딪치는 소리>’의 준말>

왱강왱강<작은 방울 따위가 잇따라 마구 흔들리며 요란스럽게 부딪치는 소리>

쟁강<얇은 쇠붙이나 유리 따위가 가볍게 떨어지거나 부딪쳐 맑게 울리는 소리>

쟁강쟁강<얇은 쇠붙이나 유리 따위가 자꾸 가볍게 떨어지거나 부딪쳐 맑게 울리는 소리>

욱적북적<여럿이 한데 많이 모여 수선스럽게 자꾸 들끓는 모양>

욱적<한곳에 모여 조금 수선스럽게 들끓는 모양>

욱적욱적<여럿이 한곳에 모여 조금 수선스럽게 들끓는 모양>

북적<많은 사람이 한곳에 모여 매우 수선스럽게 들끓는 모양>

북적북적<많은 사람이 한곳에 모여 매우 수선스럽게 자꾸 들끓는 모양>

울뚝불뚝<성미가 급하고 변덕스러워 말이나 행동이 매우 우악스러운 모양>

울뚝<성미가 급하여 참지 못하고 말이나 행동이 우악스러운 모양>

울뚝울뚝<성미가 급하여 참지 못하고 말이나 행동을 잇따라 우악스럽게 하는 모양>

불뚝<무뚝뚝한 성미로 갑자기 성을 내는 모양>

불뚝불뚝<무뚝뚝한 성미로 갑자기 자꾸 성을 내는 모양>

워석버석<얇고 빳빳한 물건이나 풀기가 센 옷 따위가 자꾸 세게 스치거나 서로 크게 스치는 소리. 또는 그 모양>

워석<얇고 빳빳한 물건이나 풀기가 센 옷이 서로 세게 스치거나 부

서지는 소리>

위석위석<얇고 뻣뻣한 물건이나 풀기가 센 옷이 자꾸 서로 세게 스
	치거나 부서지는 소리>

버석<부숭부숭한 물건이 가볍게 부스러지거나 깨지는 소리. 또는
	그 모양>

버석버석<부숭부숭한 물건이 잇따라 가볍게 부스러지거나 깨지는
	소리. 또는 그 모양>

월컹덜컹<크고 단단한 물건들이 거칠고 어수선하게 자꾸 부딪치는 소
	리. 또는 그 모양>

월컹<크고 든든한 물건이 서로 부딪치면서 울리는 소리. 또는 그 모양>

월컹월컹<크고 든든한 물건이 서로 부딪치면서 자꾸 울리는 소리.
	또는 그 모양>

덜컹<'덜커덩<크고 단단한 물건이 부딪쳐 울리는 소리. '덜거덩'보
	다 조금 거센 느낌>'의 준말>

덜컹덜컹<'덜커덩덜커덩<크고 단단한 물건이 자꾸 부딪쳐 울리는
	소리. '덜거덩덜거덩'보다 조금 거센 느낌>'의 준말>

흘깃할깃<가볍게 자꾸 흘겼다 할겼다 하는 모양>

흘깃<가볍게 한 번 흘겨보는 모양>

흘깃흘깃<가볍게 자꾸 흘겨보는 모양>

할깃<가볍게 한 번 할겨보는 모양>

할깃할깃<가볍게 자꾸 할겨보는 모양>

희뜩번뜩<빛이 이리저리 반사되어 화려하게 빛나는 모양>

희뜩<다른 빛깔 속에 흰 빛깔이 섞이어 얼비치는 모양>

희뜩희뜩<다른 빛깔 속에 흰 빛깔이 군데군데 뒤섞여 있는 모양>

번뜩<물체 따위에 반사된 큰 빛이 잠깐 나타나는 모양>

번뜩번뜩<물체 따위에 반사된 큰 빛이 잠깐씩 자꾸 나타나는 모양>

히죽해죽<흐뭇한 듯이 슬쩍슬쩍 자꾸 웃는 모양>

히죽<만족스러운 듯이 슬쩍 한 번 웃는 모양>

히죽히죽<만족스러운 듯이 슬쩍 자꾸 웃는 모양>

해죽<만족스러운 듯이 귀엽게 살짝 한 번 웃는 모양>

해죽해죽<만족스러운 듯이 귀엽게 살짝 자꾸 웃는 모양>

히쭉벌쭉<몹시 기뻐서 어쩔 줄 몰라 입을 벌리고 자꾸 소리 없이 슬쩍
	웃는 모양>

히쭉<만족스러운 듯이 슬쩍 한 번 웃는 모양. '히죽'보다 센 느낌>
히쭉히쭉<만족스러운 듯이 슬쩍 자꾸 웃는 모양. '히죽히죽'보다 센
    느낌>
벌쭉<이가 드러나 보일 듯 말 듯 입을 조금 크게 벌려 소리 없이 시
    원스럽게 웃는 모양>
벌쭉벌쭉<이가 드러나 보일 듯 말 듯 입을 조금 크게 벌려 소리 없
    이 시원스럽게 자꾸 웃는 모양>
히쭉해쭉<만족스러운 듯이 슬쩍슬쩍 자꾸 웃는 모양>
히쭉<만족스러운 듯이 슬쩍 한 번 웃는 모양. '히죽'보다 센 느낌>
히쭉히쭉<만족스러운 듯이 슬쩍 자꾸 웃는 모양. '히죽히죽'보다 센
    느낌>
해쭉<만족스러운 듯이 귀엽게 살짝 한 번 웃는 모양. '해죽'보다 센
    느낌>
해쭉해쭉<만족스러운 듯이 귀엽게 살짝 자꾸 웃는 모양. '해죽해죽'
    보다 센 느낌>

바탕소와 되풀이소가 각각 두 음절이지만 세 음절로 이루어진 것도
있다. 바탕소와 되풀이소는 첫 음절에서만 다를 뿐이고 둘째, 셋째 음절
은 똑같다.

실기죽샐기죽<물체가 자꾸 한쪽으로 천천히 조금 기울어지거나 쏠리
    는 모양>
실기죽<물체가 한쪽으로 천천히 조금 기울어지거나 비뚤어지는 모양>
실기죽실기죽<물체가 자꾸 한쪽으로 천천히 조금 기울어지거나 비
    뚤어지는 모양>
샐기죽<물체가 한쪽으로 천천히 조금 기울어지거나 배뚤어지는 모
    양>
샐기죽샐기죽<물체가 자꾸 한쪽으로 천천히 조금 기울어지거나 배
    뚤어지는 모양>
씰기죽쌜기죽<작은 물체가 자꾸 한쪽으로 천천히 조금 기울어지거나
    쏠리는 모양. '실기죽샐기죽'보다 센 느낌>
씰기죽<물체가 한쪽으로 천천히 조금 기울어지거나 비뚤어지는 모

양. '실기죽'보다 센 느낌>

씰기죽씰기죽<물체가 자꾸 한쪽으로 천천히 조금 기울어지거나 비
뚤어지는 모양. '실기죽실기죽'보다 센 느낌>

쌜기죽<물체가 한쪽으로 천천히 조금 기울어지거나 빼뚤어지는 모
양. '샐기죽'보다 센 느낌>

쌜기죽쌜기죽<물체가 자꾸 한쪽으로 천천히 조금 기울어지거나 빼
뚤어지는 모양. '샐기죽샐기죽'보다 센 느낌>

왈가닥달가닥[18]<작고 단단한 물건들이 자꾸 서로 거칠게 닿거나 부딪
히는 소리. 또는 그 모양>

왈가닥<작고 단단한 물건이 서로 거칠게 부딪치는 소리. 또는 그 모양>

왈가닥왈가닥<작고 단단한 물건이 자꾸 서로 거칠게 부딪치는 소리.
또는 그 모양>

달가닥<작고 단단한 물건이 맞부딪치는 소리>

달가닥달가닥<작고 단단한 물건이 자꾸 맞부딪치는 소리>

왈카닥달카닥[19]<단단한 물건들이 어수선하게 자꾸 부딪히는 소리. 또
는 그 모양>

왈카닥<단단한 물건이 서로 매우 거칠게 부딪치는 소리. 또는 그 모양>

왈카닥왈카닥<단단한 물건이 자꾸 서로 매우 거칠게 부딪치는 소리.
또는 그 모양>

달카닥<'달가닥<작고 단단한 물건이 맞부딪치는 소리>'보다 조금
거센 느낌>

달카닥달카닥<'달가닥달가닥<작고 단단한 물건이 자꾸 맞부딪치는
소리>'보다 조금 거센 느낌>

왱그랑댕그랑[20] <쇠붙이 따위가 여기저기 마주 부딪치며 요란스럽게
울리는 소리>

왱그랑<작은 방울 따위가 흔들리며 요란스럽게 부딪치는 소리>

왱그랑왱그랑<작은 방울 따위가 흔들리며 잇따라 요란스럽게 부딪
치는 소리>

댕그랑<작은 쇠붙이, 방울, 종, 풍경, 워낭 따위가 흔들리거나 부딪

---

18) 준말로 '왈각달각'이 있다.

19) 준말로 '왈칵달칵'이 있다.

20) 준말로 '왱강댕강'이 있다.

칠 때 나는 소리>

댕그랑댕그랑<작은 쇠붙이, 방울, 종, 풍경, 워낭 따위가 잇따라 흔
들리거나 부딪칠 때 나는 소리>

월거덕덜거덕[21]<크고 단단한 물건들이 자꾸 서로 거칠게 부딪치는 소
리. 또는 그 모양>

월거덕<크고 단단한 물건들이 서로 거칠게 부딪치는 소리. 또는 그
모양>

월거덕월거덕<크고 단단한 물건들이 자꾸 서로 거칠게 부딪치는 소
리. 또는 그 모양>

덜거덕<크고 단단한 물건이 부딪치는 소리>

덜거덕덜거덕<크고 단단한 물건이 자꾸 맞부딪치는 소리>

월거덩덜거덩[22]<크고 단단한 물건들이 거칠고 어수선하게 자꾸 부딪
치는 소리. 또는 그 모양.>

월거덩<크고 단단한 물건이 서로 부딪치면서 울리는 소리. 또는 그
모양>

월거덩월거덩<크고 단단한 물건이 서로 부딪치면서 자꾸 울리는 소
리. 또는 그 모양>

덜거덩<크고 단단한 물건이 부딪쳐 울리는 소리>

덜거덩덜거덩<크고 단단한 물건이 부딪쳐 자꾸 울리는 소리>

월커덕덜커덕[23]<크고 단단한 물건들이 자꾸 서로 매우 거칠게 닿아서
부딪치는 소리. 또는 그 모양>

월커덕<크고 단단한 물건이 서로 매우 거칠게 부딪치는 소리. 또는
그 모양>

월커덕월커덕<크고 단단한 물건이 서로 매우 거칠게 자꾸 부딪치는
소리. 또는 그 모양>

덜커덕<크고 단단한 물건이 맞부딪치는 소리. '덜거덕'보다 거센 느낌>

덜커덕덜커덕<크고 단단한 물건이 자꾸 맞부딪치는 소리. '덜거덕
덜거덕'보다 거센 느낌>

웽그렁뎅그렁[24]<큰 방울이나 놋그릇 따위가 마구 부딪치며 요란스럽

---

21) 준말로 '월걱덜걱'이 있다.
22) 준말로 '월겅월겅'이 있다.
23) 준말로 '월컥덜컥'이 있다.

게 울리는 소리>

웽그렁<큰 방울 따위가 흔들리며 요란스럽게 부딪친 소리>

웽그렁웽그렁<큰 방울 따위가 흔들리며 잇따라 요란스럽게 부딪친
　　　소리>

뎅그렁<큰 쇠붙이, 방울, 종, 풍경, 워낭 따위가 흔들리거나 부딪칠
　　　때 나는 소리>

뎅그렁뎅그렁<큰 쇠붙이, 방울, 종, 풍경, 워낭 따위가 잇따라 흔들
　　　리거나 부딪칠 때 나는 소리>

나. 그 밖

　바탕소와 되풀이소가 어찌씨이지만 소리나 모양흉내말이 아닌 비슷한
꼴 되풀이 어찌씨가 이 짜임새에 해당한다. 바탕소와 되풀이소는 서로 상
관관계에 놓이는 특성을 보이며, 주로 쪽 가리킴의 어찌씨에 해당된다.
이를테면, '고리'는 비슷한 짜임새인 '이리', '그리', '저리', '요리', '조리'
가운데 '조리'와만 상관관계를 이루어 '고리조리'란 비슷한 꼴 되풀이 어
찌씨가 생성되었다. 되풀이 순서도 고정되어 있어 '조리고리'는 부적격해
진다. 비슷한 꼴 되풀이 어찌씨에서 바탕소로 쓰인 것은 어떤 경우라도
바탕소로만 쓰인다든가, 되풀이소는 어떤 경우라도 되풀이소로 쓰여야
하는 제약은 따르지 않는다. 어떤 곳에서는 바탕소였던 것이 다른 곳에서
는 되풀이소가 되기도 하고, 그 반대인 경우도 충분히 가능하다.

　이 짜임새의 바탕소나 되풀이소인 어찌씨들은 같은 꼴 되풀이 어찌씨
를 생성하지 않으며, 같은 꼴로 되풀이되는 경우에 통사적 짜임새를 이
루게 된다.

　이들 비슷한 꼴 되풀이 어찌씨는 뜻에서 대체로 바탕소와 되풀이소의
뜻 합계에 해당한다. 같은 꼴 되풀이 어찌말은 기본적으로 바탕소의 뜻
을 <강조>하거나 바탕소의 내용에 <자꾸, 잇따라>의 뜻을 더하는 점
과 차이를 보인다.

---

24) 준말로 '웽겅뎅겅'이 있다.

　이 짜임새에 해당하는 보기를 들고 바탕소와 되풀이소의 뜻을 보면 다음과 같다.

　　고리조리①<말이나 행동을 뚜렷하게 정함이 없이 고러하고 조러하게
　　　　　되는 대로 하는 모양>
　　　고리<상태, 모양, 성질 따위가 고러한 모양>
　　　조리<상태, 모양, 성질 따위가 조러한 모양>
　　고리조리②<일정한 방향이 없이 고쪽 조쪽으로>
　　　고리<고 곳으로. 또는 고쪽으로>
　　　조리<조 곳으로. 또는 조쪽으로>
　　그냥저냥<그러저러한 모양으로 그저 그렇게>
　　　그냥<①더 이상 변화 없이 그 상태 그대로. ②그런 모양으로 줄곧.
　　　　　③아무런 대가나 조건 없이>
　　　저냥<저러한 모양으로 줄곧>
　　그리저리①<①말이나 행동을 뚜렷하게 정함이 없이 그러하고 저러하
　　　　　게 되는 대로 하는 모양. ②무슨 비밀이 있어 남이 알지 못하게
　　　　　우물쭈물 처리하는 모양>
　　　그리<상태, 모양, 성질 따위가 그러한 모양>
　　　저리<상태, 모양, 성질 따위가 저러한 모양>
　　그리저리②<일정한 방향이 없이 그쪽 저쪽으로>
　　　그리<그곳으로. 또는 그쪽으로>
　　　저리<저곳으로, 또는 저쪽으로>
　　날로달로<날이 가고 달이 갈수록>
　　　날로<날이 갈수록 더욱더>
　　　달로<달이 갈수록>
　　예다제다<특별히 정해지지 않은 여러 곳에>
　　　예다<여기에다>
　　　제다<저기에다>
　　요냥조냥<요러조러한 모양으로 그저 그렇게>
　　　요냥<요러한 모양으로 줄곧>
　　　조냥<저러한 모양으로 줄곧>
　　요래조래<요러하고 조러한 모양으로. 또는 요런조런 이유로>

요래<'요러하여'가 줄어든 말>

조래<'조러하여'가 줄어든 말>

요리조리<말이나 행동을 뚜렷하게 정함이 없이 요러하고 조러하게 되
는 대로 하는 모양>

요리<상태, 모양, 성질 따위가 요러한 모양>

조리<상태, 모양, 성질 따위가 조러한 모양>

요리조리<일정한 방향이 없이 요쪽 조쪽으로>

요리<요 곳으로. 또는 요쪽으로>

조리<조 곳으로. 또는 조쪽으로>

요만조만<요만하고 조만한 정도로>

요만<요 정도로 하고>

조만<조 정도로 하고>

이냥저냥<이러저러한 모양으로 그저 그렇게>

이냥<이러한 모습으로 줄곧>

저냥<저러한 모습으로 줄곧>

이래저래<이러하고 저러한 모양으로. 또는 이런저런 이유로>

이래<'이러하여'가 줄어든 말>

저래<'저러하여'가 줄어든 말>

이리저리①<말이나 행동을 뚜렷하게 정함이 없이 이러하고 저러하게
되는 대로 하는 모양>

이리<상태, 모양, 성질 따위가 이러한 모양>

저리<상태, 모양, 성질 따위가 저러한 모양>

이리저리②<일정한 방향이 없이 이쪽저쪽으로>

이리<이곳으로. 또는 이쪽으로>

저리<저곳으로. 또는 저쪽으로>

이만저만<이만하고 저만한 정도로>

이만<이 정도로 하고>

저만<저 정도로 하고>

이제저제[25]<이때나 저 때나>

이제<바로 이때에>

---

25) 『표준국어대사전』에는 어찌씨로 올라 있지 않고 '−하다' 결합 뿌리로 올라 있지
만, 『고려대 한국어대사전』에는 어찌씨로 올라 있다.

저제<지나간 때에>

바탕소와 되풀이소가 각각 두 음절이지만 세 음절로 이루어진 것도
있다. 바탕소와 되풀이소는 첫 음절에서만 다를 뿐이고 둘째, 셋째 음절
은 똑같다.

> **이제나저제나**<어떤 일이 일어난 때가 언제일지 알 수 없을 때 쓰는
> 말. 흔히 어떤 일을 몹시 안타깝게 기다릴 때 쓴다.>
> 이제나<이제(바로 이 때)-나>
> 저제나<저제(지나간 때)-나>
> **물끄럼말끄럼**<말없이 서로 물끄러미 보다가 말끄러미 보다가 하는 모
> 양>
> 물끄럼<어찌씨인 '물끄러미<우두커니 한곳만 바라보는 모양>'의
> 변형. 뒤에 '물끄럼', '말끄럼'에만 결합됨>
> 물끄럼물끄럼<자꾸 물끄러미 쳐다보는 모양>
> 말끄럼<어찌씨인 '말끄러미<눈을 똑바로 뜨고 오도카니 한곳만 바
> 라보는 모양>'의 변형. 앞에 '물끄럼'에만 결합됨>
> *말끄럼말끄럼26)

2.1.2.2. 바탕소-어찌씨, 되풀이소-'-거리다' 결합 뿌리

비슷한 꼴 되풀이 어찌씨 가운데 바탕소는 어찌씨이고 되풀이소가 '-거
리다' 결합 뿌리인 것들이 이 짜임새에 해당한다. 바탕소와 되풀이소는
뜻에서 상관관계를 이루며 바탕소와 되풀이소의 둘째 음절이 동일하다.
이 짜임새에 속하는 보기는 극히 드물다.

> **아장바장**<①작은 몸집의 사람이 하는 일 없이 이리저리 찬찬히 걸어
> 가는 모양. ②좀 어색하고 부자연스럽게 행동하는 모양>

---

26) 형식논리에서 보면 '물끄럼'은 같은 꼴 되풀이 어찌씨 '물끄럼물끄럼'이 존재하니
까, 같은 짜임새인 '말끄럼'도 '말끄럼말끄럼'이 존재할 것 같지만, 실제 우리말에
서는 '말끄럼말끄럼'은 존재하지 않는다.

아장<키가 작은 사람이나 짐승이 찬찬히 걷는 모양>
아장아장<키가 작은 사람이나 짐승이 이리저리 찬찬히 걷는 모양>
*바장
바장거리다<부질없이 짧은 거리를 자꾸 오락가락 거닐다.>
*바장바장27)

2.1.2.3. 바탕소-어찌씨, 되풀이소-'-하다' 결합 뿌리

비슷한 꼴 되풀이 어찌씨 가운데 바탕소는 어찌씨이고 되풀이소가 '-하다' 결합 뿌리인 것들이 이 짜임새에 해당하며, 그 보기는 드문 편이다.

고만조만<그저 고만한 정도로>
고만<고 정도까지만>
*조만
조만하다<성질, 모양, 상태 따위의 정도가 조러하다.>
그만저만<그저 그만한 정도로>
그만<그 정도까지만>
*저만
저만하다<상태, 모양, 성질 따위의 정도가 저러하다.>
요만조만<요만하고 조만한 정도로>
요만<요 정도로 하고>
*조만
조만하다<성질, 모양, 상태 따위의 정도가 조러하다.>
이만저만<이만하고 저만한 정도로>
이만<이 정도로 하고>
*저만
저만하다<상태, 모양, 성질 따위의 정도가 저러하다.>

---

27) '바장-'은 '-거리다'에 결합되는 뿌리이지만 같은 꼴 되풀이 어찌씨 '바장바장'
   으로 되풀이되지 않는다.

2.1.2.4. 바탕소-어찌씨, 되풀이소-불구 뿌리

비슷한 꼴 되풀이 어찌씨 가운데 바탕소는 어찌씨이고 되풀이소가 불구 뿌리인 것들이 이 짜임새에 해당한다. 되풀이소는 유일 뿌리로 단순 형식의 유일형태소인 것도 있고, 둘 이상의 형태소가 결합된 복합형식의 유일 뿌리인 것도 있다. 이 짜임새에 속하는 보기는 비교적 드문 편이다.

    맹꽁징꽁<①남이 알아듣지 못할 말로 시끄럽게 지껄이는 소리. ②맹꽁
        이가 여기저기서 요란스럽게 우는 소리>
     맹꽁<맹꽁이가 우는 소리>
     맹꽁맹꽁<맹꽁이가 잇따라 우는 소리>
    *징꽁
    −징꽁<'맹꽁' 뒤에만 결합됨>
    씩둑꺽둑<쓸데없는 말을 수다스럽게 자꾸 지껄이는 모양>
     씩둑<쓸데없는 말을 느닷없이 불쑥 하는 모양>
     씩둑씩둑<쓸데없는 말을 수다스럽게 자꾸 지껄이는 모양>
    *꺽둑
    −꺽둑<'씩둑' 뒤에만 결합됨>
    어찌저찌<이리저리 어떠한 방법으로>
     어찌<어떤 이유로 또는 무슨 까닭으로>
     어찌어찌<이래저래 어떻게 하여>
    *저찌
    −저찌<'어찌' 뒤에만 결합됨>
    진탕만탕<양이 다 차고도 남을 만큼 매우 많고 만족스럽게>
     진탕<싫증이 날 만큼 아주 많이>
    *진탕진탕
    *만탕
    −만탕<'진탕' 뒤에만 결합됨>

이 짜임새에 해당하는 것으로, 세 음절의 바탕소와 되풀이소로 이루어

진 비슷한 꼴 되풀이 어찌씨는 아래와 같으며, 바탕소와 되풀이소는 첫
음절에서만 차이를 보인다.

> **우물쩍주물쩍**<꾀를 부리느라고 말이나 행동을 자꾸 일부러 분명하게
> 하지 아니하는 모양>
> 우물쩍<말이나 행동을 일부러 분명하게 하지 아니하고 적당히 슬쩍
> 넘기는 모양>
> 우물쩍우물쩍<꾀를 부리느라고 말이나 행동을 자꾸 일부러 분명하
> 게 하지 아니하는 모양>
> *주물쩍
> -주물쩍<'우물쩍' 뒤에만 결합됨>
> **휘뚜루마뚜루**<이것저것 가리지 아니하고 닥치는 대로 마구 해치우는
> 모양>
> 휘뚜루<무엇에나 닥치는 대로 쓰일 만하게>
> *휘뚜루휘뚜루
> *마뚜루
> -마뚜루<'휘뚜루' 뒤에만 결합됨>

2.1.2.5. 바탕소-'-거리다' 결합 뿌리, 되풀이소- 어찌씨

비슷한 꼴 되풀이 어찌씨 가운데 바탕소는 '-거리다' 결합 뿌리이고
되풀이소가 어찌씨인 것들이 이 짜임새에 해당한다. 대체로 바탕소는 그
대로 되풀이소로 되풀이되어 같은 꼴 되풀이 어찌씨가 생성되었다. 어찌
씨인 되풀이소도 그대로 되풀이소로 되풀이되어 같은 꼴 되풀이 어찌씨
가 생성되었다. 이 짜임새에 속하는 보기는 비교적 드문 편이다.

> **앙글방글**<①어린 아이가 소리 없이 탐스럽고 귀엽게 웃는 모양. ②자
> 꾸 꾸며서 웃는 모양>
> *앙글
> 앙글거리다<①어린아이가 소리 없이 자꾸 귀엽게 웃다. ②무엇을 속
> 이면서 자꾸 꾸며서 웃다.>

앙글앙글<①어린아이가 소리 없이 자꾸 귀엽게 웃는 모양. ②무엇을
　　　　속이면서 자꾸 꾸며서 웃는 모양>
방글<입을 조금 벌리고 소리 없이 귀엽고 보드랍게 한 번 웃는 모양>
방글방글<입을 조금 벌리고 소리 없이 귀엽고 보드랍게 자꾸 웃는
　　　　모양>
엄벙덤벙<①주관 없이 함부로 덤비는 모양. ②말과 행동이 침착하지
　　　　아니하고 덤벙거리는 모양>
　*엄벙
　엄벙거리다<말이나 행동을 착실하게 하지 못하고 실속 없이 자꾸
　　　　과장하다.>
　*엄벙엄벙28)
　덤벙<들뜬 행동으로 아무 일에나 함부로 서둘러 뛰어드는 모양>
　덤벙덤벙<들뜬 행동으로 아무 일에나 자꾸 함부로 서둘러 뛰어드는
　　　　모양>
엉글벙글<어린 아이가 소리 없이 탐스럽게 웃는 모양>
　*엉글
　엉글거리다<어린 아이가 소리 없이 자꾸 웃다.>
　엉글엉글<어린 아이가 소리 없이 자꾸 웃는 모양>
　벙글<입을 조금 크게 벌리고 소리 없이 부드럽게 한 번 웃는 모양>
　벙글벙글<입을 조금 크게 벌리고 소리 없이 부드럽게 자꾸 웃는 모양>
옥작복작<여럿이 한데 모여 수선스럽게 자꾸 들끓는 모양>
　*옥작
　옥작거리다<여럿이 한곳에 모여 조금 수선스럽게 들끓다.>
　옥작옥작<여럿이 한곳에 모여 조금 수선스럽게 들끓는 모양>
　복작<많은 사람이 좁은 곳에 모여 수선스럽게 들끓는 모양>
　복작복작<많은 사람이 좁은 곳에 모여 자꾸 수선스럽게 들끓는 모양>
왜쭉비쭉<성이 나거나 토라져서 소리 없이 입술을 내밀고 이리저리
　　　　실룩이는 모양>
　*왜쭉
　왜쭉거리다<걸핏하면 성이 나서 자꾸 토라지다.>

---

28) 일반적으로 '-거리다'가 결합되는 뿌리는 같은 꼴 되풀이 낱말 생성이 가능하지
　　만, '엄벙-'은 같은 꼴로 되풀이되어 '엄벙엄벙'이란 낱말을 생성하지 못한다.

　왜쭉왜쭉<성이 나서 자꾸 토라지는 모양>

　비쭉<비웃거나 언짢거나 울려고 할 때 소리 없이 입을 내미는 모양>

　비쭉비쭉<비웃거나 언짢거나 울려고 할 때 소리 없이 입을 내밀고
　　실쭉거리는 모양>

울렁출렁<①큰 물결이 여기저기 부딪치는 소리. 또는 그 모양. ②큰
　　그릇에 담긴 물이 흔들리는 소리. 또는 그 모양>

　＊울렁

　울렁거리다<물결이 잇따라 흔들리다.>

　＊울렁울렁29)

　출렁<물 따위가 큰 물결을 이루며 한 번 흔들리는 소리. 또는 그 모양>

　출렁출렁<물 따위가 큰 물결을 이루며 자꾸 흔들리는 소리. 또는 그
　　모양>

웽겅젱겅<얇고 큰 쇠붙이 따위가 마구 부딪쳐 울리는 소리. 또는 그
　　모양>

　＊웽겅

　웽겅거리다<쇠붙이 따위가 마구 부딪치는 소리가 잇따라 나다.>

　웽겅웽겅<쇠붙이 따위가 잇따라 마구 부딪치는 소리>

　젱겅<얇고 조금 무거운 쇠붙이나 유리 따위가 떨어지거나 부딪쳐
　　맑게 울리는 소리>

　젱겅젱겅<얇고 조금 무거운 쇠붙이나 유리 따위가 자꾸 떨어져 맑
　　게 울리는 소리>

이죽삐죽<이죽거리며 삐죽거리는 모양>

　＊이죽

　이죽거리다<'이기죽거리다<자꾸 밉살스럽게 지껄이며 짓궂게 빈정
　　거리다.>'의 준말>

　이죽이죽<'이기죽이기죽<자꾸 밉살스럽게 지껄이며 짓궂게 빈정거
　　리는 모양>'의 준말>

　삐죽<비웃거나 언짢거나 울려고 할 때 소리 없이 입을 내밀고 실룩
　　거리는 모양>

---

29) <크게 놀라거나 두려워서 가슴이 몹시 두근거리는 모양>이란 뜻의 되풀이 어찌
　씨는 존재한다. '－거리다' 결합 가능 뿌리인데도 '울렁－'은 같은 꼴로 되풀이되
　지 않는다.

삐죽삐죽<비웃거나 언짢거나 울려고 할 때 소리 없이 입을 내미는
    모양>

2.1.2.6. 바탕소 - 불구 뿌리, 되풀이소 - 어찌씨

비슷한 꼴 되풀이 어찌씨 가운데 바탕소는 불구 뿌리이고 되풀이소가
어찌씨인 것들이 이 짜임새에 해당한다. 바탕소와 되풀이소의 첫소리만
다른 경우에 바탕소가 불구 뿌리이지만 같은 꼴 되풀이 어찌씨가 존재하
기 때문에 바탕소의 닿소리 탈락 현상으로 보지 않았다. 이를테면, '앙큼
상큼'에서 바탕소 '앙큼'을 되풀이소의 '상큼'을 바탕으로 하여 본디 바
탕소 '상큼'이 되풀이되면서 /ㅅ/이 탈락한 것으로 보지 않은 까닭은 '앙
큼'의 같은 꼴 되풀이 어찌씨 '앙큼앙큼'이 존재하기 때문이다. '왜각대
각', '왜깍대깍', '왜틀비틀'은 바탕소와 되풀이소의 첫소리만 다른 것이
아니고 음절 자체가 다르기 때문에 바탕소의 닿소리 탈락으로 볼 수는
없다. 되풀이소인 어찌씨는 모두 같은 꼴로 되풀이되는 특성을 보인다.
이 짜임새에 해당하는 보기는 그리 많은 편은 아니다.

  앙큼상큼<작은 걸음으로 가볍고 힘차게 걷는 모양>
   *앙큼
    앙큼-<'상큼', '-앙큼' 앞에만 결합됨>
    앙큼앙큼<작은 동작으로 느리게 걷거나 기는 모양>
    상큼<다리를 가볍게 높이 들어 떼어 놓은 모양>
    상큼상큼<다리를 잇따라 가볍게 높이 들어 떼어 놓은 모양>
  엉큼성큼<큰 걸음으로 가볍고 힘차게 걷는 모양>
   *엉큼
    엉큼-<'엉금-'보다 거센 느낌. '성큼', '-엉큼' 앞에만 결합됨>
    엉큼엉큼<큰 동작으로 느리게 걷거나 가는 모양>
    성큼<다리를 높이 들어 크게 떼어 놓는 모양>
    성큼성큼<다리를 잇따라 높이 들어 크게 떼어 놓는 모양>
  옹긋쫑긋<작은 사람들이나 물체들이 군데군데 고르지 아니하게 솟아

있거나 볼가져 있는 모양>

*옹긋

　옹긋－<‘옹긋－’, ‘쫑긋’ 앞에만 결합됨>

　옹긋옹긋<키가 비슷한 사람이나 크기가 비슷한 사람들이 모여 솟아
　　　있거나 볼가져 있는 모양>

　쫑긋<입술이나 귀 따위를 빳빳하게 세우거나 뾰족이 내미는 모양>

　쫑긋쫑긋<입술이나 귀 따위를 자꾸 빳빳하게 세우거나 뾰족이 내미
　　　는 모양>

왜각대각<그릇 따위가 부딪치거나 깨어질 때 요란스럽게 나는 소리.
　　　또는 그 모양>

*왜각

　왜각－<‘대각’ 앞에만 결합됨>

*왜각왜각

　대각<작고 단단한 물건이 가볍게 부딪치거나 부러지는 소리>

　대각대각<작고 단단한 물건이 가볍게 부딪치거나 부러지는 소리>

왜깍대깍<그릇 따위가 부딪치거나 깨어질 때 요란스럽게 나는 소리.
　　　또는 그 모양. ‘왜각대각’보다 조금 센 느낌>

*왜깍

　왜깍－<‘대깍’ 앞에만 결합됨>

*왜깍왜깍

　대깍<작고 단단한 물건이 가볍게 부딪치거나 부러지는 소리. ‘대각’
　　　보다 센 느낌>

　대깍대깍<작고 단단한 물건이 잇따라 가볍게 부딪치거나 부러지는
　　　소리. ‘대각대각’보다 조금 센 느낌>

왜틀비틀<몸을 몹시 흔들고 비틀거리며 걸어가는 모양>

*왜틀

　왜틀－<‘비틀’ 앞에만 결합됨>

*왜틀왜틀

　비틀<힘이 없거나 어지러워서 몸을 바로 가누지 못하고 이리저리
　　　쓰러질 듯이 걷는 모양>

　비틀비틀<힘이 없거나 어지러워서 몸을 바로 가누지 못하고 이리저
　　　리 쓰러질 듯이 계속 걷는 모양>

이 짜임새에 해당하는 것으로, 세 음절의 바탕소와 되풀이소로 이루어진 비슷한 꼴 되풀이 어찌씨는 아래와 같으며, 바탕소와 되풀이소는 첫 음절에서만 차이를 보인다.

왈그락달그락<물건들이 흔들리면서 자꾸 요란하게 닿거나 부딪치는 소리>
　*왈그락
　왈그락－<'달그락' 앞에만 결합됨>
　*왈그락왈그락
　달그락<작고 단단한 물건이 흔들리면서 가볍게 부딪치거나 닿는 소리>
　달그락달그락<작고 단단한 물건이 흔들리면서 가볍게 자꾸 부딪치거나 닿는 소리>

2.1.2.7. 바탕소와 되풀이소－'－거리다' 결합 뿌리

비슷한 꼴 되풀이 어찌씨 가운데 바탕소와 되풀이소가 '－거리다' 결합 뿌리인 것들이 이 짜임새에 해당한다. 바탕소와 되풀이소가 '－거리다' 결합 뿌리이기 때문에 대체로 같은 꼴로 되풀이되어 같은 꼴 되풀이 어찌씨가 생성되었다. 이 짜임새에 속하는 보기는 비교적 많은 편이다.

비뚤배뚤<①물체가 이쪽저쪽으로 기울어지며 자꾸 흔들리는 모양. ② 물체가 곧지 못하고 이쪽저쪽으로 자꾸 구부러지는 모양>
　*비뚤
　비뚤거리다<①물체가 이리저리 기울어지며 자꾸 흔들리다. ②물체가 곧지 못하고 이리저리 자꾸 구부러지다.>
　비뚤비뚤<①물체가 이리저리 기울어지며 자꾸 흔들리는 모양. ②물체가 곧지 못하고 이리저리 자꾸 구부러지는 모양>
　*배뚤
　배뚤거리다<①물체가 요리조리 기울어지며 자꾸 흔들리다. ②물체가 곧지 못하고 요리조리 자꾸 고부라지다.>
　배뚤배뚤<①물체가 요리조리 기울어지며 자꾸 흔들리는 모양. ②물

체가 곧지 못하고 요리조리 자꾸 고부라지는 모양>

삐뚤빼뚤<①물체가 이쪽저쪽으로 기울어지면서 자꾸 흔들리는 모양. ②물체가 곧지 못하고 이쪽저쪽으로 자꾸 구부러지는 모양. ‘비뚤배뚤’보다 센 느낌>

*삐뚤

  삐뚤거리다<①물체가 이리저리 기울어지며 자꾸 흔들리다. ②물체가 곧지 못하고 이리저리 자꾸 구부러지다. ‘비뚤거리다’보다 센 느낌>

  삐뚤삐뚤<①물체가 이리저리 기울어지며 자꾸 흔들리는 모양. ②물체가 곧지 못하고 이리저리 자꾸 구부러지는 모양. ‘비뚤비뚤’보다 센 느낌>

*빼뚤

  빼뚤거리다<①물체가 요리조리 기울어지며 자꾸 흔들리다. ②물체가 곧지 못하고 요리조리 자꾸 고부라지다. ‘배뚤거리다’보다 센 느낌>

  빼뚤빼뚤<①물체가 요리조리 기울어지며 자꾸 흔들리는 모양. ②물체가 곧지 못하고 요리조리 자꾸 고부라지는 모양. ‘배뚤배뚤’보다 센 느낌>

시물새물<입술을 실그러뜨리며 소리 없이 자꾸 웃는 모양>

*시물

  시물거리다<입술을 한쪽으로 비틀며 소리 없이 자꾸 웃다.>

  시물시물<입술을 한쪽으로 비틀며 소리 없이 자꾸 웃는 모양>

*새물

  새물거리다<입술을 한쪽으로 약간 비틀며 소리 없이 자꾸 웃다.>

  새물새물<입술을 한쪽으로 약간 비틀며 소리 없이 자꾸 웃는 모양>

씨물쌔물<입술을 씰그러뜨리며 소리 없이 자꾸 웃는 모양>

*씨물

  씨물거리다<입술을 한쪽으로 많이 비틀며 소리 없이 자꾸 웃다.>

  씨물씨물<입술을 한쪽으로 많이 비틀며 소리 없이 자꾸 웃는 모양>

*쌔물

  쌔물거리다<입술을 한쪽으로 세게 비틀며 소리 없이 자꾸 웃다.>

  쌔물쌔물<입술을 한쪽으로 세게 비틀며 소리 없이 자꾸 웃는 모양>

어정버정<①하는 일 없이 이리저리 천천히 걷는 모양. ②어색하고 부

　　　　　　　자연스럽게 행동하는 모양>
　*어정
　어정거리다<키가 큰 사람이나 짐승이 이리저리 천천히 걷다.>
　어정어정<키가 큰 사람이나 짐승이 이리저리 천천히 걷는 모양>
　*버정
　버정거리다<부질없이 짧은 거리를 자꾸 오락가락 거닐다.>
　*버정버정30)
어칠비칠<쓰러질 듯이 자꾸 비틀거리는 모양>
　*어칠
　어칠거리다<'어치렁거리다<키가 조금 큰 사람이 힘없이 몸을 조금
　　　흔들며 자꾸 천천히 걷다.>'의 준말>
　어칠어칠<'어치렁어치렁<키가 조금 큰 사람이 힘없이 몸을 조금
　　　흔들며 자꾸 천천히 걷는 모양>'의 준말>
　*비칠
　비칠거리다<몸을 바로 가누지 못하고 쓰러질 듯이 이리저리 어지럽
　　　게 자꾸 비틀거리다.>
　비칠비칠<몸을 바로 가누지 못하고 쓰러질 듯이 이리저리 어지럽게
　　　자꾸 비틀거리는 모양>
오글보글<좁은 그릇에서 적은 물이나 찌개 따위가 거품을 일으키며
　　　자꾸 요란스럽게 끓어오르는 소리. 또는 그 모양>
　*오글
　오글거리다<좁은 그릇에서 적은 물이나 찌개 따위가 거품을 일으키
　　　며 자꾸 요란스럽게 끓어오르다.>
　오글오글<좁은 그릇에서 적은 물이나 찌개 따위가 자꾸 요란스럽게
　　　끓는 소리. 또는 그 모양>
　*보글
　보글거리다<적은 양의 액체가 야단스럽게 끓다.>
　보글보글<적은 양의 액체가 야단스럽게 끓는 소리. 또는 그 모양>
오글자글<좁은 그릇에서 적은 물이나 찌개 따위가 거품을 일으키며
　　　자꾸 요란스럽게 끓는 소리. 또는 그 모양>

---

30) 일반적으로 '-거리다' 결합 뿌리는 같은 꼴로 되풀이되어 어찌씨를 생성하지만,
　　'버정-'은 '버정버정'으로 되풀이되지 않는다.

*오글

　오글거리다<좁은 그릇에서 적은 물이나 찌개 따위가 거품을 일으키
　　　며 자꾸 요란스럽게 끓어오르다.>

　오글오글<좁은 그릇에서 적은 물이나 찌개 따위가 자꾸 요란스럽게
　　　끓는 소리. 또는 그 모양>

*자글

　자글거리다<적은 양의 액체나 기름 따위가 걸쭉하게 잦아들면서 자
　　　꾸 소리를 내며 끓다.>

　자글자글<적은 양의 액체나 기름 따위가 걸쭉하게 잦아들면서 자꾸
　　　소리를 내며 끓는 소리. 또는 그 모양>

오물쪼물<행동 따위를 분명하게 하지 못하고 자꾸 망설이며 흐리멍덩
　　　하게 하는 모양>

*오물

　오물거리다<말을 조금 시원스럽게 하지 아니하고 입 안에서 중얼거
　　　리다.>

　오물오물<말을 조금 시원스럽게 하지 아니하고 입 안에서 중얼거리
　　　는 모양>

*쪼물

　쪼물거리다<말이나 행동을 선뜻 하지 못하고 자꾸 꼬물거리다.>

　쪼물쪼물<말이나 행동을 선뜻 하지 못하고 자꾸 꼬물거리는 모양>

올강볼강<단단하고 오돌오돌한 물건이 잘 씹히지 아니하고 입 안에서
　　　요리조리 자꾸 미끄러지거나 볼가지는 모양>

*올강

　올강거리다<단단하고 오돌오돌한 물건이 잘 씹히지 아니하고 입 안
　　　에서 요리조리 자꾸 미끄러지다.>

　올강올강<단단하고 오돌오돌한 물건이 잘 씹히지 아니하고 입 안에
　　　서 요리조리 자꾸 미끄러지는 모양>

*볼강

　볼강거리다<질기고 단단한 물건이 잘 씹히지 아니하고 입 안에서
　　　요리조리 자꾸 볼가지다.>

　볼강볼강<질기고 단단한 물건이 잘 씹히지 아니하고 입 안에서 요
　　　리조리 자꾸 볼가지는 모양>

올근볼근<질긴 물건을 입안에 넣고 볼을 오물거리며 볼가지게 씹는

모양>

　　*올근

　　올근거리다<질긴 물건을 입에 넣고 볼을 오물거리며 계속 씹다.>

　　올근올근<질긴 물건을 입에 넣고 볼을 오물거리며 계속 씹는 모양>

　　*볼근

　　볼근거리다<조금 질기고 단단한 물건이 자꾸 입 안에서 씹히다.>

　　볼근볼근<조금 질기고 단단한 물건이 자꾸 입 안에서 씹히는 모양>

올랑촐랑<①작은 물결이 여기저기 조금씩 부딪치는 소리. ②작은 그릇
　　에 담긴 물이 이리저리 조금씩 흔들리는 소리>

　　*올랑

　　올랑거리다<잇따라 흔들리다.>

　　올랑올랑<작은 물결이 잇따라 흔들리는 모양>

　　*촐랑

　　촐랑거리다<이리저리 자꾸 거칠게 흔들리다.>

　　촐랑촐랑<이리저리 자꾸 거칠게 흔들리는 모양>

와글바글<사람, 짐승, 벌레 등이 한곳에 많이 모여 자꾸 떠들며 움직
　　이는 모양>

　　*와글

　　와글거리다<(사람이나 벌레가) 한곳에 복잡하게 모여서 자꾸 떠들거
　　　　나 움직이다.>

　　와글와글<사람이나 벌레 따위가 한곳에 많이 모여 자꾸 떠들거나
　　　　움직이는 모양>

　　*바글

　　바글거리다<(사람이나 벌레가 좁은 곳에서) 많이 모여 어수선하게
　　　　자꾸 움직이다.>

　　바글바글<사람이나 벌레 따위가 한곳에 많이 모여 어수선하게 자꾸
　　　　움직이는 모양>

우글부글<①그릇에서 물이나 찌개 따위가 거품을 일으키며 자꾸 요란
　　스럽게 끓어오르는 소리. 또는 그 모양. ②마음속에서 분이나 화
　　따위가 자꾸 끓어오르는 모양>

　　*우글

　　우글거리다<그릇에서 물이나 찌개 따위가 요란스럽게 끓어오르다.>

　　우글우글<그릇에서 물이나 찌개 따위가 자꾸 요란스럽게 끓어오르

는 소리. 또는 그 모양>

　＊부글

　부글거리다<많은 양의 액체가 잇따라 야단스럽게 끓다.>

　부글부글<많은 양의 액체가 잇따라 야단스럽게 끓는 소리. 또는 그
　　　모양>

우글지글<그릇에서 물이나 찌개 따위의 액체가 자꾸 요란스럽게 끓는
　　　소리>

　＊우글

　우글거리다<(물이나 찌개가) 그릇에서 자꾸 요란스럽게 끓어오르다.>

　우글우글<그릇에 담긴 물이나 찌개 따위가 요란스럽게 끓어오르는
　　　소리. 또는 그 모양>

　＊지글

　지글거리다<(물이나 기름 따위의 액체가) 걸쭉하게 졸아들면서 자꾸
　　　끓는 소리가 나다.>

　지글지글<물이나 기름 따위의 액체가 걸쭉하게 졸아들면서 자꾸 끓
　　　는 소리>

우물쭈물<행동 따위를 분명하게 하지 못하고 자꾸 망설이며 흐리멍덩
　　　하게 하는 모양>

　＊우물

　우물거리다<말이나 행동을 시원스럽게 하지 아니하고 입안에서 중
　　　얼거리다.>

　우물우물<말을 시원스럽게 하지 아니하고 입 안에서 자꾸 중얼거리
　　　는 모양>

　＊쭈물

　쭈물거리다<말이나 행동을 선뜻 하지 못하고 꾸물거리다.>

　쭈물쭈물<말이나 행동을 선뜻 하지 못하고 자꾸 꾸물거리는 모양>

울겅불겅<단단하고 우둘우둘한 물건이 잘 씹히지 않고 입 안에서 이
　　　리저리 자꾸 미끄러지거나 불거지는 모양>

　＊울겅

　울겅거리다<단단하거나 우둘우둘한 물건이 잘 씹히지 않고 입 안에
　　　서 이리저리 자꾸 미끄러지다.>

　울겅울겅<단단하고 우둘우둘한 물건이 잘 씹히지 않고 입 안에서
　　　이리저리 자꾸 미끄러지는 모양>

*불경

불경거리다<질기고 단단한 물건이 잘 씹히지 않고 입 안에서 자꾸
이리저리 불거지다.>

불경불경<질기고 단단한 물건이 잘 씹히지 않고 입 안에서 자꾸 이
리저리 불거지는 모양>

울근불근<질긴 물건을 입에 넣고 불을 우물거리며 볼거지게 씹는 모양>

*울근

울근거리다<긴 물건을 입에 넣고 우물거리며 계속 씹다.>

울근울근<긴 물건을 입에 넣고 우물거리며 계속 씹는 모양>

*불근

불근거리다<질기고 단단한 물건이 입 안에서 자꾸 씹히다. 또는 그
것을 자꾸 씹다.>

불근불근<질기고 단단한 물건이 입 안에서 자꾸 씹히는 모양>

이죽야죽<이죽거리며 야죽거리는 모양>

*이죽

이죽거리다<'이기죽거리다<자꾸 밉살스럽게 지껄이며 짓궂게 빈정
거리다.>'의 준말>

이죽이죽<'이기죽이기죽<자꾸 밉살스럽게 지껄이며 짓궂게 빈정거
리는 모양>'의 준말>

*야죽

야죽거리다<'야기죽거리다<자꾸 밉살스럽게 재깔이며 짓궂게 빈정
거리다.>'의 준말>

야죽야죽<'야기죽야기죽<자꾸 밉살스럽게 재깔이며 짓궂게 빈정거
리는 모양>'의 준말>

일긋얄긋<짜인 물건의 사개가 맞지 아니하게 이리저리 자꾸 비뚤어지
는 모양>

*일긋

일긋거리다<짜인 물건의 사개가 맞지 아니하고 느슨하여 이리저리
자꾸 비뚤어지다.>

일긋일긋<짜인 물건의 사개가 맞지 아니하고 느슨하여 이리저리 자
꾸 비뚤어지는 모양>

*얄긋

얄긋거리다<짜인 물건의 사개가 맞지 아니하고 느슨하여 이리저리

자꾸 배뚤어지다.>

얄긋얄긋<짜인 물건의 사개가 맞지 아니하고 느슨하여 이리저리 자
　　꾸 배뚤어지는 모양>

일쭉얄쭉<허리를 좌우로 가볍고 고르지 아니하게 자꾸 흔드는 모양>

　*일쭉

　일쭉거리다<허리를 좌우로 거볍게 자꾸 흔들다.>

　일쭉일쭉<허리를 좌우로 거볍게 자꾸 흔드는 모양>

　*얄쭉

　얄쭉거리다<허리를 좌우로 가볍게 자꾸 흔들다.>

　얄쭉얄쭉<허리를 좌우로 가볍게 자꾸 흔드는 모양>

헐근할근<숨이 가빠 자꾸 거칠게 쉬는 모양>

　*헐근

　헐근거리다<숨이 가빠 자꾸 몹시 헐떡이며 그르렁거리다.>

　헐근헐근<숨이 가빠 자꾸 몹시 헐떡이며 그르렁거리는 모양>

　*할근

　할근거리다<숨이 가빠 자꾸 할딱이며 가르랑거리다.>

　할근할근<숨이 가빠 자꾸 할딱이며 가르랑거리는 모양>

이 짜임새에 해당하는 것으로, 세 음절의 바탕소와 되풀이소로 이루어
진 비슷한 꼴 되풀이 어찌씨는 아래와 같으며, 바탕소와 되풀이소는 첫
음절에서만 차이를 보인다.

왁다글닥다글<작고 단단한 물건들이 다른 물건에 야단스럽게 부딪히
　　　　면서 잇따라 굴러 가는 소리. 또는 그 모양>

　*왁다글

　왁다글거리다<작고 단단한 물건들이 함부로 부딪치며 굴러가는 소
　　　　리가 잇따라 나다.>

　왁다글왁다글<작고 단단한 물건들이 잇따라 함부로 부딪치며 굴러
　　　　가는 소리. 또는 그 모양>

　*닥다글

　닥다글거리다<작고 단단한 물건이 다른 단단한 물건에 부딪치면서
　　　　굴러가는 소리가 잇따라 나다.>

닥다글닥다글<작고 단단한 물건이 다른 단단한 물건에 잇따라 부딪
　　치면서 굴러가는 소리. 또는 그 모양>
왁시글덕시글[31]<많은 사람이나 동물이 어지럽게 뒤섞여 몹시 붐비는
　　모양>
　*왁시글
　　왁시글거리다<많은 사람이나 동물이 한데 모여 몹시 복잡하게 들끓다.>
　　왁시글왁시글<많은 사람이나 동물이 한데 모여 몹시 복잡하게 들끓
　　　는 모양>
　*득시글
　　득시글거리다<사람이나 동물 따위가 떼로 모여 자꾸 어수선하게 들
　　　끓다.>
　　득시글득시글<사람이나 동물 따위가 떼로 모여 자꾸 어수선하게 들
　　　끓는 모양>
욱시글득시글[32]<여럿이 한데 모여 몹시 어지럽게 들끓는 모양>
　*욱시글
　　욱시글거리다<여럿이 한데 많이 모여 몹시 들끓다.>
　　욱시글욱시글<여럿이 한데 많이 모여 몹시 들끓는 모양>
　*득시글
　　득시글거리다<사람이나 동물 따위가 떼로 모여 자꾸 어수선하게 들
　　　끓다.>
　　득시글득시글<사람이나 동물 따위가 떼로 모여 자꾸 어수선하게 들
　　　끓는 모양>
웍더글덕더글<크고 단단한 물건들이 다른 물건에 야단스럽게 부딪치
　　면서 잇따라 굴러가는 소리. 또는 그 모양>
　*웍더글
　　웍더글거리다<크고 단단한 물건들이 함부로 부딪치면서 굴러가는
　　　소리가 잇따라 나다.>
　　웍더글웍더글<크고 단단한 물건들이 잇따라 함부로 부딪치면서 굴
　　　러가는 소리. 또는 그 모양>
　*덕더글

---

31) 준말로 '왁실덕실'이 있다.
32) 준말로 '욱실득실'이 있다.

덕더글거리다<크고 단단한 물건이 다른 단단한 물체에 부딪치면서
        굴러가는 소리가 잇따라 나다.>
덕더글덕더글<크고 단단한 물건이 다른 단단한 물체에 부딪치면서
        굴러가는 소리. 또는 그 모양>
일기죽얄기죽<입이나 허리 따위를 이리저리 느리고 고르지 아니하게
        움직이는 모양>
  *일기죽
  일기죽거리다<입이나 허리 따위가 이리저리 느리게 자꾸 움직이다.
        또는 그렇게 되게 하다.>
  일기죽일기죽<입이나 허리 따위를 이리저리 느리게 자꾸 움직이는
        모양>
  *얄기죽
  얄기죽거리다<입이나 허리 따위를 이리저리 느리게 조금씩 자꾸 움
        직이다.>
  얄기죽얄기죽<입이나 허리 따위를 이리저리 느리게 조금씩 자꾸 움
        직이는 모양>

2.1.2.8. 바탕소-'-거리다' 결합 뿌리, 되풀이소-불구 뿌리

비슷한 꼴 되풀이 어찌씨 가운데, '-거리다'와 결합하여 쓰이는 바탕
소와, 불구 뿌리의 되풀이소이거나 오직 바탕소 다음에만 결합되어 형태
소 자격이 의심스러운 유일 뿌리의 되풀이소가 결합하여 생성된 비슷한
꼴 되풀이 어찌씨가 이 짜임새에 해당한다. '-거리다' 결합 뿌리인 바탕
소는 대체로 그대로 되풀이되어 같은 꼴 되풀이 어찌씨가 생성되었다.
유일 뿌리로 이루어진 되풀이소는 대부분 단순형식에 해당하는 유일형
태소이다. 이 짜임새에 해당하는 보기는 비교적 많은 편이다.

  갈팡질팡<갈피를 잡지 못하고 이리저리 헤매는 모양>
  *갈팡
  갈팡거리다<방향을 정하지 못하고 이리저리 헤매는 모양>
  *갈팡갈팡33)

  *질팡
  ―질팡<'갈팡―' 뒤에만 결합됨>
 시들부들<①약간 시들어 생기가 없고 부드러운 모양. ②새로운 맛이나
         생기가 없어 시들한 모양>
  *시들
   시들거리다<시들면서 차차 생기가 없어지다.>
   시들시들<약간 시들어 힘이 없는 모양>
  *부들
  ―부들<'부들―'34), '시들―' 뒤에만 결합됨>
 시룽새룽<마음이 들떠 어수선하고 갈팡질팡하는 모양>
  *시룽
   시룽거리다<실없이 까불며 자꾸 지껄이다.>
   시룽시룽<매우 방정맞게 까불며 자꾸 실없이 지껄이는 모양>
  *새룽
  ―새룽<'시룽―' 뒤에만 결합됨>
 실떡벌떡35)<실없이 쓸데없는 말을 자꾸 하는 모양>
  *실떡
   실떡거리다<실없이 웃으며 쓸데없는 말을 자꾸 하다.>
   실떡실떡<실없이 웃으며 쓸데없는 말을 자꾸 하는 모양>
  *벌떡36)
  ―벌떡<'실떡―' 뒤에만 결합됨>
 오물조물<입안에 있는 음식을 삼키지 않고 조금씩 자꾸 씹는 모양>
  *오물

---

33) '―거리다' 결합 뿌리는 대부분 같은 꼴로 되풀이되어 어찌씨를 생성하지만, '갈
   팡―'은 '갈팡갈팡'을 생성하지 못한다.

34) '―거리다'가 결합되지 못하는 '부들―'은 같은 꼴로 되풀이되어 <살갖에 닿는
   느낌이 매우 부드러운 모양>란 뜻의 되풀이 어찌씨 '부들부들'이 생성된다.

35) '실떡―거리다'의 뿌리 '실떡―'은 같은 꼴로 되풀이되어 어찌씨 '실떡실떡<실없
   이 웃으며 쓸데없는 말을 자꾸 하는 모양>'을 생성한다. 또한 비슷한 꼴로 되풀
   이되어 '실떡실떡'과 비슷한 뜻의 '실떡벌떡'을 생성하지만, '실떡벌떡'은 말살이
   에서 많이 쓰이고 있음에도 사전에는 올림말로 실려 있지 않다.

36) 어찌씨로 <눕거나 앉아 있다가 갑자기 큰 동작으로 급하게 일어나는 모양>의
   '벌떡'이 있지만, 여기서의 '벌떡―'과는 뜻에서 아무런 관련이 없다.

오물거리다<입안에서 삼키지 않은 채 자꾸 씹다.>

오물오물<입안에 있는 음식을 삼키지 않고 조금씩 자꾸 씹는 모양>

*조물

－조물<‘오물－’, ‘조물－’37) 뒤에 결합됨>

옥신각신<서로 옳거니 그르거니 하면서 다투는 모양>

*옥신

옥신거리다<서로 옳으니 그르니 자꾸 다투다.>

옥신옥신<서로 옳으니 그르니 자꾸 다투는 모양>

*각신

－각신<‘옥신－’ 뒤에만 결합됨>

올공볼공<단단하고 오돌오돌한 물건이 잘 씹히지 아니하고 입 안에서
　　　요리조리 자꾸 미끄러지는 모양>

*올공

올공거리다<단단하고 오돌오돌한 물건이 입 안 깊숙이에서 잘 씹히
　　　지 아니하고 입 안에서 요리조리 자꾸 미끄러지다. 또는 그렇게
　　　되다.>

올공올공<단단하고 오돌오돌한 물건이 입 안 깊숙이에서 잘 씹히지
　　　아니하고 입 안에서 요리조리 자꾸 미끄러지는 모양>

*볼공

－볼공<‘올공－’ 뒤에만 결합됨>

욱신덕신<여럿이 한데 모여 몹시 어수선하게 움직이는 모양>

*욱신

욱신거리다<(여러 사람이) 한데 많이 뒤섞여 몹시 어수선하게 자꾸
　　　움직이다.>

욱신욱신<여럿이 한데 많이 뒤섞여 몹시 어수선하게 자꾸 움직이는
　　　모양>

*덕신

－덕신<‘욱신－’ 뒤에만 결합됨>

으등부등<무엇을 이루려고 몹시 애를 쓰거나 우겨대는 모양>

*으등

---

37) ‘－거리다’가 결합되지 못하는 ‘조물－’은 같은 꼴로 되풀이되어 <작은 손놀림으
　　로 자꾸 주무르듯이 만지는 모양>란 뜻의 되풀이 어찌씨 ‘조물조물’이 생성된다.

으등거리다<몹시 기를 쓰며 고집을 부리거나 애를 쓰다.>
으등으등<몹시 기를 쓰며 고집을 부리거나 애를 쓰는 모양>
*부등
-부등<'으등-' 뒤에만 결합됨>
허덕지덕<정신을 못 차릴 정도로 힘에 부쳐 자꾸 쩔쩔매거나 괴로워
하며 애쓰는 모양>
*허덕
허덕거리다<힘에 부쳐 자꾸 쩔쩔매거나 괴로워하며 애쓰다.>
허덕허덕<힘에 부쳐 자꾸 쩔쩔매거나 괴로워하며 애쓰는 모양>
*지덕
-지덕<'허덕-' 뒤에만 결합됨>
허둥지둥<정신을 차릴 수 없을 만큼 갈팡질팡하며 다급하게 서두르는
모양>
*허둥
허둥거리다<어찌할 줄을 몰라 갈팡질팡하며 다급하게 서두르다.>
허둥허둥<어찌할 줄을 몰라 갈팡질팡하며 다급하게 서두르는 모양>
*지둥
-지둥<'허둥-' 뒤에만 결합됨>
흔전만전<매우 넉넉하고 흔한 모양>
*흔전
흔전거리다<생활이 넉넉하여 아쉬움이 없이 돈을 잘 쓰며 지내다.>
흔전흔전<생활이 넉넉하여 아쉬움이 없이 돈을 잘 쓰며 지내는 모양>
*만전
-만전38)<'흔전-' 뒤에만 결합됨>
흥뚱항뚱<어떤 일에 정신을 온전히 쓰지 아니하고 꾀를 부리거나 마
음이 들떠 행동하는 모양>
*흥뚱
흥뚱거리다<어떤 일에 정신을 온전히 쓰지 못하고 마음이 들떠 건
들건들하다.>
*흥뚱흥뚱39)

---

38) 같은 꼴인 이름씨 '萬全<조금도 허술함이 없이 아주 완전함>'이 있으나, 뜻에서
관련이 없다.

　　*항뜽
　　－항뜽<‘흥뚱－’ 뒤에만 결합됨>
　　흥청망청<①흥에 겨워 마음대로 즐기는 모양. ②돈이나 물건 따위를
　　　　마구 쓰는 모양>
　　*흥청
　　흥청거리다<흥에 겨워 마음껏 거드럭거리다.>
　　흥청흥청<흥에 겨워 마음껏 거드럭거리는 모양>
　　*망청
　　－망청<‘흥청－’ 뒤에만 결합됨>

이 짜임새에 해당하는 것으로, 세 음절의 바탕소와 되풀이소로 이루어진 비슷한 꼴 되풀이 어찌씨는 아래와 같으며, 바탕소와 되풀이소는 첫 음절에서만 차이를 보인다.

　　시드럭부드럭<꽃이나 풀 따위가 시들고 말라서 윤기가 없고 거친 모양>
　　*시드럭
　　시드럭거리다40)<꽃이나 풀 따위가 시들고 말라서 생기가 없다.>
　　시드럭시드럭<꽃이나 풀 따위가 시들고 말라서 생기가 없고 거친
　　　　모양>
　　*부드럭
　　－부드럭<‘시드럭－’ 뒤에만 결합됨>
　　이렁성저렁성<자꾸 이런 모양 저런 모양으로 대중없이>
　　*이렁성
　　이렁성거리다<자꾸 이런 모양 저런 모양으로 대중이 없이 하다.>
　　*이렁성이렁성41)

---

39) 일반적으로 ‘－거리다’ 결합 가능 뿌리는 같은 꼴로 되풀이되어 되풀이 어찌씨가 생성되지만, ‘흥뚱－’은 같은 꼴로 되풀이되지 않는다. 곧 ‘흥뚱흥뚱’이란 되풀이 어찌씨는 존재하지 않는다.

40) ‘시드럭거리다’가 사전류에 올림말로 실려 있지 않지만, ‘시드럭시드럭’이란 같은 꼴 되풀이 어찌씨가 존재하는 것으로 보아 ‘시드럭거리다’가 낱말로서의 자격이 있는 것으로 보인다.

41) 일반적으로 ‘－거리다’ 결합 가능 뿌리는 같은 꼴로 되풀이되어 되풀이 어찌씨가

*저렁성

−저렁성<‘그렁성−’, ‘이렁성−’뒤에만 결합됨>

2.1.2.9. 바탕소와 되풀이소−‘−하다’ 결합 뿌리

비슷한 꼴 되풀이 어찌씨 가운데 바탕소와 되풀이소가 ‘−하다’ 결합 뿌리인 것들이 이 짜임새에 해당한다. 바탕소와 되풀이소가 ‘−하다’ 결합 뿌리이기 때문에 ‘−거리다’ 결합 뿌리에서와 달리 같은 꼴 되풀이 어찌씨가 생성되는 경우도 있고 없는 경우도 있다. 이 짜임새에 속하는 보기는 그리 많은 편은 아니다.

아릿자릿<①전기가 오른 것처럼 몹시 아리고 저린 느낌. ②순간적으로
　　　크게 위태로움을 느껴 정신을 잃고 쓰러질 듯한 느낌>
　*아릿
　아릿하다<조금 아린 느낌이 있다.>
　아릿아릿<몹시 아린 느낌>
　*자릿
　자릿하다<조금 자린 듯하다.>
　자릿자릿<매우 또는 자꾸 자린 뜻한 느낌>
알근달근<맛이 조금 매우면서 달짝지근한 느낌>
　*알근
　알근하다<매워서 입안이 조금 알알하다.>
　알근알근<매워서 입안이 매우 알알한 느낌>
　*달근
−달근<본디 ‘달금’에서 변형된 것으로 보임. ‘알근−’ 뒤에만 결합됨>
　달금하다<감칠맛이 있게 꽤 달다.>
　*달근달근/*달금달금
알뜰살뜰<①일이나 살림을 정성껏 규모 있게 꾸려 가는 모양. ②다른
　　　사람에게 정성을 쏟는 모양>

생성되지만, ‘이렁성−’은 같은 꼴로 되풀이되지 않는다. 곧 ‘이렁성이렁성’이란 되풀이 어찌씨는 존재하지 않는다.

알뜰42)<생활비를 아끼며 규모 있는 살림을 함>

　　알뜰하다<①일이나 살림을 정성스럽고 규모 있게 하여 빈틈이 없다.
　　　②다른 사람을 아끼고 위하는 마음이 참되고 지극하다.>

　*알뜰알뜰

　*살뜰

　　살뜰하다<①일이나 살림을 매우 정성스럽고 규모 있게 하여 빈틈이
　　　없다. ②사랑하고 위하는 마음이 자상하고 지극하다.>

　*살뜰살뜰

어긋버긋<여럿이 고르지 못하고 서로 어그러지고 버그러진 모양>

　*어긋

　　어긋하다<물건의 각 조각이 이가 맞지 아니하여 끝이 약간씩 어긋
　　　나 있다.>

　　어긋어긋<물건의 각 조각이 이가 맞지 아니하여 끝이 약간씩 어긋
　　　나 있는 모양>

　*버긋

　　버긋하다<맞붙은 곳에 틈이 조금 벌어져 있다.>

　*버긋버긋

어슷비슷<①큰 차이 없이 서로 비슷비슷한 모양. ②이리저리 쏠리어
　　　가지런하지 않은 모양>

　*어슷

　　어슷하다<한쪽으로 조금 기울다.>

　　어슷어슷<여럿이 다 한쪽으로 조금 기울어진 모양>

　*비슷

　　비슷하다<서 있거나 세워진 모습이 바르지 아니하고 한쪽으로 약간
　　　기울어져 있다.>

　　비슷비슷<여럿이 다 같은 모양>

오복소복<자그마한 것들이 한데 많이 모여 다보록하고 소복한 모양>

　*오복

　　오복하다<'오보록하다<자그마한 것들이 한데 많이 모여 다보록하

---

42) 주로 일부의 이름씨 앞에서 매김말로 쓰여 <일이나 살림을 규모 있게 하여 헤프
　　지 않고 실속이 있음>을 뜻하는 이름씨에 해당하지만, '알뜰살뜰'에서의 '알뜰'
　　은 '알뜰하다'에서 온 것으로 보았다.

다.>’의 준말>

    *오복오복

    *소복

    소복하다<쌓이거나 담긴 물건이 볼록하게 많다.>

    소복소복<쌓이거나 담긴 물건이 여럿이 다 볼록하게 많은 모양>

요럭조럭<①정한 방법이 따로 없이 요렇게 조렇게 되어 가는 대로. ②
    요렇게 조렇게 하는 사이에 어느덧>

    *요럭

    요럭하다<‘요렇게 하다’가 줄어든 말>

    *요럭요럭

    *조럭

    조럭하다<‘조렇게 하다’가 줄어든 말>

    *조럭조럭

우북수북<한데 많이 모여 더부룩하고 수북한 모양>

    *우북

    우북하다(‘우부룩하다<한데 많이 모여 더부룩하다.>’의 준말)

    *우북우북

    *수북

    수북하다<쌓이거나 담긴 물건이 불룩하게 많다.>

    수북수북<쌓이거나 담긴 물건이 여럿이 다 불룩하게 많은 모양>

이럭저럭<①정한 방법이 따로 없이 이렇게 저렇게 되어가는 대로. ②
    이렇게 저렇게 하는 사이에 어느덧>

    *이럭

    이럭하다<이렇게 하다.>

    *이럭이럭

    *저럭

    -저럭하다<저렇게 하다.>

    *저럭저럭

이만저만<이만하고 저만한 정도로>

    이만<이 정도로 하고>

    이만하다<상태, 모양, 성질 따위의 정도가 이러하다.>

    *이만이만

    *저만

저만하다<상태, 모양, 성질 따위의 정도가 저러하다.>
  *저만저만

2.1.2.10. 바탕소 – ‘– 하다’ 결합 뿌리,
되풀이소 – ‘– 거리다’ 결합 뿌리

비슷한 꼴 되풀이 어찌씨 가운데, 바탕소는 ‘–하다’ 결합 뿌리이고 되풀이소가 ‘–거리다’ 결합 뿌리인 것들이 이 짜임새에 해당하지만, 그 보기는 극히 드물다.

  건둥반둥<하던 일을 다 끝내지 못하고 중도에서 그만두는 모양을 나
      타내는 말>
   *건둥
    건둥하다<흐트러지지 않고 잘 정돈되어 깨끗하고 시원스럽다.>
   *반둥
    반둥거리다<아무 일도 하지 않고 빤빤스럽게 놀기만 하다.>

2.1.2.11. 바탕소 – ‘– 하다’ 결합 뿌리, 되풀이소 – 불구 뿌리

비슷한 꼴 되풀이 어찌씨 가운데 바탕소는 ‘–하다’ 결합 뿌리이고 되풀이소가 불구 뿌리이거나 유일 뿌리인 것들이 이 짜임새에 해당한다. 되풀이소는 단순형식의 유일형태소인 것도 있고 둘 이상의 형태소로 결합된 복합형식의 유일 뿌리인 것들도 있다. 이 짜임새에 해당하는 보기도 비교적 드문 편이다.

  볼만장만<보기만 하고 간섭하지 않는 모양>
   *볼만
    볼만하다<보기만 하고 시비를 가리거나 참견하지 아니하다.>
   *장만
   –장만<‘볼만–’ 뒤에만 결합됨>
  이러구러<①이럭저럭 일이 진행되는 모양. ②이럭저럭 시간이 흐르는

　　　　모양>
　　*이러
　　　이러하다<성질, 상태, 모양 따위가 이러하다.>
　　*구러
　　－구러<‘그러－’, ‘이러－’ 뒤에만 결합됨>
그러구러<그럭저럭 일이 진행되는 모양>
　　*그러
　　　그러하다<성질, 모양, 상태 따위가 그러하다.>
　　*구러
　　－구러<‘그러－’, ‘이러－’ 뒤에만 결합됨>
흐리마리<생각이나 기억, 일 따위가 분명하지 아니한 모양>
　　*흐리
　　　흐리다43)<기억력이나 판단력 따위가 분명하지 아니하다.>
　　*마리
　　－마리<‘흐리－’ 뒤에만 결합됨>

2.1.2.12. 바탕소－‘－하다’ 결합 뿌리, 되풀이소－이름씨

　비슷한 꼴 되풀이 어찌씨 가운데 바탕소는 ‘－하다’ 결합 뿌리이고 되풀이소가 이름씨인 것들이 이 짜임새에 해당하지만 그 보기는 극히 드물다. 바탕소와 되풀이소가 각각 세 음절인 것들이 있으며, 첫째 음절에서만 차이를 보인다.

오그랑쪼그랑44)<여러 군데가 안쪽으로 오목하게 들어가고 주름이 많
　　　이 지게 쪼그라진 모양>
　　*오그랑
　　　오그랑하다<안쪽으로 조금 오목하게 들어가거나 주름이 져 있다.>
　　　오그랑오그랑<여러 군데가 안쪽으로 오목하게 들어가고 주름이 많
　　　이 잡힌 모양>

---

43) ‘－다’ 결합 뿌리이지만 ‘흐릿하다’도 쓰일 수 있기 때문에 이 짜임새에 포함시켰다.
44) 준말로 ‘오글쪼글’이 있다.

쪼그랑45)<=쪼그랑이. 쪼그라지고 볼품없이 작아진 물건>
우그렁쭈그렁<여러 군데가 안쪽으로 우묵하게 들어가고 주름이 많이
　　　지게 쭈그러진 모양>
　＊우그렁
　우그렁하다<안쪽으로 조금 우묵하게 들어가거나 주름이 져 있다.>
　우그렁우그렁<여러 군데가 안쪽으로 우묵하게 들어가고 주름이 많
　　　이 잡힌 모양>
　쭈그렁<쭈그러져 볼품없이 작아진 물건>

2.1.2.13. 바탕소－불구 뿌리, 되풀이소－'－하다' 결합 뿌리

비슷한 꼴 되풀이 어찌씨 가운데 바탕소는 불구 뿌리이고 되풀이소가
'－하다' 결합 뿌리인 것들이 이 짜임새에 해당하지만 그 보기는 극히
드물다.

　　울근불근<①몸이 여위어 갈빗대가 드러나 보이는 모양. ②근육이나 힘
　　　줄 따위가 고르지 않게 여기저기 조금씩 불거져 나온 모양>
　＊울근
　울근－<'－불근' 앞에만 결합됨>
　＊불근
　불근불근하다46)<여기저기가 불거져 조금 두두룩하다.>
　　울퉁불퉁<물체의 거죽이나 면이 고르지 않게 여기저기 몹시 나오고
　　　들어간 모양>
　＊울퉁
　울퉁－<'－불퉁' 앞에만 결합됨>
　＊불퉁
　불퉁하다<툭 불거져 있다.>

---

45) '쪼그랑'과 결합관계를 이루어 생성된 낱말로는, 쪼그랑이<쪼그라지고 볼품없이
　　작아진 물건>/쪼그랑박<잘 굳지 못하여 볼품없이 작아진 물건>이 있다.
46) <불거져 조금 두두룩하다>란 뜻의 '불근하다'란 낱말은 없지만, '불근불근하다'
　　란 낱말이 있기 때문에 이 짜임새에 포함시켰다.

2.1.2.14. 바탕소-불구뿌리, 되풀이소-'-거리다' 결합 뿌리

비슷한 꼴 되풀이 어찌씨 가운데 바탕소는 불구 뿌리이고 되풀이소가 '-거리다' 결합 뿌리인 것들이 이 짜임새에 해당하지만 그 보기는 극히 드문 편이다. 다음 보기에서의 바탕소 '왜뚤-'과 '우걱-'은 결합될 수 있는 뿌리가 하나 이상이지만 극히 제한된 뿌리에 결합되기 때문에 불구 뿌리에 포함시켰다.

왜뚤비뚤<이리저리 비뚤어진 모양>
　*왜뚤
　　왜뚤-<'-비뚤', '-삐뚤', '-왜뚤' 앞에만 결합됨>
　　왜뚤왜뚤<이리 저리 매우 비뚤어진 모양>
　*비뚤
　　비뚤거리다<물체가 이리저리 기울어지며 자꾸 흔들리다. 또는 그렇
　　　게 하다.>
　　비뚤비뚤<물체가 이리저리 기울어지며 자꾸 흔들리는 모양>
왜뚤삐뚤<이리저리 비뚤어진 모양. '왜뚤비뚤'보다 센 느낌>
　*왜뚤
　　왜뚤-<'-비뚤', '-삐뚤', '-왜뚤' 앞에만 결합됨>
　　왜뚤왜뚤<이리 저리 매우 비뚤어진 모양>
　*삐뚤
　　삐뚤거리다<물체가 이리저리 기울어지며 자꾸 흔들리다. 또는 그렇
　　　게 하다. '비뚤거리다'보다 센 느낌>
　　삐뚤삐뚤<물체가 이리저리 기울어지며 자꾸 흔들리는 모양. '비뚤
　　　비뚤'보다 센 느낌>
우걱지걱<짐을 실은 마소나 달구지가 움직일 때마다 짐이 이리저리
　　　쏠리면서 나는 소리>
　*우걱
　　우걱-<'-우걱'과 '-지걱' 앞에만 결합됨>
　　우걱우걱<짐을 진 마소가 걸음을 걸을 때마다 잇따라 나는 소리>

　＊지격
　　지격거리다<크고 단단한 물건이 서로 닿아 갈리는 소리가 자꾸 나다.>
　＊지격지격[47)

2.1.2.15. 바탕소와 되풀이소 - 불구 뿌리

비슷한 꼴 되풀이 어찌씨 가운데 바탕소가 뒤에 놓이는 비슷한 꼴의 되풀이소에만 결합되며, 그 되풀이소도 앞에 놓이는 바탕소에만 결합되는 불구형태소이거나 불구 뿌리인 것들이 이 짜임새에 해당한다.

바탕소와 되풀이소가 유일형태소인 것들은 유일형태소 자체의 뜻이 불분명하기 때문에 전체를 단순형식의 어찌씨로 간주할 가능성도 있다. 바탕소와 되풀이소로 분석하지 않고 통틀어 한 형태소로 이루어진 어찌씨로 처리하지 않는 까닭은 바탕소에 해당하는 부분과 되풀이소에 해당하는 부분이 직관적으로 볼 때, 불분명하나마 뜻을 가지고 있는 것으로 보이며, 또한 비슷한 꼴의 다른 짜임새와의 관계에서도 분석하는 것이 합리적이기 때문이다.

바탕소와 되풀이소가 각각 둘 이상의 형태소가 결합된 복합형식의 뿌리인 경우에도 유일 뿌리에 해당하며, 형태소 분석 자체도 분명하게 이루어지가 힘든 것들이 많다.

이 짜임새에 해당하는 보기는 대단히 많으며, 바탕소와 되풀이소의 형태적 특성에 따라 단순형식 바탕소와 되풀이소, 복합형식 바탕소와 되풀이소, 3음절 바탕소와 되풀이소로 나누어 살피기로 한다.

가. 단순형식 - 바탕소와 되풀이소

비슷한 꼴 되풀이 어찌씨로, 불구형태소인 바탕소와 되풀이소가 결합하였지만, 어떤 바탕소와 되풀이소는 오직 하나의 뿌리에만 결합하지 않

---

47) 일반적으로 '-거리다' 결합 뿌리는 되풀이되어 같은 꼴 되풀이 낱말을 생성하지만, '지격-'은 '지격지격'을 생성하지 않는 특이성을 보인다.

고 두세 개의 뿌리에 결합하는 것도 있다. 일부 유일형태소들도 불구형태소와 구별하지 않고 불구형태소의 범주에 넣어 함께 다루기로 한다. 이 짜임새에 해당하는 보기는 대단히 많은 편으로, 바탕소와 되풀이소가 유일 뿌리인 것이 대부분을 차지한다.

곰비임비<물건이 거듭 쌓이거나 일이 계속 일어남을 나타내는 말>
  *곰비
   곰비-<'-임비' 앞에만 결합됨>
  *임비
  -임비<'곰비-' 뒤에만 결합됨>
귀등대등<말이나 행동 따위를 아무렇게나 하는 모양>
  *귀등
   귀등-<'-대등' 앞에만 결합됨>
  *대등
  -대등<'귀등-' 뒤에만 결합됨>
내광쓰광<서로 사이가 좋지 아니하여 만나도 모른 체 하며 냉정하게
        대하는 모양>
  *내광
   내광-<'-쓰광' 앞에만 결합됨>
  *쓰광
  -쓰광<'내광-' 뒤에만 결합됨>
다짜고짜<옳고 그름을 가리지 아니하고 단박에 들이덤벼서>
  *다짜
   다짜-<'-고짜' 앞에만 결합됨>
  *고짜
  -고짜<'다짜-' 뒤에만 결합됨>
되숭대숭[48]<말이나 행동을 버릇없이 함부로 하는 모양을 나타내는 말>
  *되숭
   되숭-<'-대숭' 앞에만 결합됨>

---

48) 『고려대 한국어대사전』에는 어찌씨로 올라 있지만, 『표준국어대사전』에는 '-하다' 결합 뿌리로 올라 있다.

  *대숭

  −대숭<‘되숭−’ 뒤에만 결합됨>

뒤죽박죽49)<여럿이 함부로 뒤섞이고 엉클어져 엉망이 되어. 무질서하게>

  *뒤죽

  뒤죽−<‘−박죽’ 앞에만 결합됨>

  *박죽

  −박죽<‘뒤죽−’ 뒤에만 결합됨>

따따부따<딱딱한 말씨로 따지고 다투는 소리. 또는 그 모양>

  *따따

  따따−<‘−부따’ 앞에만 결합됨>

  *부따

  −부따<‘따따−’ 뒤에만 결합됨>

부랴사랴<매우 부산하고 급하게 서두르는 모양>

  *부랴

  부랴50)−<‘−부랴’, ‘−사랴’ 앞에만 결합됨>

  *사랴

  −사랴<‘부랴−’ 뒤에만 결합됨>

생게망게<하는 행동이나 말이 갑작스럽고 터무니없는 모양>

  *생게

  생게−<‘−망게’ 앞에만 결합됨>

  *망게

  −망게<‘생게−’ 뒤에만 결합됨>

서털구털<말이나 행동이 침착하지 못하며 어설프고 서투른 모양>

  *서털

  서털−<‘−구털’ 앞에만 결합됨>

  *구털

  −구털<‘서털−’ 뒤에만 결합됨>

시득부득<꽃이나 풀 따위가 차차 시드는 모양>

  *시득

---

49) 『표준국어대사전』에는 ‘뒤죽박죽’이 이름씨만 올림말로 올라 있으나, 『연세한국
  어사전』에는 이름씨와 어찌씨로 따로 올라 있다.

50) ‘부랴−’는 같은 꼴로 되풀이되어 <매우 급하게 서두르는 모양>이란 뜻의 되풀
  이 어찌씨 ‘부랴부랴’가 생성되었다.

시득51)-<‘-부득’, ‘-시득’ 앞에만 결합됨>

 *부득

 -부득<‘시득-’ 뒤에만 결합됨>

싱숭생숭<마음이 들떠서 어수선하고 갈팡질팡하는 모양>

 *싱숭

 싱숭-<‘-생숭’ 앞에만 결합됨>

 *생숭

 -생숭<‘싱숭-’ 뒤에만 결합됨>

아근바근<①목재가구나 문틀 따위의 짝 맞춘 자리가 조금씩 벌어져 있
　　는 모양. ②서로 마음이 맞지 아니하여 사이가 벌어지는 모양>

 *아근

 아근-<‘-바근’ 앞에만 결합됨>

 *바근

 -바근<‘아근-’ 뒤에만 결합됨>

아기자기<①여러 가지가 오밀조밀 어울러 예쁜 모양. ②잔재미가 있고
　　즐거운 모양>

 *아기

 아기-<‘-자기’ 앞에만 결합됨>

 *자기

 -자기<‘아기-’ 뒤에만 결합됨>

안절부절<마음이 초조하고 불안하여 어찌할 바를 모르는 모양>

 *안절

 안절-<‘-부절’ 앞에만 결합됨>

 *부절

 -부절<‘안절-’ 뒤에만 결합됨>

알기살기<가는 것이 요리조리 뒤섞여 얽힌 모양>

 *알기

 알기-<‘-살기’ 앞에만 결합됨>

 *살기

 -살기<‘알기-’ 뒤에만 결합됨>

---

51) ‘시득-’은 같은 꼴로 되풀이되어 <꽃이나 풀 따위가 시들고 말라서 힘이 없는
　　모양>이란 뜻의 되풀이 어찌씨 ‘시득시득’이 생성되었다.

알콩달콩<오밀조밀하게 잔재미가 있고 즐거운 모양>

 *알콩

　알콩-<‘-달콩’ 앞에만 결합됨>

 *달콩

-달콩<‘알콩-’ 뒤에만 결합됨>

애면글면<몹시 힘에 겨운 일을 이루려고 갖은 애를 쓰는 모양>

 *애면

　애면-<‘-글면’ 앞에만 결합됨>

 *글면

-글면<‘애면-’ 뒤에만 결합됨>

어금버금<정도나 수준이 서로 비슷한 모양>

 *어금

　어금-<‘-버금’, ‘-지금’ 앞에만 결합됨>

 *버금52)

-버금<‘어금-’ 뒤에만 결합됨>

어금지금<정도나 수준이 거의 비슷한 모양>

 *어금

　어금-<‘-버금’, ‘-지금’ 앞에만 결합됨>

 *지금53)

-지금<‘어금-’ 뒤에만 결합됨>

어뜩비뜩<①행동이 바르거나 단정하지 못한 모양. ②모양이나 자리가
　　　이리저리 어긋나고 비뚤어져 한 줄에 고르게 놓이지 못한 모양>

 *어뜩

　어뜩-<‘-비뜩’ 앞에만 결합됨>

 *비뜩

-비뜩<‘어뜩-’ 뒤에만 결합됨>

어런더런<여러 사람들이 시끄럽게 오락가락 하는 모양>

 *어런

　어런-<‘-더런’ 앞에만 결합됨>

---

52) 같은 꼴로 <등급이나 수준, 차례 따위에서 으뜸의 바로 다음>이란 뜻의 이름씨
　가 있지만, 이와 관계없다.

53) 같은 꼴로 뜻이 다른 이름씨가 여럿 있지만, 이와 관계없다.

*더런

─더런<‘어런─’ 뒤에만 결합됨>

어룩더룩<조금 연하게 여러 가지 빛깔의 점이나 줄 따위가 고르지 아

니하게 무늬를 이룬 모양>

*어룩

어룩─<‘─더룩’, ‘─어룩’54) 앞에만 결합됨>

*더룩

─더룩<‘어룩─’ 뒤에만 결합됨>

어리마리<잠이 든 둥 만 둥하여 정신이 흐릿한 모양>

*어리

어리─<‘─마리’, ‘─바리’, ‘─벙벙’ 앞에 결합됨>

*마리

─마리<‘어리─’ 뒤에만 결합됨>

어리바리<정신이 또렷하지 못하거나 기운이 없어 몸을 제대로 놀리지

못하고 있는 모양>

*어리

어리─<뒤에 결합될 수 있는 요소가 좀 많은 편임55). ‘─바리’ 앞에

결합됨>

*바리

─바리<‘어리─’ 뒤에만 결합됨>

어빡자빡<여럿이 서로 고르지 아니하게 포개어 있거나 자빠져 있는

모양>

*어빡

어빡─<‘─자빡’ 앞에만 결합됨>

*자빡

─자빡<‘어빡─’ 뒤에만 결합됨>

---

54) ‘─어룩’에 결합되면 <조금 연하게 어두운 여러 가지 빛깔의 점이나 줄 따위가 고
르게 무늬를 이룬 모양>이란 뜻의 같은 꼴 되풀이 어찌씨 ‘어룩어룩’이 생성된다.

55) ‘어리─’가 결합되어 생성될 수 있는 낱말로는, 어리벙벙하다<어리둥절하여 갈피
를 잡지 못하다.>, 어리빙빙하다<정신이 얼떨떨하여 갈피를 잡지 못하다.>, 어
리뻥뻥하다<‘어리벙벙하다’보다 센 느낌>, 어리삥삥하다<‘어리빙빙하다’보다 센
느낌>, 어리어리하다<여럿이 다 모두 뒤섞여 뚜렷하게 분간하기 어렵다.> 따위
가 있다.

어살버살<이러니저러니 말이 많은 모양>
 *어살
　어살−<'−버살' 앞에만 결합됨>
 *버살
 −버살<'어살−' 뒤에만 결합됨>
어석더석<곱고 매끈하지 못하고 삐죽삐죽 투박한 모양>
 *어석
　어석−<'−더석' 앞에만 결합됨>
 *더석
 −더석<'어석−' 뒤에만 결합됨>
어영부영<뚜렷하거나 적극적인 의지가 없이 되는 대로 행동하는 모양>
 *어영
　어영−<'−부영' 앞에만 결합됨>
 *부영
 −부영<'어영−' 뒤에만 결합됨>
억박적박<뒤죽박죽 어긋나 있는 모양>
 *억박
　억박−<'−적박' 앞에만 결합됨>
 *적박
 −적박<'억박−' 뒤에만 결합됨>
억적박적<이리저리 겅중거리며 바쁘게 뛰는 모양>
 *억적
　억적−<'−박적' 앞에만 결합됨>
 *박적
 −박적<'억적−' 뒤에만 결합됨>
언틀먼틀<바닥이 고르지 못하여 울퉁불퉁한 모양>
 *언틀
　언틀−<'−먼틀' 앞에만 결합됨>
 *먼틀
 −먼틀<'언틀−' 뒤에만 결합됨>
얼락배락<성했다 망했다 하는 모양>
 *얼락
　얼락−<'−배락' 앞에만 결합됨>

　　＊배락

　　－배락<‘얼락－’ 뒤에만 결합됨>

얼룽덜룽<여러 가지 빛깔의 크고 뚜렷한 점이나 줄 따위가 고르고 촘

　　　　촘하게 무늬를 이룬 모양>

　　＊얼룽

　　얼룽－<‘－얼룽’56), ‘－덜룽’ 앞에만 결합됨>

　　＊덜룽

　　－덜룽<‘얼룽－’ 뒤에만 결합됨>

얼멍덜멍<①죽이나 풀 따위가 잘 풀어지지 아니하여 덩어리가 여기저

　　　　기 있는 모양. ②고르지 아니하게 여기저기가 얼룩덜룩한 모양>

　　＊얼멍

　　얼멍－<‘－덜멍’, ‘－얼멍’57) 앞에만 결합됨>

　　＊덜멍

　　－덜멍<‘얼멍－’ 뒤에만 결합됨>

엉기정기<질서 없이 여기저기 벌여 놓은 모양>

　　＊엉기

　　엉기－<‘－성기’, ‘－정기’ 앞에만 결합됨>

　　＊정기

　　－정기<‘엉기－’ 뒤에만 결합됨>

엉정벙정<①쓸데없는 것들을 너절하게 벌여 놓은 모양. ②쓸데없는 말

　　　　을 너절하게 지껄이며 허풍을 치는 모양>

　　＊엉정

　　엉정－<‘－벙정’ 앞에만 결합됨>

　　＊벙정

　　－벙정<‘엉정－’ 뒤에만 결합됨>

오돌토돌<거죽이나 바닥이 고르지 아니하게 군데군데 도드라져 있는

　　　　모양>

　　＊오돌

---

56) ‘－얼룽’에 결합되면 <여러 가지 빛깔의 크고 뚜렷한 점이나 줄 따위가 고르고
　　촘촘하게 무늬를 이룬 모양>이란 뜻의 같은 꼴 되풀이 어찌씨 ‘얼룽얼룽’이 생성
　　된다.

57) ‘－얼멍’에 결합되면 <죽이나 풀 따위가 잘 풀어지지 아니하여 덩어리가 있는 모
　　양>이란 뜻의 같은 꼴 되풀이 어찌씨 ‘얼멍얼멍’이 생성된다.

오돌─<'─토돌' 앞에만 결합됨>

　*토돌

─토돌<'오돌─' 뒤에만 결합됨>

오동보동<몸이나 얼굴이 살져 통통하고 매우 보드라운 모양>

　*오동

오동─<'─통'58), '─보동', '─포동' 앞에만 결합됨>

　*보동

─보동<'보동─'59), '오동─' 뒤에만 결합됨>

오동포동<몸이나 얼굴이 살져 통통하고 매우 보드라운 모양>

　*오동

오동─<'─통', '─보동', '─포동' 앞에만 결합됨>

　*포동

─포동<'오동─', '포동─'60) 뒤에만 결합됨>

오롱조롱<한데 모여 있는 작은 물건 여럿이 생김새나 크기가 제각기
　　　　다른 모양>

　*오롱

오롱─<'─조롱' 앞에만 결합됨>

　*조롱

─조롱<'오롱─' 뒤에만 결합됨>

오불조불<생각이나 하는 짓이 통이 크지 못하고 잔 모양>

　*오불

오불─<'─조불' 앞에만 결합됨>

　*조불

─조불<'오불─' 뒤에만 결합됨>

오순도순<의좋게 지내거나 이야기하는 모양>

　*오순

오순─<'─도순' 앞에만 결합됨>

　*도순

---

58) '─통'에 결합되면 <몸집이 작고 통통한 모양>이란 어찌씨 '오동통'이 생성된다.

59) '─보동'에 결합되면 <통통하게 살이 찌고 보드라운 모양>이란 뜻의 같은 꼴 되
풀이 어찌씨 '보동보동'이 생성된다.

60) '─포동'에 결합되면 <통통하게 살이 찌고 보드라운 모양. '보동보동'보다 거센
느낌>이란 뜻의 같은 꼴 되풀이 어찌씨 '포동포동'이 생성된다.

−도순<‘오순−’ 뒤에만 결합됨>

오톨도톨<물건의 거죽이나 바닥이 여기저기 잘게 부풀어 올라 고르지
　　　못한 모양>

 *오톨

　오톨−<‘−도톨’ 앞에만 결합됨>

 *도톨

−도톨<‘도톨−’[61], ‘오톨−’ 뒤에만 결합됨>

올근볼근[62]<①몸이 야위어 갈빗대가 드러나 보이는 모양. ②근육이나
　　　힘줄 따위가 고르지 않게 여기저기 조금씩 볼가져 나온 모양>

 *올근

　올근−<‘−볼근’ 앞에만 결합됨>

 *볼근

−볼근<‘올근−’ 뒤에만 결합됨>

올근볼근<서로 사이가 틀어져서 맞서서 잘 다투는 모양>

 *올근

　올근−<‘−볼근’ 앞에만 결합됨>

 *볼근

−볼근<‘올근−’ 뒤에만 결합됨>

올막졸막<작은 덩어리들이 고르지 않게 많이 벌여 있는 모양>

 *올막

　올막−<‘−졸막’ 앞에만 결합됨>

 *졸막

−졸막<‘올막−’, ‘졸막−’[63] 뒤에만 결합됨>

올망졸망<①작고 또렷한 것들이 고르지 않게 많이 벌여 있는 모양. ②
　　　귀엽고 엇비슷한 아이들이 많이 있는 모양>

---

61) ‘−도톨’에 결합되면 <물체의 겉에 작은 것들이 솟아 나오거나 붙어 있어 고르지
　않은 모양>이란 뜻의 같은 꼴 되풀이 어찌씨 ‘도톨도톨’이 생성된다.

62) <①몸이 야위어 갈빗대 따위가 드러나 보이는 모양. ②근육 따위가 고르지 않게
　여기저기 조금씩 비어져 나온 모양>이란 뜻의 ‘올근볼근’은 ‘올근거리다’와 ‘볼
　근거리다’의 뿌리 ‘올근−’과 ‘볼근−’의 결합으로 이루어진 비슷한 꼴 되풀이 어
　찌씨이다.

63) ‘−졸막’에 결합되면 <여러 개의 작은 물건이 고르지 않게 뒤섞여 있는 모양>이
　란 뜻의 같은 꼴 되풀이 어찌씨 ‘졸망졸망’이 생성된다.

*올망

올망-<'-졸망' 앞에만 결합됨>

*졸망

-졸망<'올망-', '졸망-'64) 뒤에만 결합됨>

올목졸목<자잘하고 도드라진 것들이 고르지 않고 빽빽하게 벌여 있는
　　　모양>

*올목

올목-<'-졸목' 앞에만 결합됨>

*졸목

-졸목<'올목-' 뒤에만 결합됨>

올몽졸몽<귀엽게 생긴 크고 작은 덩어리들이 고르지 않고 빽빽하게
　　　벌여 있는 모양>

*올몽

올망-<'-졸몽' 앞에만 결합됨>

*졸몽

-졸몽<'올몽-' 뒤에만 결합됨>

올톡볼톡<①물체의 거죽이나 면이 고르지 않게 여기저기 나오고 들어
　　　간 모양. ②성미가 급하고 변덕스러워 말이나 행동이 우악스러
　　　운 모양>

*올톡

올톡-<'-볼톡' 앞에만 결합됨>

*볼톡

-볼톡<'올톡-' 뒤에만 결합됨>

옹기종기<크기가 다른 작은 것들이 고르지 아니하게 많이 모여 있는
　　　모양>

*옹기

옹기-<'-옹기'65), '-종기' 앞에만 결합됨>

*종기

---

64) '-졸망'에 결합되면 <①고르지 않은 여러 개의 작은 물건이 뒤섞여 있어 보기에
　사랑스러운 모양. ②가죽이나 표면 따위가 울퉁불퉁한 모양>이란 뜻의 같은 꼴
　되풀이 어찌씨 '졸망졸망'이 생성된다.

65) '-옹기'에 결합되면 <비슷한 크기의 작은 것들이 많이 모여 있는 모양>이란 뜻
　의 같은 꼴 되풀이 어찌씨 '옹기옹기'가 생성된다.

-종기<'옹기-' 뒤에만 결합됨>

옹송망송<생각이 잘 떠오르지 않고 정신이 몽롱한 모양>

 *옹송

　옹송-<'-망송' 앞에만 결합됨>

 *망송

-망송<'옹송-' 뒤에만 결합됨>

왁달박달<성질이나 행동이 곰살갑지 못하고 조심성 없이 수선스러운
　　　　모양>

 *왁달

　왁달-<'-박달' 앞에만 결합됨>

 *박달

-박달<'왁달-' 뒤에만 결합됨>

우둘투둘<거죽이나 바닥이 고르지 아니하게 군데군데 두드러져 있는
　　　　모양>

 *우둘

　우둘-<'-투둘' 앞에만 결합됨>

 *투둘

-투둘<'우둘-' 뒤에만 결합됨>

우락부락<①몸집이 크고 얼굴이 험상궂게 생긴 모양. ②성질이나 언행
　　　　이 거칠고 난폭한 모양>

 *우락

　우락-<'-부락' 앞에만 결합됨>

 *부락

-부락<'우락-' 뒤에만 결합됨>

우뻑지뻑<정도에 지나칠 정도로 급하게 덤벼드는 모양>

 *우뻑

　우뻑-<'-지뻑' 앞에만 결합됨>

 *지뻑

-지뻑<'우뻑-' 뒤에만 결합됨>

우세두세<①모여서 나직한 목소리로 두런두런 이야기하는 모양. ②앞
　　　　서거니 뒤서거니>

 *우세

　우세-<'-두세' 앞에만 결합됨>

*두세

−두세<'우세−' 뒤에만 결합됨>

우질부질<성질이나 행동이 곰살궂지 않고 무뚝뚝하고 사나운 모양>

*우질

우질−<'−부질' 앞에만 결합됨>

*부질

−부질<'우질−' 뒤에만 결합됨>

울근불근<①서로 사이가 틀어져서 감정 사납게 맞서서 잘 다투는 모
양. ②감정이나 성격 따위가 평온하지 못하고 순간적으로 치미
는 모양>

*울근

울근−<'−불근' 앞에만 결합됨>

*불근

−불근<'울근−' 뒤에만 결합됨>

울레줄레<크고 작은 살들이 앞서거니 뒤서거니 뒤따르면서 늘어선 모양>

*울레

울레−<'−줄레' 앞에만 결합됨>

*줄레

−줄레<'울레−', '줄레−'66) 뒤에만 결합됨>

울먹줄먹<큰 덩어리가 고르지 않게 많이 벌여 있는 모양>

*울먹

울먹−<'−줄먹' 앞에만 결합됨>

*줄먹

−줄먹<'울먹−', '줄먹−'67) 뒤에만 결합됨>

울묵줄묵<큼직큼직하고 두드러진 것들이 고르지 않고 빽빽하게 벌여
있는 모양>

*울묵

울묵−<'−줄묵' 앞에만 결합됨>

*줄묵

---

66) '줄레−'에 결합되면 <여럿이 무질서하게 줄줄 뒤따르는 모양>이란 뜻의 같은
꼴 되풀이 어찌씨 '줄레줄레'가 생성된다.

67) '줄먹−'에 결합되면 <여러 개의 큰 물건이 고르지 아니하게 뒤섞여 있는 모양>
이란 뜻의 같은 꼴 되풀이 어찌씨 '줄먹줄먹'이 생성된다.

-줄묵<‘울묵-’ 뒤에만 결합됨>

울멍줄멍<①크고 뚜렷한 것이 고르지 않게 많이 벌여 있는 모양. ②엇
비슷한 사람이나 굵직한 아이가 많이 있는 모양>

 *울멍

 울멍-<‘-줄멍’ 앞에만 결합됨>

 *줄멍

-줄멍<‘울멍-’, ‘줄멍-’[68] 뒤에만 결합됨>

울뭉줄뭉<크고 두드러진 덩어리들이 고르지 않고 빽빽하게 벌여 있는
모양>

 *울뭉

 울뭉<‘-줄뭉’ 앞에만 결합됨>

 *줄뭉

-줄뭉<‘울뭉-’ 뒤에만 결합됨>

울툭불툭<①물체의 거죽이나 면이 고르지 않게 여기저기 크게 나오고
들어간 모양. ②성미가 급하고 변덕스러워 말이나 행동이 매우
우악스러운 모양>

 *울툭

 울툭-<‘-불툭’ 앞에만 결합됨>

 *불툭

-불툭<‘울툭-’ 뒤에만 결합됨>

웅긋중긋<①여러 군데 쑥쑥 불거지거나 툭툭 비어져 있는 모양. ②모
여 서 있는 사람들의 키가 들쑥날쑥한 모양>

 *웅긋

 웅긋-<‘-웅긋’, ‘-중긋’, ‘-쫑긋’ 앞에만 결합됨>

 *중긋

-중긋<‘웅긋-’ 뒤에만 결합됨>

웅긋쫑긋<①여러 군데 쑥쑥 불거지거나 툭툭 비어져 있는 모양. ②키
가 크고 작은 사람들이 서서 모여 있는 모양>

 *웅긋

---

68) ‘줄멍-’에 결합되면 <①고르지 아니한 여러 개의 큰 물건이 뒤섞여 있는 모양.
②거죽이나 표면 따위가 울퉁불퉁하게 생긴 모양>이란 뜻의 같은 꼴 되풀이 어
찌씨 ‘줄멍줄멍’이 생성된다.

웅긋-<'-웅긋'69), '-중긋', '-쭝긋' 앞에만 결합됨>

*쭝긋70)

-쭝긋<'웅긋-' 뒤에만 결합됨>

웅기중기<①크기가 크고 고르지 아니한 것들이 듬성듬성 많이 모여
　　　있는 모양. ②키가 크고 작은 사람들이 여럿이 모여 있거나 일
　　　어서는 모양>

*웅기

웅기-<'-웅기'71), '-중기' 앞에만 결합됨>

*중기

-중기<'웅기-' 뒤에만 결합됨>

위룽튀룽<분위기나 형세 따위가 안정되지 못한 모양>

*위룽

위룽-<'-튀룽' 앞에만 결합됨>

*튀룽

-튀룽<'위룽-' 뒤에만 결합됨>

으밀아밀<비밀히 이야기하는 모양>

*으밀

으밀-<'-아밀' 앞에만 결합됨>

*아밀

-아밀<'으밀-' 뒤에만 결합됨>

진동한동<바쁘거나 급해서 몹시 서두르는 모양>

*진동

진동-<'-한동' 앞에만 결합됨>

*한동

-한동<'진동-' 뒤에만 결합됨>

---

69) '-웅긋'에 결합되면 <①큰 물체들이 솟아 있거나 불거져 있는 모양. ②키가 큰
　　사람들이 서서 모여 있는 모양>이란 뜻의 같은 꼴 되풀이 어찌씨 '웅긋웅긋'이
　　생성된다.

70) <입이나 귀 따위를 꼿꼿하고 크게 세우거나 삐쭉하게 내미는 모양>이란 뜻의 어
　　찌씨 '쭝긋'이 있지만, 여기에서와는 다른 뜻이다.

71) '-웅기'에 결합되면 <①크기가 큰 것이 무질서하게 모여 있는 모양. ②키가 큰
　　사람들이 무질서하게 많이 모여 있거나 움직이는 모양>이란 뜻의 같은 꼴 되풀
　　이 어찌씨 '웅기웅기'가 생성된다.

진둥한둥<매우 급하거나 바빠서 몹시 서두르는 모양>

　＊진둥

　진둥-<'걸음', '-한둥' 앞에만 결합됨>

　＊한둥

　-한둥<'진둥-' 뒤에만 결합됨>

콩팔칠팔<①갈피를 잡을 수 없도록 마구 지껄이는 모양. ②하찮은 일을 가지고 시비조로 캐묻고 따지는 모양>

　＊콩팔

　콩팔-<'-칠팔' 앞에만 결합됨>

　＊칠팔

　-칠팔<'콩팔-' 뒤에만 결합됨>

하동지동<다급하여 정신을 차릴 수 없을 만큼 갈팡질팡하는 모양>

　＊하동

　하동-<'-지동' 앞에만 결합됨>

　＊지동

　-지동<'하동-' 뒤에만 결합됨>

헐금씨금<몹시 숨이 차거나 하여 숨소리가 자꾸 매우 가쁘고 거칠게 나는 모양>

　＊헐금

　헐금-<'-씨금' 앞에만 결합됨>

　＊씨금

　-씨금<'헐금-' 뒤에만 결합됨>

헝겁지겁<너무 좋아서 정신을 차리지 못하고 허둥거리는 모양>

　＊헝겁

　헝겁-<'-지겁' 앞에만 결합됨>

　＊지겁

　-지겁<'헝겁-' 뒤에만 결합됨>

헤실바실<모르는 사이에 흐지부지 없어지는 모양>

　＊헤실

　헤실72)-<'-바실' 앞에만 결합됨>

---

72) 같은 꼴 되풀이 어찌씨 '헤실헤실①②③'이 있지만, 뜻과의 관련성에서 보아, '헤실-'의 같은 꼴 되풀이 어찌씨로 볼 수 없다. '헤실-'은 같은 꼴로 되풀이되지

*바실

-바실<'혜실-' 뒤에만 결합됨>

흐둥하둥<말이나 행동이 실없고 성의가 없는 모양>

 *흐둥

  흐둥-<'-하둥' 앞에만 결합됨>

 *하둥

-하둥<'흐둥-' 뒤에만 결합됨>

흐슬부슬<차진 기가 없고 부스러져 헤어질 듯한 모양>

 *흐슬

  흐슬-<'-부슬' 앞에만 결합됨>

 *부슬

-부슬<'흐슬-', '부슬-' 뒤에만 결합됨>

흐지부지<확실하게 끝맺지 못하고 흐리멍덩하게 넘기는 모양>

 *흐지

  흐지-<'-부지' 앞에만 결합됨>

 *부지

-부지<'흐지-' 뒤에만 결합됨>

흑죽학죽<일을 정성껏 하지 아니하고 되는대로 어름어름 넘기는 모양>

 *흑죽

  흑죽-<'-학죽' 앞에만 결합됨>

 *학죽

-학죽<'흑죽-' 뒤에만 결합됨>

흥야항야<관계도 없는 남의 일에 쓸데없이 참견하여 이래라저래라 하
        는 모양>

 *흥야

  흥야-<'-항야' 앞에만 결합됨>

 *항야

-항야<'항야-' 뒤에만 결합됨>

않는다.

나. 복합형식 - 바탕소와 되풀이소

비슷한 꼴 되풀이 어찌씨로, 둘 이상의 형태소가 결합된 불구 뿌리인 바탕소와 되풀이소가 결합하였지만, 바탕소와 되풀이소 중 일부는 둘 이상의 뿌리에 결합되기도 하여 불구 뿌리에 해당한다. 일부 유일 뿌리들도 불구 뿌리와 구별하지 않고 불구 뿌리의 범주에 넣어 함께 다루기로 한다. 이 짜임새에 해당하는 보기는 그리 많은 편은 아니다.

> **그럭저럭**<①정한 방법이 따로 없이 그렇게 저렇게 되어 가는 대로. ②
> 그렇게 저렇게 하는 사이에 어느덧>
> *그럭
> 그럭-<'-저럭' 앞에만 결합됨>
> *저럭
> -저럭<'그럭-', '이럭-' 뒤에만 결합됨>
> **그렁저렁**<=그럭저럭<①정한 방법이 따로 없이 그렇게 저렇게 되어
> 가는 대로. ②그렇게 저렇게 하는 사이에 어느덧>
> *그렁
> 그렁-<'-저렁' 앞에만 결합됨>
> *저렁
> -저렁<'그렁-', '이렁-' 뒤에만 결합됨>
> **너도나도**<서로 뒤지거나 빠지지 않으려고 모두>
> *너도
> 너도-73)<'-나도' 앞에 결합됨>
> *나도
> -나도74)<'너도-' 뒤에 결합됨>
> **도나캐나**<하찮은 아무나. 또는 무엇이나>
> *도나
> 도나-<'도나-'의 '도'가 윷놀이의 '도'와 관련 있는 것 같음. '-캐

---

73) ['너(대이름씨)'+'도(토씨)']의 짜임새이지만 '-나도'와 결합되어 낱말 자격도 가지지 못하는 뿌리에 해당된다.

74) ['나(대이름씨)'+'도(토씨)']의 짜임새이지만 '너도-'와 결합되어 낱말 자격도 가지지 못하는 뿌리에 해당된다.

나’ 앞에만 결합됨>

＊캐나

－캐나<‘캐나－’의 ‘캐’가 윷놀이의 ‘개’와 관련 있는 것 같음. ‘도나－’
　　뒤에만 결합됨>

들쑥날쑥75)<들어가기도 하고 나오기도 하여 가지런하지 않은 모양>

＊들쑥

들쑥－<‘－날쑥’ 앞에만 결합됨>

＊날쑥

－날쑥<‘들쑥－’ 뒤에만 결합됨>

들쭉날쭉<＝들쑥날쑥>

＊들쭉

들쭉－<‘－날쭉’ 앞에만 결합됨>

＊날쭉

－날쭉<‘들쭉－’ 뒤에만 결합됨>

본체만체<보고도 안 본 듯이>

＊본체

본체－76)<‘－만체’ 앞에만 결합됨>

＊만체

－만체<‘본체－’ 뒤에만 결합됨>

본척만척<보고도 안 본 듯이>

＊본척

본척－77)<‘－만척’ 앞에만 결합됨>

＊만척

－만척<‘본척－’ 뒤에만 결합됨>

본숭만숭<건성으로 보는 체만 하고 주의 깊게 보지 않는 모양>

＊본숭

본숭－78)<‘－만숭’ 앞에만 결합됨>

---

75) ‘들락날락’에서 ‘나－’에 받침 ‘ㄹ’이 첨가된 것과 마찬가지로, ‘들쑥날쑥’에서도
‘들쑥나쑥’이로 실현되지 않고 받침 ‘ㄹ’이 첨가되어 실현되었다.

76) ‘본체－’는 통사적 짜임새 ‘본 체’가 결합과정을 거쳐 뿌리가 되었다. 되풀이소인
‘－만체’도 이와 꼭 같다.

77) ‘본척－’은 통사적 짜임새 ‘본 척’이 결합과정을 거쳐 뿌리가 되었다. 되풀이소인
‘－만척’도 이와 꼭 같다.

　*만승

　－만승<‘－본승’ 뒤에만 결합됨>

　암니옴니<자질구레한 것들까지 다 헤아려 따지는 모양>

　*암니

　암니－<‘－옴니’ 앞과 뒤에만 결합됨>

　*옴니

　－옴니<‘암니－’ 앞과 뒤에만 결합됨>

　옴니암니<자질구레한 일에 대하여까지 좀스럽게 셈하거나 따지는 모양>

　*옴니

　옴니－<‘－암니’ 앞과 뒤에만 결합됨>

　*암니

　－암니<‘옴니－’ 앞과 뒤에만 결합됨>

　요령조령<＝요럭조럭<정한 방법이 따로 없이 요렇게 조렇게 되어가
　　　　　　는 대로>>

　*요령

　요령－<‘－조령’ 앞에만 결합됨>

　*조령

　－조령<‘요령－’ 뒤에만 결합됨>

　이모저모[79]<여러 방면이나 여러 측면으로. 다양하게>

　*이모

　이모－<‘－저모’ 앞에만 결합됨>

　*저모

　－저모<‘이모－’ 뒤에만 결합됨>

　이렁저렁<＝이럭저럭>

　*이렁[80]

　이렁－<‘－저렁’ 앞에만 결합됨>

　*저렁

---

78) ‘본승－’에서 ‘승’이 매인이름씨에 준하는 것으로 보아, 본디 통사적 짜임새 ‘본
　　승’이 결합과정을 거쳐 뿌리로 바뀐 것으로 보인다. 되풀이소인 ‘－만승’도 이와
　　꼭 같은 것으로 보인다.

79) 『연세한국어사전』에는 어찌씨의 올림말로 올라 있지만, 『표준국어대사전』에는 이
　　름씨로만 올라 있고 어찌씨로는 올라 있지 않다.

80) 옛말에서는 ‘이렇게’가 ‘이렁－’이었다.

－저렁<'그렁－', '이렁－' 뒤에만 결합됨>
    천실만실<길고 가느다란 물건이 여러 갈래로 늘어진 모양>
     *천실
      천실－81)<'－만실' 앞에 결합됨>
     *만실
     －만실82)<'만실－' 뒤에 결합됨>
    할똥말똥<어떤 일을 할 것 같기도 하고 하지 않을 것도 같은 모양>
     *할똥
      할똥－83)<'－말똥' 앞에만 결합됨>
     *말똥
     －말똥<'할똥－' 뒤에만 결합됨>

다. 3음절－바탕소와 되풀이소

비슷한 꼴 되풀이 어찌씨 가운데, 바탕소와 되풀이소가 모두 불구 뿌리에 해당하는 것으로, 세 음절의 바탕소와 되풀이소로 이루어진 것들은 아래와 같으며, 바탕소와 되풀이소는 첫 음절에서만 차이를 보인다. 바탕소와 되풀이소는 각각 단순형식으로 이루어진 불구형태소에 해당하는 것도 있고, 둘 이상의 형태소 결합으로 이루어진 불구 뿌리에 해당하는 것들도 있다. 또한 바탕소와 되풀이소 중 어떤 것들은 오직 하나의 뿌리에 결합될 수 있는 유일형태소나 유일 뿌리인 것들도 있지만 편의상 모두 불구 뿌리의 범주에 포함하여 살피기로 한다. 이 짜임새에 해당하는 보기는 비교적 많은 편에 해당한다.

    그렁성저렁성<그런 모양 저런 모양으로 대중없이>

---

81) 본디 통사적 짜임새인 '천 실'이 형태적 짜임새로 바뀌면서 낱말의 자격을 갖지 못하였다.
82) 본디 통사적 짜임새인 '만 실'이 형태적 짜임새로 바뀌면서 낱말의 자격을 갖지 못하였다.
83) 본디 통사적 짜임새 '할 똥'이었던 것이 결합과정을 거쳐 낱말 자격이 모자라는 뿌리로 바뀌었다. '－말똥'도 이와 꼭 같다.

*그렁셩

　그렁성-<'-저렁성' 앞에만 결합됨>

*저렁성

-저렁성<'그렁성-', '이렁성-' 뒤에만 결합됨>

내미룩네미룩[84]<책임을 지지 않으려고 서로 남에게 미루는 모양>

*내미룩

　내미룩-<'-네미룩' 앞에만 결합됨>

*네미룩

-네미룩<'내미룩-' 뒤에만 결합됨>

물덤벙술덤벙<아무 일이나 대중없이 날뛰는 모양>

*물덤벙

　물덤벙-[85]<'물덤벙-' 앞과 뒤에만 결합됨>

*술덤벙

-술덤벙[86]<'물덤벙-' 앞과 뒤에만 결합됨>

밀치락달치락<자꾸 밀고 잡아당기고 하는 모양>

*밀치락

　밀치락-<'-달치락' 앞에만 결합됨>

*달치락

-달치락<'밀치락-' 뒤에만 결합됨>

술덤벙물덤벙<술과 물을 가리지 않고 덤벙댄다는 뜻으로, 경거망동하
　　　여 함부로 날뛰는 모양을 이르는 말>

*술덤벙

　술덤벙-<'-물덤벙' 앞과 뒤에만 결합됨>

*물덤벙

-물덤벙<'술덤벙-' 앞과 뒤에만 결합됨>

알라꿍달라꿍<여러 가지 밝은 빛깔의 점이나 줄 따위가 고르지 아니
　　　하고 촘촘하게 무늬를 이루어 몹시 어수선한 모양>

*알라꿍

---

84) 어찌씨로 『고려대 한국어대사전』에는 올림말로 올라 있지만, 『표준국어대사전』에
　　는 올라 있지 않다.

85) [물(이름씨)+덤벙(어찌씨)]의 통사적 짜임새로 낱말 자격을 가지지 못하였다.

86) [술(이름씨)+덤벙(어찌씨)]의 통사적 짜임새로 낱말 자격을 가지지 못하였다.

알라꿍–<‘–달라꿍’ 앞에만 결합됨>

  *달라꿍

  –달라꿍<‘알라꿍–’ 뒤에만 결합됨>

알로록달로록<여러 가지 밝은 빛깔의 점이나 줄 따위의 무늬가 성기
  고 고르지 않은 모양>

  *알로록

  알로록–<‘–날로록’, ‘–알로록’87) 앞에만 결합됨>

  *달로록

  –달로록<‘알로록–’ 뒤에만 결합됨>

알로롱달로롱<여러 가지 빛깔의 작고 또렷한 점이나 줄 따위의 무늬
  가 조금 성기고 고르지 않은 모양>

  *알로롱

  알로롱–<‘–달로롱’ 앞에만 결합됨>

  *달로롱

  –달로롱<‘알로롱–’ 뒤에만 결합됨>

어루룩더루룩<조금 연하게 어두운 여러 가지 빛깔의 점이나 줄 따위
  가 조금 성기고 고르지 아니하게 무늬를 이룬 모양>

  *어루룩

  어루룩–<‘–더루룩’, ‘–어루룩’88) 앞에만 결합됨>

  *더루룩

  –더루룩<‘어루룩–’ 뒤에만 결합됨>

어루룽더루룽<여러 가지 빛깔의 큰 점이나 줄 따위가 조금 성기고 고
  르지 아니하게 무늬를 이룬 모양>

  *어루룽

  어루룽–<‘–더루룽’, ‘–어루룽’89) 앞에만 결합됨>

---

87) ‘–알로록’에 결합되면 <여러 가지 밝은 빛깔의 점이나 줄 따위의 무늬가 고른
   모양>이란 뜻의 같은 꼴 되풀이 어찌씨 ‘알로록알로록’이 생성된다.

88) ‘–어루룩’에 결합되면 <조금 연하게 어두운 여러 가지 빛깔의 큰 점이나 줄 따
   위가 조금 성기고 고르게 무늬를 이룬 모양>이란 뜻의 같은 꼴 되풀이 어찌씨
   ‘어루룩어루룩’이 생성된다.

89) ‘–어루룽’에 결합되면 <여러 가지 빛깔의 큰 점이나 줄 따위가 조금 성기고 고
   르고 조금 성기게 무늬를 이룬 모양>이란 뜻의 같은 꼴 되풀이 어찌씨 ‘어루룽
   어루룽’이 생성된다.

*더루룽

−더루룽<‘어루룽−’ 뒤에만 결합됨>

어우렁더우렁<여러 사람들과 어울려 들떠서 지내는 모양>

*어우렁

어우렁−<‘그네’90), ‘−더우렁’ 앞에만 결합됨>

*더우렁

−더우렁<‘어우렁−’ 뒤에만 결합됨>

얼러꿍덜러꿍<여러 가지 어두운 빛깔의 점이나 줄 따위가 고르지 아
니하고 촘촘하게 무늬를 이루어 몹시 어수선한 모양>

*얼러꿍

얼러꿍−<‘−덜러꿍’ 앞에만 결합됨>

*덜러꿍

−덜러꿍<‘얼러꿍−’ 뒤에만 결합됨>

얼루룩덜루룩<여러 가지 어두운 빛깔의 점이나 줄 따위가 조금 성기
고 고르지 아니하게 무늬를 이룬 모양>

*얼루룩

얼루룩<‘−덜루룩’, ‘−얼루룩’91) 앞에만 결합됨>

*덜루룩

−덜루룩<‘얼루룩−’ 뒤에만 결합됨>

얼루룽덜루룽<여러 가지 빛깔의 크고 뚜렷한 점이나 줄 따위가 고르
지 아니하고 조금 성기게 무늬를 이룬 모양>

*얼루룽

얼루룽−<‘−덜루룽’, ‘−얼루룽’92) 앞에만 결합됨>

*덜루룽

−덜루룽<‘얼루룽−’ 뒤에만 결합됨>

엉이야벙이야<일을 얼렁수로 교묘하게 넘기려는 모양>

---

90) ‘그네’에 결합하면 <쌍그네>라는 뜻의 이름씨 ‘어우렁그네’가 생성된다.

91) ‘−얼루룩’에 결합되면 <여러 가지 어두운 빛깔의 점이나 줄 따위가 조금 성기고
고르게 무늬를 이룬 모양>이란 뜻의 같은 꼴 되풀이 어찌씨 ‘얼루룩얼루룩’이 생
성된다.

92) ‘−얼루룽’에 결합되면 <여러 가지 빛깔의 크고 뚜렷한 점이나 줄 따위가 고르고
조금 성기게 무늬를 이룬 모양>이란 뜻의 같은 꼴 되풀이어찌씨 ‘얼루룽얼루룽’
이 생성된다.

*엉이야

엉이야-<‘-벙이야’ 앞에만 결합됨>

*벙이야

-벙이야<‘엉이야-’ 뒤에만 결합됨>

왕배야덕배야93)<여기저기서 시끄럽게 시비를 따지는 소리>

*왕배야

왕배야-<‘-덕배야’ 앞에만 결합됨>

*덕배야

-덕배야<‘왕배야-’ 뒤에만 결합됨>

요러쿵조러쿵<요러하다는 둥 조러하다는 둥 말을 늘어놓는 모양>

*요러쿵

요러쿵-<‘-조러쿵’ 앞에만 결합됨>

*조러쿵

-조러쿵<‘요러쿵-’ 뒤에만 결합됨>

요리쿵조리쿵<요렇게 하자는 둥 조렇게 하자는 둥 말이 많은 모양>

*요리쿵

요리쿵-<‘-조리쿵’ 앞에만 결합됨>

*조리쿵

-조리쿵<‘요리쿵-’ 뒤에만 결합됨>

욜그랑살그랑<몸의 일부를 가볍게 살짝살짝 흔들며 자꾸 움직이는 모양>

*욜그랑

욜그랑-<‘-살그랑’ 앞에만 결합됨>

*살그랑

-살그랑<‘욜그랑-’ 뒤에만 결합됨>

이러쿵저러쿵<이러하다는 둥 저러하다는 둥 말을 늘어놓는 모양>

*이러쿵

이러쿵-<‘-저러쿵’ 앞에만 결합됨>

*저러쿵

-저러쿵<‘이러쿵-’ 뒤에만 결합됨>

---

93) 같은 꼴의 느낌씨인 ‘왕배야덕배야<여기저기서 시달려 괴로움을 견딜 수 없을 때 부르짖는 소리>’가 있다. 어찌씨의 ‘왕배야덕배야’는 준말로 ‘왕배덕배’가 있지만, 느낌씨인 경우에는 ‘왕배덕배’로 실현되지 않는다.

죽을둥살둥94)<있는 힘을 다하여 마구 덤비는 모양>

 *죽을둥

  죽을둥—95)<'—살둥' 뒤에만 결합됨>

 *살둥

 —살둥<'—죽을둥' 뒤에만 결합됨>

죽을뻔살뻔96)<죽을 고비를 여러 번 겪은 모양>

 *죽을뻔

  죽을뻔—97)<'—살뻔' 앞에만 결합됨>

 *살뻔

 —살뻔98)<'죽을뻔—' 뒤에만 결합됨>

지리산가리산<어떻게 할 줄 모르고 이리저리 헤매는 모양>

 *지리산

  지리산—<'—가리산' 앞에만 결합됨>

 *가리산

 —가리산<'지리산—' 뒤에만 결합됨>

홍이야항이야<관계도 없는 남의 일에 쓸데없이 참견하여 이래라저래
    라 하는 모양>

 *홍이야

  홍이야—<'—항이야' 앞에만 결합됨>

 *항이야

 —항이야<'항이야—' 뒤에만 결합됨>

---

94) 『표준국어대사전』에는 올림말로 올라 있지 않지만, 『고려대 한국어대사전』에는
어찌씨로 올라 있다. 되풀이소가 2음절로 3음절인 바탕소와 차이를 보인다.

95) 본디 통사적 짜임새 '죽을 둥'이었던 것이 결합과정을 거쳐 낱말 자격이 모자라
는 뿌리로 바뀌었다. '—살둥'도 이와 꼭 같다.

96) 『표준국어대사전』에는 올림말로 올라 있지 않지만, 『고려대 한국어대사전』에는
어찌씨로 올라 있다.

97) 본디 통사적 짜임새 '죽을 뻔'이었던 것이 결합과정을 거쳐 낱말 자격이 모자라
는 뿌리로 바뀌었다.

98) 본디 통사적 짜임새 '살 뻔'이었던 것이 결합과정을 거쳐 낱말 자격이 모자라는
뿌리로 바뀌었다.

2.1.2.16. 바탕소-이름씨, 되풀이소-불구 뿌리

이름씨로 이루어진 바탕소가 꼴과 뜻에서 유사한 불구 뿌리의 되풀이소와 결합되어 비슷한 꼴 되풀이 어찌씨가 생성되었다. 되풀이소는 오직 그 바탕소에만 결합되는 제약을 나타낸다.

> **안달복달**<몹시 속을 태우며 조급하게 볶아치는 모양>
> 　안달<속을 태우며 조급하게 구는 것>
> 　*복달
> 　-복달<'안달' 뒤에만 결합됨>
> **인성만성**<①많은 사람이 모여 혼잡하게 떠들썩한 모양. ①정신이 어지
> 　　　럽고 흐릿한 모양>
> 　인성(人城)<사람이 성을 이루었다는 뜻으로, 아주 많은 사람이 빙
> 　　　둘러 있는 상태를 이르는 말>
> 　*만성
> 　-만성<'인성' 뒤에만 결합됨>
> **티격태격**<서로 뜻이 맞지 아니하여 이러니저러니 시비를 따지며 가리
> 　　　는 모양>
> 　티격<서로 뜻이 맞지 아니하여 사이가 벌어져 이러니저러니 따지는 일>
> 　*태격
> 　-태격<'티격' 뒤에만 결합됨>
> **허겁지겁**<조급한 마음으로 몹시 허둥거리는 모양>
> 　허겁(虛怯)<마음이 실하지 못하여 겁이 많음>
> 　*지겁
> 　-지겁<'허겁' 뒤에만 결합됨>

이 짜임새에 해당하는 것으로, 세 음절의 바탕소와 되풀이소로 이루어진 비슷한 꼴 되풀이 어찌씨는 아래와 같으며, 바탕소와 되풀이소는 첫 음절에서만 차이를 보인다.

　　　곤드레만드레<술이나 잠에 몹시 취하여 정신을 차리지 못하고 몸을
　　　　못 가누는 모양>
　　　곤드레99)<(술에 취하여) 정신을 차리지 못하고 몸을 가누지 못하는
　　　　상태>
　　　*만드레
　　　－만드레<'곤드레' 뒤에만 결합됨>
　　　미주알고주알<아주 사소한 일까지 속속들이>
　　　미주알<항문을 이루는 창자의 끝부분>
　　　*고주알
　　　고주알－<'미주알' 앞과 뒤에만 결합됨>

2.1.2.17. 바탕소와 되풀이소 – 이름씨

　비슷한 꼴 되풀이 어찌씨 가운데 바탕소와 되풀이소가 이름씨인 것들
이 이 짜임새에 해당지만 그 보기는 극히 드물다.

　　　검불덤불<한데 뒤섞이고 엉클어져 갈피를 잡을 수 없이 어수선한 모양>
　　　검불<가느다란 마른 나뭇가지, 마른 풀, 낙엽 따위를 통틀어 이르는 말>
　　　덤불<어수선하게 엉클어진 수풀>
　　　오리가리<여러 가닥의 오리나 갈래로 갈라지거나 째진 모양>
　　　오리<①실, 나무, 대 따위의 가늘고 긴 조각. ②수량을 나타내는 말
　　　　뒤에 쓰여) 실, 나무, 대 따위의 가늘고 긴 조각을 세는 단위>
　　　가리<삼을 벗길 때, 널어 말리려고 몇 꼭지씩 한데 묶은 것>
　　　가리가리<여러 가닥으로 갈라지거나 찢어진 모양>

2.1.2.18. 바탕소 – 불구 뿌리, 되풀이소 – 이름씨

　비슷한 꼴 되풀이 어찌씨 가운데 바탕소는 불구 뿌리이고 되풀이소가
이름씨인 것들이 이 짜임새에 해당지만 그 보기는 극히 드물다. 바탕소

------

99) '곤드레'를 『표준국어대사전』에서는 '곤드레만드레'와 같은 뜻의 어찌씨로 처리하
　　였으며, 『연세한국어사전』에서는 이름씨로 처리하였다.

와 되풀이소가 세 음절로 첫째 음절에서만 차이를 보인 다음 보기가 이에 해당한다.

고주알미주알<아주 사소한 일까지 속속들이>
　*고주알
　고주알-<'미주알' 앞과 뒤에만 결합됨>
　미주알<항문을 이루는 창자의 끝부분>

2.1.2.19. 바탕소-느낌씨, 되풀이소-불구 뿌리

비슷한 꼴 되풀이 어찌씨 가운데 바탕소는 느낌씨이고 되풀이소가 불구 뿌리인 경우가 이 짜임새에 해당지만 그 보기는 극히 드물다.

애고지고<소리 내어 몹시 슬프게 우는 모양>
　애고<①힘에 부치거나 아프거나 피곤할 때 내는 말. ②크게 절망하
　　　거나 안타까워 탄식할 때 내는 말>
　*지고
　-지고<'애고' 뒤에만 결합됨>

2.1.2.20. 바탕소-풀이씨 뿌리, 되풀이소-불구 뿌리

비슷한 꼴 되풀이 어찌씨 가운데 바탕소는 풀이씨 뿌리이고 되풀이소가 불구 뿌리인 경우가 이 짜임새에 해당지만 그 보기는 극히 드물다.

시들부들<①어떤 일이 싫증이 나서 새로운 맛과 흥취가 다 없어진 모양.
　　　②몹시 시들어서 생생하고 성한 느낌이 없이 풀이 죽은 모양>
　*시들
　시들-<'시들다'의 뿌리로 '-부들', '시들-'에 결합됨>
　*부들
　-부들<'시들-', '부들-' 뒤에 결합됨>
우글쭈글<여러 군데가 모두 우묵하게 우그러들거나 주름이 져 찌그러

       진 모양>
    *우글
     우글-<'우글다'의 뿌리로 '-쭈글'에 결합됨>
    *쭈글
     -쭈글<'우글-', '쭈글-' 뒤에 결합됨>

2.2. 이름씨

'A'와 'B' 두 음절로 이루어진 바탕소 [AB]가 비슷한 꼴로 되풀이되되, 바탕소의 앞 음절 'A'는 그대로 되풀이소에 실현되지만, 뒤 음절 'B'는 달리 실현되는 경우가 이 짜임새에 해당한다. 바탕소인 [AB]가 낱말이면서 'A'와 'B'가 각각 뜻을 지니는 형태소에 해당하는 것들이 있다. 이를테면, 바탕소인 [걸음]은 움직씨 '걷-'과 이름꼴의 파생가지 '-음'으로 이루어졌으며, 이 바탕소가 비슷한 꼴로 되풀이되어 '걷-'은 그대로 실현되었지만 '-음'은 그대로 되풀이되지 않고 이름꼴의 파생가지 '-이'로 되풀이되어 [걸음걸이]가 생성되었다. 이에 해당하는 보기는 그리 많지 않다.

걸음걸이<걸음을 걷는 모양새>
먹음먹이<먹음직한 음식들>
앉음앉이<앉음새>
알음알이<①서로 아는 관계. ②서로 가까이 아는 사람>

일반적으로 되풀이 자체의 기능은 바탕소에 <잇따라, 자꾸>, <강조> 따위의 뜻을 더하지만, 위 보기들에서의 되풀이에는 이런 기능이 나타나지 않아 특이한 것들이다. 따라서 비슷한 꼴 되풀이 낱말로 다루기에는 석연치 않은 점도 있지만, 바탕소와 되풀이소의 관계가 실과 바늘처럼 항상 불러일으키는 관계에 놓이는 점에서 비슷한 꼴 되풀이 낱말로 처리한다.

이와 비슷한 짜임새를 이루는 보기를 보면, 바탕소나 되풀이소에 토박이말과 한자말이 섞여 있는 것으로 '일벌일습<옷 한 벌을 강조하여 이르는 말>'과 '한날한시<같은 날 같은 시각>'를 들 수 있다.

바탕소와 되풀이소의 특성에 따라 이 짜임새에 해당하는 비슷한 꼴 되풀이 이름씨를 분류하면, 바탕소와 되풀이소가 이름씨인 것, 바탕소는 이름씨이고 되풀이소가 불구 뿌리인 것, 바탕소는 불구 뿌리이고 되풀이소가 이름씨인 것, 바탕소와 되풀이소가 불구 뿌리인 것, 바탕소는 '−거리다' 결합 뿌리이고 되풀이소가 불구 뿌리인 것, 바탕소와 되풀이소가 불구 뿌리인 것으로 나뉜다.

2.2.1. 바탕소−이름씨, 되풀이소−이름씨

비슷한 꼴 되풀이 이름씨 가운데, 바탕소와 되풀이소가 모두 이름씨이거나 대이름씨인 것들이 이 짜임새에 해당한다. 비슷한 꼴 되풀이 이름씨인 '논틀밭틀'은 바탕소 '논틀'과 되풀이소 '밭틀'이 모두 이름씨이며, '여기저기'는 바탕소 '여기'와 되풀이소 '저기'가 모두 대이름씨이다. 이 짜임새에 해당하는 보기는 그리 많은 편은 아니다.

논틀밭틀<논두렁과 밭두렁을 따라 난 좁은 길>
　　논틀<=논틀길<논두렁 위로 난, 꼬불꼬불하고 좁은 길>>
　　밭틀<=밭틀길<밭틀에 난 길>>
쇠발개발<소의 발과 개의 발이란 뜻으로, 아주 더러운 발을 비유적으
　　　로 이르는 말>
　　쇠발<소의 발>
　　개발<개의 발>
악살박살<'박살'을 강조하여 이르는 말. 깨어져 산산이 부서지는 정도
　　　를 보통 이상으로 두드러지게 표현한 것>

악살<깨어져 조각조각으로 부서짐>

박살<깨어져서 조각조각 부서짐>

여기저기[100]<여러 장소를 통틀어 이르는 말>

여기<말하는 이에게 가까운 곳을 가리키는 대이름씨>

저기<말하는 이나 듣는 이에게서 멀리 떨어져 있는 곳을 가리키는
대이름씨>

요것조것<여러 개의 사물을 통틀어 이르는 말. '이것저것'보다 작고
귀여운 느낌이나 낮잡는 느낌>

요것<'이것'을 낮잡아 이르거나 귀엽게 이르는 말>

조것<'저것'을 낮잡아 이르거나 귀엽게 이르는 말>

요기조기<여러 장소를 통틀어 이르는 말. '여기저기'보다 가리키는 범
위가 좁은 느낌>

요기<말하는 이에게 가까운 곳을 가리키는 대이름씨. '여기'보다 가
리키는 범위가 좁은 느낌>

조기<말하는 이나 듣는 이로부터 멀리 있는 곳을 가리키는 대이름
씨. '저기'보다 가리키는 범위가 좁은 느낌>

이것저것<여러 개의 사물을 통틀어 이르는 말>

이것<말하는 이에게 가까이 있거나 말하는 이가 생각하고 있는 사
물을 가리키는 대이름씨>

저것<말하는 이나 듣는 이로부터 멀리 떨어져 있는 사물을 가리키
는 대이름씨>

이곳저곳<'여기저기'를 문어적으로 이르는 말>

이곳<'여기'를 문어적으로 이르는 말>

저곳<'저기'를 문어적으로 이르는 말>

이쪽저쪽<이쪽과 저쪽을 아울러 이르는 말>

이쪽<말하는 이에게 가까운 곳이나 방향을 가리키는 대이름씨>

저쪽<말하는 이와 듣는 이로부터 멀리 있는 곳이나 방향을 가리키는
대이름씨>

---

100) 바탕소 '여기'와 되풀이소 '저기'는 대이름씨이지만 결합하여 이름씨를 이루었다.

이편저편<＝이쪽저쪽>

　이편<＝이쪽>

　저편<＝저쪽>

줌앞줌뒤<①쏜 화살이 좌우로 빗나감. ②예측에 어긋나 맞지 않음>

　줌앞<활을 쏠 때 줌통을 쥔 주먹의 안쪽>

　줌뒤<활을 쏠 때 줌통을 쥔 주먹의 겉쪽>

해포달포<한 달이나 한 해가 조금 더 되는 기간 동안이라는 뜻으로

　　　　꽤 오랜 기간을 이르는 말>

　해포<일 년이 조금 넘는 기간>

　달포<한 달 조금 넘는 기간>

이 짜임새에 해당하는 것으로, 세 음절의 바탕소와 되풀이소로 이루어진 비슷한 꼴 되풀이 이름씨는 아래와 같으며, 바탕소와 되풀이소는 첫 음절에서만 차이를 보인다.

　　이리위저리위<사람을 이쪽저쪽으로 마구 끌고 다니는 일>

　　이리위<예전에, 새로 과거에 급제한 사람을 선배들이 축하하는 뜻

　　　　으로 앞으로 나오랬다 뒤로 가랬다 하면서 놀리는 자리에서 앞

　　　　으로 나오라고 할 때 하던 말>

　　저리위<예전에, 새로 과거에 급제한 사람을 선배들이 축하하는 뜻

　　　　으로 앞으로 나오랬다 뒤로 가랬다 하면서 놀리는 자리에서 뒷

　　　　걸음쳐서 가라고 할 때 하던 말>

2.2.2. 바탕소-이름씨, 되풀이소-불구 뿌리

비슷한 꼴 되풀이 이름씨 가운데 바탕소는 이름씨이고 되풀이소가 불구 뿌리인 것들이 이 짜임새에 해당한다. 되풀이소는 단순형식인 경우는 없고 모두 복합형식으로 이루어진 것들이기 때문에 불구형태소에 해당하지 않고 둘 이상의 형태소 결합으로 짜여진 불구 뿌리에 해당한다. 이

짜임새에 해당하는 보기는 적은 편이다.

　　　눈짓콧짓<온갖 눈짓을 강조하여 이르는 말>
　　　　눈짓<눈을 움직여서 상대편에게 어떤 뜻을 전달하거나 암시하는 동
　　　　　　작>
　　　　*콧짓
　　　　－콧짓<'눈짓'과 같은 짜임새이지만 낱말로 존재하지 않음. '눈짓' 뒤
　　　　　　에만 결합됨>
　　　눈치코치<'눈치'를 강조하여 속되게 이르는 말>
　　　　눈치<남의 마음을 그때그때 상황을 미루어 알아내는 것>
　　　　*코치
　　　　－코치<'눈치'와 같은 짜임새이지만 낱말로 존재하지 않음. '눈치' 뒤
　　　　　　에만 결합됨>
　　　단물곤물<단맛이 나는 물과 무엇을 푹 고아 낸 물이라는 뜻으로, 아주
　　　　　　중요하거나 실속 있는 알짜나 잇속을 이르는 말>
　　　　단물<맛이 단 물>
　　　　*곤물
　　　　－곤물<'단물' 뒤에만 결합됨>
　　　물때썰때<①밀물 때와 썰물 때를 아울러 이르는 말. ②사물의 형편이
　　　　　　나 내용을 비유적으로 이르는 말>
　　　　물때<아침저녁으로 밀물과 썰물이 들어오고 나가고 하는 때>
　　　　*썰때
　　　　－썰때<'썰물 때'의 줄어든 말이지만 낱말로 존재하지 아니함. '물때'
　　　　　　뒤에만 결합됨>
　　　안달복달<몹시 속을 태우며 조급하게 볶아치는 일>
　　　　안달<속을 태우며 조급하게 구는 것>
　　　　*복달
　　　　－복달<'안달' 뒤에만 결합됨>

　이 짜임새에 해당하는 것으로, 세 음절의 바탕소와 되풀이소로 이루어
진 비슷한 꼴 되풀이 이름씨는 아래와 같으며, 바탕소와 되풀이소는 첫
음절에서만 차이를 보인다.

　　개소리괴소리<개 짖는 소리와 고양이 우는 소리라는 뜻으로, 조리 없
　　　　이 되는대로 마구 지껄이는 말을 속되게 이르는 말>
　　　개소리<아무렇게나 지껄이는 조리 없고 당치 않은 말을 비속하게
　　　　　이르는 말>
　　　*괴소리
　　　−괴소리[101]<‘개소리’ 앞에만 결합됨>
　　밑두리콧두리<확실히 알기 위하여 자세히 자꾸 캐어묻는 근본>
　　　밑두리<둘레의 밑 부분>
　　　*콧두리
　　　−콧두리<‘밑두리’ 뒤에만 결합됨>
　　아롱이다롱이<고르지 못하나 비슷비슷하게 아롱진 무늬. 또는 그 무늬
　　　　가 있는 물건>
　　　아롱이<아롱아롱한 점이나 무늬. 또는 그 점이나 무늬가 있는 짐승
　　　　　이나 물건>
　　　*다롱이
　　　−다롱이[102]<‘아롱이’ 뒤에만 결합됨>
　　어중이떠중이<여러 방면에서 모여든, 탐탁하지 못한 사람들을 통틀어
　　　　낮잡아 이르는 말>
　　　어중이<①어느 쪽에도 속하지 아니하며 태도가 분명하지 않은 사람.
　　　　②제대로 할 줄 아는 것이 별로 없어 쓸모없는 사람>
　　　*떠중이
　　　−떠중이<‘어중이’ 뒤에만 결합됨>

2.2.3. 바탕소−불구 뿌리, 되풀이소−이름씨

　비슷한 꼴 되풀이 이름씨 가운데 바탕소는 불구 뿌리이고 되풀이소가
이름씨인 것들이 이 짜임새에 해당한다. 바탕소인 불구 뿌리는 단순형식
의 불구형태소도 있고, 복합형식인 두 형태소의 결합형인 불구 뿌리도
있다. 이 짜임새에 해당하는 보기는 적은 편이다.

---

101) 낱말로 존재하지 않으나 ‘개소리’와 같은 짜임새로 <고양이 소리>의 뜻이다.
102) 본디 ‘아롱이’가 되풀이되면서 /ㄷ/이 첨가되어 ‘−다롱이’가 되었다.

　　　　괴발개발<고양이의 발과 개의 발이라는 뜻으로 글씨를 되는 대로 아
　　　　　　무렇게나 써 놓은 모양을 이르는 말>
　　　　　*괴발
　　　　　괴발－103)<'개발', '디딤'104) 앞에만 결합됨>
　　　　　개발<개의 발>
　　　　어지자지<①남자와 여자의 생식기를 한 몸에 겸하여 가진 사람이나
　　　　　　동물. ②어린아이의 말로 아이들의 제기차기에서 두 발로 번갈
　　　　　　아 차는 일을 이르는 말>
　　　　　*어지
　　　　　어지－<'자지' 앞에만 결합됨>
　　　　　자지<남자의 생식기의 길게 내민 부분>

2.2.4. 바탕소와 되풀이소－불구 뿌리

　비슷한 꼴 되풀이 이름씨 가운데 바탕소와 되풀이소 모두 불구 뿌리
인 것들이 이 짜임새에 해당한다. 바탕소와 되풀이소인 불구 뿌리는 단
순형식의 불구형태소도 있고, 복합형식으로, 두 형태소의 결합형인 불구
뿌리도 있다. 이 짜임새에 해당하는 보기는 다른 짜임새에 비해 비교적
많은 편이다.

　　　　뒤죽박죽<여럿이 마구 뒤섞여 엉망이 된 모양. 또는 그 상태>
　　　　　*뒤죽
　　　　　뒤죽－<'－박죽' 앞에만 결합됨>
　　　　　*박죽
　　　　－박죽<'뒤죽－' 뒤에만 결합됨>
　　　　민주고주<지긋지긋하고 귀찮은 일>
　　　　　*민주
　　　　　민주－<'－고주' 앞에만 결합됨>

---

103) 낱말로 존재하지 않으나 '개발'과 같은 짜임새로 <고양이 발>의 뜻이다.
104) '괴발디딤'은 <고양이가 발을 디디듯이 소리 나지 않게 가만히 조심스럽게 발을
　　　디디는 짓>이란 뜻의 이름씨이다.

*고주

　－고주<'민주－' 뒤에만 결합됨>

옴니암니<다 같은 이인데 자질구레하게 어금니 앞니 따진다는 뜻으로,

　　아주 자질구레한 것을 이르는 말>

　*옴니

　옴니－105)<'－암니' 앞에만 결합됨>

　*암니

　－암니106)<'옴니－' 뒤에만 결합됨>

요모조모<사물의 요런 면 조런 면>

　*요모

　요모－<'－조모' 앞에만 결합됨>

　*조모

　－조모<'요모－' 뒤에만 결합됨>

요탓조탓<요런조런 일을 핑계로 삼음>

　*요탓

　요탓－107)<'－조탓' 앞에만 결합됨>

　*조탓

　－조탓<'요탓－' 뒤에만 결합됨>

이모저모<사물의 이런 면 저런 면>

　*이모

　이모－<'－저모' 앞에만 결합됨>

　*저모

　－저모<'이모－' 뒤에만 결합됨>

이탓저탓<이런저런 일을 핑계로 삼음>

　*이탓

　이탓－<'－저탓' 앞에만 결합됨>

　*저탓

---

105) 말밑이 '어금니'에서 왔을지라도 유연성을 상실하고 유일 뿌리가 되었다.

106) 말밑이 '앞니'에서 왔을지라도 유연성을 상실하고 유일 뿌리가 되었다.

107) 통사적 짜임새 '요 탓'이 형태적 짜임새로 바뀌면서 낱말의 자격을 가지지 못하고
　유일 뿌리가 되었다. 다음의 보기에 해당하는 불구 뿌리인 '조탓－', '이탓－', '저
　탓－', '이판－', '저판－', '천길－', '만길－', '콩켸－', '팥켸－', '든버릇－', '난
　버릇－'이 모두 동일한 과정을 거쳐 유일 뿌리로 바뀌게 되었다.

저탓<‘이탓–’ 뒤에만 결합됨>
이판사판<막다른 데 이르러 어찌할 수 없게 된 지경>
 *이판
　이판–<‘–사판’, ‘–저판’ 앞에만 결합됨>
 *사판
 –사판<‘이판–’ 뒤에만 결합됨>
이판저판<이런 일 저런 일>
 *이판
　이판–<‘–저판’ 앞에만 결합됨>
 *저판
 –저판<‘이판–’ 뒤에만 결합됨>
천길만길<매우 깊거나 높은 모양을 비유적으로 이르는 말>
 *천길
　천길–<‘–만길’ 앞에 결합됨>
 *만길
 –만길<‘천길–’ 뒤에 결합됨>
콩켸팥켸<시루에 떡을 찔 때 어디까지가 콩 겨이고 어디까지가 팥 겨
　　　인지를 구분할 수 없다는 데서, 사물이 마구 뒤섞여서 뒤죽박죽
　　　이 된 것을 이르는 말>
 *콩켸
　콩켸–<‘–팥켸’ 앞에만 결합됨>
 *팥켸
 –팥켸<‘콩켸–’ 뒤에만 결합됨>
피장파장<서로 낫고 못함이 없음>
 *피장
　피장–<‘–파장’ 앞에만 결합됨>
 *파장
 –파장<‘피장–’ 뒤에만 결합됨>

　이 짜임새에 해당하는 것으로, 세 음절의 바탕소와 되풀이소로 이루어
진 비슷한 꼴 되풀이 이름씨는 아래와 같으며, 바탕소와 되풀이소는 첫
음절에서만 차이를 보인다.

든버릇난버릇<후천적 습관이 선천적 성격처럼 되어 가는 것을 이르는 말>
 *든버릇
  든버릇-<'-난버릇' 앞에만 결합됨>
 *난버릇
 -난버릇<'든버릇-' 뒤에만 결합됨>
오롱이조롱이<오롱조롱하게 제각각 달리 생긴 여럿을 이르는 말>
 *오롱이
  오롱이-<'-조롱이' 앞에만 결합됨>
 *조롱이
 -조롱이<'오롱이-' 뒤에만 결합됨>
올망이졸망이<올망졸망한 사물>
 *올망이
  올망이-<'-졸망이' 앞에만 결합됨>
 *졸망이
 -졸망이<'올망이-' 뒤에만 결합됨>

2.2.5. 바탕소-'-거리다' 결합 뿌리, 되풀이소-불구 뿌리

비슷한 꼴 되풀이 이름씨 가운데 바탕소는 '-거리다' 결합 뿌리이고, 되풀이소가 불구 뿌리인 것이 이 짜임새에 해당하지만, 그 보기는 극히 드물다.

옥신각신<서로 옳거니 그르거니 하면서 다툼. 또는 그런 행위>
 *옥신
  옥신거리다<서로 옳으니 그르니 자꾸 다투다.>
  옥신옥신<서로 옳으니 그르니 자꾸 다투는 모양>
 *각신
 -각신<'옥신-' 뒤에만 결합됨>

2.2.6. 바탕소와 되풀이소-'-하다' 결합 뿌리

비슷한 꼴 되풀이 이름씨 가운데 바탕소와 되풀이소 모두 '-하다' 결합 뿌리인 것들이 이 짜임새에 해당하지만 그 보기는 극히 드물다.

> **요만조만**<요만하고 조만함>
> *요만
> 요만하다<성질, 모양, 상태 따위의 정도가 요러하다.>
> *조만
> 조만하다<성질, 모양, 상태 따위의 정도가 조러하다.>
> **이만저만**<이만하고 저만함>
> *이만
> 이만하다<성질, 상태, 모양 따위의 정도가 이러하다.>
> *저만
> 저만하다<성질, 상태, 모양 따위의 정도가 저러하다.>

2.3. 풀이씨

같은 풀이씨 뿌리의 되풀이를 요구하는 이음씨끝 '-디'와 '-나'에 의해 실현된 되풀이 낱말이 이 짜임새에 해당된다. '-디'에 의해 생성되는 비슷한 꼴 되풀이 풀이씨는 생산성에서 '-나'인 경우보다는 훨씬 큰 편이다.

> **검디검다**<더할 나위 없이 검다.>
> **길디길다**<매우 길다.>
> **깊디깊다**<아주 깊다.>

위 보기에서 되풀이 자체의 기능은 바탕소에 <강조>의 뜻을 더하는 역할을 한다. 이들 보기 밖에도 넓디넓다<더할 수 없을 정도로 매우 넓다.>, 높디높다<더할 수 없을 정도로 높다.>, 맵디맵다<매우 맵다.>, 밉디밉다<몹시 밉다.>, 붉디붉다<더할 나위 없이 붉다.>, 시디시다<맛이 몹시 시다.>, 쓰디쓰다<①몹시 쓰다. ②몹시 괴롭다.>, 얇디얇다<몹시 얇다.>, 얕디얕다<아주 얕다.>, 작디작다<사물의 크기나 범위, 정도 따위가 보통보다 매우 작다.>, 옅디옅다<매우 옅다.>, 젊디젊다<아주 젊다.>, 차디차다<매우 차다.>, 크디크다<사물의 크기와 범위, 정도 따위가 보통 정도를 훨씬 넘다.>, 희디희다<더할 나위 없이 희다.> 따위를 더 들 수 있다.108) 이처럼 어느 정도 생산성이 있음에도 불구하고 통사적 짜임새로 보지 않고 형태적 짜임새로 처리하여, 한 낱말의 짜임새로 보는 까닭은 '－디'에 의해 되풀이될 수 있는 풀이씨가 유한하기 때문이다. 곧 '검디검다'를 통사적 짜임새인 '검디 검다'로 보지 않는 것은 '－디' 앞에 놓이는 풀이씨가 광범위하지 않기 때문이다.

풀이씨 뿌리가 두 음절인 경우에도 '－디'에 의한 되풀이가 가능하다. 이에 해당하는 보기로는 가깝디가깝다<매우 가깝다.>, 가늘디가늘다<매우 가늘다.>, 가볍디가볍다<매우 가볍다.>, 거볍디거볍다<아주 거볍다.>, 너르디너르다<더할 나위 없을 정도로 매우 너르다.>, 누르디누르다<더할 나위 없이 누르다.>, 두껍디두껍다<몹시 두껍다.>, 무겁디무겁다<아주 무겁다.>, 예쁘디예쁘다<매우 예쁘다.>, 푸르디푸르다<더할 나위 없이 푸르다.>, 흐리디흐리다<매우 흐리다.> 따위가 있다.

'－나'에 의해 실현된 비슷한 꼴 되풀이 낱말은 '－디'에 비해 그 수효가 극히 적은 편으로 생산성이 별로 없는 되풀이 방식에 해당한다.

기나길다<몹시 길다.>
머나멀다<몹시 멀다.>

---

108) '다디달다<매우 달다.>'와 '자디잘다<①아주 가늘고 잘다. ②성질이 아주 좀스럽다.>'도 이 짜임새에 해당하지만, 첫음절의 받침 'ㄹ'이 'ㄷ' 앞에서 탈락하여 꼴이 약간 달라졌을 뿐이다.

크나크다<사물이나 사건의 크기나 규모가 보통 정도를 훨씬 넘다.>

위 보기에서 되풀이 자체의 기능도 '-다'와 마찬가지로 바탕소에 <강조>의 뜻을 더하는 역할을 한다. 이들 풀이씨는 주로 매김꼴로 활용하여 쓰이는 제약을 보여, 실제로는 '기나긴', '머나먼', '크나큰'의 꼴로 쓰이게 된다.

이 밖에도 '-어'에 의해 실현되는 비슷한 꼴 되풀이 낱말로 '두어두다<본디 있던 그대로 건드리지 않고 두다.>'가 있지만, 그 밖의 보기는 찾기가 쉽지 않다.

2.4. 매김씨

'이렁-/요렁-', '그렁-/고렁-', '저렁-/조렁-'이 매김씨끝 '-ㄴ'으로 끝바꿈하여, 비슷한 것끼리 되풀이되어 매김씨를 생성한 것들이 이 짜임새에 해당한다. 바탕소와 되풀이소는 각각 놓이는 자리가 정해져 있어 자리바꿈이 불가능하다. 이 짜임새에 속하는 비슷한 꼴 되풀이 매김씨들은 바탕소와 되풀이소가 모두 지시적 기능을 나타내는 풀이씨의 매김꼴로 이루어진 매김씨들이다. 이론적으로는 결합 가능성이 더 많지만 실제로 가능한 비슷한 꼴 되풀이 매김씨는 다음 보기의 것들이다.

> **고런조런**<고러하고 조러한>
> 고런<상태, 모양, 성질 따위가 고러한>
> 조런<상태, 모양, 성질 따위가 조러한>
> **그런저런**<그러하고 저러한>
> 그런<상태, 모양, 성질 따위가 그러한>
> 저런<상태, 모양, 성질 따위가 저러한>
> **요런조런**<요러하고 조러한>
> 요런<상태, 모양, 성질 따위가 요러한>

조런<상태, 모양, 성질 따위가 조런한>
이런저런<이러하고 저런한>
　이런<상태, 모양, 성질 따위가 이러한>
　저런<상태, 모양, 성질 따위가 저러한>

2.5. 느낌씨

　뜻에서 관련성이 있으며, 형태가 부분적으로 같은, 바탕소와 되풀이소가 결합과정을 거쳐 느낌씨를 생성하는 짜임새가 이에 속한다. 이 짜임새에 해당하는 보기는 느낌씨인 바탕소 '얼씨구'와 되풀이소 첫소리에 /ㄷ/이 첨가되어 되풀이된 '얼씨구절씨구'와, 이를 강조하는 '얼씨구나절씨구나', '이리위저리위' 따위가 있을 뿐이다.

얼씨구절씨구<흥겨울 때에 장단을 맞추며 변화 있게 내는 소리>
　얼씨구<흥에 겨워서 떠들 때 가볍게 장단을 맞추며 내는 소리>
　*절씨구
　－절씨구<'얼씨구'가 되풀이되면서 /ㅈ/ 첨가. '얼씨구' 뒤에만 결합됨>
얼씨구나절씨구나<'얼씨구절씨구'를 강조하여 내는 소리>
　얼씨구나<'얼씨구<흥에 겨워서 떠들 때 가볍게 장단을 맞추며 내
　　　는 소리>'를 강조하여 내는 소리>
　*절씨구나
　－절씨구나<'얼씨구나'가 되풀이되면서 /ㅈ/ 첨가. '얼씨구나' 뒤에만
　　　결합됨>
이리위저리위<이쪽으로 나오라거니 저쪽으로 가라거니 하며 외치는 말>
　이리위<예전에, 새로 과거에 급제한 사람을 선배들이 축하하는 뜻
　　　으로 앞으로 나오랬다 뒤로 가랬다 하면서 놀리는 자리에서 앞
　　　으로 나오라고 할 때 하던 말>
　저리위<예전에, 새로 과거에 급제한 사람을 선배들이 축하하는 뜻
　　　으로 앞으로 나오랬다 뒤로 가랬다 하면서 놀리는 자리에서 뒷
　　　걸음쳐서 가라고 할 때 하던 말>

2.6. 뿌리

뜻에서 관련성이 있으며, 형태가 부분적으로 같은, 바탕소와 되풀이소
가 결합과정을 거치되 낱말 자격이 모자라는 뿌리를 생성하는 짜임새가
이에 속한다. 바탕소와 되풀이소의 특성에 따라, 바탕소와 되풀이소가
모두 '-하다'가 결합되는 뿌리에 해당하는 것들, 바탕소는 '-하다'가
결합되는 뿌리이고 되풀이소가 불구 뿌리인 것들, 바탕소와 되풀이소가
모두 불구 뿌리인 것들, 바탕소는 어찌씨이고 되풀이소가 불구 뿌리인
것들로 나누어 살피기로 한다.

2.6.1. 바탕소와 되풀이소-'-하다' 결합 뿌리

바탕소와 되풀이소가 낱말 자격이 모자라는 뿌리로서 '-하다' 결합
가능한 특성을 가지며, 이들이 결합하여 '-하다' 결합 가능 비슷한 꼴 되풀
이 뿌리를 생성한다. 곧 '-하다' 결합 가능 뿌리인 '고러-'가 바탕소가 되
고, 여기에 '-하다' 결합 가능 뿌리인 '조러-'가 결합하여, '-하다' 결합
가능 뿌리인 '고러조러-'가 생성되었다. 이 짜임새에 해당하는 보기는
그리 많은 편은 아니다.

> **고러조러하다**<그러하고 조러하다.>
>   *고러
>   고러하다<상태, 모양, 성질 따위가 고렇다.>
>   고러고러하다<그러하고 고러하다.>
>   *조러
>   조러하다<상태, 모양, 성질 따위가 저와 같다.>
>   조러조러하다<조러하고 조러하다.>
> **그러저러하다**<그러하고 저러하다.>
>   *그러
>   그러하다<상태, 모양, 성질 따위가 그와 같다.>

　　그러그러하다＜그러하고 그러하다.＞
　　＊저러
　　저러하다＜상태, 모양, 성질 따위가 저와 같다.＞
　　저러저러하다＜저러하고 저러하다.＞
그러저러다＜그렇게 하기도 하고 저렇게 하기도 하다.＞
　　＊그러
　　그러다＜'그리하다'의 준말＞
　　＊저러
　　저러다＜'저리하다'의 준말＞
새콤달콤하다＜약간 신 맛이 나면서도 단맛이 나서 맛깔스럽다.＞
　　＊새콤
　　새콤하다＜조금 신맛이 있다.＞
　　새콤새콤＜여럿이 다 조금 신맛이 있는 느낌＞
　　＊달콤
　　달콤하다＜감칠맛이 있게 달다.＞
요러조러하다＜①다 이렇게 하거나 잇따라 요렇게 하다. ②잇따라 요렇
　　게 말하다.＞
　　＊요러
　　요러하다＜상태, 모양, 성질 따위가 이와 같다.＞
　　＊조러
　　조러하다＜상태, 모양, 성질 따위가 저와 같다.＞
이러저러하다＜이러하고 저러하다.＞
　　＊이러
　　이러하다＜성질, 상태, 모양 따위가 이와 같다.＞
　　＊저러
　　저러하다＜성질, 상태, 모양 따위가 저와 같다.＞

2.6.2. 바탕소-'-하다' 결합 뿌리, 되풀이소-불구 뿌리

　'하다' 결합 가능 뿌리인 바탕소가 불구 뿌리인 되풀이소와 결합하여
'-하다'가 결합 가능한 비슷한 꼴 되풀이 뿌리를 생성한다. 이 짜임새에
해당하는 보기는 극히 적은 편이다.

알량꼴량하다<몰골이 사납고 보잘것없다.>
 *알량
 알량하다<시시하고 보잘것없다.>
 *꼴량
 −꼴량<‘알량−’ 뒤에만 결합됨>
여차저차하다<이러저러하다.>
 *여차
 여차하다<이렇다.>
 *저차
 −저차<‘저+此’의 짜임새로 낱말 자격이 모자람. ‘여차−’ 뒤에만 결
   합됨>

2.6.3. 바탕소와 되풀이소−불구 뿌리

낱말 자격이 모자랄 뿐더러 오직 결합 가능한 뿌리가 하나인 유일 뿌리로 이루어진, 바탕소와 되풀이소가 결합하여, ‘−하다’가 결합 가능한 비슷한 꼴 되풀이 뿌리를 생성한다. 바탕소와 되풀이소는 단순형식의 불구형태소이거나 복합형식의 불구 뿌리일 수 있다. 이 짜임새에 해당하는 보기는 그리 많은 편은 아니다.

궁뚱망뚱하다<(장소가) 몹시 구석지고 너절하다.>
 *궁뚱
 궁뚱−<‘−망뚱’ 앞에만 결합됨>
 *망뚱
 −망뚱<‘궁뚱−’ 뒤에만 결합됨>
긴가민가하다<‘기연가미연가하다<그런지 그렇지 않은지 분명하지 않
   다.>’의 준말>
 *긴가
 긴가−<‘其然가’의 준말로, ‘−민가’ 앞에만 결합됨>
 *민가
 −민가<‘未然가’의 준말로, ‘긴가−’ 뒤에만 결합됨>
될동말동하다<일 따위가 어떤 수준이나 정도에 이를 듯 말 듯 하다.>

＊될동

될동−<‘−ㄹ동⋯−ㄹ동’이란 되풀이 씨끝에 의해 생성된 것으로,
‘−말동’ 앞에만 결합됨>

＊말동

−말동<‘−ㄹ동⋯−ㄹ동’이란 되풀이 씨끝에 의해 생성된 것으로, ‘될
동−’ 뒤에 결합됨>

쇠양배양하다<①철없이 함부로 날뛰는 경향이 있다. ②지혜롭지 못하
고 하는 짓이 미련하거나 어리석다.>

＊쇠양

쇠양−<‘−배양’ 앞에만 결합됨>

＊배양

−배양<‘쇠양−’ 뒤에만 결합됨>

얼레설레하다<분명한 태도를 취하지 못하고 미적대는 데가 있다.>

＊얼레

얼레−<‘−설레’ 앞에만 결합됨>

＊설레

−설레<‘얼레−’ 뒤에만 결합됨>

얼토당토아니하다[109]<①전혀 합당하지 아니하다. ②전혀 관계가 없다.>

＊얼토

얼토−<‘−당토’ 앞에만 결합됨>

＊당토

−당토<‘얼토−’ 뒤에만 결합됨>

오사바사하다<①굳은 주견 없이 마음이 부드럽고 사근사근하다. ②잔
재미가 있다.>

＊오사

오사−<‘−바사’ 앞에만 결합됨>

＊바사

−바사<‘오사−’ 뒤에만 결합됨>

온데간데없다<감쪽같이 자취를 감추어 찾을 수가 없다.>

＊온데

온데−[110]<‘−간데’ 앞에만 결합됨>

---

109) 준말로 ‘얼토당토않다’가 있다.

*간데

－간데<‘온데－’ 뒤에만 결합됨>

올데갈데없다<사람이 머물러 살 곳이나 의지할 곳이 없다.>

 *올데

 올데－<‘－갈데’ 앞에만 결합됨>

 *갈데

－갈데<‘올데－’ 뒤에만 결합됨>

우들푸들하다<몹시 화가 나는 일이 있어 얼굴빛이 붉었다 푸르렀다
    하는 상태이다.>

 *우들

 우들－<‘－푸들’ 앞에만 결합됨>

 *푸들

－푸들<‘우들－’ 뒤에만 결합됨>

이미룩저미룩하다<이런저런 핑계를 대어 할 일을 자꾸 미루다.>

 *이미룩

 이미룩－<‘－저미룩’ 앞에만 결합됨>

 *저미룩

－저미룩<‘이미룩－’ 뒤에만 결합됨>

헐수할수없다<①어찌해 볼 도리가 없다. ①매우 가난하여 살아갈 길이
    막막하다.>

 *헐수111)

 헐수－<‘－할수’ 앞에만 결합됨>

 *할수

－할수<‘헐수－’ 뒤에만 결합됨>

---

110) ‘온데－’는 본디 통사적 짜임새 ‘온 데’가 결합과정을 거쳐 낱말 자격이 모자라
 는 뿌리가 된 것이다. 그 밖에도 다음에 쓰인 ‘－간데’, ‘올데－’, ‘－갈데’도 꼭
 같은 결합과정을 거쳐 뿌리가 된 것들이다.

111) ‘헐수－’는 본디 통사적 짜임새 ‘헐 수’에서 형태적 짜임새로 바뀌면서 낱말 자
 격을 가지지 못하게 되었다. 다음에 나오는 ‘할수－’도 꼭 같은 결합과정을 거쳐
 뿌리가 된 것들이다.

2.6.4. 바탕소-어찌씨, 되풀이소-불구 뿌리

어찌씨인 바탕소와 불구 뿌리인 되풀이소가 결합하여, '-하다'가 결합 가능한 비슷한 꼴 되풀이 뿌리를 생성한다. 이 짜임새에 해당하는 보기는 극히 적다.

> **움푹진푹하다**<움푹 꺼질 정도로 많다.>
> 　움푹<물체의 가운데가 둥글게 속으로 푹 패어 들어간 모양>
> 　*진푹
> 　-진푹<'움푹' 뒤에만 결합됨>

3. [A-cBAB]와 [ABA+cB] 꼴 되풀이법

'A'와 'B' 두 음절로 이루어진 바탕소 [AB]가 그대로 되풀이되어 [ABAB]가 되면 바탕소와 되풀이소가 꼴과 뜻에서 꼭 같기 때문에 같은 꼴 되풀이법에 해당되지만, 되풀이되면서 바탕소의 첫소리가 탈락하거나 되풀이소의 첫음절에 특정의 닿소리가 첨가되어 되풀이되면 바탕소와 되풀이소가 뜻에서는 같더라도 꼴에서 일부분이 달라지기 때문에 비슷한 꼴 되풀이법에 해당된다.

바탕소 [AB]가 되풀이되면서 되풀이소는 그대로 [AB]로 실현되고 바탕소에서 'A'의 첫소리인 닿소리가 탈락되어 비슷한 꼴 되풀이 낱말이 생성되는 경우에는 바탕소의 'A'를 'A-c'로 나타내어, 이 짜임새에 해당하는 되풀이 낱말을 [A-cBAB] 꼴로 표시하였다.

바탕소 [AB]가 되풀이되면서 바탕소는 꼴 달라짐 없이 그대로이되, 되풀이소 'A'의 첫소리에 특정의 닿소리가 첨가되어 비슷한 꼴 되풀이 낱말이 생성되는 경우에 되풀이소의 'A'를 'A+c'로 나타내어, 이 짜임새에 해당하는 되풀이 낱말을 [ABA+cB] 꼴로 표시하였다.

이와 같이 바탕소가 되풀이되되, 비슷한 꼴로 되풀이되는 방식에는 바탕소의 첫소리가 탈락되는 경우와 되풀이소의 첫소리에 특정의 닿소리가 첨가되는 경우가 있다.

3.1. [A-cBAB]

[A-cBAB] 꼴로 되풀이 되는 낱말을 보면, 'A'와 'B' 두 음절로 이루어진 바탕소가 되풀이되어 둘째 음절은 넷째 음절로 같은 꼴로 되풀이되지만 바탕소의 첫째 음절은 첫소리가 탈락하여 되풀이되는 것들이 이 짜임새에 해당한다. 곧 바탕소가 같은 꼴의 되풀이소로 실현되면서 바탕소의 첫소리가 변화를 일으키는 것들이 이에 속한다.

비슷한 꼴 되풀이 어찌씨인 '오불고불'은 본디 바탕소 '고불-'이 되풀이되어 되풀이소는 바탕소와 동일한 '-고불'이 되었지만, 그 과정에서 바탕소인 '고불-'의 첫소리 /ㄱ/이 탈락하여 '오불-'이 되었다. 이렇게 보는 까닭은 '오불-'은 그 자체가 낱말 자격이 없을 뿐더러 뜻에서도 분명하지 않으며, 오직 '-고불/-꼬불'에만 결합 가능한 유일형태소에 해당하기 때문이다. 반면에 '고불-'은 '-거리다'가 결합될 수 있는 뿌리이며, 그 자체가 같은 꼴로 되풀이되어 생성된 같은 꼴 되풀이 어찌씨 '고불고불'이 존재하며, 뜻에서도 '오불고불'과 별다른 차이를 보이지 않기 때문이다. 곧 '-거리다' 결합 가능 뿌리인 '고불-'이 바탕소가 되어 같은 꼴로 되풀이되면 같은 꼴 되풀이 어찌씨인 '고불고불'이 되고, 바탕소의 첫소리인 /ㄱ/이 탈락되면 비슷한 꼴 되풀이 어찌씨인 '오불고불'이 된다.

이 짜임새에 해당하는 보기들은 모두 '오불고불'에서와 마찬가지 까닭으로 바탕소 첫소리가 탈락한 비슷한 꼴 되풀이 낱말에 포함되며, 모두 흉내말 어찌씨들이다.

바탕소의 첫소리 탈락에 해당되는 닿소리로는 /ㄱ/을 비롯해, /ㄲ/, /ㄷ/, /ㅂ/, /ㅅ/, /ㅈ/, /ㅍ/이 있으며, 이 가운데 가장 생산성이 큰 것은 /ㅂ/이다. 닿소리의 자모 순서에 따라 그 보기와 뜻, 바탕소와 되풀이소의 특성 따위를 살피기로 한다.

3.1.1. 바탕소 첫소리 /ㄱ/ 탈락

바탕소가 되풀이소로 그대로 되풀이되면서 바탕소의 첫소리 /ㄱ/이 탈락하여 비슷한 꼴로 되풀이되는 것들이 이 짜임새에 해당하지만, 그 보기는 극히 드물다. 이에 해당하는 보기는 되풀이소가 /ㄱ/ 탈락 전 본디의 바탕소 모습이며, /ㄱ/이 탈락된 결과 뜻도 불분명한 유일형태소로 바뀌게 되었다.

    오불고불<요리조리 고르지 아니하게 구부러진 모양>
    *오불
    오불-<본디 '고불'에서 첫소리 /ㄱ/ 탈락. '-고불', '-꼬불' 앞에
        만 결합됨>
    *고불
    고불거리다<이리저리 고부라지다.>
    고불고불<이리저리 고부라진 모양>
    우불구불<이리저리 고르지 아니하게 구부러진 모양>
    *우불
    우불-<본디 '구불'에서 첫소리 /ㄱ/ 탈락. '-구불' 앞에만 결합됨>
    *구불
    구불거리다<이리저리 구부러지다.>
    구불구불<이리저리 구부러진 모양>

3.1.2. 바탕소 첫소리 /ㄲ/ 탈락

/ㄱ/ 탈락에서와 마찬가지로, 바탕소가 되풀이소로 그대로 되풀이되면서 바탕소의 첫소리 /ㄲ/이 탈락하여 비슷한 꼴로 되풀이되는 것들이 이 짜임새에 해당하지만, 그 보기는 극히 드물다. 이에 해당하는 보기는 되풀이소가 /ㄲ/ 탈락 전 본디의 바탕소 모습이며, /ㄲ/이 탈락된 결과 뜻도 불분명한 유일형태소로 바뀌게 되었다.

    오불꼬불<'오불고불'보다 센 느낌>
     *오불
      오불-<본디 '꼬불-'에서 첫 음절 첫소리 /ㄲ/ 탈락. '-고불', '-꼬불' 앞에만 결합됨>
     *꼬불
      꼬불거리다<이리저리 고부라지다. '고불거리다'보다 센 느낌>
      꼬불꼬불<이리저리 고부라진 모양. '고불고불'보다 센 느낌>
    우불꾸불<이리저리 고르지 아니하게 구부러진 모양>
     *우불
      우불-<본디 '꾸불-'에서 첫 음절 첫소리 /ㄲ/ 탈락. '-꾸불' 앞에만 결합됨>
     *꾸불
      꾸불거리다<이리저리 구부러지다. '구불거리다'보다 센 느낌>
      꾸불꾸불<이리저리 구부러진 모양. '구불구불'보다 센 느낌>

3.1.3. 바탕소 첫소리 /ㄷ/ 탈락

바탕소가 되풀이소로 그대로 되풀이되면서 바탕소의 첫소리 /ㄷ/이 탈락하여 비슷한 꼴로 되풀이되는 것들이 이 짜임새에 해당하지만, 그 보기는 극히 드물다.

우툴두툴<물건의 거죽이나 바닥이 여기저기 굵게 부풀어 올라 고르지
　　못한 모양>
　＊우툴
　　우툴-<본디 '두툴-'에서 첫소리 /ㄷ/탈락. '-두툴' 앞에만 결합
　　　됨>
　＊두툴
　　두툴두툴<물체의 겉에 불룩한 것들이 솟아나오거나 붙어 있어 고르
　　　지 않은 모양. '두둘두둘'보다 거센 느낌>

3.1.4. 바탕소 첫소리 /ㅂ/ 탈락

바탕소가 되풀이소로 그대로 되풀이되면서 바탕소의 첫소리 /ㅂ/이 탈
락하여 비슷한 꼴로 되풀이되는 것들이 이 짜임새에 해당하며, 다른 소
리 탈락의 보기보다는 상당히 많은 편에 해당한다.

　아득바득<몹시 고집을 부리거나 애를 쓰는 모양>
　＊아득
　　아득-<본디 '바득-'이 되풀이되면서 바탕소의 첫 음절 첫소리 /ㅂ/
　　　이 탈락. '-바득' 앞에만 결합됨>
　＊바득
　-바득<앞에 '바득-', '아득-'에만 결합됨>
　　바득바득<억지를 부려 자꾸 우기거나 조르는 모양>
　앙실방실<어린 아이가 소리 없이 아주 밝고 귀엽게 웃는 모양>
　＊앙실
　　앙실-<본디 '방실'에서 첫 음절 첫소리 /ㅂ/ 탈락. '방실' 앞에만 결
　　　합됨>
　　방실<입을 예쁘게 살짝 벌리고 소리 없이 밝고 보드랍게 한 번 웃
　　　는 모양>
　어근버근<①목재 가구나 문틀 따위의 짝 맞춘 자리가 약간씩 벌어져
　　　있는 모양. ②서로 마음이 맞지 아니하여 사이가 꽤 벌어지는
　　　모양>
　＊어근

어근-<본디 '버근-'이 되풀이되면서 바탕소의 첫 음절 첫소리 /ㅂ/
　　　탈락. '-버근' 앞에만 결합됨>
　*버근
　버근거리다<물건의 사개가 버그러져 자꾸 흔들거리다.>
　버근버근<물건의 사개나 버그러져 자꾸 흔들거리는 모양>
언죽번죽<조금도 부끄러워하는 기색이 없고 비위가 좋아 **뻔뻔한** 모양>
　*언죽
　언죽-<본디 '번죽-'이 되풀이되면서 바탕소의 첫 음절 첫소리 /ㅂ/
　　　탈락. '-번죽' 앞에만 결합됨>
　*번죽
　번죽거리다<번번하게 생긴 사람이 자꾸 매우 얄밉게 이죽이죽하면
　　　서 느물거리다.>
　번죽번죽<번번하게 생긴 사람이 자꾸 매우 얄밉게 이죽이죽하면서
　　　느물거리는 모양>
올긋볼긋<좀 짙고 옅은 여러 가지 빛깔이 야단스럽게 한데 뒤섞여 있
　　　는 모양>
　*올긋
　올긋-<본디 '볼긋'이었으나 첫 음절 첫소리 /ㅂ/ 탈락. '-볼긋' 앞
　　　에만 결합됨>
　*볼긋
　볼긋하다<불그스름하다>
　볼긋볼긋<①군데군데 볼그스름한 모양. ②매우 볼그스름한 모양>
올똑볼똑<①물체의 거죽이나 면이 고르지 않게 여기저기 나오고 들어
　　　간 모양. ②성미가 급하고 변덕스러워 말이나 행동이 우악스러
　　　운 모양>
　*올똑
　올똑-<본디 '볼똑'이었으나 첫 음절 첫소리 /ㅂ/ 탈락. '볼똑' 앞에
　　　만 결합됨>
　볼똑<①경망스럽게 갑자기 성을 내는 모양. ②갑자기 볼록하게 솟아
　　　오른 모양>
　볼똑볼똑<①경망스럽게 갑자기 자꾸 성을 내는 모양. ②여기저기 잇
　　　따라 갑자기 볼록하게 솟아오른 모양>
올록볼록<물체의 거죽이나 면이 고르지 않게 높고 낮은 모양>

＊올록

　올록－<본디 ‘볼록’이었으나 첫 음절 첫소리 /ㅂ/ 탈락. ‘볼록’ 앞에
　　　만 결합됨>

　볼록<물체의 거죽이 조금 도드라지거나 쑥 내밀린 모양>

　볼록볼록<물체의 거죽 여러 군데가 조금 도드라지거나 쑥 내밀린
　　　모양>

올쏙볼쏙<조그마한 모가 고르지 아니하게 여기저기 솟은 모양>

　＊올쏙

　＊올쏙－<본디 ‘볼쏙’이었으나 /ㅂ/ 탈락. ‘볼쏙’ 앞에만 결합됨>

　볼쏙<갑자기 볼록하게 쏙 나오거나 내미는 모양>

　볼쏙볼쏙<갑자기 여기저기 볼록하게 잇따라 쏙 나오거나 내미는 모양>

올통볼통<물체의 거죽이나 면이 고르지 않게 여기저기 나오고 들어간
　　　모양>

　＊올통

　올통－<본디 ‘볼통－’에서 첫 음절 첫소리 /ㅂ/ 탈락. ‘－볼통’ 앞에
　　　만 결합됨>

　＊볼통

　볼통하다<톡 볼가져 있다.>

　볼통볼통<여기저기 톡톡 볼가져 있는 모양>

우둥부둥<몸이나 얼굴이 살쪄 퉁퉁하고 매우 부드러운 모양>

　＊우둥

　우둥－<본디 ‘부둥’에서 첫 음절 첫소리 /ㅂ/ 탈락. ‘－부둥’ 앞에만
　　　결합됨>

　＊부둥

　부둥하다<약간 퉁퉁하게 살이 찌고 부드럽다.>

　부둥부둥<퉁퉁하게 살이 찌고 부드러운 모양>

울긋불긋<짙고 옅은 여러 가지 빛깔들이 야단스럽게 한데 뒤섞여 있
　　　는 모양>

　＊울긋

　울긋－<본디 ‘불긋－’에서 첫음절 첫소리 /ㅂ/ 탈락. ‘－불긋’ 앞에
　　　만 결합됨>

　＊불긋

　불긋하다<불그스름하다>

불긋불긋<①군데군데가 불그스름한 모양. ②매우 불그스름한 모양>
울룩불룩<물체의 거죽이나 면이 고르지 않게 매우 높고 낮은 모양>
 *울룩
 울룩-<본디 '불룩'에서 /ㅂ/ 탈락. '불룩' 앞에만 결합됨>
 불룩<물체의 거죽이 크게 두드러지거나 쑥 내밀려 있는 모양>
 불룩불룩<물체의 거죽 여러 군데가 크게 두드러지거나 쑥 내밀려
   있는 모양>
울쑥불쑥<고르지 않게 여기저기 높이 솟은 모양>
 *울쑥
 울쑥-<본디 '불쑥'에서 /ㅂ/ 탈락. '불쑥' 앞에만 결합 가능>
 불쑥<갑자기 불룩하게 쑥 나오거나 내미는 모양>
 불쑥불쑥<갑자기 여기저기 불룩하게 잇따라 쑥 나오거나 내미는 모양>

3.1.5. 바탕소 첫소리 /ㅅ/ 탈락

바탕소가 되풀이소로 그대로 되풀이되면서 바탕소의 첫소리 /ㅅ/이 탈락하여 비슷한 꼴로 되풀이되는 것들이 이 짜임새에 해당하지만, 그 보기는 극히 드물다.

엉기성기<여기저기 성긴 모양>
*엉기
 엉기-<본디 '성기-'에서 /ㅅ/ 탈락. '-성기', '-정기' 앞에만 결
   합됨>
*성기
 성기다<물건 사이가 뜨다.>

3.1.6. 바탕소 첫소리 /ㅈ/ 탈락

바탕소가 되풀이소로 그대로 되풀이되면서 바탕소의 첫소리 /ㅈ/이 탈락하여 비슷한 꼴로 되풀이되는 것들이 이 짜임새에 해당하지만, 그 보기는 극히 드물다.

오마조마<마음이 매우 초조하고 불안한 모양>
*오마
　오마-<본디 '조마-'에서 /ㅈ/ 탈락. '-조마' 앞에 결합됨>
*조마
　조마거리다<닥쳐올 일이 걱정되어 마음을 놓을 수 없고 자꾸 불안
　　해지다.>
　조마조마<닥쳐올 일이 걱정되어 마음을 놓을 수 없고 자꾸 불안한
　　모양>
오막조막<자그마한 덩어리들이 고르지 아니하게 많이 벌여 있는 모양>
*오막
　오막<본디 '조막'에서 /ㅈ/ 탈락. '조막' 앞에만 결합됨>
　조막<주먹보다 작은 물건의 덩이를 비유적으로 이르는 말>

3.1.7. 바탕소 첫소리 /ㅍ/ 탈락

바탕소가 되풀이소로 그대로 되풀이되면서 바탕소의 첫소리 /ㅍ/이 탈락하여 비슷한 꼴로 되풀이되는 것들이 이 짜임새에 해당하지만, 그 보기는 극히 드물다.

우둥푸둥<몸이나 얼굴이 살져 퉁퉁하고 매우 부드러운 모양>
*우둥
　우둥-<본디 '푸둥'에서 /ㅍ/ 탈락. '-푸둥' 앞에만 결합됨>
*푸둥
　푸둥푸둥<퉁퉁하게 살이 찌고 부드러운 모양. '부둥부둥'보다 거센
　　느낌.>

3.2. [ABA+cB]

[ABA+cB] 꼴로 되풀이 되는 낱말을 보면, 'A'와 'B' 두 음절로 이루어진 바탕소가 되풀이되어 둘째 음절은 넷째 음절로 같은 꼴로 되풀이되

지만 바탕소의 첫째 음절은 셋째 음절로 되풀이되면서 셋째 음절의 첫소리에 특정 닿소리가 첨가되어 되풀이되는 경우가 이 짜임새에 해당한다. 곧 바탕소가 같은 꼴의 되풀이소로 실현되면서 되풀이소의 첫소리에 닿소리 첨가라는 변화를 일으키는 것들이 이에 속한다.

비슷한 꼴 되풀이 어찌씨인 '알록달록'은 본디 바탕소 '알록'이 그대로 되풀이되면서 되풀이소 첫소리에 /ㄷ/이 첨가되어 되풀이소가 '달록'으로 바뀌게 되었다. 이렇게 판단하는 까닭은 '알록-'이 비록 낱말 자격이 모자라는 뿌리이지만 '-지다'와 결합하여 풀이씨 '알록지다'가 생성되며, 같은 꼴로 되풀이되어 '알록알록'이란 되풀이 어찌씨가 생성되는데 비하여, '-달록'은 오직 '알록-' 뒤에만 결합되는 유일형태소이기 때문이다. 또한 뜻에서도 '알록알록'과 '알록달록'은 별다른 차이가 없기 때문에 '-달록'은 '알록-'이 되풀이되면서 /ㄷ/이 첨가된 되풀이소로 간주하였다.

이 짜임새에 해당하는 보기들은 모두 '알록달록'에서와 마찬가지 까닭으로 바탕소가 되풀이되면서 되풀이소 첫소리에 특정의 닿소리가 첨가되어 생성된 비슷한 꼴 되풀이 낱말에 포함되며, 모두 흉내말 어찌씨들이다.

되풀이소의 첫소리 첨가에 해당되는 닿소리로는 /ㄷ/을 비롯해, /ㅂ/, /ㅅ/, /ㅈ/이 있으며, 이 가운데 가장 생산성이 큰 것은 /ㄷ/이다. 닿소리의 자모 순서에 따라 그 보기와 뜻, 바탕소와 되풀이소의 특성 따위를 살피기로 한다.

3.2.1. 되풀이소 첫소리에 /ㄷ/ 첨가

바탕소가 되풀이소로 그대로 되풀이되면서 되풀이소의 첫소리에 /ㄷ/이 첨가되어 비슷한 꼴로 되풀이되는 것들이 이 짜임새에 해당한다. 이에 해당하는 보기는 비교적 많은 편으로 되풀이소가 공통적으로 불구 뿌리에 해당한다. 바탕소는 어찌씨이거나 '-거리다' 결합 가능 뿌리들로, 같은 꼴로 되풀이되어 같은 꼴 되풀이 어찌씨를 생성하며, 뜻에서 이 짜임새에 해당하는 비슷한 꼴 되풀이 어찌씨와 그리 큰 차이를 보이지 않는다. 이를테면, '-거리다' 결합 가능 뿌리인 바탕소 '아롱-'의 같은 꼴 되풀이 어찌씨 '아롱아롱'은 비슷한 꼴 되풀이 어찌씨 '아롱다롱'과 뜻에서 그리 큰 차이를 보이지 않는다.

아록다록<조금 연하게 밝은 여러 가지 빛깔의 점이나 줄 따위가 고르게 무늬를 이룬 모양>
　*아록
　　아록-<본디 '알록-'에서 첫음절 끝소리 /ㄹ/ 탈락. '-다록 앞에만 결합됨>
　　아록아록<조금 연하게 밝은 여러 가지 빛깔의 점이나 줄 따위가 고르게 무늬를 이룬 모양>
　*다록
　　-다록<본디 '아록-'이 되풀이되면서 /ㄷ/ 첨가. '아록-' 뒤에만 결합됨>
아롱다롱<여러 가지 빛깔의 작은 점이나 줄 따위가 고르지 아니하고 촘촘하게 무늬를 이룬 모양>
　*아롱
　　아롱거리다<또렷하지 아니하고 흐리게 아른거리다.>
　　아롱아롱<여러 가지 빛깔의 작은 점이나 줄 따위가 고르고 촘촘하게 무늬를 이룬 모양>
　*다롱
　　-다롱<본디 '아롱-'이 되풀이되면서 /ㄷ/ 첨가. '아롱-' 뒤에만 결합됨>
아옹다옹<대수롭지 아니한 일로 서로 자꾸 다투는 모양>
　*아옹
　　아옹거리다<①좁은 소견으로 자기 뜻에 맞지 아니한다고 투덜거리다. ②사이가 좋지 못하여 대수롭지 아니한 일로 자꾸 다투다.>
　　아옹아옹<①좁은 소견으로 자기 뜻에 맞지 아니한다고 투덜거리는

모양. ②사이가 좋지 못하여 대수롭지 아니한 일로 자꾸 다투는
　　모양>
　＊다옹
　－다옹<본디 ‘아옹－’이 되풀이되면서 /ㄷ/ 첨가. ‘아옹－’ 뒤에만 결
　　합됨>
알락달락<여러 가지 밝은 빛깔의 점이나 줄 따위 무늬가 고르지 아니
　　하게 촘촘한 모양>
　알락<본바탕에 다른 빛깔의 점이나 줄 따위가 조금 섞인 모양. 또는
　　그런 자국>
　알락알락<여러 가지 밝은 빛깔의 점이나 줄 따위 무늬가 고르게 촘
　　촘한 모양>
　＊달락
　－달락<본디 ‘알락’이 되풀이되면서 /ㄷ/ 첨가. ‘알락’ 뒤에만 결합됨>
알록달록<여러 가지 밝은 빛깔의 점이나 줄 따위가 고르지 아니하게
　　무늬를 이룬 모양>
　＊알록
　알록지다<여러 가지 빛깔로 된 점이나 줄이 고르게 무늬를 이루다.>
　알록알록<여러 가지 밝은 빛깔의 점이나 줄 따위가 고르게 무늬를
　　이룬 모양>
　＊달록
　－달록<본디 ‘알록－’이 되풀이되면서 /ㄷ/ 첨가. ‘알록－’ 뒤에만 결
　　합됨>
알롱달롱<여러 가지 밝은 작고 또렷한 점이나 줄 따위가 촘촘하게 무
　　늬를 이룬 모양>
　＊알롱
　알롱지다<알롱알롱한 점이나 무늬가 있다.>
　알롱알롱<여러 가지 빛깔의 작고 또렷한 점이나 줄 따위가 촘촘하
　　게 무늬를 이룬 모양>
　＊달롱
　－달롱<본디 ‘알롱－’이 되풀이되면서 /ㄷ/ 첨가. ‘알롱－’ 뒤에만 결
　　합됨>
알쏭달쏭<①여러 가지 색깔이나 모양이 매우 복잡하게 뒤섞여 서로
　　분간하기 어려운 모양. ②생각이 매우 복잡하게 뒤섞여 얼른 분

간이 안 되는 모양. ③행동이나 태도가 이것도 저것도 아니게
　　　흐리멍덩한 모양>

*알쏭
　알쏭하다<①그런 것 같기도 하고 그렇지 않은 것 같기도 하여 분간
　　　하기 어렵다. ③기억이나 생각 따위가 떠오를 듯하면서 떠오르
　　　지 않다.>
　알쏭알쏭<①여러 가지 빛깔로 된 점이나 줄이 고르게 뒤섞여 무늬
　　　를 이룬 모양. ②기억이나 생각 따위가 계속 떠오를 듯하면서도
　　　떠오르지 않는 상태>

*달쏭
－달쏭<본디 '알쏭－'이 되풀이되면서 /ㄷ/ 첨가. '알쏭－' 뒤에만 결
　　　합됨>

애고대고<소리를 마구 지르며 우는 모양>
　애고<'아이고<절망하거나 좌절하거나 탄식할 때 내는 소리>'의 준
　　　말>
　애고애고<'아이고아이고'의 준말>

*대고
－대고<본디 '애고'가 되풀이되면서 /ㄷ/ 첨가. '애고' 뒤에만 결합됨>

어룽더룽<여러 가지 빛깔의 큰 점이나 줄 따위가 고르지 아니하고 촘
　　　촘하게 무늬를 이룬 모양>

*어룽
　어룽지다<어룽어룽한 점이나 무늬가 있다.>
　어룽어룽<여러 가지 빛깔의 큰 점이나 줄 따위가 고르고 촘촘하게
　　　무늬를 이룬 모양>

*더룽
－더룽<본디 '어룽－'이 되풀이되면서 /ㄷ/ 첨가. '어룽－' 뒤에만 결
　　　합됨>

얼근덜근<①매워서 입안이 매우 얼얼한 느낌. ②술이 취하여 정신이
　　　매우 어렴풋한 모양>

*얼근
　얼근하다<①매워서 입안이 조금 얼얼하다. ②술이 취하여 정신이 조
　　　금 어렴풋하다.>
　얼근얼근<①매워서 입안이 매우 얼얼한 느낌. ②술이 취하여 정신이

매우 어렴풋한 모양>

  *덜근

  −덜근<본디 ‘얼근−’이 되풀이되면서 /ㄷ/ 첨가. ‘얼근−’ 뒤에만 결
　　합됨>

얼럭덜럭<여러 가지 어두운 빛깔의 점이나 줄 따위의 무늬가 고르지
　　아니하게 촘촘한 모양>

　얼럭<본바탕의 다른 빛깔의 점이나 줄 따위가 섞인 모양. 또는 그런
　　자국>

　얼럭얼럭<여러 가지 어두운 빛깔의 점이나 줄 따위 무늬가 고르게
　　촘촘한 모양>

  *덜럭

  −덜럭<본디 ‘얼럭’이 되풀이되면서 /ㄷ/ 첨가. ‘얼럭’ 뒤에만 결합됨>

얼룩덜룩<여러 가지 어두운 빛깔의 점이나 줄 따위가 고르지 않게 많
　　은 무늬를 이룬 모양>

　얼룩<①본바탕에 다른 빛깔의 점이나 줄 따위가 뚜렷하게 섞인 자
　　국. ②액체 따위가 묻거나 스며들어서 더러워진 자국>

　얼룩얼룩<여러 가지 어두운 빛깔의 점이나 줄 따위가 고르게 무늬
　　를 이룬 모양>

  *덜룩

  −덜룩<본디 ‘얼룩’이 되풀이되면서 /ㄷ/ 첨가. ‘얼룩’ 뒤에만 결합됨>

얼쑹덜쑹<그런 것 같기도 하고 그렇지 아니한 것 같기도 하여 얼른 분
　　간이 잘 안 되는 모양>

  *얼쑹

　얼쑹하다<그런 것 같기도 하고 그렇지 아니한 것 같기도 하여 분간
　　하기 아주 어렵다.>

　얼쑹얼쑹<그런 것 같기도 하고 그렇지 아니한 것 같기도 하여 분간
　　하기 아주 어려운 모양>

  *덜쑹

  −덜쑹<본디 ‘얼쑹−’이 되풀이되면서 /ㄷ/ 첨가, ‘얼쑹−’ 뒤에만 결
　　합됨>

에구데구<소리를 마구 지르며 크게 웃는 모양>

　에구<‘어이구<몹시 반갑거나 좋을 때 지르는 소리>’의 준말>

  *데구

－데구＜본디 ‘에구’가 되풀이되면서 /ㄷ/ 첨가. ‘에구’ 뒤에만 결합됨＞

바탕소가 세 음절인 경우에도 두 음절에서와 마찬가지로 다음 보기와
같이 되풀이소의 첫소리에 닿소리 /ㄷ/이 첨가되어 되풀이되기도 한다.

아로록다로록＜조금 연하게 밝은 여러 가지 빛깔의 점이나 줄 따위가
　　조금 성기고 고르지 않게 무늬를 이룬 모양＞
　*아로록
　아로록－＜‘－다로록’, ‘－아로록’ 앞에만 결합됨＞
　아로록아로록＜조금 연하게 밝은 여러 가지 빛깔의 점이나 줄 따위
　　가 조금 성기고 고르게 무늬를 이룬 모양＞
　*다로록
　－다로록＜본디 ‘아로록－’이 되풀이되면서 /ㄷ/ 첨가. ‘아로록－’ 뒤에
　　만 결합됨＞
아로롱다로롱＜여러 가지 빛깔의 작은 점이나 줄 따위가 고르지 아니
　　하고 조금 성기게 무늬를 이룬 모양＞
　*아로롱
　아로롱－＜‘－다로롱’, ‘－아로롱’ 앞에만 결합됨＞
　아로롱아로롱＜여러 가지 빛깔의 작은 점이나 줄 따위가 고르고 조
　　금 성기게 무늬를 이룬 모양＞
　*다로롱
　－다로롱＜본디 ‘아로롱－’이 되풀이되면서 /ㄷ/ 첨가. ‘아로롱－’ 뒤에
　　만 결합됨＞
알로록달로록＜여러 가지 밝은 빛깔의 점이나 줄 따위가 조금 성기고
　　고르지 아니하게 무늬를 이룬 모양＞
　*알로록
　알로록알로록＜여러 가지 빛깔의 점이나 줄 따위가 고르게 무늬를
　　이룬 모양＞
　*달로록
　－달로록＜‘알로록－’이 되풀이되면서 /ㄷ/ 첨가. ‘알로록－’ 뒤에만 결
　　합됨＞

3.2.2. 되풀이소 첫소리에 /ㅂ/ 첨가

바탕소가 되풀이소로 그대로 되풀이되면서 되풀이소의 첫소리에 /ㅂ/
이 첨가되어 비슷한 꼴로 되풀이되는 것들이 이 짜임새에 해당하며, 그
보기는 극히 드물다.

> **아등바등**<무엇을 이루려고 애를 쓰거나 우겨대는 모양>
> *아등
> 아등거리다<기를 쓰며 고집을 부리거나 애를 쓰다.>
> 아등아등<기를 쓰며 고집을 부리거나 애를 쓰는 모양>
> *바등
> −바등<본디 '아등−'이 되풀이되면서 /ㅂ/ 첨가. '아등−' 뒤에만 결
>   합됨>

3.2.3. 되풀이소 첫소리에 /ㅅ/ 첨가

바탕소가 되풀이소로 그대로 되풀이되면서 되풀이소의 첫소리에 /ㅅ/
이 첨가되어 비슷한 꼴로 되풀이되는 것들이 이 짜임새에 해당하며, 그
보기는 극히 드물다.

> **얼기설기**<①가는 것이 이리저리 뒤섞여 얽힌 모양. ②엉성하고 조잡한
>   모양>
> *얼기
> 얼기−<얽다(①노끈이나 줄 따위로 이리저리 걸다. ②이리저리 관련
>   이 되게 하다.)와 관련 있는 것 같음>
> *설기
> −설기<본디 '얼기−'가 되풀이되면서 /ㅅ/ 첨가. '얼기−' 뒤에만 결
>   합됨>
> **얼키설키**<가는 것이 이리저리 뒤섞여 있는 모양>
> *얼키

얼키-<'얽히다'와 관련 있는 것 같음>
*설키
-설키<본디 '얼키-'가 되풀이되면서 /ㅅ/ 첨가. '얼키-' 뒤에만 결
    합됨>

3.2.4. 되풀이소 첫소리에 /ㅈ/ 첨가

바탕소가 되풀이소로 그대로 되풀이되면서 되풀이소의 첫소리에 /ㅂ/
이 첨가되어 비슷한 꼴로 되풀이되는 것들이 이 짜임새에 해당하며, 그
보기는 극히 드문 편이다.

얼싸절싸<①흥이 나서 뛰노는 모양. ②중간에서 양편이 다 좋도록 주
        선하는 모양>
    얼싸<흥겨울 때 내는 소리>
    *절싸
    -절싸<본디 '얼싸'가 되풀이되면서 /ㅈ/ 첨가. '얼싸' 뒤에만 결합됨>
오목조목<①고르지 아니하게 군데군데 동그스름하게 패거나 들어간
        모양. ②자그마한 것이 모여서 야무진 느낌을 주는 모양>
    오목<가운데가 둥그스름하게 폭 패거나 들어가 있는 모양>
    오목오목<군데군데가 둥그스름하게 폭 패거나 들어가 있는 모양>
    *조목
    -조목<'오목'이 되풀이되면서 /ㅈ/ 첨가. '오목' 뒤에만 결합됨>
우묵주묵<고르지 아니하게 군데군데 둥그스름하게 패거나 들어간
        모양>
    우묵<가운데가 둥그스름하게 푹 패거나 들어가 있는 모양>
    우묵우묵<군데군데 둥그스름하게 푹 패거나 들어가 있는 모양>
    *주묵
    -주묵<본디 '우묵'에 /ㅈ/ 첨가. '우묵' 뒤에만 결합됨>

4. 마무리

되풀이법에 의한 낱말 생성은 어찌씨에서 가장 활발하게 일어난다. 특히 소리흉내말, 모양흉내말, 소리·모양흉내말의 어찌씨에서 생산성이 크지만, 어찌씨 밖에 다른 품사에서도 일어난다. 되풀이법에 따라 생성된 되풀이 낱말은 되풀이 대상인 바탕소와 되풀이소가 꼴과 뜻에서 꼭 같은 경우에 같은 꼴 되풀이 낱말이 되고, 꼴에서 부분적으로 같으면서 뜻에서 유의관계, 반의관계, 상관관계를 이루는 경우에 비슷한 꼴 되풀이 낱말이라 하였다. 이 글에서는 비슷한 꼴 되풀이 낱말과 뿌리에 한정하여, 비슷한 꼴 되풀이법에 따라 생성된 낱말을 품사별로 가르고 각각의 짜임새와 바탕소 및 되풀이소의 형태적 특성과 의미적 특성을 밝혔으며 낱말 자격이 모자라는 뿌리에 관하여도 논의하였다.

되풀이소가 바탕소와 비슷한 꼴로 이루어진 비슷한 꼴 되풀이 낱말에는, 꼴이 부분적으로 같고 뜻에서도 비슷하거나 상관관계에 놓이는, 바탕소와 되풀이소의 첫 번째 음절이 다른 [ABCB] 꼴인 것들이 있다. 그리고 바탕소가 그대로 되풀이되면서 결합과정에서 바탕소의 첫 닿소리가 탈락한 [A-cBAB] 꼴인 것들과 되풀이소의 첫 음절에 특정의 닿소리가 첨가된 [ABA+cB] 꼴인 것들이 있다.

[ABCB] 꼴 되풀이 낱말은 바탕소와 되풀이소가 첫 음절에서는 다르지만 끝 음절에서는 꼭 같아 부분적으로 같은 꼴을 유지하며, 뜻에서도 유사하거나, 반대이거나, 상호 의존적인 상관관계를 이루고 있다.

[ABCB] 꼴로 이루어진 비슷한 꼴 되풀이 낱말을 품사에서 보면 어찌씨가 주류를 이루고, 이름씨, 풀이씨(움직씨, 그림씨), 매김씨, 느낌씨 따위가 일부 포함된다. 비슷한 꼴 되풀이 낱말 중 생산성이 가장 큰 어찌씨를 비롯하여 이름씨, 풀이씨, 매김씨, 느낌씨 순서로 각 품사에 속하는 비슷한 꼴 되풀이 낱말의 유형을 살핀 다음, 각각의 보기를 들고, 바탕소

와 되풀이소의 형태적 특성과 뜻을 기술하고자 하였다.

[A-cBAB] 꼴 비슷한 꼴 되풀이 낱말은, 바탕소의 둘째 음절이 넷째 음절로 그대로 되풀이되지만 바탕소의 첫째 음절은 첫소리가 탈락하여 되풀이되었다. 따라서 바탕소가 같은 꼴로 되풀이되면서 바탕소의 첫소리인 닿소리가 탈락되는 변화를 일으키는 것들이 이 짜임새에 속하며, 모두 흉내말 어찌씨에 해당하였다. 바탕소의 첫소리 탈락에 해당되는 닿소리로는 /ㄱ/, /ㄲ/, /ㄷ/, /ㅂ/, /ㅅ/, /ㅈ/, /ㅍ/이 있으며, 이 가운데 가장 생산성이 큰 것은 /ㅂ/이었다. 이 짜임새에 해당하는 보기를 들고 바탕소와 되풀이소의 형태적 특성과 뜻을 기술하고자 하였다.

[ABA+cB] 꼴 비슷한 꼴 되풀이 낱말은 바탕소의 둘째 음절은 넷째 음절로 그대로 되풀이되지만 바탕소의 첫째 음절은 셋째 음절로 되풀이되면서 셋째 음절의 첫소리에 특정의 닿소리가 첨가되어 되풀이되었다. 따라서 바탕소가 같은 꼴로 되풀이되면서 되풀이소의 첫소리에 닿소리 첨가라는 변화를 일으키는 것들이 이 짜임새에 속하며, 모두 흉내말 어찌씨에 해당하였다. 되풀이소의 첫소리 첨가에 해당되는 닿소리로는 /ㄷ/을 비롯해, /ㅂ/, /ㅅ/, /ㅈ/이 있으며, 이 가운데 가장 생산성이 큰 것은 /ㄷ/이었다. 이 짜임새에 해당하는 보기를 들고 바탕소와 되풀이소의 형태적 특성과 뜻을 기술하고 하였다.

■■ 제 3 장 ■■

바탕소의 앞부분 되풀이법

1. 들머리

되풀이 대상이 되는 바탕소가 그대로 되풀이소로 실현되면 완전되풀이법에 해당하고, 그대로 되풀이되지 않고 바탕소의 일부분이 되풀이되면 부분되풀이법에 해당한다. 완전되풀이법은 바탕소와 되풀이소가 꼭 같기 때문에 같은 꼴 되풀이법에 속하며, 부분되풀이법은 바탕소와 되풀이소가 같지 않고 되풀이소가 바탕소의 일부이기 때문에 비슷한 꼴 되풀이법에 속한다.[1]

바탕소의 일부분이 되풀이될 때 바탕소의 앞부분이 되풀이되느냐, 가운뎃부분이 되풀이되느냐, 끝부분이 되풀이되느냐에 따라 바탕소의 앞부분 되풀이법, 가운뎃부분 되풀이법, 끝부분 되풀이법으로 나뉜다. 이 장

---

[1] 바탕소와 되풀이소의 음절수가 같지만, 꼭 같지 않고 일부가 다른 것도 비슷한 꼴 되풀이법에 해당한다. 이에 관하여는 앞 장에서 논의한 바 있다.

에서는 바탕소의 앞부분 되풀이법에 국한하여 논의하기로 한다.

바탕소의 앞부분 되풀이법에는 두 가지 방식이 있다. 첫째, 바탕소 [AB]가 되풀이 과정에서 되풀이소로는 [A]가 실현되되, 되풀이소 [A]가 바탕소의 앞부분인 [A] 바로 뒤로 되풀이되어 되풀이 짜임새 [A[A]B]를 짜 이루는 되풀이 방식이다. 바탕소 [더욱]이 [더더욱]으로 되풀이되는 과정을 보면, 바탕소인 [더욱]의 앞부분인 '더'가 되풀이소 [더]가 되어 바탕소의 앞부분인 '더'의 바로 뒤에 놓여 [더[더]욱]의 짜임새를 이루어, 비슷한 꼴 되풀이 어찌씨 '더더욱'이 생성되었다.

되풀이법은 바탕소가 앞자리에 놓이고 되풀이소가 뒷자리에 놓이는 것이 일반적인데 비해 이 되풀이 방식은 되풀이소가 바탕소 사이에 놓이는 특이한 되풀이 현상으로, 이 방식에 따라 생성된 비슷한 꼴 되풀이 낱말의 보기로는 어떤 것들이 있으며, 왜 이 방식으로 처리해야 하는가에 관하여 논의하기로 한다.

둘째, 바탕소 [AB]가 되풀이 과정에서 되풀이소로는 [A]로 실현되며, 그 되풀이소가 바탕소의 뒷자리에 놓여 [[AB]A]의 짜임새를 짜 이루는 되풀이 방식이다. 이를테면, 바탕소 [더욱]이 [더욱더]로 되풀이되는 과정을 보면, 바탕소의 앞부분인 '더'가 되풀이소가 되어 바탕소의 뒷자리에 놓여 [[더욱]더]의 짜임새를 이루어 비슷한 꼴 되풀이 어찌씨 '더욱더'가 생성되었다.

두 음절로 이루어진 바탕소의 되풀이법에서 바탕소의 앞 음절이 되풀이되어 그 음절 바로 뒤에 놓이거나 바탕소 뒷자리에 놓이는 것이 바탕소의 앞부분 되풀이법이다. 이 장에서는 바탕소의 앞부분이 되풀이되어 바탕소 사이나, 바탕소의 뒷자리에 놓이는 비슷한 꼴 되풀이 낱말에는 어떤 것들이 있으며, 이 짜임새에 해당하는 낱말의 특성은 무엇인가에 관하여 논의하기로 한다.

2. [AB]→[A[A]B] 꼴 되풀이법

바탕소의 앞부분 되풀이법에는 바탕소의 앞부분인 되풀이소가 어느 자리에 놓이느냐에 따라 두 가지가 있다. 되풀이소가 바탕소의 중간에 자리하는 방식과 바탕소의 뒷자리에 놓이는 방식이 그것이다. 먼저 바탕소 [AB]가 앞부분 되풀이법이 적용되어 [A[A]B] 꼴로 되풀이되는 방식에 관하여 논의하기로 한다.

바탕소의 앞부분 되풀이법 중에 바탕소의 앞부분이 되풀이소로 되풀이되면서 바탕소의 앞부분 바로 뒷자리에 놓이는 것들이 이 짜임새에 해당한다. 일반적으로 되풀이법에서는 바탕소가 앞자리를 차지하고 되풀이소가 뒷자리를 차지하는데, 바탕소의 앞부분 되풀이 방식 중 이 짜임새는 바탕소의 중간에 자리를 잡게 되어, 보편성에서 보면 특이한 되풀이 방식에 해당한다. 그러나 이런 되풀이 방식은 바탕소의 가운뎃부분 되풀이법에서도 찾아볼 수 있다. 이를테면, 바탕소인 [따르릉]에 가운뎃부분 되풀이법이 적용되면, 바탕소의 가운뎃부분인 '르'가 되풀이소가 되면서 바탕소의 '르' 뒤에 자리 잡아 '따르르릉'이란 비슷한 꼴 되풀이 어찌씨가 생성된다. 따라서 되풀이소가 바탕소의 중간에 자리 잡는 [A[A]B] 꼴 되풀이 낱말 짜임새도 전혀 이질적인 되풀이 방식에 해당하는 것은 아니다.

이 글에서는 바탕소 '더욱'에서 앞부분인 '더'가 되풀이소가 되어, 바탕소의 '더' 뒤에 되풀이되어 [더[더]욱]의 짜임새를 이루어, 비슷한 꼴 되풀이 어찌씨 '더더욱'이 생성된 것으로 보았다. 이런 설명 방식 이외에도 다른 주장에 있을 수 있다. 곧 바탕소 [더욱]에 앞부분 되풀이법이 적용되면, 바탕소의 '더'가 되풀이소가 되되, 바탕소의 '더' 뒤에 자리 잡는 것이 아니라 바탕소의 앞자리에 놓여 [더[더욱]]의 짜임새를 이루어 비슷한 꼴 되풀이 어찌씨가 생성되는 것으로 보는 방식이다. 이 설명 방식의 문제점은 되풀이소가 바탕소의 앞자리에 놓인다는 점이다. 되풀이 대상인 바탕소가 앞에 놓이고 되풀이되는 되풀이소가 뒤에 놓이는 것이 일반적이고 순리적이기 때문에 되풀이소가 바탕소의 앞자리에 놓인다는 설명은 보편성과 합리성이 결여되어 설득력이 없는 주장에 해당된다.

또 다른 설명 방법으로는 바탕소가 같은 꼴로 되풀이되는 과정에서 바탕소의 뒷부분이 생략된 것으로 처리하는 방식이다. 바탕소 [더욱]에 같은 꼴 되풀이법이 적용되어 [더욱더욱]이 생성되는 과정에서 바탕소의 뒷부분 '욱'이 생략되어 [더(욱)더욱]의 짜임새를 이루어 비슷한 꼴 되풀이 어찌씨 '더더욱'이 생성되었다고 보는 방식이다. 이 설명 방식의 문제점은 이 짜임새에 속하는 비슷한 꼴 되풀이 이름씨 '지지난해'가 바탕소 '지난해'의 같은 꼴 되풀이 낱말인 '지난해지난해'에서 바탕소의 뒷부분 '난해'가 생략되어 생성되었다고 보기 어렵다는 점이다. 또한 같은 꼴 되풀이 낱말 중 바탕소의 둘째 음절이 생략되어 비슷한 꼴 되풀이 낱말이 생성되는 경우가 극히 드물어 일반성이 없다는 점이다.

따라서 이 되풀이 방식은 바탕소의 앞부분이 되풀이소가 되어 바탕소의 앞부분 바로 뒤에 자리 잡는 것으로 보는 것이 타당하다. 그러므로 이 되풀이 방식에서는 연속형태인 바탕소가 바탕소의 앞부분 되풀이법이 적용되면 불연속형태로 바뀌게 된다. 곧 바탕소 [AB]가 되풀이된 결과 불연속형태인 [A⋯B]로 바뀌게 된다. 바탕소의 한 부분인 'A'가 뜻을 가지지 않은 단순 음절인 경우에 되풀이소가 됨으로 말미암아 뜻을 가지게 되어 형태소의 자격을 가지게 된다. 만일 되풀이소가 뜻을 가지지 않는다면 바탕소와 되풀이된 낱말이 뜻이 같아야 하지만, 바탕소와 바탕소의 앞부분 되풀이 낱말은 뜻에서 차이를 보이기 때문에 되풀이소가 뜻을 가지고 있음이 확인된다. 바탕소 '더욱'과 '더더욱'은 뜻에서 차이를 보여, '더더욱'은 '더욱'에 <강조>의 뜻을 더하는데, 이 <강조>의 뜻이 바로 되풀이소 '더'로 말미암는다. 따라서 되풀이소인 '더'는 당연히 형태소로서의 자격을 가지게 된다.

이 되풀이 방식에 의한 되풀이 낱말의 생산성은 극히 적은 편이며, 되풀이 자체가 바탕소에 <강조>를 바탕으로 한 <잇따라, 자꾸>의 뜻을 덧보태기도 하고, 새로운 뜻을 더하는 역할을 한다. '더더욱'은 바탕소 '더욱'에 <강조>의 뜻을 덧보태고, '지지난'은 바탕소 '지난'에 <바탕소의 바로 전>의 뜻을 더한다.

바탕소는 단일 형태소로 이루어진 낱말일 수도 있으며, 둘 이상의 형태소로 이루어진 낱말일 수도 있다. 비슷한 꼴 되풀이 이름씨인 '저저번'에서 바탕소인 '저번'은 '저'와 '번' 두 형태소로 이루어졌다.

바탕소가 두 음절로 이루어진 낱말인 [AB]의 첫음절 'A'가 되풀이된 것과 세 음절 혹은 그 이상의 낱말인 [ABC·]의 첫음절 'A'가 되풀이된 것으로 나뉘는데, 먼저 두 음절 바탕소의 앞부분 되풀이 낱말에 관하여 보기를 들기로 한다. 바탕소의 첫 음절이 되풀이됨으로써 바탕소의 뜻을 세게 하거나 다른 뜻을 덧보태는 기능을 나타낸다.[2] 이 짜임새에 해당하는 비슷한 꼴 되풀이 낱말의 품사를 보면, '더더욱'과 '지지직'은 어찌씨에, '다다음'과 '저저번'은 이름씨에, '지지난'은 매김씨에 속한다.

    더더욱<'더욱'을 강조하여 이르는 말>
     더욱<정도나 수준 따위가 한층 심하거나 높게>
    다다음[3]<①시간적인 차례에서 이번으로부터 두 번째가 되는 때나 자리. ②나란히 있는 사물의 바로 인접한 것의 다음 번>
     다음<①어떤 차례의 바로 뒤. ②이번 차례의 바로 뒤>
    지지난<지난번의 바로 그전>
     지난[4]<지난번의>

---

2) 겉 짜임에서는 이와 꼭 같은 것으로, '잘잘못<①잘함과 잘못함. ②옳음과 그름>'이 있다. 그러나 '잘잘못'은 '잘못'의 첫 음절인 '잘'이 되풀이된 것이 아니라 '잘'과 '잘못'이 합성된 낱말에 해당된다.

3)『고려대 한국어대사전』에는 이름씨로 올라 있지만,『표준국어대사전』에는 올림말로 올라 있지 않다.

4) '지난'이 매김씨로 이름씨 앞에서 활발히 쓰이지만 사전류에는 올림말로 실려 있

　　　저저번5)<저번의 바로 그전>
　　　　저번<이번보다 앞서는 요전의 그때>
　　　지지직<액체나 어떤 물체 따위가 불에 타들어가는 소리를 나타내는 말>
　　　　지직-<'-거리다' 결합 뿌리>

　　바탕소가 세 음절 [ABC]로 이루어진 경우에는, 바탕소의 앞부분 되풀이법이 적용되면 'A'만이 되풀이소로 되풀이되어 [A[A]BC]의 짜임새를 이룬다. 어찌씨인 바탕소 [더구나]가 이 방식으로 되풀이되면, [더[더]구나]의 짜임새를 이루어 비슷한 꼴 되풀이 어찌씨 '더더구나'가 생성된다. 이 짜임새에 해당하는 비슷한 꼴 되풀이 낱말도 그리 많은 편은 아니며, 품사로 보면 '더더구나'와 '저저마다'는 어찌씨에 속하고, 그 밖의 것들은 이름씨에 속하는 것들이다.

　　　더더구나<'더구나'를 강조하여 이르는 말>
　　　　더구나<이미 있는 사실에 더하여>
　　　저저마다<'저마다'를 강조하여 이르는 말>
　　　　저마다<각각의 사람이나 사물마다>
　　　지지난날<'지난날'의 강조하여 이르는 말>
　　　　지난날<지나간 과거의 날>
　　　지지난달<'지난달'의 바로 전달>
　　　　지난달<이번 달의 바로 앞의 달>
　　　지지난밤<그저께의 밤>
　　　　지난밤<바로 어젯밤>
　　　지지난봄<'지난봄'의 바로 앞의 봄>
　　　　지난봄<바로 전에 지난간 봄>
　　　지지난번<'지난번'의 바로 전번>
　　　　지난번<지나간 차례나 때>

지 않다. 사전류에는 이름씨와 결합하여 이루어진 합성 낱말의 한 부분으로서의 '지난'이 있을 뿐이다.
5) 사전류에 올림말로 실려 있지 않지만 실제 말살이에서 많이 사용된다.

　　　지지난주<'지난주'의 바로 전 주>
　　　지난주<이 주의 바로 앞 주>
　　　지지난해<'지난해'의 바로 전 해>
　　　지난해<이 해의 바로 앞의 해>

　바탕소가 네 음절 [ABCD]로 이루어진 경우에도, 바탕소의 앞부분 되풀이법이 적용되면 'A'만이 되풀이소로 되풀이되어 [A[A]BCD]의 짜임새를 이룬다. 이 짜임새에 속하는 비슷한 꼴 되풀이 낱말은 아주 적은 편으로, 아래 보기 중에서 사전류에는 '더더군다나'만 올림말로 실려 있을 뿐이며, 품사에서 보면 '더더군다나'는 어찌씨이고 '덩덩그렇다'는 그림씨이며, 그 밖의 것들은 이름씨에 속한다.

　　　더더군다나<'더군다나'를 강조하여 이르는 말>
　　　더군다나<이미 있는 사실에 더하여>
　　　덩덩그렇다<매우 덩그렇다.>
　　　덩그렇다<홀로 우뚝 드러나 있다.>
　　　지지난가을<'지난가을'의 바로 앞 가을>
　　　지난가을<지난해의 가을>
　　　지지난겨울<'지난겨울'의 바로 앞 겨울>
　　　지난겨울<지난해의 겨울>
　　　지지난여름<'지난여름'의 바로 앞 여름>
　　　지난여름<지난해의 여름>

　앞에서 살핀 바와 같이 바탕소의 앞부분 되풀이법은 바탕소의 음절수에 상관없이 바탕소의 첫 음절만이 되풀이소로 되풀이되어 비슷한 꼴 되풀이 낱말이 생성된다.
　바탕소의 앞부분 되풀이법에서 되풀이되는 과정에 바탕소에 일부 음소가 잇기어 들어가기도 한다. 어찌씨인 바탕소 '슬쩍'에 앞부분 되풀이법이 적용되면 되풀이소 '슬'로 실현되는데, 이 때 비슷한 꼴 되풀이 어찌씨 '슬슬쩍'으로 생성되는 것이 아니라 바탕소의 '슬'에 모음 'ㅣ'가

잇기어 들어가 '스리슬쩍'이 생성되는 것이 이에 해당한다. '스리슬쩍'은
바탕소인 '슬쩍'에 <강조>의 뜻을 덧보탠다. 이 짜임새에 속하는 비슷
한 꼴 되풀이 낱말은 극히 드문 편으로, 그 보기를 들면 다음과 같다.

    사리살살[6] ← [살+ㅣ][살]살]
      <'살살'을 강조하여 이르는 말>
      살살<남이 모르게 살그머니 행동하는 모양>
    수리술술 ← [술+ㅣ][술]술]
      <'술술'을 강조하여 이르는 말>
      술술<말이나 글이 막힘없이 잘 나오거나 써지는 모양>
    스리슬슬 ← [슬+ㅣ][슬]슬]
      <'슬슬'을 강조하여 이르는 말>
      슬슬<남이 모르게 슬그머니 행동하는 모양>
    스리슬쩍 ← [슬+ㅣ][슬]쩍]
      <남이 모르는 사이에 아주 빠르게>
      슬쩍<남의 눈을 피하여 재빠르게>
    사리살짝 ← [살+ㅣ][살]짝]
      <남이 전혀 눈치 못 채는 사이에 아주 잽싸게>
      살짝<남의 눈을 피하여 재빠르게>
    어리얼씨구[7] ← [얼+ㅣ][얼]씨구]
      <'얼씨구'를 강조하여 이르는 말>
      얼씨구<흥에 겨워 떠들 때 가볍게 장단을 맞추어 내는 소리>
    저리절씨구[8] ← [절+ㅣ][절]씨구]
      <'절씨구'를 강조하여 이르는 말>
      절씨구<흥에 겨워 떠들 때 가볍게 장단을 맞추어 내는 소리>

---

6) '사리살살'과 '수리술술', '스리슬슬' 따위는 사전류에 올림말로 실려 있지 않지만,
   실제 말살이에서 쓰이고 있다.
7) '어리얼씨'는 느낌씨로 사전에 올라 있지만, '어리얼씨구'는 사전류에 올림말 올
   라 있지 않다.
8) 바탕소인 '절씨구'도, 이의 비슷한 꼴 되풀이 느낌씨인 '저리절씨구'도 사전류에
   낱말로 올라 있지 않으나, 실제 말살이에서 쓰이는 느낌씨에 해당한다.

이와 같이 어찌씨나 느낌씨로 이루어진 바탕소에서 첫 음절의 받침이 /ㄹ/인 경우에 바탕소의 앞부분 되풀이법이 적용되면, 바탕소의 첫 음절 다음에 /ㅣ/가 잇기어 들어가는 것들이 있다. 이들 비슷한 꼴 되풀이 낱말은 일부를 제외하고는 사전류에 올림말로 올라 있지 않은 것들로서, 실제 말살이에서는 대부분 쓰이고 있는 것들이다.

되풀이되면서 바탕소의 첫 음절 다음에 특정의 음운이 잇기어 들어가는 경우가 있는가 하면, 한편으로는 바탕소의 첫 음절의 받침이 줄어들어 되풀이되는 경우도 있다. 어찌씨인 바탕소 '둥실'에 바탕소 앞부분 되풀이법이 적용되면, 되풀이소로 '둥'이 실현되어 [둥[둥]실]로 되풀이되면서 바탕소의 '둥'에서 받침인 /ㅇ/이 줄어들어 비슷한 꼴 되풀이 어찌씨 '두둥실'이 생성되었다.

> **더덩실** ← [더[덩]실] ← [덩[덩]실]
> <신이 나서 잇따라 팔다리를 흥겹게 놀리며 춤을 추는 모양>
> 덩실<신이 나서 팔다리를 흥겹게 놀리며 춤을 추는 모양>
> **두둥둥** ← [두[둥]둥] ← [둥[둥]둥]
> <북이나 장구 따위를 잇따라 가볍게 두드릴 때 나는 소리>
> 둥둥<북이나 장구 따위를 가볍게 두드릴 때 나는 소리>
> **두둥실** ← [두[둥]실] ← [둥[둥]실]
> <물 위나 공중으로 잇따라 가볍게 떠오르거나 떠 있는 모양>
> 둥실<물체가 공중이나 물 위에 가볍게 떠 있는 모양>
> **배뱅글** ← [배[뱅]글] ← [뱅[뱅]뱅글]
> <작은 것이 잇따라 매끄럽게 도는 모양>
> 뱅글<작은 것이 매끄럽게 도는 모양>

이와 같이 어찌씨로 이루어진 바탕소에서 첫 음절의 받침이 /ㅇ/인 경우에 바탕소의 앞부분 되풀이법이 적용되면, 바탕소의 첫 음절의 받침 /ㅇ/이 줄어드는 것들이 있지만, 생산성은 극히 적은 편이다.

바탕소의 앞부분 되풀이법 중 바탕소의 첫 음절에 특정 음운이 잇기어 들어가 되풀이되는 짜임새와 비슷한 짜임새를 이루고 있는 비슷한 꼴 되풀이 낱말이 있다. 이를테면, 비슷한 꼴 되풀이 이름씨인 '갖가지'는 마치 바탕소 '가지'에 바탕소의 앞부분 되풀이법이 적용되어 되풀이소 '가'로 되풀이되는 과정에서 바탕소의 첫 음절에 /ㅈ/이 잇기어 들어간 것처럼 보인다. 그러나 실제로는 바탕소 '가지'에 같은 꼴 되풀이법이 적용되어 같은 꼴 되풀이 이름씨 '가지가지'가 생성된 다음에 바탕소인 '가지'가 '갖'으로 축약되어 '갖가지'가 생성된 것이다. 따라서 '갖'은 바탕소의 첫 음절인 '가'와 둘째 음절인 '지'의 첫소리 /ㅈ/이 결합되어 이루어진 것이다. 다음 보기도 모두 '갖가지'와 같은 짜임새를 이루고 있는 비슷한 꼴 되풀이 낱말에 속한다.

> **갈가리** ← [[갈]가리] ← [[가리]가리]
> <여러 가닥으로 갈라지거나 찢어진 모양>
> 가리<①단으로 묶은 곡식이나 장작 따위를 차곡차곡 쌓은 더미.
> ②(수량을 나타내는 말 뒤에 쓰여) 곡식이나 장작 따위의 더미
> 를 세는 단위>
> **갖가지** ← [[갖]가지] ← [[가지]가지]
> <'가지가지'의 준말>
> 가지<근본에서 갈라져 나온 것>
> **골고루** ← [[골]고루] ← [[고루]고루]
> <①여럿이 다 차이가 없이 엇비슷하거나 같게. ②두루두루 빼놓지
> 않고>
> 고루<①차이가 없이 엇비슷하거나 같게. ②두루 빼놓지 않고>
> **댁대굴** ← [[댁]대굴] ← [[대굴]대굴]
> <작고 단단한 물건이 다른 물건에 부딪치면서 굴러가는 소리. 또는
> 그 모양>
> 대굴−<'대굴거리다<작은 물건이 잇따라 구르다.>'의 뿌리>
> **덱데굴** ← [[덱]데굴] ← [[데굴]데굴]
> <크고 단단한 물건이 다른 물건에 부딪치면서 굴러가는 소리. 또는
> 그 모양>

데굴-<‘데굴거리다<큰 물건이 잇따라 구르다.>’의 뿌리>
땍때굴 ← [[땍]때굴] ← [[때굴]때굴]
　　<작고 단단한 물건이 다른 물건에 부딪치면서 굴러가는 소리. 또는
　　　그 모양. ‘덱데굴’보다 센 느낌>
　　때굴-<‘때굴거리다<작은 물건이 잇따라 구르다.>’의 뿌리. ‘대
　　　굴-’보다 센 느낌>
떽떼굴 ← [[떽]떼굴] ← [[떼굴]떼굴]
　　<크고 단단한 물건이 다른 물건에 부딪치면서 굴러가는 소리. 또는
　　　그 모양. ‘덱데굴’보다 센 느낌>
　　떼굴-<‘떼굴거리다<큰 물건이 잇따라 구르다.>’의 뿌리. ‘데굴-’
　　　보다 센 느낌>

　위에서 살핀 낱말들은 본디 같은 꼴 되풀이 낱말이었던 것이 바탕소
가 축약되어 생성되었기 때문에 바탕소 축약 비슷한 꼴 되풀이 낱말에
해당한다. 이 짜임새에서는 되풀이 자체가 주로 <잇따라, 자꾸>의 뜻을
더해 주는 역할을 하며, 경우에 따라서는 <(바탕소의)의 겹셈>을 나타내
기도 한다.

　단음절로 이루어진 바탕소가 되풀이되어 되풀이소로는 그대로 실현되
지만, 바탕소의 받침이 줄어드는 것들이 있다. 곧 ‘ㄹ’ 받침의 한 음절
바탕소가 되풀이되어 합성 낱말을 생산하는 경우에 바탕소의 ‘ㄹ’이 삭
제되어 바탕소가 본디 꼴과 달리지는 것들이 있다. 이들은 본디 같은 꼴
되풀이법이 적용되는 과정에서 바탕소의 /ㄹ/이 탈락된 것으로 앞부분
비슷한 꼴 되풀이법과는 관련이 없는 것들이다. 다음 보기가 이에 해당
한다.

　　나날 ← [[나]날] ← [[날]날]
　　　<계속 이어지는 하루하루의 날들>
　　　날<하루>
　　다달(이) ← [[다]달] ← [[달]달]
　　　<달마다>

3. [AB]→[[AB]A] 꼴 되풀이법

음절 'A'와 'B'로 이루어진 바탕소에 앞부분 되풀이법이 적용되어 되풀이소 'A'로 되풀이되되, 'A' 바로 뒤에 자리 잡는 방식은 앞에서 살핀 바 있다. 여기서는 되풀이소가 'A'의 바로 뒤에 놓이는 것이 아니라 바탕소의 끝에 놓여 [[AB]A]의 짜임새를 이루는 비슷한 꼴 되풀이 낱말에 관하여 논의하기로 한다.

이 짜임새에서는 바탕소는 변화를 입지 않고 그대로 유지되며, 되풀이소가 변화를 입어 바탕소의 앞 음절만 유지되고 뒤 음절은 삭제되는 변화를 거친다. 어찌씨인 바탕소 '쿵적'에 바탕소의 앞부분 되풀이법이 적용되면 바탕소의 첫 음절인 '쿵'이 되풀이소로 되어 바탕소 뒤에 자리를 잡아 비슷한 꼴 되풀이 어찌씨 '쿵적쿵'이 생성되었다. 바탕소 '쿵적'에 되풀이법이 적용되면, 같은 꼴 되풀이법에 의해 같은 꼴 되풀이 어찌씨인 '쿵적쿵적'이, 바탕소의 뒷부분 되풀이법에 의해 '쿵적적'이, 바탕소의 앞부분 되풀이법에 의해 바로 여기서 논의하고자 하는 비슷한 꼴 되풀이 어찌씨인 '쿵적쿵'이 생성되었다.

이 설명 방식 밖에도 바탕소 [AB]에 같은 꼴 되풀이법이 적용되는 과정에서 [[AB]AB]의 되풀이소 끝 음절인 'B'가 줄어들어 비슷한 꼴 되풀이 낱말 짜임새인 [[AB]AØ]로 되풀이되었다고 보는 방식이다. 곧 '쿵적'이 '쿵적쿵적'으로 되풀이되는 과정에서 되풀이소의 끝 음절 '쿵'이 줄어들어 '쿵적쿵'이 생성되었다고 보는 견해이다. 이 방식을 따르면 바탕소 앞부분 되풀이법 중 되풀이소가 바탕소 끝에 놓이는 것으로 처리하는 앞선 방식을 군이 설정할 필요가 없는 이점이 따른다. 그렇더라도 여기서는 앞선 설명 방식을 취하고자 하는데, 그 까닭은 같은 꼴 되풀이

낱말 가운데 끝 음절이 줄어들어 비슷한 꼴 되풀이 낱말이 되는 경우는
극히 한정되고 대부분 끝 음절이 줄어들면 부적격해지기 때문이다. 곧
바탕소 [AB]의 같은 꼴 되풀이 낱말 [[AB]AB] 가운데 [[AB]A∅]로 실
현될 수 있는 것은 극히 드물다는 점에서 바탕소의 앞부분 되풀이법을
따르기로 한다.

　이 방식에 의해 생성된 비슷한 꼴 되풀이 낱말은 극히 적은 편으로,
바탕소와 비슷한 꼴 되풀이 낱말은 모두 어찌씨에 속한다.

　　　더욱더 ← [[더욱]더]
　　　　<'더욱'을 강조하여 이르는 말>
　　　　더욱<정도나 수준 따위가 한층 심하거나 높게>
　　　콩닥콩[9] ← [[콩닥]콩]
　　　　<잇따라 '콩닥'>
　　　　콩닥<작은 절구나 방아를 찧을 때 나는 소리. 또는 그 모양>
　　　콩작콩 ← [[콩작]콩]
　　　　<잇따라 '콩작'>
　　　　콩작<작은 북 따위를 막대기로 가볍게 두드리는 소리>
　　　쿵덕쿵[10] ← [[쿵덕]쿵]
　　　　<잇따라 '쿵덕'>
　　　　쿵덕<절구나 방아를 찧을 때 나는 소리. 또는 그 모양>
　　　쿵적쿵 ← [[쿵적]쿵]
　　　　<잇따라 '쿵적'>
　　　　쿵적<큰 북 따위를 막대기로 가볍게 두드리는 소리>

　이 짜임새에서의 되풀이 역할은 바탕소에 <강조>나 <잇따라, 자꾸>
의 뜻을 더하여 새로운 낱말을 생산하는 일이다. '더욱더'는 바탕소 '더
욱'에 <강조>의 뜻을 더하고, '콩작콩'과 '쿵적쿵' 따위는 바탕소에
<잇따라, 자꾸>의 뜻을 더한 것으로 이해된다.

---

　9) 맞춤법에 맞는 표기는 '콩다콩'이다.
10) 맞춤법에 맞는 표기는 '쿵더쿵'이다.

세 음절로 이루어진 바탕소에서도 이와 같은 방식의 되풀이가 일어나기도 한다. 이를테면, 느낌씨인 '어허야어허<땅을 다지거나 반복되는 동작으로 어떤 일을 할 때 동작이나 힘을 맞추려고 내는 소리>'는 바탕소 '어허야'11)가 되풀이되되, 앞쪽의 두 음절만 되풀이되어 이루어졌다. 되풀이소가 바탕소의 첫째 음절 다음에 되풀이되는 경우에는 바탕소의 음절수에 관계없이 늘 바탕소의 첫째 음절만이 되풀이소가 되지만, 여기서는 세 음절의 바탕소 중에 둘째 음절까지가 되풀이소가 된 점이 특이하다. 이 되풀이법에서는 바탕소가 세 음절이나 그 이상인 비슷한 꼴 되풀이 어찌씨는 극히 드물어 보기를 찾기가 어렵다.

4. 마무리

되풀이 대상인 바탕소가 일부분만 되풀이되는 부분되풀이법 중에서 바탕소의 앞부분이 되풀이되는 되풀이법에 관하여 논의하였다. 바탕소의 앞부분 되풀이법에는 바탕소 [AB]가 비슷한 꼴 되풀이 낱말인 [A[A]B]의 짜임새로 되풀이되는 것과 [[AB]A]의 짜임새로 되풀이되는 것 등 두 가지 방식이 있다.

일반적으로 되풀이법에서는 바탕소가 앞자리를 차지하고 되풀이소가 뒷자리를 차지하는데, [A[A]B] 꼴 되풀이법에서는 바탕소의 첫 음절인 되풀이소가 바탕소의 중간에 자리를 잡게 되어, 보편성에서 보면 특이한 되풀이 방식에 해당하지만, 바탕소의 가운뎃부분 되풀이법도 이와 꼭 같은 방식으로 되풀이되기 때문에 어느 정도 일반성이 있는 셈이다.

바탕소 [AB]가 [A[A]B] 꼴로 되풀이된 결과 불연속형태인 [A…B]로

---

11) 바탕소인 '어허야'는 낱말 자격을 가지지 못할 뿐 아니라, 다른 언어형식과 어울리지 못하고 오로지 '어허야어허'로 되풀이되어 쓰이기 때문에 형태소 자격이 의심스러운 가상형태소에 해당한다.

바뀌게 된다. 바탕소의 한 부분인 'A'가 뜻을 가지지 않은 단순 음절인 경우에도 되풀이소가 됨으로 말미암아 뜻을 가지게 되어 형태소의 자격을 가지게 된다. 되풀이 자체가 바탕소에 <강조>를 바탕으로 한 <잇따라, 자꾸>의 뜻을 덧보태기도 하고, 새로운 뜻을 더하는 역할을 한다.

바탕소가 세 음절 [ABC]로 이루어지거나 네 음절 [ABCD]로 이루어진 경우에도, 바탕소의 앞부분 되풀이법이 적용되면 'A'만이 되풀이소로 되풀이되어 [A[A]BC]나 [A[A]BCD]의 짜임새를 이루어, 바탕소의 음절수에 관계없이 바탕소의 첫 음절만 되풀이소로 실현되는 특성을 보인다.

바탕소 [AB]에 앞부분 되풀이법이 적용된 [[AB]A] 꼴 되풀이 방식에서는 바탕소는 변화를 입지 않고 그대로 유지되며, 되풀이소가 변화를 입어 바탕소의 앞 음절만 유지되고 뒤 음절은 삭제되는 변화를 거친다. 이 방식에 의해 생성된 비슷한 꼴 되풀이 낱말은 극히 적으며, 바탕소를 이루는 낱말과 비슷한 꼴 되풀이 낱말은 모두 어찌씨에 속한다. 되풀이 자체가 바탕소에 <강조>나 <잇따라, 자꾸>의 뜻을 덧보태는 역할을 한다.

세 음절로 이루어진 바탕소 [ABC]에 이 방식의 되풀이법이 적용되면, 세 음절의 바탕소 중에 둘째 음절까지가 되풀이소가 되어 [[ABC]AB] 꼴 짜임새로 되풀이되는 점이 특이하지만, 그 보기는 극히 드물다.

제4장

바탕소의 가운뎃부분 되풀이법

1. 들머리

되풀이법에는 바탕소와 되풀이소가 꼭 같은 꼴로 되풀이되는 같은 꼴 되풀이법과 바탕소와 되풀이소가 비슷한 꼴로 되풀이되는 비슷한 꼴 되풀이법이 있으며, 비슷한 꼴 되풀이법에는 바탕소와 꼴에서 부분적으로 같고 뜻에서 유의관계, 반의관계, 상관관계를 이루는 되풀이소로 되풀이되는 것들과 바탕소의 한 부분이 되풀이소로 실현되는 것들이 있다.

바탕소의 부분 되풀이법에는 되풀이소로 바탕소의 앞부분이 되풀이되는 방식, 가운뎃부분이 되풀이되는 방식, 끝부분이 되풀이되는 방식이 있다. 바탕소의 앞부분이 되풀이소로 실현되는 낱말들에 대하여는 앞 장에서 논의한 바 있다. 여기서는 바탕소의 가운뎃부분이 되풀이소로 실현되는 낱말을 중심으로 그 종류와 특성에 관하여 논의하기로 한다.

세 음절로 이루어진 바탕소가 되풀이되면서, 되풀이소로 바탕소의 둘째 음절만 실현된 것들이 가운뎃부분 되풀이법에 해당하며1), 거의 대부분 소리흉내말이나 모양흉내말의 어찌씨에 속하는 것들이다. 이를테면, 소리흉내말 어찌씨 '따르릉'이 바탕소가 되고 되풀이소로 '르'가 실현되어 비슷한 꼴 되풀이 어찌씨인 '따르르릉'이 생성되는 되풀이 방식이 이에 해당한다. '따르르릉'은 '따르릉'에 <잇따라, 자꾸>의 뜻을 덧보탠 것으로 '르'가 한번만 되풀이되지 않고 두 번 이상의 되풀이도 가능하다. 이 점은 가운뎃부분 되풀이법에 속하는 모든 낱말에 공통적으로 해당한다.

가운뎃부분 되풀이법에 속하는 낱말은 공통적으로 바탕소를 이루는 세 음절 중 첫 음절이 뜻을 가지지 않은 단순 음절이 놓이게 되며, 바탕소 자체가 단순형식의 어찌씨들이 대부분이고 극히 일부 느낌씨가 있기는 하다. 바탕소의 둘째 음절인 '르'는 단순 음절로 뜻을 가지지 않지만 되풀이소가 됨으로 말미암아 뜻을 가지게 되었다. 곧 바탕소에 <잇따라, 자꾸, 아주> 따위의 뜻을 더하는 기능을 되풀이소가 나타내게 된다.

가운뎃부분 되풀이 낱말은 사전류에 올림말로 실려 있지 않지만, 실제 말살이에서는 활발하게 쓰이기 때문에 낱말로서의 자격을 가지게 된다. 가운뎃부분 되풀이 낱말은 바탕소가 그대로 되풀이되는 것이 아니고 일부만 되풀이되기 때문에 부분되풀이에 속하고, 바탕소와 되풀이소의 꼴이 같지 않기 때문에 비슷한 꼴 되풀이 낱말에 해당한다.

가운뎃부분 되풀이 낱말은 비슷한 꼴 되풀이 어찌씨의 짜임새로서 [A−르[르]륵], [A−르[르]릉], [A−드[드]득], [A−도[도]독], [A−두[두]둑], [A−드[드]덕], [A−드[드]등], [A−두[두]등], [A−다[다]닥], [A−

---

1) 두 음절로 이루어진 바탕소에도 가운뎃부분 되풀이법이 적용되는 것으로 보는 논저도 있다. 이를테면, 바탕소 '따릉'에 가운뎃부분 '르'가 되풀이소가 되어 '따르릉'이란 되풀이 어찌말이 형성되었다고 보는 것이다. 그러나 바탕소로 보아야 하는 '따릉'이 사전류에 올림말로 실려 있지 않다는 점에서 '따르릉'을 '따릉'의 비슷한 꼴 되풀이 낱말로 보지 않는다. 같은 짜임새에 해당하는 것 중에 '부르릉'은 '부릉'이란 낱말이 존재하여 바탕소 '부릉'에 '르'가 되풀이되어 '부르릉'이 형성된 것으로 보이기도 하지만, 사전적 처리 방식에 따르면, '부릉'은 '부르릉'의 준말에 해당한다.

지[지]직], [A-사[사]삭], [A-서[서]석], [A-로[로]록], [A-루[루]룩], [A-흐[흐]흑]이 있으며, 비슷한 꼴 되풀이 느낌씨로서 [A-자[자]잔]이 있다.

이 장에서는 이들 각 짜임새에 해당하는 비슷한 꼴 되풀이 낱말을 모두 찾아내어, 그 보기를 들고 바탕소의 뜻, 바탕소의 같은 꼴 되풀이 어찌씨 존재 여부, 바탕소의 준말 존재 여부 따위를 밝혀, 가운뎃부분 되풀이 낱말의 특성을 규명하기로 한다.

2. 바탕소의 가운뎃부분 되풀이 낱말의 유형

바탕소의 가운뎃부분이 되풀이소로 실현되는 낱말들이 이 짜임새에 해당한다. 세 음절로 이루어진 바탕소가 되풀이되면서 가운데 음절이 되풀이소로 실현되는 낱말들이 이에 속한다. 곧 바탕소 [ABC]가 되풀이되면서 'B'만 되풀이소로 실현되어 [AB[B]C] 짜임새를 이루는 되풀이법이다.

이 짜임새에 해당하는 낱말은 거의 대부분 소리 흉내말이거나 소리·모양 흉내말들이며, 바탕소가 세 음절로 이루어진 특성을 보인다. 바탕소도 낱말로 이루어지며, 바탕소의 구성 요소인 'A', 'B', 'C'는 뜻을 가지지 않은 단순 음절로서 바탕소인 [ABC]는 단순형식의 낱말에 해당한다.

바탕소 [ABC]의 비슷한 꼴 되풀이 낱말인 [AB[B]C]는 바탕소와 품사가 같다. 되풀이소인 [B]는 단순 음절에 해당하지 않고 바탕소인 [ABC]의 준 꼴에 해당되는 것으로 볼 수도 있다. 다시 말해서 [ABC]가 되풀이되면서 [AB(C)(A)BC]로 되풀이된 것으로 추정하는 것도 충분히 가능하다. 이 짜임새에 해당하는 비슷한 꼴 되풀이 어찌씨 '주르르륵'2)을 보면, 바탕소 '주르륵'이 되풀이되어 '주르륵주르륵'이 되면서 바탕소에서 '륵'

---

2) '주르르륵'은 사전류에 올림말로 실려 있지 않지만 실제 말살이에서 많이 쓰인다. 이 장에 해당하는 모든 되풀이 어찌씨들은 사전에 실려 있지 않다.

이 삭제되고, 되풀이소에는 '주'가 삭제된 '르륵'만 남게 되어 '주르르륵'이 생성된 것으로 볼 수도 있다. '주르륵'의 가운뎃부분 되풀이 낱말인 '주르르륵'은 같은 꼴 되풀이 낱말인 '주르륵주르륵'과 뜻에서 별다른 차이가 없는 점도 이를 뒷받침해 주는 근거로 삼을 수 있다. 그러나 이렇게 보기 어려운 것은 '르'가 한번만 되풀이되는 것이 아니라 두 번 이상 되풀이될 수 있다는 점이다. 곧 '주르르르륵'이나 '주르르르르륵'으로 되풀이 되는 경우에 '주르륵'이 두 번 이상 되풀이되면서 바탕소와 되풀이소의 일부분이 남고 나머지는 삭제되었다고 설명하는 것보다는 바탕소의 둘째 음절이 잇따라 여러번 되풀이되었다고 설명하는 것이 더 합리적이고, 직관적으로도 합당하다. '주르륵'에서 '르'가 여러 번 되풀이될 수 있는 '주르…륵' 꼴의 가운뎃부분 되풀이 낱말로 처리하는 것이 온당하다. 곧 바탕소 '주르륵'에서 '르'가 되풀이되는 경우에 불연속형태 '주르…륵'으로 바뀌어 되풀이소 '르'가 두 번 이상 되풀이될 수 있는 것으로 보인다.

이 짜임새에서의 되풀이 기능도 바탕소의 뜻에 강조를 바탕으로 한 <잇따라, 자꾸>의 뜻을 덧보태는 일이다.

이 짜임새에 해당하는 비슷한 꼴 되풀이 어찌씨를 바탕소 [ABC]의 구성 요소에 따라 분류하면, [A르륵], [A르룽], [A-드득/도독/두둑/드덕], [A-드등/두둥], [A-다닥], [A-지직] 따위가 있고, 생산성이 적은 그 밖의 짜임새로 [A-사삭/서석], [A-로록/루룩], [A-흐흑] 따위가 있다.

2.1. [A-르륵] → [A-르[르]륵]

어찌씨에 속하는 바탕소 [A-르륵]이 되풀이되면서 되풀이소로 '르'가 실현되어 비슷한 꼴 되풀이 어찌씨 [A-르[르]륵]의 짜임새를 이룬다. 이 짜임새에 속하는 '따르르륵'은 바탕소 '따르륵'에 가운뎃부분 '르'가 되풀이소로 실현되어 생성된 낱말이다. 바탕소가 된 '따르륵'을 '따륵 따륵 따르륵'에서 생성된 것으로 간주하여 '따륵'의 되풀이 낱말로 보는 방안도 있을 수 있지만, 실제로 '따륵'이란 낱말이나 뿌리가 존재하지 않기 때문에 바탕소를 '따륵'으로 볼 수는 없다. 따라서 '따르륵'이 단순 형식의 바탕소가 되며, 같은 꼴로 되풀이되면 '따르륵따르륵'이 생성되고, 부분되풀이로 바탕소의 둘째 음절 '르'가 되풀이되면, 비슷한 꼴 되풀이 어찌씨 '따르르륵'이 생성된다. '르'는 이론적으로 두 번 이상 되풀이도 가능하며, 더 되풀이되면 강조를 바탕으로 한 <잇따라, 자꾸>의 뜻을 덧보태게 된다.

이 짜임새에 해당하는 아래 보기들은 모두 소리나 소리·몸짓 흉내말의 어찌씨로, '따르륵'과 꼭 같은 방식으로 되풀이가 이루어진다. [A르륵] 짜임새에 속하는 어찌씨들은 '르'가 줄어든 [A륵]으로 쓰이는 것이 극히 유한하지만, 실제 말살이에서는 대체로 준말인 [A륵]으로도 쓰이는 것으로 보인다.3)

[A−르[르]륵]에 해당하는 비슷한 꼴 되풀이 어찌씨의 보기를 들고, 이의 바탕소가 되는 어찌씨의 보기와 뜻, 바탕소의 같은 꼴 되풀이 어찌씨의 실현 여부를 정리하기로 한다. 아울러 바탕소 [A−르륵]이 준말인 [A륵]으로 적격한가, 적격하지 않은가도 함께 밝히기로 한다.

까르르륵
    까르륵<①젖먹이가 몹시 자지러지게 우는 소리. 또는 그 모양. ②여
        자나 아이들이 되바라지게 웃는 소리. 또는 그 모양>
    까르륵까르륵
    *까륵

---

3) 'A르륵'을 'A륵'의 가운뎃부분 '르' 되풀이 낱말로 처리하는 연구논저도 있지만, 'A르륵'에 해당하는 낱말 중 이의 바탕소에 해당하는 'A륵'이 존재하는 경우가 아주 드물 뿐 아니라 존재하는 경우에도 사전적 처리에서 보면 'A르륵'의 준말로 처리하였다. 따라서 'A르륵'에서의 '르르'는 단순히 앞과 뒤의 '르'가 같은 것으로 보기로 한다.

꼬르르륵

　꼬르륵<①배 속이나 대통의 진 따위가 끓는 소리. ②닭이 놀라서 지
　　르는 소리. ③액체가 비좁은 구멍으로 가까스로 빠져나가는 소
　　리. ④가래가 목구멍에 걸리어 숨을 쉴 때 거칠게 나는 소리. ⑤
　　물속에서 기체의 작은 방울이 물 위로 떠오를 때 나는 소리>

　꼬르륵꼬르륵

　*꼬륵

꾸르르륵

　꾸르륵<①배 속이나 대통의 진 따위가 몹시 끓는 소리. ②닭이 놀라
　　서 매우 급하게 지르는 소리. ③액체가 비좁은 구멍으로 가까스
　　로 빠져나가는 큰 소리. ④가래가 목구멍에 걸리어 숨을 쉴 때
　　거칠게 나는 소리. ⑤물속에서 기체의 큰 방울이 물 위로 떠오
　　를 때 나는 소리>

　꾸르륵꾸르륵

　*꾸륵

다르르륵

　다르륵<①작은 물건이 구르다가 딱 멎는 소리. ②작은 물건이 미끄
　　러지는 소리>

　다르륵다르륵

　*다륵

드르르륵①

　드르륵<①큰 물건이 구르다가 뚝 멎는 소리. ②큰 물건이 미끄러지
　　는 소리>

　드르륵드르륵

　*드륵

드르르륵②

　드르륵<총 따위를 잇달아 쏘는 소리. 또는 그 모양>

　드르륵드르륵

　*드륵

따르르륵

　따르륵<①작은 물건이 구르다가 딱 멎는 소리. ②작은 물건이 미끄
　　러지는 소리. ‘다르륵’보다 센 느낌>

　따르륵따르륵

*따륵

스르르륵

  스르륵<물건이 쓸리면서 시원스럽게 나는 소리>

  스르륵스르륵

  스륵<'스르륵'의 준말>

싸르르륵

  싸르륵<물건이 거칠게 쓸리면서 약간 가볍게 나는 소리>

  싸르륵싸르륵

  싸륵<'싸르륵'의 준말>

쓰르르륵

  쓰르륵<물건이 거칠게 쓸리면서 매우 시원스럽게 나는 소리>

  쓰르륵쓰르륵

  쓰륵<'쓰르륵'의 준말>

씨르르륵

  씨르륵<여치 따위의 풀벌레가 한 번 우는 소리>

  씨르륵씨르륵

  *씨륵

조르르륵

  조르륵<①가는 물줄기 따위가 빠르게 흐르다 멎는 소리. ②작은 물
      건이 비탈진 곳에서 빠르게 미끄러져 내리다가 멎는 모양>

  조르륵조르륵

  *조륵

좌르르륵

  좌르륵<물줄기나 물건이 한 번에 세차게 쏟아지거나 넓게 퍼지는
      소리>

  좌르륵좌르륵

  *좌륵

주르르륵

  주르륵<①굵은 물줄기 따위가 빠르게 잠깐 흐르다가 그치는 소리.
      또는 그 모양. ②물건 따위가 비탈진 곳에서 빠르게 미끄러져
      내리는 모양>

  주르륵주르륵

  *주륵

짜르르륵

　　짜르륵<액체가 가는 대롱 따위를 통해 가까스로 빨려 나오는 소리>

　　짜르륵짜르륵

　　*짜륵

쪼르르륵

　　쪼르륵<①몹시 허기질 때 뱃속에서 나는 소리. ②가는 물줄기 따위
　　　　가 빠르고 세게 흐르다가 멎는 소리>

　　쪼르륵쪼르륵

　　*쪼륵

쫘르르륵

　　쫘르륵<①물줄기나 작은 물체 따위가 한 번 세차게 쏟아지는 소리.
　　　　또는 그 모양. ②물건이 넓은 범위로 흩어지거나 퍼지는 소리.
　　　　또는 그 모양>

　　쫘르륵쫘르륵

　　*쫘륵

쭈르르륵

　　쭈르륵<'주르륵<①굵은 물줄기 따위가 빠르게 잠깐 흐르다가 그치
　　　　는 소리. 또는 그 모양. ②물건 따위가 비탈진 곳에서 빠르게 미
　　　　끄러져 내리는 모양>'보다 센 느낌>

　　쭈르륵쭈르륵

　　*쭈륵

찌르르륵①

　　찌르륵<①생나무가 타면서 나무진이 빠져나오는 소리. ②가는 대롱
　　　　따위로 액체가 거칠게 빨려나오는 소리>

　　찌르륵찌르륵

　　*찌륵

찌르르륵②

　　찌르륵<찌르레기 곤충 따위가 우는 소리>

　　찌르륵찌르륵

　　*찌륵

차르르륵[4]

---

4) '차르륵'은『표준국어대사전』에는 낱말로 올라 있지 않으며,『고려대 한국어대사

차르륵<물건들이 한 번에 넓게 퍼지거나 쏟아지는 소리. 또는 그 모양>
*차르륵차르륵5)
*차륵

2.2. [A-르릉] → [A-르[르]릉]

바탕소의 둘째와 셋째 음절이 '-르릉'인 낱말은 같은 꼴의 되풀이도 가능하며, 부분되풀이로서 둘째 음절이 되풀이되기도 한다. 둘째 음절의 되풀이는 한 번만이 아니라 두 번 이상도 가능하다. 이를테면, '따르릉'은 같은 꼴 되풀이법이 적용되면 '따르릉따르릉'이란 같은 꼴 되풀이 어찌씨가 생성된다. 부분되풀이로서 둘째 음절 '르'가 되풀이되어 '따르르릉'이란 비슷한 꼴 되풀이 어찌씨가 생성되며, 두 번 되풀이되면 '따르르르릉'이란 비슷한 꼴 되풀이 어찌씨가 생성된다. 여기서의 되풀이소는 '르', '르르'가 해당된다.

'따르르릉'을 [따르릉-따르릉]이 결합과정을 거치면서 바탕소의 끝 음절 '-릉'과 되풀이소의 첫음절 '따-'가 삭제되어 [따르-르릉]으로 되었다가 [따르르릉]이란 비슷한 꼴 되풀이 어찌씨 '따르르릉'이 생성된 것으로 볼 수도 있다. 그러나 '르'가 한번만 되풀이되는 것이 아니라 이론적으로 두 번 이상 되풀이되어 '따르르르릉', '따르르르르릉'도 생성될 수 있기 때문에 그렇게 처리하기에는 문제가 따른다. 따라서 이 짜임새에서는 바탕소의 둘째 음절인 '르'되풀이인 부분되풀이 낱말로 처리한다.

이 짜임새에 해당하는 아래 보기들은 모두 소리나 소리·몸짓 흉내말의 어찌씨로 같은 꼴 되풀이 어찌씨도 생성 가능하며, '르' 되풀이에 의한 비슷한 꼴 되풀이 어찌씨도 생성되는 특성을 가진다.6) [A르릉] 짜임

전』에만 어찌씨로 올라 있다.
5) 『고려대 한국어대사전』에도 예외적으로 어찌씨인 '차르륵'의 같은 꼴 되풀이 낱말 '차르륵차르륵'은 존재하지 않는다.

새에 속하는 어찌씨들은 '르'가 줄어든 [A릉]으로 쓰이는 것이 극히 유한하지만[7], 실제 말살이에서는 대부분 준말인 [A릉]으로 쓰이는 것으로 보인다.

[A–르르릉]에 해당하는 비슷한 꼴 되풀이 어찌씨의 보기를 들고, 이의 바탕소가 되는 어찌씨의 보기와 뜻, 바탕소의 같은 꼴 되풀이 어찌씨의 실현 여부를 정리하기로 한다. 아울러 바탕소 [A–르릉]이 준말인 [A릉]으로 적격한가, 적격하지 않은가도 사전적 처리를 바탕으로 함께 밝히기로 한다. 가운뎃부분 되풀이법에 해당하는 이 방식에 의한 비슷한 꼴 되풀이 어찌씨의 생산성은 그다지 크지 않은 편이다.

드르르릉
　드르릉<①크고 요란하게 들리는 소리. ②크고 요란하게 코를 고는
　　소리>
　드르릉드르릉
　*드릉[8]
따르르릉
　따르릉<전화벨이나 자명종 따위가 한 번 울리는 소리>
　따르릉따르릉
　*따릉
부르르릉
　부르릉<자동차나 비행기 따위가 발동할 때 나는 소리>
　부르릉부르릉
　부릉<'부르릉'의 준말>
와르르릉
　와르릉<①천둥이 치거나 땅이 요란스럽게 울리는 소리. ②무엇이 무

---

6) 실제 말살이에서는 '르' 되풀이 어찌씨가 많이 쓰이지만, 사전류에는 올림말로 실려 있지 않고 같은 꼴 되풀이 어찌씨만 실려 있을 뿐이다.

7) 이 짜임새에 해당하는 어찌씨 중에 사전류에 준말로 존재하는 것으로는 '부르릉'의 '부릉'이 있다.

8) '드르릉'의 줄임말로 '드릉'이란 낱말은 없다. '드릉–'의 같은 꼴 되풀이 어찌씨인 '드릉드릉'의 뿌리에 해당한다.

너지거나 흔들리면서 요란스럽게 울리어 나는 소리. 또는 그 모
양>

와르릉와르릉

*와릉

우르르릉

우르릉<①천둥 따위가 무겁고 둔하게 울리는 소리. 또는 그 모양.
②무엇이 무너지거나 흔들리면서 매우 요란스럽게 울리어 나는
소리. 또는 그 모양>

우르릉우르릉

*우릉

찌르르릉

찌르릉<초인종이나 전화벨 따위가 울리는 소리>

찌르릉찌르릉

*찌릉

콰르르릉

콰르릉<폭발물이 터지거나 천둥이 칠 때 요란하고 세차게 울리는
소리>

콰르릉콰르릉

*콰릉

포르르릉

포르릉<작은 새가 갑자기 매우 가볍게 나는 소리. 또는 그 모양>

포르릉포르릉

*포릉

2.3. [A−드득/도독/두둑/드덕] → [A−드[드]득/도[도]독/두[두]둑/드[드]덕]

어찌씨에 속하는 바탕소인 [A−드득], [A−도독], [A−두둑], [A−드
덕]에서 '드득/도독/두둑/드득'은 홀소리에서 차이를 보일 뿐이고 꼴에서
비슷하며, 기능에서도 별다른 차이를 보이지 않는 것으로 간주하여 같은
부류로 묶었다.

이들 바탕소에 가운뎃부분 되풀이법이 적용되면, [A-드득]은 [A-드[드]득]으로, [A-도독]은 [A-도[도]독]으로, [A-두둑]은 [A-두[두]둑]으로, [A-드덕]은 [A-드[드]덕]으로 실현되어 비슷한 꼴 되풀이 어찌씨가 생성된다.

2.3.1. [A-드득] → [A-드[드]득]

단순형식의 어찌씨 짜임새 [A-드득]에 가운뎃부분 되풀이법이 적용되어 비슷한 꼴 되풀이 어찌씨 짜임새 [A-드[드]득]이 생성되었다. 곧 어찌씨인 '바드득'이 바탕소가 되어 가운뎃부분 '드'가 되풀이소로 되풀이된 '바드드득'이 이에 해당한다. [A-드득] 짜임새에 속하는 어찌씨는 모두 같은 꼴 되풀이 어찌씨가 존재하며, 대부분 [A-득]으로 줄어든 준말이 존재한다.9) '바드득'은 같은 꼴 되풀이 어찌씨 '바드득바드득'이 존재하며, 준말로 '바득'이 있음이 이를 뒷받침해 준다.

이 짜임새에 해당하는 비슷한 꼴 되풀이 어찌씨는 비교적 많은 편으로, 그 보기를 들고 바탕소의 뜻, 바탕소의 같은 꼴 되풀이 어찌씨, 바탕소의 준말 따위를 정리하면 다음과 같다.

바드드득
  바드득<①단단하고 질기거나 반드러운 물건을 되게 문지를 때 되바
      라지게 나는 소리. ②무른 똥을 눌 때 되바라지게 나는 소리>
  바드득바드득
  바득<'바드득'의 준말>
보드드득
  보드득<①단단하고 질기거나 반드러운 물건을 야무지게 문지르거나
      비빌 때 나는 소리. ②무른 똥을 조금 힘들여 눌 때 나는 소리.

---

9) 사전류에 준말이 존재하지 않는 것으로는 '삐드득', '와드득', '포드득', '화드득', '후드득'이다. 비록 사전에 올림말로 실려 있지 않지만, 실제 말살이에서는 준말이 사용되기도 한다.

③쌓인 눈 따위를 약간 세게 밟을 때 야무지게 나는 소리>

보드득보드득

보득<‘보드득’의 준말>

부드드득

　부드득<①든든하고 질기거나 번드러운 물건을 되게 문지르거나 마
　　주 갈 때에 나는 소리. ②무른 똥을 힘들여 눌 때에 나는 소리>

부드득부드득

부득<‘부드득’의 준말>

빠드드득

　빠드득<①단단한 물건이 좁은 틈에 끼어 세게 문질리는 소리. ②장
　　난감, 피리 따위를 세게 부는 소리>

빠드득빠드득

빠득<‘빠드득’의 준말>

뽀드드득

　뽀드득<‘보드득’보다 센 느낌. ①단단하고 질기거나 반드러운 물건
　　을 야무지게 문지르거나 비빌 때 나는 소리. ②무른 똥을 조금
　　힘들여 눌 때 나는 소리. ③쌓인 눈 따위를 약간 세게 밟을 때
　　야무지게 나는 소리>

뽀드득뽀드득

뽀득<‘뽀드득’의 준말>

뿌드드득

　뿌드득<‘부드득’보다 센 느낌. ①든든하고 질기거나 번드러운 물건
　　을 되게 문지르거나 마주 갈 때에 나는 소리. ②무른 똥을 힘들
　　여 눌 때에 나는 소리>

뿌드득뿌드득

뿌득<‘뿌드득’의 준말>

삐드드득

　삐드득<①단단한 물건이 좁은 틈에 끼어 몹시 세차게 문질리는 소
　　리. ②장난감 피리 따위를 크고 세게 부는 소리>

삐드득삐드득

＊삐득

아드드득

　아드득<①작고 단단한 물건을 힘껏 깨물어 깨뜨리는 소리. ②이를

야무지게 가는 소리>

아드득아드득

아득<'아드득'의 준말>

와드드득

　와드득<①단단한 물건을 세게 깨물거나 이를 가는 소리. ②단단한
　　물건을 부러뜨리거나 힘껏 잡아 뜯을 때 나는 소리>

　와드득와드득

　*와득

으드드득

　으드득<①매우 단단한 물건을 힘껏 깨물어 깨뜨리는 소리. ②이를
　　세게 가는 소리>

　으드득으드득

　으득<'으드득'의 준말>

키드드득

　키드득<참다못하여 입속에서 새어나오는 웃음소리. 또는 그 모양>

　키드득키드득

　키득<'키드득'의 준말>

파드드득

　파드득<단단하고 질기거나 매끄러운 물건을 거칠게 문지르거나 마
　　주 갈 때 나는 소리>

　파드득파드득

　파득<'파드득'의 준말>

포드드득

　포드득<단단하고 질기거나 매끄러운 물건을 거칠게 문지르거나 마
　　주 갈 때 나는 소리>

　포드득포드득

　*포득

푸드드득

　푸드득<'부드득'보다 거센 느낌. ①든든하고 질기거나 번드러운 물
　　건을 되게 문지르거나 마주 갈 때에 나는 소리. ②무른 똥을 힘
　　들여 눌 때에 나는 소리>

　푸드득푸드득

　푸득<'푸드득'의 준말>

호드드득

  호드득<깨나 콩 따위를 볶을 때 작게 튀는 소리>

  호드득호드득

  호득<'호드득'의 준말>

화드드득

  화드득<묽은 똥이 갑작스럽게 세게 나오는 소리>

  화드득화드득

  *화득

후드드득

  후드득<①깨나 콩 따위를 볶을 때 크게 튀는 소리. ②멀리서 총포나 딱총 따위가 매우 부산하게 터지는 소리. ③나뭇가지나 검불 따위가 타 들어가는 소리. ④굵은 빗방울 따위가 성기게 떨어지는 소리>

  후드득후드득

  *후득

2.3.2. [A-도독] → [A-도[도]독]

단순형식의 어찌씨 짜임새 [A-도독]에 가운뎃부분 되풀이법이 적용되어 비슷한 꼴 되풀이 어찌씨 짜임새 [A-도[도]독]이 생성되었다. 곧 어찌씨인 '뽀도독'이 바탕소가 되어 가운뎃부분 '도'가 되풀이소로 되풀이된 '뽀도도독'이 이 짜임새에 해당한다. [A-도독] 짜임새에 속하는 어찌씨는 모두 같은 꼴 되풀이 어찌씨가 존재하지만, 대부분 [A-독]으로 줄어든 준말이 존재하지 않는다. '오도독'만은 준말인 '오독'이 존재한다.

이 짜임새에 해당하는 비슷한 꼴 되풀이 어찌씨는 그리 많지 않은 편으로, 그 보기를 들고 바탕소의 뜻, 바탕소의 같은 꼴 되풀이 어찌씨, 바탕소의 준말 따위를 정리하면 다음과 같다.

뽀도도독

　뽀도독<'보도독'보다 센 느낌. ①단단하고 질기거나 반드러운 물건
　　　을 야무지게 비비거나 문지르는 소리. ②무른 똥을 조금 힘들여
　　　누는 소리>

　뽀도독뽀도독

　*뽀독

오도도독

　오도독<①작고 단단한 물건을 깨무는 소리. 또는 그 모양. ②작고
　　　단단한 물체가 꺾이며 부러지는 소리. 또는 그 모양>

　오도독오도독

　오독<'오도독'의 준말>

포도도독

　포도독<무른 똥을 조금 힘들여 거세게 누는 소리>

　포도독포도독

　*포독

토도도독

　토도독<빗방울 따위가 바닥이나 나뭇잎 위에 세게 떨어지는 소리>

　토도독토도독

　*토독

2.3.3. [A-두둑] → [A-두[두]둑]

어찌씨 짜임새 [A-두둑]은 [A-도독]과 'A'의 홀소리 종류에 따른
어울림의 차이만을 보인다. 곧 'A'가 밝은홀소리이면 [A-도독]이, 어두
운홀소리이면 [A-두둑]이 쓰인다. '뚜두둑'에서 'A'에 해당하는 '뚜'의
홀소리가 어두운홀소리이기 때문에 '뚜두둑'이 되었으며, 같은 꼴 되풀
이 어찌씨 '뚜두둑뚜두둑'이 존재하지만, '뚜둑'이란 준말은 존재하지 않
는다. 이 짜임새에서도 '우두둑'만은 준말인 '우둑'이 존재한다.

이 짜임새에 해당하는 비슷한 꼴 되풀이 어찌씨는 그리 많지 않은 편
으로, 그 보기를 들고 바탕소의 뜻, 바탕소의 같은 꼴 되풀이 어찌씨, 바
탕소의 준말 따위를 정리하면 다음과 같다.

뚜두두둑

　뚜두둑[10]<①소나기나 우박 따위가 잇따라 세게 떨어지는 소리. ②
　　나뭇가지 따위가 서서히 부러지는 소리>

　뚜두둑뚜두둑

　*뚜둑

부두두둑

　부두둑<①단단하고 질기거나 번드러운 큰 물건을 되게 비비거나 문
　　지르는 소리. ②무른 똥을 힘주어 누는 소리>

　부두둑부두둑

　*부둑

뿌두두둑

　뿌두둑<'부두둑'보다 센 느낌. ①단단하고 질기거나 번드러운 큰 물
　　건을 되게 비비거나 문지르는 소리. ②무른 똥을 힘주어 누는
　　소리>

　뿌두둑뿌두둑

　*뿌둑

우두두둑

　우두둑<①단단한 물건을 깨무는 소리. 또는 그 모양. ②단단한 물체
　　가 꺾이며 부러지는 소리. 또는 그 모양. ③옷깃 따위가 세차게
　　뜯어지는 소리. 또는 그 모양. ④뼈마디를 세게 꺾을 때 나는 소
　　리. 또는 그 모양>

　우두둑우두둑

　우둑<'우두둑'의 준말>

푸두두둑

　푸두둑<무른 똥을 힘들여 누는 소리. '부두둑'보다 거센 느낌>

　푸두둑푸두둑

　*푸둑

투두두둑

　투두둑<큰 빗방울이나 우박 따위가 바닥이나 나뭇잎 위에 거칠고
　　세게 떨어지는 소리>

　투두둑투두둑

　*투둑

---

10) 『표준국어대사전』에서는 '뚜두둑'을 '뚜두두둑'의 준말로 처리하였다.

2.3.4. [A-드덕] → [X-드[드]덕]

단순형식의 어찌씨 짜임새 [A-드득]에 가운뎃부분 되풀이법이 적용
되어 비슷한 꼴 되풀이 어찌씨 짜임새 [A-드[드]덕]이 생성되었다. 이
짜임새에 해당하는 비슷한 꼴 되풀이 어찌씨는 극히 드물다.

> **푸드드덕**
> **푸드덕**<①큰 새가 힘 있게 날개를 치는 소리. 또는 그 모양. ②큰 물
> 고기가 힘 있게 꼬리를 치는 소리. 또는 그 모양>
> 푸드덕푸드덕
> *푸덕

2.4. [A-드등/두둥] → [A-드[드]등/두[두]둥]

단순형식의 어찌씨 짜임새 [A-드등]과 [A-두둥]에 가운뎃부분 되풀
이법이 적용되어 비슷한 꼴 되풀이 어찌씨 짜임새 [A-드[드]등]과 [A-
두[두]둥]이 생성되었다. [A-드[드]등]이 [A-두[두]둥]에 비해 생산성
이 크다.

2.4.1. [A-드등] → [A-드[드]등]

[A-드등]에서 'A'는 형태소 자격이 없는 단순 음절로 'A'와 '드등'이
결합되어 단순형식의 어찌씨가 생성되며, '드'가 되풀이소로 되풀이됨으
로써 [A-드[드]등]의 비슷한 꼴 되풀이 어찌씨가 생성된다. [A-드등]
꼴 어찌씨는 모두 같은 꼴로 되풀이되며, [A-등] 꼴로 줄어들지 않는다.
이 짜임새에 해당하는 비슷한 꼴 되풀이 어찌씨는 그리 많지 않은 편
으로, 그 보기를 들고 바탕소의 뜻, 바탕소의 같은 꼴 되풀이 어찌씨, 바

탕소의 준말 따위를 정리하면 다음과 같다.

바드드등
　　바드등<①단단하고 질기거나 반드러운 물건을 세게 문지를 때 되알
　　　　지게 울리며 나는 소리. ②질긴 물건이 찢어지거나 터질 때 되
　　　　알지게 울리며 나는 소리>
　　바드등바드등
　　*바등
보드드등
　　보드등<①단단하고 질기거나 매끄러운 물건을 문지를 때 야무지게
　　　　울리어 나는 소리. ②천 따위의 질긴 물건이 찢어지거나 터질
　　　　때 야무지게 나는 소리>
　　보드등보드등
　　*보등
부드드등
　　부드등<①든든하고 미끄럽거나 번드러운 물건을 세게 문지를 때 거
　　　　볍게 울리며 나는 소리. ②피륙 따위의 질긴 물건이 찢어지거나
　　　　터질 때 거볍게 울리며 나는 소리>
　　부드등부드등
　　*부등
빠드드등
　　빠드등<‘바드등’보다 센 느낌. ①단단하고 질기거나 반드러운 물건
　　　　을 세게 문지를 때 되알지게 울리며 나는 소리. ②질긴 물건이
　　　　찢어지거나 터질 때 되알지게 울리며 나는 소리>
　　빠드등빠드등
　　*빠등
뽀드드등
　　뽀드등<①단단하고 질기거나 매끄러운 물건을 세게 문지를 때 매우
　　　　야무지게 울리어 나는 소리. ②천 따위의 질긴 물건이 세게 찢
　　　　어지거나 터질 때 매우 야무지게 울리어 나는 소리>
　　뽀드등뽀드등
　　*뽀등

뿌드드등

　뿌드등<'부드등'보다 센 느낌. ①든든하고 미끄럽거나 번드러운 물
　　　건을 세게 문지를 때 거볍게 울리며 나는 소리. ②피륙 따위의
　　　질긴 물건이 찢어지거나 터질 때 거볍게 울리며 나는 소리>
　　뿌드등뿌드등
　　＊뿌등

2.4.2. [A-두둥] → [A-두[두]둥]

　단순형식의 어찌씨 짜임새 [A-두둥]에 속하는 낱말은 극히 드물다.
[A-두둥]을 바탕소로 하고 '두'가 되풀이소로 되풀이됨으로써 [A-두
[두]둥]의 비슷한 꼴 되풀이 어찌씨가 생성된다. [A-두둥] 꼴 어찌씨는
같은 꼴로 되풀이되며, [A-둥] 꼴로 줄어들지 않는다.

　푸두두둥

　푸두둥<큰 새가 갑자기 날개를 치며 나는 소리. 또는 그 모양>
　　푸두둥푸두둥
　　＊푸둥

2.5. [A-다닥] → [A-다[다]닥]

　[A-다닥]에서 'A'는 형태소 자격이 없는 단순 음절로, 'A'와 '다닥'
이 결합되어 단순형식의 어찌씨가 생성되며, '다'가 되풀이소로 되풀이
됨으로써 [A-다[다]닥]의 비슷한 꼴 되풀이 어찌씨가 생성된다. [A-다
닥] 꼴 어찌씨는 모두 같은 꼴로 되풀이되며, [A-닥] 꼴로 줄어들지 않
는다.

　이 짜임새에 해당하는 비슷한 꼴 되풀이 어찌씨는 그리 많지 않은 편
으로, 그 보기를 들고 바탕소의 뜻, 바탕소의 같은 꼴 되풀이 어찌씨, 바

탕소의 준말 따위를 정리하면 다음과 같다.

　　다다다닥
　　　다다닥<구르는 바퀴의 살 따위에 무엇인가가 닿는 소리>
　　　다다닥다다닥
　　 *다닥
　　와다다닥
　　　와다닥<①갑자기 뛰어가거나 뛰어오는 소리. ②문 따위를 갑자기 닫
　　　　거나 여는 소리>
　　　와다닥와다닥
　　 *와닥
　　타다다닥
　　　타다닥<움직이는 물체 따위에 무엇인가가 거세게 부딪치는 소리>
　　　타다닥타다닥
　　 *타닥
　　푸다다닥
　　　푸다닥<①새가 힘 있게 빨리 날개를 치는 소리. 또는 그 모양. ②물
　　　　고기가 힘 있게 빨리 꼬리를 치거나 뛰어오르는 소리. 또는 그
　　　　모양>
　　　푸다닥푸다닥
　　 *푸닥

2.6. [A-지직] → [A-지[지]직]

[A-지직]에서 'A'는 형태소 자격이 없는 단순 음절로 'A'와 '지직'이 결합되어 단순형식의 어찌씨가 생성되며, '지'가 되풀이소로 되풀이됨으로써 [A-지[지]직]의 비슷한 꼴 되풀이 어찌씨가 생성된다. [A-지직] 꼴 어찌씨는 모두 같은 꼴로 되풀이되며, 일부를 제외하고 대부분 [A-직] 꼴로 줄어들지 않는다.

이 짜임새에 해당하는 비슷한 꼴 되풀이 어찌씨는 그리 많지 않은 편

으로, 그 보기를 들고 바탕소의 뜻, 바탕소의 같은 꼴 되풀이 어찌씨, 바
탕소의 준말 따위를 정리하면 다음과 같다.

뿌지지직
　뿌지직<①물기가 있는 물건이 뜨거운 열에 닿아서 몹시 급하게 바
　　　짝 타거나 졸아붙을 때 나는 소리. ②질기고 뻣뻣한 물건이 갑
　　　자기 세게 찢어지거나 갈라질 때 나는 소리>
　뿌지직뿌지직
　뿌직<'뿌지직'의 준말>

오지지직
　오지직<①.작고 단단한 물건이 부러지거나 찢어지거나 부서지는 소
　　　리. ②국물 따위가 바싹 졸아붙을 때 나는 소리. ③잘 마르지 않
　　　은 짚이나 나뭇가지 따위가 불에 타는 소리>
　오지직오지직
　＊오직

우지지직
　우지직<크고 단단한 물건이 부러지거나 찢어지거나 부서지는 소리.
　　　또는 그 모양>
　우지직우지직
　＊우직

으지지직
　으지직<꽤 단단한 물건이 부스러지거나 찌그러질 때 나는 소리>
　으지직으지직
　＊으직

지지지직
　지지직[11]<액체나 어떤 물체 따위가 불에 타들어가는 소리>
　지지직지지직
　＊지직

찌지지직
　찌지직[12]<액체나 어떤 물체 따위가 센 불에 타들어가는 소리>

---

11) 『고려대 한국어대사전』에는 '지지직'과 '지지직지지직'이 어찌씨로 올라 있지만,
　　『표준국어대사전』에는 '지지직'만이 '-거리다' 결합 뿌리로 올라 있다.

　　　　찌지직찌지직
　　*찌직
　치지지직
　　치지직13)<액체나 어떤 물체 따위가 아주 센 불에 타들어가는 소리>
　　　치지직치지직
　　*치직

2.7. 그 밖

가운뎃부분 되풀이 낱말의 짜임새 중에 생산성이 그리 크지 않은 것
들을 그 밖의 영역으로 묶어 다루기로 한다. 이에 해당하는 짜임새로는
[A-사[사]삭]과 [A-서[서]석], [A-로[로]록]과 [A-루[루]룩], [A-흐
[흐]흑]이 있으며, 모두 비슷한 꼴 되풀이 어찌씨에 속한다.

2.7.1. [A-사삭/서석] → [A-사[사]삭/서[서]석]

단순형식으로 이루어진 어찌씨 짜임새 [A-사삭]과 [A-서석]은 'A'
의 홀소리에 따른 차이일 뿐 같은 것이다. [A-사삭]에서 'A'는 형태소
자격이 없는 단순 음절로, 'A'와 '사삭'이 결합되어 단순형식의 어찌씨
가 생성되며, '사'가 되풀이소로 되풀이됨으로써 [A-사[사]삭]의 비슷한
꼴 되풀이 어찌씨가 생성된다. [A-사삭] 꼴 어찌씨는 모두 같은 꼴로
되풀이되며, 모두 [A-삭] 꼴로 줄어든다. [A-서석]도 되풀이소로 '서'
가 결합되어 [A-서[서]석]이란 비슷한 꼴 되풀이 어찌씨의 짜임새를 이
루지만, 그 보기는 극히 적다. [A-서석] 꼴 어찌씨는 모두 같은 꼴로 되

---

12) 『고려대 한국어대사전』에는 '찌지직'과 '찌지직찌지직'이 어찌씨로 올라 있지만,
　　『표준국어대사전』에는 '찌지직'만이 '-거리다' 결합 뿌리로 올라 있다.
13) 『고려대 한국어대사전』에는 '치지직'과 '치지직치지직'이 어찌씨로 올라 있지만,
　　『표준국어대사전』에는 아예 올림말로 올라 있지 않다.

풀이되며, [A−석] 꼴로 줄어든다.

    빠사사삭
      빠사삭<①단단하고 부스러지기 쉬운 물건을 조금 세게 깨물 때 나
        는 소리. ②말라서 물기가 없는 물건이 조금 세게 바스러지거나
        깨지는 소리. ③마른 잎이나 가랑잎 따위를 조금 세게 밟을 때
        나는 소리>
      빠사삭빠사삭
      빠삭<'빠사삭'의 준말>
    와사사삭
      와사삭<①마른 잎이나 얇고 빳빳한 물건이 서로 가볍게 스치거나
        부러지는 소리. ②연하고 싱싱한 과일이나 채소 따위를 베어 무
        는 소리>
      와사삭와사삭
      와삭<'와사삭'의 준말>
    파사사삭
      파사삭<마른 잎이나 가랑잎 따위를 거칠게 밟을 때 나는 소리>
      파사삭파사삭
      파삭<'파사삭'의 준말>
    퍼서서석
      퍼서석<마른 잎이나 검불 따위를 거칠게 밟을 때 나는 소리>
      퍼서석퍼서석
      퍼석<'퍼서석'의 준말>

2.7.2. [A−로록/루룩] → [A−로[로]록/루[루]룩]

    단순형식으로 이루어진 어찌씨 짜임새 [A−로록]과 [A−루룩]도 'A'
의 홀소리에 따른 차이일 뿐 같은 것이다. [A−로록]에서 'A'는 형태소
자격이 없는 단순 음절로, 'A'와 '로록'이 결합되어 단순형식의 어찌씨
가 생성되며, '로'가 되풀이소로 되풀이됨으로써 [A−로[로]록]의 비슷한
꼴 되풀이 어찌씨가 생성된다. [A−로록] 꼴 어찌씨는 같은 꼴로 되풀이

되며, [A-루룩] 꼴로 줄어든다. [A-루루룩]도 되풀이소로 '루'가 결합되어 [A-루[루]룩]이란 비슷한 꼴 되풀이 어찌씨의 짜임새를 이룬다. [A-루룩] 꼴 어찌씨는 같은 꼴로 되풀이되며, [A-룩] 꼴로 줄어든다.

호로로록
　호로로록<①작은 새 따위가 날개를 가볍게 치며 갑자기 날아가는 소리. 또는 그 모양. ②작은 양의 액체나 국수 따위를 가볍고 빠르게 들이마시는 소리. 또는 그 모양>
　호로록호로록
　호록<'호로록'의 준말>
후루루룩
　후루루룩<①새 따위가 날개를 가볍게 치며 갑자기 날아가는 소리. 또는 그 모양. ②적은 양의 액체나 국수 따위를 가볍고 빠르게 들이마시는 소리. 또는 그 모양>
　후루룩후루룩
　후룩<'후루룩'의 준말>

2.7.3. [A-흐흑] → [A-흐[흐]흑]

[A-흐흑]에서 'A'는 형태소 자격이 없는 단순 음절로 'A'와 '흐흑'이 결합되어 단순형식의 어찌씨가 생성되며, '흐'가 되풀이소로 되풀이됨으로써 [A-흐[흐]흑]의 비슷한 꼴 되풀이 어찌씨가 생성된다. [A-흐흑] 꼴 어찌씨는 같은 꼴 되풀이 어찌씨로 되풀이되지 않으며14), [A-흑] 꼴로 줄어든다. 이 짜임새에 해당하는 비슷한 꼴 되풀이 어찌씨는 극히 드물다.

으흐흐흑
　으흐흑<몹시 놀라거나 슬퍼서 흐느껴 우는 소리>

---

14) 통사적 짜임새인 '으흐흑 으흐흑'으로는 되풀이될 수 있지만 되풀이 어찌씨를 짜 이루지는 않는다.

　＊으흐흑으흐흑
　　으흑[15]<감정이 복받쳐 갑작스레 우는 소리>

　위에서 살핀 바와 같이, 바탕소의 가운뎃부분 되풀이 낱말은 소리나 소리·모양 흉내말의 어찌씨에 속하는 것들이지만, 느낌씨에 해당하는 것도 있다. 곧 느낌씨 '짜자잔'[16]이 바탕소가 되어 되풀이되면서 가운뎃부분 '자'만이 되풀이되어 비슷한 꼴 되풀이 느낌씨 '짜자자잔'이 생성되었다. 여기서의 되풀이 기능은 바탕소에 <강조>의 뜻을 덧보태는 것이다. 이 짜임새에 해당하는 보기는 극히 드물다.

　　　짜자자잔<'짜지잔'을 강조하는 말>
　　　　짜자잔<숨겨 두었거나 보이지 않고 있던 것을 아주 자랑스럽게 내
　　　　　보일 때 하는 말>
　　　　짜잔[17]<숨겨 두었거나 보이지 않고 있던 것을 자랑스럽게 내보일
　　　　　때 하는 말>

3. 마무리

　되풀이 대상인 바탕소의 일부분이 되풀이소로 되풀이되는 방식에는 세 가지가 있다. 바탕소의 앞부분이 되풀이되는 앞부분 되풀이법, 바탕소의 가운뎃부분이 되풀이되는 가운뎃부분 되풀이법, 바탕소의 뒷부분이 되풀이되는 뒷부분 되풀이법이 이에 해당한다. 이 장에서는 가운뎃부분

---

15) '으흑'은 『표준국어대사전』에는 올림말로 실려 있지 않고 『고려대 한국어대사전』에는 어찌씨로 올라 있다.

16) '짜자잔'은 『표준국어대사전』에는 올림말로 실려 있지 않고 『고려대 한국어대사전』에는 느낌씨로 올라 있다.

17) '짜잔'도 『표준국어대사전』에는 올림말로 실려 있지 않고 『고려대 한국어대사전』에는 느낌씨로 올라 있다.

되풀이법에 관하여 논의하였다.

가운뎃부분 되풀이 낱말은 세 음절로 이루어진 바탕소가 되풀이되면서, 되풀이소로 바탕소의 둘째 음절만 실현된 것들로, 거의 대부분 소리흉내말이나 소리·모양흉내말의 어찌씨에 속하는 것들이다. 가운뎃부분 되풀이법에 속하는 낱말은 공통적으로 바탕소를 이루는 세 음절 중 첫 음절이 뜻을 가지지 않은 단순 음절이며 바탕소 자체가 단순형식의 어찌씨들이다. 바탕소에 <잇따라, 자꾸, 아주> 따위의 뜻을 더하는 기능을 되풀이소가 나타낸다.

가운뎃부분 되풀이 낱말은 비슷한 꼴 되풀이 어찌씨의 짜임새로서, [A-르[르]륵], [A-르[르]룽], [A-드[드]득], [A-도[도]독], [A-두[두]둑], [A-드[드]덕], [A-드[드]등], [A-두[두]둥], [A-다[다]닥], [A-지[지]직], [A-사[사]삭], [A-서[서]석], [A-로[로]록], [A-루[루]룩], [A-흐[흐]흑]이 있으며, 비슷한 꼴 되풀이 느낌씨로서 [A-자[자]잔]이 있다.

[A-르[르]륵]은 어찌씨인 바탕소 [A-르륵]의 비슷한 꼴 되풀이 어찌씨 짜임새로, 이 방식에 의한 비슷한 꼴 되풀이 어찌씨의 생산성은 비교적 큰 편이다.

[A-르[르]룽]은 어찌씨인 바탕소 [A-르룽]의 비슷한 꼴 되풀이 어찌씨의 짜임새로, 이 방식에 의한 비슷한 꼴 되풀이 어찌씨의 생산성은 그다지 크지 않은 편이다.

[A-드[드]득]은 어찌씨인 바탕소 [A-드득]의 비슷한 꼴 되풀이 어찌씨의 짜임새로, 이 방식에 의한 비슷한 꼴 되풀이 어찌씨의 생산성은 비교적 큰 편이다.

[A-도[도]독]/[A-두[두]둑]은 어찌씨인 바탕소 [A-도독]/[A-두둑]의 비슷한 꼴 되풀이 어찌씨의 짜임새로, 이 방식에 의한 비슷한 꼴 되풀이 어찌씨의 생산성은 그다지 큰 편은 아니다.

[A-드[드]덕]은 어찌씨인 바탕소 [A-드덕]의 비슷한 꼴 되풀이 어찌씨의 짜임새로, 이 방식에 의한 비슷한 꼴 되풀이 어찌씨의 생산성은

극히 작다.

[A-드[드]둥]은 어찌씨인 바탕소 [A-드둥]의 비슷한 꼴 되풀이 어찌씨의 짜임새로, 이 방식에 의한 비슷한 꼴 되풀이 어찌씨의 생산성은 작은 편이다.

[A-두[두]둥]은 어찌씨인 바탕소 [A-두둥]의 비슷한 꼴 되풀이 어찌씨의 짜임새로, 이 방식에 의한 비슷한 꼴 되풀이 어찌씨의 생산성은 극히 작다.

[A-다[다]닥]은 어찌씨인 바탕소 [A-다닥]의 비슷한 꼴 되풀이 어찌씨의 짜임새로, 이 방식에 의한 비슷한 꼴 되풀이 어찌씨의 생산성은 작은 편이다.

[A-지[지]직]은 어찌씨인 바탕소 [A-지직]의 비슷한 꼴 되풀이 어찌씨의 짜임새로, 이 방식에 의한 비슷한 꼴 되풀이 어찌씨의 생산성은 작은 편이다.

생산성이 작은 그 밖의 짜임새로, [A-사삭]의 [A-사[사]삭], [A-서석]의 [A-서[서]석], [A-로록]의 [A-로[로]록], [A-루룩]의 [A-루[루]룩], [A-흐흑]의 [A-흐[흐]흑]에 관하여 그 보기와 특성을 밝혔다.

어찌씨 밖의 느낌씨로, [A-자잔]의 비슷한 꼴 되풀이 느낌씨 [A-자[자]잔]에 관하여도 살폈다.

제 5 장

바탕소의 뒷부분 되풀이법

1. 들머리

우리말의 되풀이법에 따라 생성되는 낱말을 보면 되풀이 대상인 바탕소가 그대로 되풀이되어 생성되는 같은 꼴 되풀이 낱말이 있으며, 바탕소와 비슷한 꼴로 되풀이되는 비슷한 꼴 되풀이 낱말이 있다. 비슷한 꼴 되풀이 낱말 중에는 바탕소의 일부분만이 되풀이되는 부분 되풀이 낱말이 있는데, 바탕소의 첫 부분이 되풀이되는 것, 가운데 부분이 되풀이되는 것, 끝 부분이 되풀이되는 것으로 나눌 수 있다. 이 장에서는 바탕소의 끝 음절이 되풀이되어 생성되는 비슷한 꼴 되풀이 낱말에 관하여 논의하기로 한다.

비슷한 꼴 되풀이 낱말에 속하는 '번지르르르'는 어찌씨에 속하는 바탕소 '번지르르'가 되풀이될 때 끝 음절 '르'만 되풀이되어 생성되었다. 이와 꼭 같은 짜임새에 해당하는 되풀이 낱말이 많은 바, 이들을 편의상

‘번질–’ 부분에 속하는 것을 ‘X’라 하고, ‘르르’와 같이 ‘X’에 결합되는 되풀이 두 음절에 해당하는 부분을 ‘AA’라고 하여, 이에 속하는 낱말의 짜임새를 [[X−AA]−A]로 나타내고자 한다.[1]

[[X−AA]−A]에 속하는 비슷한 꼴 되풀이 낱말은 대체로 어찌씨에 해당하는 것들이며, ‘X’ 자리에 형태소에 해당하는 것이 놓이는 것들도 있고, 뜻을 가지지 않는 단순 음절에 해당하는 것이 놓이는 것들도 있다. ‘AA’ 자리에는 ‘르르’, ‘루루’, ‘스스/시시/소소/수수’ 따위가 놓여 많은 어찌씨가 생성되었다. ‘X’가 형태소인 경우에는 ‘AA’가 형태소 자격을 가지지만, ‘X’가 단순 음절인 경우에는 [X−AA]가 하나의 형태소로서 어찌씨를 이룬다. ‘X’의 형태적 특성과 결합되는 ‘AA’의 종류에 따라서 분류하고, 이를 바탕소로 하여 생성된 비슷한 꼴 되풀이 낱말에 관하여 살피기로 한다.

바탕소의 끝 음절이 되풀이되는 낱말로는 [[X−AA]−A]에 속하는 것 밖에도 [[AA]−A]에 속하는 것들도 있다. [[AA]−A]로 이루어진 되풀이 낱말은 단순히 ‘A’가 여러 번 되풀이된, 같은 꼴 되풀이 낱말에 해당하는 것 같으나 짜임의 순서에서 보면 [AA]가 바탕소가 되어 되풀이될 때 끝 음절 ‘A’만이 되풀이되었기 때문에 바탕소의 부분되풀이에 해당하며 비슷한 꼴 되풀이 낱말에 속한다. 이 짜임새에서 ‘A’가 낱말에 해당되어 바탕소 자체가 같은 꼴 되풀이 낱말인 것들도 있고, ‘A’가 낱말이나 뜻을 가진 뿌리가 되지 못한 단순 음절인 것들도 있다. 이를테면, 비슷한 꼴 되풀이 어찌씨 ‘꽝꽝꽝’은 ‘꽝’이 어찌씨로 같은 꼴로 되풀이되어 같은 꼴 되풀이 어찌씨 ‘꽝꽝’이 생성되었으며, 다시 ‘꽝꽝’이 바탕소가 되어 끝 음절만이 되풀이되어 생성되었다. ‘살살살’은 단순 음운인 ‘살’이 되풀이되어 단순형식의 어찌씨 ‘살살’을 이루었으며, ‘살살’이 바탕소가

---

1) [[X−AA]−A]의 짜임새에 해당하는 비슷한 꼴 되풀이 어찌씨들은 실제 말살이에서 많이 사용되지만 사전류에는 올림말로 실려 있지 않은 실정이다. [[AA]−A]의 짜임새에 해당하는 비슷한 꼴 되풀이 어찌씨들도 마찬가지이다.

되어 끝 음절만이 되풀이되어 생성되었다.

[[AA]−A]로 이루어진 되풀이 낱말에 대하여, 바탕소의 구성소인 'A'가 낱말에 해당하는 것과, 단순 음절에 해당하는 것으로 갈라 각각의 보기를 들고 그 특성을 살피기로 한다.

이 밖에도 바탕소의 끝 음절이 되풀이되는 낱말로는 [[AB]−B]에 속하는 것들도 있다. 다른 두 음절로 이루어진 바탕소 [AB]가 되풀이되면서 'B'만 되풀이소로 실현되어 [[AB]−B]의 짜임새를 이룬다. 바탕소를 이루는 [AB]가 어찌씨이고 되풀이된 [[AB]−B]도 어찌씨인 것과, [AB]와 [[AB]−B]가 모두 느낌씨인 것으로 나누어 각각의 보기를 들고 그 특성을 살피기로 한다.

2. [[X−AA]−A] 꼴 낱말 생성 되풀이법

[X−AA] 꼴 짜임새를 이루는 낱말이 되풀이될 때 끝 음절인 'A'만이 되풀이되어 부분 되풀이되기에 해당하는 경우가 있다. 바탕소인 [X−AA]가 [[X−AA]−[X−AA]]로 되풀이되면 같은 꼴 되풀이 낱말에 해당하지만, 바탕소인 끝 음절인 [A]만이 되풀이되어 되풀이소가 되었기 때문에 [[X−AA]−A] 꼴 짜임새의 낱말은 비슷한 꼴 되풀이 낱말에 해당한다.

바탕소인 [X−AA]는 대부분 어찌씨이며, 일부 어찌씨스러운 뿌리인 경우도 있다. 극히 일부의 어찌씨 이외의 품사인 낱말도 있다. 'X'는 어찌씨이거나 '−거리다'가 결합 가능한 뿌리인 경우가 있으며, 형태소 자격을 가지지 못한 단순 음절인 경우도 있다. 또한 'X'는 2음절로 이루어진 것들이 대분이며, 1음절로 이루어진 것들도 있다. 'AA'는 꼭 같은 음절을 나타내며 'X'에 결합하는 파생 가지인 경우도 있고, 형태소 자격을 가지지 못한 단순 음절인 경우도 있다.

이 짜임새에서의 되풀이 기능은 바탕소의 뜻에 <강조>를 바탕으로 한 <잇따라, 자꾸> 따위의 뜻을 덧보태는 일을 한다. 곧 <크고 무거운 물건이 구르는 모양>이란 뜻의 '도그르르'가 되풀이되어 '도그르르르'가 되면 <크고 무거운 물건이 잇따라 구르는 모양>을 나타내게 되어 되풀이소 '르'는 바탕소에 <잇따라>의 뜻을 덧보태는 일을 하였다.

'AA'의 종류에 따라 분류한 다음 'X'의 형태적 특성에 따라 세분화하여 바탕소 끝 음절 되풀이인 비슷한 꼴 되풀이 낱말에 관하여 논의하기로 한다.

2.1. [[X-르르]-르]

이 짜임새에 해당하는 비슷한 꼴 되풀이 낱말은 대부분 어찌씨로서 몸짓흉내말이나 소리흉내말, 몸짓·소리흉내말이 대분부이다. [X-르르]에서 'X'가 단음절인 경우에는 그 자체가 형태소의 자격을 가지지 못하며, [X-르르] 전체가 단일 형태소에 해당한다. 'X'가 두 음절 이상인 경우에는 대체로 'X' 자체가 뜻을 가지고 있기 때문에 형태소 자격이 주어진다.

이를테면, '더르르'에서 '더'는 그 자체만으로는 뜻을 가지지 않기 때문에 형태소로서의 자격이 없지만, '대그르르'에서 '대그-'는 '대굴대굴'의 뿌리 '대굴-'의 변이형태로, 의존형태소로서의 자격을 갖는다. 따라서 'X'가 형태소 자격을 가지는 것들과 단순 음절에 해당되는 것들로 나누어 살피기로 한다.

2.1.1. 'X'가 형태소인 경우

'-르르'가 결합된 'X'가 의존형태소로, [XX] 꼴의 같은 꼴 되풀이 어찌씨를 생성하는 것들로 [X-]는 낱말로서의 자격을 가지지 못한다.

[X-]는 공통적으로 끝소리가 /ㄹ/이며 '-르르'와의 결합과정에서 /ㄹ/이 탈락한 변이형태로 실현되는 특성을 보인다. 'X'는 두 음절인 것도 있고 세 음절인 것도 있다.

이 짜임새에서의 'X'는 같은 꼴로 되풀이되어 같은 꼴 되풀이 어찌씨 [XX]를 생성하는 경우가 일반적이다.

2.1.1.1. 두 음절인 'X'

'X'가 뜻을 가진 두 음절로 이루어진 이 짜임새에 의해 생성된 비슷한 꼴 되풀이 낱말은 모두 어찌씨에 속한다. '나스르르르'의 생성과정을 보면, 같은 꼴 되풀이 어찌씨인 '나슬나슬'의 뿌리 '나슬-'에 파생 가지 '-르르'가 결합되어 파생 어찌씨 '나스르르'가 생성되었으며, '나스르르'가 바탕소가 되어 부분 되풀이로 끝 음절 '르'만이 되풀이소가 되어 비슷한 꼴 되풀이 어찌씨인 '나스르르르'가 생성되었다.

이 짜임새에 해당하는 보기를 들고, 그 짜임새의 과정과 바탕소의 특성을 살피기로 한다.

나스르르르
　나스르르 ← [나슬--르르]
　　<가늘고 짧은 털이나 풀 따위가 짧고 성기게 나 있는 모양>
　　나슬나슬<가늘고 짧은 털이나 풀 따위가 보드랍고 성긴 모양>
너스르르르
　너스르르 ← [너슬--르르]
　　<굵고 부드러운 털이나 풀 따위가 성기고 어설프게 나 있는 모양>
　　너슬너슬<굵고 긴 털이나 풀 따위가 성기고 어설프게 난 모양>
대그르르르
　대그르르 ← [대글--르르]
　　<①가늘거나 작은 물건들 가운데서 조금 굵거나 큰 모양. ②과일 따위가 그리 크지는 않으나 야무진 모양. ③밥이 설어서 밥알이 끈기가 없이 오돌오돌한 모양>

대글대글

도그르르르

  도그르르 ← [도글――르르]

  <작고 무거운 물건이 가볍게 구르는 모양>

  도글도글

두그르르르

  두그르르 ← [두글――르르]

  <크고 무거운 물건이 구르는 모양>

  두글두글

디그르르르

  디그르르 ← [디글――르르]

  <①가늘거나 작은 물건들 가운데서 몇 개가 드러나게 굵거나 큰 모양. ②밥알이 설익었거나 되거나 말라서 꾸들꾸들한 모양>

  디글디글

때그르르르

  때그르르 ← [때글――르르]

  <①가늘거나 작은 물건들 가운데서 조금 굵거나 큰 모양. ②과일 따위가 그리 크지는 않으나 고르고 아무진 모양. ③밥이 설익어서 밥알이 끈기가 없이 오돌오돌한 모양>

  때글때글

또그르르르

  또그르르 ← [또글――르르]

  <작고 무거운 물건이 가볍게 구르는 모양>

  또글또글

뚜그르르르

  뚜그르르 ← [뚜글――르르]

  <크고 무거운 물건이 구르는 모양. '두그르르'보다 센 느낌>

  뚜글뚜글

띠그르르르

  띠그르르 ← [띠글――르르]

  <'디그르르'보다 센 느낌. ①가늘거나 작은 물건들 가운데서 드러나게 굵거나 큰 모양. ②과일 따위가 굵직하며 고르고 여무진 모양. ③밥이 설익어서 밥알이 우둘투둘한 모양>

띠글띠글

바그르르르

　바그르르 ← [바글--르르]

　<①적은 양의 액체가 조금 넓게 퍼지면서 야단스럽게 끓어오르는 소리. 또는 그 모양. ②잔거품이 넓게 퍼지면서 한꺼번에 많이 일어나는 소리. 또는 그 모양. ③참을성이 없이 조그만 일에도 곧장 흥분하는 모양>

　바글바글

반드르르르

　반드르르 ← [반들--르르]

　<윤기가 있고 매끄러운 모양>

　반들반들

반지르르르

　반지르르 ← [반질--르르]

　<①가죽에 기름이나 불기 따위가 묻어서 윤이 나고 매끄러운 모양. ②말이나 행동 따위가 실속은 없이 겉만 그럴듯한 모양>

　반질반질

뱅그르르르

　뱅그르르 ← [뱅글--르르]

　<①몸이나 물건 따위가 좁게 한 바퀴 도는 모양. ②갑자기 눈가에 눈물이 맺히는 모양>

　뱅글뱅글2)

버그르르르

　버그르르 ← [버글--르르]

　<①많은 양의 액체가 좀 넓게 퍼지면서 야단스럽게 끓어오르는 소리. 또는 그 모양. ②크고 많은 거품이 넓게 퍼지면서 한꺼번에 많이 일어나는 소리. 또는 그 모양>

　버글버글

번드르르르

　번드르르 ← [번들--르르]

---

2) <입을 살며시 벌릴 듯하면서 소리 없이 보드랍게 자꾸 웃는 모양>의 '뱅글뱅글'과는 동음이의 관계이다.

<윤기가 있고 미끄러운 모양>
번들번들

번지르르르

　번지르르 ← [번질――르르]
<①거죽에 기름기나 물기 따위가 묻어서 윤이 나고 미끄러운 모양.
②말이나 행동 따위가 실속은 전혀 없이 겉만 그럴 듯한 모양>
번질번질

보그르르르

　보그르르 ← [보글――르르]
<①적은 양의 액체가 비교적 적은 범위에서 잇따라 갑자기 빠르게
끓어오를 때 나는 소리. 또는 그 모양. ②작은 거품이 잇따라 갑자기
일어날 때 나는 소리. 또는 그 모양>
보글보글

부그르르르

　부그르르 ← [부글――르르]
<①많은 양의 액체가 넓은 범위에서 잇따라 갑자기 빠르게 끓어오
를 때 나는 소리. 또는 그 모양. ②큰 거품이 잇따라 갑자기 빠르게
일어날 때 나는 소리. 또는 그 모양>
부글부글

빙그르르르

　빙그르르[3] ← [빙글――르르]
<몸이나 물건 따위가 넓게 한 바퀴 도는 모양>
빙글빙글

빠그르르르

　빠그르르 ← [빠글――르르]
<①적은 양의 액체가 조금 넓게 퍼지면서 야단스럽게 끓어오르는
소리. 또는 그 모양. ②잔거품이 넓게 퍼지면서 한꺼번에 많이 일어
나는 소리. 또는 그 모양>
빠글빠글

빤드르르르

---

3) <몸이나 물건 따위가 넓게 한 바퀴만 도는 모양>이란 뜻의 '빙그르'가 있으며,
'빙그르르'는 이 '빙그르'의 끝 음절 되풀이 어찌씨로 볼 수 있다.

빤드르르 ← [빤들--르르]

<윤기가 있고 매끄러운 모양>

빤들빤들4)

빤지르르

빤지르르 ← [빤질--르르]

<①거죽에 기름기나 먼지 따위가 묻어서 윤이 나고 매끄러운 모양.
②말이나 행동 따위가 실속은 없이 겉만 그럴듯한 모양>

빤질빤질

뺑그르르

뺑그르르 ← [뺑글--르르]

<①몸이나 물건 따위가 좁게 한 바퀴 도는 모양. ②갑자기 눈가에
눈물이 맺히는 모양>

뺑글뺑글5)

뻐그르르

뻐그르르 ← [뻐글--르르]

<①많은 양의 액체가 조금 넓게 퍼지면서 야단스럽게 끓어오르는
소리. 또는 그 모양. ②크고 많은 거품이 넓게 퍼지면서 한꺼번에 많
이 일어나는 소리. 또는 그 모양>

뻐글뻐글

뻔드르르

뻔드르르 ← [뻔들--르르]

<윤기가 있고 미끄러운 모양>

뻔들뻔들

뻔지르르

뻔지르르 ← [뻔질--르르]

<①거죽에 기름기나 물기 따위가 묻어서 윤이 나고 미끄러운 모양.
②말이나 행동 따위가 실속은 전혀 없이 겉만 그럴 듯한 모양>

뻔질뻔질

뻥그르르

---

4) <별로 하는 일 없이 게으름을 피우며 빤빤스럽게 놀기만 하는 모양>의 '빤들빤
들'은 준말이 아니다.

5) <입을 살며시 벌릴 듯하면서 소리 없이 보드랍게 자꾸 웃는 모양>의 '뺑글뺑글'
은 준말이 아니다.

뽀그르르 ← [뽀글――르르]

<①적은 양의 액체가 비교적 좁은 범위에서 잇따라 갑자기 빠르게
끓어오를 때 나는 소리. 또는 그 모양. ②작은 거품이 잇따라 갑자기
빠르게 일어날 때 나는 소리. 또는 그 모양>

뽀글뽀글

뿌그르르르

뿌그르르 ← [뿌글――르르]

<①많은 양의 액체가 넓은 범위에서 잇따라 갑자기 끓어오를 때 나
는 소리. 또는 그 모양. ②큰 거품이 잇따라 갑자기 빠르게 일어날
때 나는 소리. 또는 그 모양>

뿌글뿌글

야드르르르

야드르르 ← [야들――르르]

<반들반들 윤기가 돌고 보드라운 모양>

야들야들

오그르르르①

오그르르 ← [오글――르르]

<좁은 그릇에서 적은 양의 물이나 찌개 따위가 자꾸 요란스럽게 끓
어오르는 모양>

오글오글

오그르르르②

오그르르 ← [오글――르르]

<작은 벌레나 짐승, 사람 따위가 한 곳에 빽빽이 많이 모여 있는 모양>

오글오글

와그르르르

와그르르 ← [와글――르르]

<쌓여 있던 단단한 물건이 갑자기 무너지는 소리>

와글와글

왜그르르르

왜그르르 ← [왜글――르르]

<된밥이나 굳은 물건 따위가 자꾸 흐슬부슬 흩어지는 모양>

왜글왜글

우그르르르①

우그르르 ← [우글--르르]

<깊은 그릇에서 물이나 찌개 따위가 갑자기 요란스럽게 끓어오르는 소리. 또는 그 모양>

우글우글

우그르르②

우그르르 ← [우글--르르]

<벌레나 짐승 사람 따위가 한곳에 빽빽하게 많이 모여 있는 모양>

우글우글

워그르르

워그르르 ← [워글--르르]

<①쌓여 있던 크고 단단한 물건이 갑자기 무너지는 소리. 또는 그 모양. ②그릇에 담긴 많은 양의 액체가 넓은 면적으로 야단스럽게 끓어오르는 소리. 또는 그 모양. ③가까운 곳에서 천둥이 요란스럽게 치는 소리. ④사람, 짐승, 벌레 따위가 매우 어지럽게 많이 몰려 있는 모양>

워글워글

으그르르

으그르르 ← [*으글--르르]

<먹은 음식이나 물이 목구멍으로 끓어올라 오는 소리. 또는 그 모양>

*으글으글[6]

이드르르

이드르르 ← [*이들--르르]

<번들번들 윤이 나며 부드러운 모양>

이들이들

자그르르

자그르르 ← [자글--르르]

<적은 양의 걸쭉한 액체나 기름 따위가 갑자기 끓어오르는 소리. 또는 그 모양>

자글자글

재그르르

재그르르 ← [*재글--르르]

---

6) '으글'도 '웍저글'에서와 꼭 같은 방식으로 처리하였다.

<여러 사람이 한꺼번에 자지러지게 웃는 모양>

　*재글재글[7]

지그르르르

　지그르르 ← [지글--르르]

　<적은 양의 걸쭉한 액체나 기름 따위가 갑자기 세게 끓어오르는 소
리. 또는 그 모양>

　지글지글

짜그르르르

　짜그르르 ← [짜글--르르]

　<적은 양의 걸쭉한 액체나 기름 따위가 갑자기 끓어오르는 소리. 또
는 그 모양>

　짜글짜글

찌그르르르

　찌그르르 ← [찌글--르르]

　<적은 양의 걸쭉한 액체나 기름 따위가 갑자기 세게 끓어오르는 소
리. 또는 그 모양>

　찌글찌글

팽그르르르

　팽그르르 ← [팽글--르르]

　<①몸이나 물건 따위가 좁게 도는 모양. ②갑자기 눈가에 눈물이 맺
히는 모양. ③갑자기 정신이 아찔해지는 모양>

　팽글팽글

핑그르르르

　핑그르르 ← [핑글--르르]

　<'빙그르르'보다 거센 느낌. 몸이나 물건 따위가 넓게 한 바퀴 도는
모양>

　핑글핑글

함치르르르

　함치르르 ← [*함칠--르르]

　<깨끗하고 번지르르하게 윤이 나는 모양>

　함칠함칠[8]

---

7) '재글'도 '웍저글'에서와 꼭 같은 방식으로 처리하였다.

흠치르르르

    흠치르르 ← [*흠칠――르르]

    <깨끗하고 번지르르 윤이 나는 모양.>

   *흠칠흠칠9)

2.1.1.2. 세 음절인 'X'

'X'가 뜻을 가진 세 음절로 이루어진 이 짜임새에 의해 생성된 비슷한 꼴 되풀이 낱말은 모두 어찌씨에 속한다. 'X'가 두 음절인 짜임새와는 음절 수 차이 이외에는 모두 동일하다.

닥다그르르르

    닥다그르르 ← [닥다글――르르]

    <①작고 단단한 물건이 잇따라 다른 단단한 물체에 부딪치며 굴러가는 소리. 또는 그 모양. ②천둥이 가까운 데서 갑자기 울리는 소리>

    닥다글닥다글

덕더그르르르

    덕더그르르 ← [덕더글――르르]

    <①크고 단단한 물건이 잇따라 다른 단단한 물체에 부딪치며 굴러가는 소리. 또는 그 모양. ②천둥이 좀 먼 데서 갑자기 울리는 소리>

    덕더글덕더글

딱따그르르르

    딱따그르르 ← [딱따글――르르]

    <작고 단단한 물건이 잇따라 다른 단단한 물체에 부딪치며 굴러 가는 소리. 또는 그 모양>

    딱따글딱따글

떡떠그르르르

    떡떠그르르 ← [떡떠글――르르]

    <①크고 단단한 물건이 잇따라 다른 단단한 물건에 부딪치면서 굴

---

8) '함칠'도 '웍저글'에서와 꼭 같은 방식으로 처리하였다.

9) '흠칠'도 '웍저글'에서와 꼭 같은 방식으로 처리하였다.

러가는 소리. 또는 그 모양. ②천둥이 좀 먼 데서 갑자기 울리는 소
리>
　떡떠글떡떠글
와다그르르르
　와다그르르 ← [와다글−−르르]
　<작고 단단한 물건들이 서로 함부로 부딪히면서 굴러 가는 소리. 또
는 그 모양>
　와다글와다글
와자그르르르
　와자그르르 ← [와자글−−르르]
　<①여럿이 한데 모여 시끄럽게 웃고 떠드는 소리. 또는 그 모양. ②
소문이 갑자기 널리 퍼져 떠들썩하거나 시끄러운 모양>
　와자글와자글
워더그르르르
　워더그르르 ← [워더글−−르르]
　<크고 단단한 물건들이 다른 물건에 야단스럽게 부딪치면서 잇따라
굴러가는 소리. 또는 그 모양>
　워더글워더글
워저그르르르
　워저그르르 ← [워저글−−르르]
　<①여럿이 한데 모여 크고 시끄럽게 웃고 떠드는 소리. 또는 그 모
양. ②소문이 갑자기 널리 퍼져 매우 떠들썩하거나 시끄러운 모양>
　*워저글워저글[10]

　위에서 살핀 두 음절이나 세 음절로 이루어진 'X'를 가진 짜임새인
[X−르르]는 어찌씨로서 낱말의 자격을 지니고 있다.

---

10) '워저글'의 같은 꼴 되풀이 어찌씨 '워저글워저글'은 사전류에 올림말로 올라 있
　　지 않지만 이 짜임새에 속하는 형태들과의 동형성에 따라 '워저글−'을 '워저글
　　워저글'의 뿌리로 간주하였다.

2.1.2. 'X'가 단순 음절인 경우

'-르르'가 결합된 'X'가 형태소의 자격을 가지지 못하는 단순 음절
로, [X르르] 전체가 하나의 형태소에 해당한다. 이 짜임새의 바탕소는
극히 일부를 제외하고는 같은 꼴 되풀이 낱말이 생성되지 못하며, [X르
르] 자체가 통사적 짜임새로의 되풀이가 가능할 뿐이다. 곧 '바르르'는
'바르르바르르'로 되풀이되지는 못하고, '바르르 바르르'로만 되풀이된
다. 이 짜임새에서의 'X'는 1음절로 되어 있다.

까르르르
　　까르르<①주로 여자나 아이들이 한꺼번에 자지러지게 웃는 소리.
　　　　또는 그 모양. ②아이가 갑자기 자지러지게 우는 소리. 또는 그
　　　　모양>
　　까르르까르르11)

꿔르르르
　　꿔르르<많은 양의 액체가 좁은 목이나 구멍에서 급하고 힘차게 쏟
　　　　아지는 소리. 또는 그 모양>
　　*꿔르르꿔르르

다르르르①
　　다르르<작은 물건이 단단한 바닥 위를 구르는 소리. 또는 그 모양>
　　*다르르다르르

다르르르②
　　다르르<어떤 일에 능통하여 막힘없이 잘 하는 모양>
　　*다르르다르르

더르르르
　　더르르<추위 따위로 몸을 한 번 크게 떠는 모양>

---

11) 이 짜임새에 해당하는 다른 것들과 달리 예외적으로 '까르르'는 같은 꼴 되풀이
　　어찌씨인 '까르르까르르'가 생성되었다. 이와 같이 같은 꼴 되풀이 어찌씨가 생성
　　되는 것으로는 이 짜임새에 속하는 보기 중에서 '와르르, 하르르①, 하르르②, 호
　　르르, 화르르, 후르르, 흐르르'가 있다.

*더르르더르르

도르르르①
  도르르<폭이 좁은 종이 따위가 탄력 있게 말리는 모양>
*도르르도르르

도르르르②
  도르르<작고 동그스름한 것이 가볍게 구르는 소리. 또는 그 모양>
*도르르도르르

돠르르르
  돠르르<액체가 좁은 목으로 빨리 쏟아지는 소리>
*돠르르돠르르

두르르르
  두르르<폭이 넓은 종이 따위가 탄력 있게 말리는 모양>
*두르르두르르

두르르르
  두르르<크고 동그스름한 것이 구르는 소리. 또는 그 모양>
*두르르두르르

따르르르①
  따르르<작은 물건이 단단한 바닥 위를 구르는 소리. 또는 그 모양.
    '다르르'보다 센 느낌>
*따르르따르르

따르르르②
  따르르<어떤 일에 능통하여 막힘이 없이 잘 하는 모양>
*따르르따르르

또르르르①
  또르르<폭이 좁은 종이 따위가 탄력 있게 말리는 모양>
*또르르또르르

또르르르②
  또르르<작고 동그스름한 것이 가볍게 구르는 소리. 또는 그 모양>
*또르르또르르

똬르르르
  똬르르<액체가 좁은 목으로 빨리 쏟아지는 소리. '돠르르'보다 센
    느낌>
*똬르르똬르르

뚜르르르①

　　뚜르르<폭이 넓은 종이 따위가 탄력 있게 말리는 모양>

　*뚜르르뚜르르

뚜르르르②

　　뚜르르<크고 동그스름한 것이 구르는 소리. 또는 그 모양>

　*뚜르르뚜르르

뜨르르르①

　　뜨르르<①큰 물건이 단단한 바닥 위를 구르는 소리. 또는 그 모양.
　　②큰 물건이 흔들려 떨리는 소리. ③재봉틀로 조금 두꺼운 천을
　　박는 소리. 또는 그 모양>

　*뜨르르뜨르르

뜨르르르②

　　뜨르르<①어떤 일에 능통하여 전혀 막힘이 없이 잘하는 모양. ②어
　　떤 사실이나 소문이 급속히 널리 퍼져가는 모양>

　*뜨르르뜨르르

바르르르

　　바르르<①적은 양의 액체가 가볍게 끓어오를 때 나는 소리. 또는 그
　　모양. ②대수롭지 않은 일에 발칵 성을 내는 모양. ③마른 나뭇
　　잎이나 얇은 종이 따위에 불이 붙어 가볍게 타오르는 모양>

　*바르르바르르

버르르르

　　버르르<①많은 양의 액체가 가볍게 끓어오를 때 나는 소리. 또는 그
　　모양. ②사소한 일에 발끈 크게 성을 내는 모양. ③가볍고 조금
　　크게 떠는 모양. ④얇은 종이나 마른 나뭇잎 따위에 불이 붙어
　　가볍고 크게 타오르는 모양>

　*버르르버르르

보르르르

　　보르르<①작고 가볍게 떠는 모양. ②얇은 종이나 털 따위에 불이 붙
　　어 가볍게 타오르는 모양. ③적은 양의 액체가 가볍게 끓을 때
　　나는 소리. 또는 그 모양. ④갑자기 가볍게 성을 내는 모양>

　*보르르보르르

부르르르

　　부르르<①크고 거볍게 떠는 모양. ②얇은 종이나 털 따위에 불이 붙

어 거볍게 타오르는 모양>

　*부르르부르르

뽀르르르

　뽀르르<자그마한 사람이나 짐승이 부리나케 달려가거나 쫓아가는
　　모양>

　*뽀르르뽀르르

뿌르르르①

　뿌르르<크고 가볍게 떠는 모양. '부르르'보다 센 느낌>

　*뿌르르뿌르르

뿌르르르②

　뿌르르<사람이나 짐승이 부리나케 쫓아가는 모양>

　*뿌르르뿌르르

사르르르

　사르르<①얽히거나 뭉쳤던 것이 저절로 살살 풀리는 모양. ②눈이나
　　얼음 따위가 저절로 살살 녹는 모양. ③졸음이 살며시 오는 모
　　양. ④눈을 살며시 감거나 뜨는 모양. ⑤미끄러지듯이 살며시 움
　　직이는 모양. ⑥가볍게 떨리는 모양. ⑦배 따위에 통증이 조금씩
　　전하여 오는 느낌>

　*사르르사르르

소르르르

　소르르<①뭉치거나 얽히거나 걸린 물건이 쉽게 잘 풀리거나 흘러내
　　리는 모양. ②바람이 천천히 보드랍게 불어오는 모양. ③물이나
　　가루 낟알 따위가 조용히 보드랍게 새어 나오는 모양. ④살며시
　　졸음이 오거나 잠이 드는 모양>

　*소르르소르르

쇄르르르

　쇄르르<조금 잘고 많은 물체나 액체 따위가 쏟아져 내리는 소리. 또
　　는 그 모양>

　*쇄르르쇄르르

수르르르①

　수르르<①뭉치거나 얽히거나 걸린 물건이 쉽게 잘 풀리거나 흘러내
　　리는 모양. ②바람이 천천히 부드럽게 불어오는 모양. ③물건이
　　나 가루, 낟알 따위가 조용히 부드럽게 새어 나오는 모양>

*수르르수르르

스르르르②

　스르르<①얽히거나 뭉쳤던 것이 저절로 슬슬 풀리는 모양. ②눈이나
　　얼음 따위가 저절로 슬슬 녹는 모양. ③졸음이 슬며시 오는 모
　　양. ④눈을 슬며시 감는 모양>

　*스르르스르르

쏴르르르

　쏴르르<조금 잘고 많은 물체나 액체 따위가 쏟아져 내리는 소리. 또
　　는 그 모양>

　*쏴르르쏴르르

쓰르르르

쓰르르<귀뚜라미 따위의 풀벌레가 자꾸 우는 소리>

　*쓰르르쓰르르

아르르르

　아르르<조금 알알한 느낌>

　*아르르아르르

오르르르①

　오르르<추위에 몸을 떠는 모양>

　*오르르오르르

오르르르②

　오르르<①조그마한 아이나 동물 따위가 한꺼번에 바쁘게 내닫거나
　　움직이는 모양. ②작은 그릇에서 액체가 갑자기 끓어오르거나
　　넘치는 소리. 또는 그 모양. ③쌓여 있던 작은 물건들이 갑자기
　　무너져 내리거나 쏟아질 때 나는 소리. 또는 그 모양>

　*오르르오르르

와르르르

　와르르<쌓여 있던 단단한 물건이 갑자기 야단스럽게 무너지는 소리.
　　또는 그 모양>

　　와르르와르르

우르르르

　우르르<①사람이나 동물 따위가 한꺼번에 움직이거나 한곳으로 몰
　　리는 모양. ②액체가 갑자기 끓어오르거나 넘치는 소리. 또는 그
　　모양. ③쌓여 있던 물건들이 갑자기 무너져 내리거나 쏟아질 때

나는 소리. 또는 그 모양. ④폭포수가 쏟아져 내리거나 천둥이
울리는 소리>

*우르르우르르

워르르르

　워르르<①높이 쌓여 있던 큰 물건들이 갑자기 야단스럽게 무너지는
소리. 또는 그 모양. ②많은 사람이나 동물이 너른 곳으로 한꺼
번에 야단스럽게 몰려가거나 몰려오는 소리. 또는 그 모양. ③많
은 양의 액체가 갑자기 끓어오르거나 넘치는 소리. 또는 그 모
양. ④천둥이 야단스럽게 치는 소리>

*워르르워르르

으르르르

　으르르<①추위나 두려움으로 몸이 몹시 떨리는 모양. ①애처롭거나
아까워서 몸이 몹시 떨리는 모양>

*으르르으르르

자르르르①

　자르르<물기나 기름기, 윤기 따위가 많이 흘러서 반지르르한 모양>

*자르르자르르

자르르르②

　자르르<①뼈마디나 몸의 일부가 조금 자린 느낌. ②움직임이나 열,
전기 따위가 한 지점에서 주위로 조금 빠르게 번져나가는 모양>

*자르르자르르

자르르르③

　자르르<크기가 작은 여러 개의 물건이 쏟아져 흩어지는 소리>

*자르르자르르

조르르르

　조르르<①가는 물줄기 따위가 빠르게 흘러내리는 소리. 또는 그 모
양. ②작은 물건 따위가 비탈진 곳에서 빠르게 미끄러져 내리는
모양. ③작은 발걸음을 재게 움직여 걷거나 따라다니는 모양. ④
작은 것들이 한 줄로 고르게 잇따라 있는 모양>

*조르르조르르

좌르르르

　좌르르<①물줄기 따위가 잇따라 세차게 쏟아지는 소리. 또는 그 모
양. ②여러 개의 작은 물체가 잇따라 쏟아지는 소리. 또는 그 모

양. ③얼굴이나 밥 따위에 윤기가 흐르는 모양. ④미닫이문이 미
끄러지듯 가볍게 열리거나 닫히는 소리. 또는 그 모양>

*좌르르좌르르

주르르르

　주르르<①굵은 물줄기 따위가 빠르게 흘러내리는 소리. 또는 그 모
　　양. ②물건 따위가 비탈진 곳에서 빠르게 미끄러져 내리는 모양.
　　③발걸음을 재게 움직여 걷거나 따라 다니는 모양. ④여럿이 한
　　줄로 고르게 잇따라 있는 모양>

*주르르주르르

지르르르①

　지르르<①뼈마디나 몸의 일부가 조금 저린 느낌. ②움직임이나 열,
　　전기 따위가 한 지점에서 주위로 빠르게 퍼져 나가는 모양>

*지르르지르르

지르르르②

　지르르<늘어지어 끌리는 모양>

*지르르지르르

지르르르③

　지르르<물기나 기름기, 윤기 따위가 많이 흘러서 번지르르한 모양>

*지르르지르르

짜르르르①

　짜르르<물기나 기름기, 윤기 따위가 많이 흘러서 반지르르한 모양.
　　'자르르'보다 센 느낌>

*짜르르짜르르

짜르르르②

　짜르르<①뼈마디나 몸의 일부가 조금 자린 느낌. ②움직임이나 열,
　　전기 따위가 한 지점에서 주위로 조금 빠르게 퍼져 나가는 모양>

*짜르르짜르르

쪼르르르①

　쪼르르<①가는 물줄기 따위가 빠르게 흘러내리는 소리. 또는 그 모
　　양. ②작은 물건 따위가 비탈진 곳에서 빠르게 미끄러져 내리는
　　모양. ③작은 발걸음을 재게 움직여 걷거나 따라다니는 모양. ④
　　작은 것들이 한 줄로 고르게 잇따라 있는 모양>

*쪼르르쪼르르

쪼르르르②

　　쪼르르<말을 아주 재빠르게 잇대어 하는 모양>

　*쪼르르쪼르르

쫘르르르

　　쫘르르<①물줄기 따위가 잇따라 세차게 쏟아지는 소리. 또는 그 모
　　　양. ②여러 개의 작은 물체들이 잇따라 쏟아지는 소리 또는 그
　　　모양. ③얼굴이나 밥 따위에 윤기가 흐르는 모양. ④미닫이문이
　　　미끄러지듯 가볍게 열리거나 닫히는 소리. 또는 그 모양>

　*쫘르르쫘르르

쭈르르르

　　쭈르르<‘주르르’보다 센 느낌. ①굵은 물줄기 따위가 빠르게 흘러내
　　　리는 소리. 또는 그 모양. ②물건 따위가 비탈진 곳에서 빠르게
　　　미끄러져 내리는 모양. ③발걸음을 재게 움직여 걷거나 따라 다
　　　니는 모양. ④여럿이 한 줄로 고르게 잇따라 있는 모양>

　*쭈르르쭈르르

찌르르르①

　　찌르르<물기나 기름, 윤기 따위가 많이 흘러서 번지르르한 모양.
　　　‘지르르’보다 센 느낌>

　*찌르르찌르르

찌르르르②

　　찌르르<①뼈마디나 몸의 일부가 조금 저린 느낌. ②움직임이나 열,
　　　전기 따위가 한 지점에서 주위로 빠르게 퍼져 나가는 모양. ‘지
　　　르르’보다 센 느낌>

　*찌르르찌르르

콰르르르

　　콰르르<많은 양의 액체가 좁은 목이나 구멍에서 조금 급하고 세차
　　　게 쏟아지는 소리. 또는 그 모양. ‘쫘르르’보다 거센 느낌>

　*콰르르콰르르

쿼르르르

　　쿼르르<많은 양의 액체가 좁은 구멍으로 매우 급하고 세차게 쏟아
　　　지는 소리. 또는 그 모양>

　*쿼르르쿼르르

투루루루

투루루<①젖먹이가 두 입술을 떨며 투레질하는 소리. ②말이나 당나
귀가 코로 숨을 급히 내쉬며 투레질하는 소리>

*투루루투루루

파르르르

파르르<'바르르'보다 거센 느낌. ①적은 양의 액체가 가볍게 끓어오
를 때 나는 소리. 또는 그 모양. ②대수롭지 않은 일에 발칵 성
을 내는 모양. ③마른 나뭇잎이나 얇은 종이 따위에 불이 붙어
가볍게 타오르는 모양>

*파르르파르르

퍼르르르

퍼르르<①많은 양의 액체가 가볍게 끓어오를 때 나는 소리. 또는 그
모양. ②대수롭지 아니한 일에 벌컥 성을 내는 모양. ③마른 나
뭇잎이나 얇은 종이 따위에 불이 붙어 가볍게 타오르는 모양>

*퍼르르퍼르르

포르르르

포르르<'보르르'보다 거센 느낌. ①작고 가볍게 떠는 모양. ②얇은
종이나 털 따위에 불이 붙어 가볍게 타오르는 모양. ③적은 양
의 액체가 가볍게 끓을 때 나는 소리. 또는 그 모양. ④갑자기
가볍게 성을 내는 모양>

*포르르포르르

푸르르르

푸르르<'부르르'보다 거센 느낌. ①크고 거볍게 떠는 모양. ②얇은
종이나 털 따위에 불이 붙어 거볍게 타오르는 모양>

*푸르르푸르르

하르르르①

하르르<종이나 피륙 따위가 얇고 성기며 풀기가 없어 매우 보드라
운 모양>

하르르하르르

하르르르②

하르르<한숨 따위를 힘없이 몰아쉬는 모양>

하르르하르르

호르르르

호르르<①작은 새 따위가 날개를 가볍게 치며 날아가는 소리. 또는

그 모양. ②얇은 종이나 바싹 마른 검불 따위가 타오르는 소리.
또는 그 모양>
호르르호르르

화르르르

화르르<마른 나뭇잎이나 종이 따위가 기세 좋게 타오르는 모양>
화르르화르르

후르르르

후르르<①새 따위가 날개를 가볍게 치며 날아가는 소리. 또는 그 모
양. ②얇은 종이나 바싹 마른 검불 따위가 타오르는 소리. 또는
그 모양>
후르르후르르

흐르르르

흐르르<종이나 피륙 따위가 얇고 성기며 풀기가 없이 매우 부드러
운 모양>
*흐르르흐르르

2.2. [[X-루루]-루]

[X-르르]와 비슷한 짜임새인 [X-루루]에서 'X'는 어찌씨나 어찌씨
스런 뿌리에 해당하며, 'X'가 같은 꼴로 되풀이되어 어찌씨 'XX'가 생
성되는 특성을 가진다. [X-루루]도 'X'의 부분 되풀이에 해당하여 비슷
한 꼴 되풀이 어찌씨에 해당하며, 이 되풀이의 기능은 'X'의 뜻을 <강
조>하는 것이다. 이 짜임새가 바탕소가 되고 다시 끝 음절만 되풀이되
어 [[X-루루]-루]란 비슷한 꼴 되풀이 어찌씨가 생성된다. 바탕소의
끝 음절인 '루'는 한 번만 되풀이될 수 있는 것이 아니라 두 번 이상도
가능하다. 'X'는 어찌씨이거나 어찌씨스런 뿌리들로 이루어지며, 두 음
절이나 그 이상의 음절로 이루어진다.

이 짜임새에 따라 생성 가능한 비슷한 꼴 되풀이 어찌씨는 드문 편으
로, 다음 보기가 이에 해당한다.

2.2.1. 'X'가 어찌씨스런 뿌리인 경우

'루루'가 결합되는 'X'는 낱말 자격을 가지지 못하는 어찌씨스런 뿌리로, 파생가지 '-거리다'가 결합되어 움직씨가 생성되며, 같은 꼴 되풀이법이 적용되어 같은 꼴 되풀이 어찌씨가 생성된다. 이들 어찌씨스런 뿌리에는 '루루'와 결합하여 소리흉내말이나 모양흉내말 어찌씨를 생성하며, 끝 음절이 되풀이되어 비슷한 꼴 되풀이 어찌씨가 생성된다.

대구루루루
　대구루루 ← [대굴--루루]
　<작고 단단한 물건이 단단한 바닥에서 구르는 소리. 또는 그 모양>
　대굴대굴
데구루루루
　데구루루 ← [데굴--루루]
　<약간 크고 단단한 물건이 단단한 바닥에서 구르는 소리. 또는 그 모양>
　데굴데굴
때구루루루
　때구루루 ← [때굴--루루]
　<작고 단단한 물건이 단단한 바닥에서 구르는 소리. 또는 그 모양. '대구루루'보다 센 느낌>
　때굴때굴
떼구루루루
　떼구루루 ← [떼굴--루루]
　<약간 크고 단단한 물건이 단단한 바닥에서 구르는 소리. 또는 그 모양>
　떼굴떼굴

2.2.2. 'X'가 어찌씨인 경우

'루루'가 결합되는 'X'는 소리나 모양흉내말 어찌씨로, 같은 꼴로 되풀이되어 되풀이 어찌씨가 생성되며, '루루'가 결합되어 'X'에 <강조>의 뜻을 덧보태는 기능을 하는 어찌씨가 생성된다. 이렇게 하여 생성된 어찌씨가 바탕소가 되고 여기에 끝 음절이 되풀이되어 비슷한 꼴 되풀이 어찌씨가 생성된다.

　댁대구루루루
　　댁대구루루 ← [댁대굴−루루]
　　<작고 단단한 물건이 다른 물건에 부딪치면서 빨리 굴러가는 소리.
　　또는 그 모양>
　　댁대굴댁대굴
　덱데구루루루
　　덱데구루루 ← [덱데굴−루루]
　　<크고 단단한 물건이 다른 물건에 부딪치면서 빨리 굴러가는 소리.
　　또는 그 모양>
　　덱데굴덱데굴
　땍대구루루루
　　땍대구루루 ← [땍대굴12)−루루]
　　<작고 단단한 물건이 다른 물건에 부딪치면서 빨리 굴러가는 소리.
　　또는 그 모양. '댁대구루루'보다 센 느낌>
　　*땍대굴땍대굴
　땍때구루루루
　　땍때구루루 ← [땍때굴−루루]
　　<작고 단단한 물건이 다른 물건에 부딪치면서 빨리 굴러가는 소리.
　　또는 그 모양. '댁대구루루'보다 아주 센 느낌>

---

12) '땍대굴'이란 어찌씨와 '땍대굴땍대굴'이란 어찌씨는 사전류에 올림말로 실려 있지 않지만, '땍대구루루'가 어찌씨로 존재하며, 이와 같은 짜임새에 해당하는 어찌씨들과의 동형성에 따라 어찌씨로 간주하였다.

　　　　땍때굴땍때굴

뗵데구루루루

　　뗵데구루루 ← [뗵데굴[13)]−루루]

　　<크고 단단한 물건이 다른 물건에 부딪치면서 빨리 굴러가는 소리.

　　또는 그 모양. '뎅데구루루'보다 아주 센 느낌>

　　땍데굴땍데굴[14)]

뗵떼구루루루

　　뗵떼구루루 ← [뗵떼굴−루루]

　　<크고 단단한 물건이 다른 물건에 부딪치면서 빨리 굴러가는 소리.

　　또는 그 모양. '뎅데구루루'보다 아주 센 느낌>

　　땍떼굴땍떼굴

2.3. [[X−스스/시시/소소/수수]−스/시/소/수]

형태소 자격이 없는 단순 음절 'X'에 '스스', '시시', '소소', '수수'가
결합되어 이루어진 어찌씨가 바탕소를 이루고, 이들 바탕소가 끝 음절만
되풀이되어 비슷한 꼴 되풀이 어찌씨가 생성되었다.

2.3.1. [[X−스스]−스]

'X'에 '스스'가 결합된 어찌씨 [X−스스]가 바탕소가 되어 되풀이되
면서 끝 음절만 되풀이되어 비슷한 꼴 되풀이 어찌씨인 [[X−스스]−스]
의 짜임새를 짜 이룬 것들이 이에 해당한다. [X−스스]는 한 형태소로
이루어진 어찌씨에 해당한다.

---

13) '뗵데굴'도 '땍대굴'에서와 마찬가지 이유로 어찌씨로 간주하였고, '땍떼굴땍떼굴'
　　로 같은 꼴 되풀이 어찌씨에 포함시켰다.

14) 사전류에는 같은 꼴 되풀이 어찌씨로 '땍데굴땍데굴'이 올라 있지 않지만, '땍떼
　　굴땍떼굴'과의 관계에서 볼 때 낱말로서의 자격이 인정된다.

보스스스

    보스스<가는 털이나 솜털 따위가 짧고 보드랍게 나오거나 조금 흐
       트러진 모양>

부스스스

    부스스<①미닫이나 장지문 따위를 슬그머니 여닫는 소리. ②누워 있
       거나 앉아 있다가 슬그머니 일어나는 모양. ③몸의 털 따위가
       몹시 어지럽게 일어나거나 흐트러진 모양. ④부스러기 따위가
       어지럽게 흩어지는 소리. ⑤조금 큰 물건의 사개가 힘없이 물러
       나는 모양>

아스스스

    아스스<차갑거나 싫은 기분이 몸에 사르르 느껴지도록 약간 추운
       느낌>

오스스스

    오스스<차거나 싫은 것이 몸에 닿았을 때 소름이 돋고 몸이 떨리는
       모양>

와스스스

    와스스<①가랑잎 따위가 바람에 요란하게 흔들리거나 떨어져 내리
       는 소리. ②엉성하게 쌓여 있던 물건들이 힘없이 무너지는 소리.
       ③물건의 사개가 한꺼번에 빠지거나 틈이 벌어지는 모양>

으스스스

    으스스<차갑거나 싫은 기분이 몸에 스르르 느껴지도록 몹시 추운
       느낌>

2.3.2. [[X−시시]−시]

‘X’에 ‘시시’가 결합된 어찌씨 [X−시시]가 바탕소가 되어 되풀이되
면서 끝 음절만 되풀이되어 비슷한 꼴 되풀이 어찌씨인 [[X−시시]−시]
의 짜임새를 짜 이룬 것들이 이에 해당한다. [X−시시]도 한 형태소로
이루어진 어찌씨에 해당한다.

보시시시

보시시<포근하고 살며시>

푸시시시①

푸시시<머리털 따위가 몹시 어지럽게 일어나거나 흐트러진 모양>

푸시시시②

푸시시<물기가 있는 숯이나 재 따위에 물을 부을 때 나는 소리>

2.3.3. [[X-소소]-소]

'X'에 '소소'가 결합된 어찌씨 [X-소소]가 바탕소가 되어 되풀이되면서 끝 음절만 되풀이되어 비슷한 꼴 되풀이 어찌씨인 [[X-소소]-소]의 짜임새를 짜 이룬 것들이 이에 해당한다. [X-소소]도 한 형태소로 이루어진 어찌씨에 해당한다.

오소소소

오소소<①작은 물건이 한꺼번에 소복하게 쏟아지는 모양. ②바람에 작은 나뭇잎 따위가 많이 떨어지는 소리>

2.3.4. [[X-수수]-수]

'X'에 '수수'가 결합된 어찌씨 [X-수수]가 바탕소가 되어 되풀이되면서 끝 음절만 되풀이되어 비슷한 꼴 되풀이 어찌씨인 [[X-수수]-수]의 짜임새를 짜 이룬 것들이 이에 해당한다. [X-수수]도 한 형태소로 이루어진 어찌씨에 해당한다.

에부수수수

에부수수<①정돈되지 아니하여 어수선한 모양. ②물건의 속이 차지 않은 모양>

우수수수

우수수<①물이 한꺼번에 수북하게 쏟아지는 모양. ①바람에 나뭇잎 따위가 많이 떨어지는 소리. 또는 그 모양. ③물건의 사개나 묶

어 놓은 것이 엉성하게 벌어져 틈이 생기거나 저절로 물러나는
모양>
푸수수수
　푸수수<머리털 따위가 정돈되지 않고 매우 어수선하게 흐트러진 모양>

2.4. 그 밖 [[X-AA]-A]

‘X’에 결합될 수 있는 ‘AA’에 해당하는 보기가 많지 않은 것들을 그
밖의 영역으로 묶었다. 여기에 해당하는 ‘AA’로는 ‘지지’, ‘루루’, ‘하하/
허허/헤헤/흐흐/히히’, ‘닥닥’, ‘그그’, ‘두두’ 따위가 있다. ‘X’ 자리에는
낱말자격이 모자라는 뿌리, 단순 음절이 선택적으로 놓일 수 있으며, 이
짜임새에 해당하는 낱말은 모두 어찌씨이다.

2.4.1. [[X-지지]-지]

단순 음절인 ‘X’에 ‘지지’가 결합하여 단순형식의 어찌씨인 [X-지지]
가 생성되었으며, 이를 바탕소로 하고 끝 음절이 되풀이되어 비슷한 꼴
되풀이 어찌씨 짜임새인 [[X-지지]-지]가 생성되었다.

바지지지
　바지지<①물기 있는 물건이 뜨거운 열에 닿아 가볍게 타거나 졸아
　　　붙는 소리. ②뜨거운 쇠붙이 따위에 물기가 조금 닿을 때 나는
　　　소리>
부지지지
　부지지<①물기 있는 물건이 뜨거운 열에 닿아 타거나 졸아드는 소
　　　리. ②뜨거운 쇠붙이 따위가 물에 닿을 때 나는 소리>
뿌지지지
　뿌지지<‘부지지’보다 센 느낌. ①물기 있는 물건이 뜨거운 열에 닿
　　　아 타거나 졸아드는 소리. ②뜨거운 쇠붙이 따위가 물에 닿을
　　　때 나는 소리>

2.4.2. [[X-로로]-로]

‘X’가 뜻을 가지고 있지 않아 형태소 자격이 없는 단순 음절에 뜻이 없는 ‘로로’가 결합되어 비로소 형태소의 자격을 갖게 된 어찌씨 [X-로로]가 바탕소가 되고, 그 끝 음절인 ‘로’가 되풀이되어 비슷한 꼴 되풀이 어찌씨가 생성되었으며, 그 보기는 극히 드물다.

호로로로
　　호로로<호루라기나 호각 따위를 부는 소리>
　*호로로호로로

2.4.3. [[X-하하/허허/헤헤/흐흐/히히]-하/허/헤/흐/히]]

단순 음절인 ‘X’에 ‘AA’에 해당하는 ‘하하/허허/헤헤/흐흐/히히’가 결합하여 단순형식의 어찌씨인 [X-하하/허허/헤헤/흐흐/히히]가 생성되었으며, 이를 바탕소로 하고 끝 음절이 되풀이되어 비슷한 꼴 되풀이 어찌씨 짜임새인 [[X-하하/허허/헤헤/흐흐/히히]-하/허/헤/흐/히]]가 생성되었다.

　　우하하하
　　우하하<즐겁거나 황당하여 갑자기 크게 웃는 소리>
　　으하하하
　　으하하<입을 크게 벌리며 거리낌 없이 크게 웃는 소리>
　　으허허허
　　으허허<입을 조금 크게 벌리며 거리낌 없이 크게 웃는 소리>
　　에헤헤헤
　　에헤헤<①남의 행동 따위가 가소롭다는 듯이 웃는 소리를 나타내는
　　　　　　말. ②천하고 비굴하게 웃는 소리를 나타내는 말>
　　으흐흐흐
　　으흐흐<①내숭스럽거나 음흉한 태도로 낮게 웃는 소리. ②슬퍼서 낮

게 흐느껴 우는 소리>

이히히히
　　이히히<①어리석게 또는 익살스럽게 웃는 소리. ②자지러질 듯이 크
　　게 웃는 소리>

2.4.4. [[X-닥닥]-닥]

단순 음절인 'X'에 '닥닥'이 결합하여 단순형식의 어찌씨 짜임새인
[X-닥닥]이 생성되었으며, 이를 바탕소로 하고 끝 음절이 되풀이되어
비슷한 꼴 되풀이 어찌씨 짜임새인 [[X-닥닥]-닥]이 생성되었다. 이
짜임새에 해당하는 보기는 극히 드물다.

　　와닥닥닥
　　와닥닥<①놀라서 갑자기 빨리 뛰어가거나 뛰어오는 소리. 또는 그
　　모양. ②일을 매우 빠르게 해치우는 모양>
　　후닥닥닥
　　후닥닥<①갑자기 마구 뛰거나 몸을 일으키는 모양. ②일을 급하게
　　서둘러 아주 빨리 해치우는 모양. ③문 따위를 갑자기 세세 열
　　어젖히는 소리. 또는 그 모양>

2.4.5. [[X-그그]-그]

단순 음절인 'X'에 '그그'가 결합하여 단순형식의 어찌씨 짜임새인
[X-그그]가 생성되었으며, 이를 바탕소로 하고 끝 음절이 되풀이되어
비슷한 꼴 되풀이 어찌씨 짜임새인 [[X-그그]-그]가 생성되었다. 이
짜임새에 해당하는 보기는 극히 드물다.

　　우그그그
　　우그그<많은 양의 거품 따위가 한꺼번에 마구 괴는 모양>

2.4.6. [[X-두두]-두]

단순 음절인 'X'에 '두두'가 결합하여 단순형식의 어찌씨 짜임새인 [X-두두]가 생성되었으며, 이를 바탕소로 하고 끝 음절이 되풀이되어 비슷한 꼴 되풀이 어찌씨 짜임새인 [[X-두두]-두]가 생성되었다.

후두두두
　후두두<빗방울이나 자잘한 물체 등이 갑자기 떨어지는 소리>

2.4.7. [[X-르]-르]

'AA' 자리에 두 음절이 놓이는 것이 원칙이지만 한 음절 '르'가 놓이는 것도 있다. 어찌씨에 해당하는 바탕소의 끝 음절만이 일 음절인 '르'로 끝나는 것들이 이 짜임새에 해당한다. 바탕소 [X-르]의 한 부분인 끝 음절 '르'만이 되풀이되어 비슷한 꼴 되풀이 어찌씨인 [X-르르]가 생성되었다. 이 짜임새에 해당하는 보기는 극히 드물다.

짝자그르르
　짝자그르 ← [짝자글--르]
　　<①소문이 널리 퍼져 떠들썩한 모양. ②여럿이 모여 되바라지고 떠들썩하게 웃거나 떠들썩하게 하는 소리. 또는 그 모양>
　＊짝자글짝자글

위에서 살핀 보기들은 모두 비슷한 꼴 되풀이 어찌씨들인데, 어찌씨 이외에 유일하게 느낌씨 중 다음과 같은 비슷한 꼴 되풀이 느낌씨가 있다. 이 비슷한 꼴 되풀이 느낌씨의 바탕소도 느낌씨에 속한다. 이 짜임새에 해당하는 보기는 극히 드물다.

에계계계
　　에계계<‘에계’<①잘못이나 실수를 깨닫고 탄식을 할 때 내는 말.
　　②어떤 것이 작고 하찮거나 기대에 훨씬 못 미쳐 업신여길 때
　　내는 말>를 빠르게 잇따라 내는 말>

2.5. 뿌리 [[X-AA]-A]-

　낱말 자격이 모자라는 뿌리이거나 뜻이 없는 단순 음절 ‘X’에 ‘AA’가
결합되어 뿌리인 ‘[X-AA]-’를 짜 이룬 다음 이를 바탕소로 하고 끝
음절이 되풀이되어 비슷한 꼴 되풀이 뿌리가 생성되었다. ‘AA’에 해당
되는 것으로는 ‘(르)르’, ‘대대’, ‘드드’, ‘죽죽’, ‘칙칙’, ‘퉁퉁’, ‘튀튀’ 따
위 등 여러 가지가 있지만 ‘X’의 홀소리 어울림 제약에 따라 달진 것들
도 많다. 뿌리인 ‘[X-AA]-’는 ‘-하다’가 결합되어 풀이씨가 생성되
며, 마찬가지로 비슷한 꼴 되풀이 뿌리인 ‘[[X-AA]-A]-’에도 ‘-하
다’가 결합되어 풀이씨가 생성된다.

2.5.1. [[X-(르)르]-르]-

　어찌씨인 [[X-(르)르]-르]와 꼭 같은 짜임새인데도 낱말 자격을 갖추
지 못하여 뿌리의 자격에 머무는 것도 있다. 이들의 바탕소 끝 음절의
되풀이되기는 어찌씨에서와 마찬가지로 일어난다. ‘X’는 두 가지 뜻을
가진 복합형식으로 낱말 자격이 모자라는 ‘-하다’ 결합 뿌리에 해당한
다. ‘[X-(르)르]-’를 바탕소로 하고 끝 음절이 되풀이되어 비슷한 꼴 되
풀이 뿌리인 ‘[[X-(르)르]-르]-’가 생성되었다.

　　가마반드르르르하다
　　　가마반드르르하다<가맣고 윤기가 흐르고 반드르르하다.>
　　　*가마반들하다

까마반드르르하다
　　까마반드르하다＜까맣고 반드르르하다.＞
　　*까마반들하다
꺼머번드르르하다
　　꺼머번드르하다＜꺼멓고 매끄러워 윤기가 있다.＞
　　*꺼머번들하다
가마반드르르하다
　　가마반드르하다＜가맣고 윤기가 흐르고 반지르르하다.＞
　　*가마반들하다
까마반드르르하다
　　까마반드르하다＜까맣고 반지르르하다.＞
　　*까마반들하다
꺼머번드르르하다
　　꺼머번드르하다＜꺼멓고 매끄러워 윤기가 있다.＞
　　*꺼머번들하다
희번드르르르하다
　　희번드르르하다＜①겉모양이 희멀쑥하고 번드르르하다. ②이치에 맞
　　　　게 꾸며 대어 매우 그럴싸하다.＞
　　*희번들하다
희번지르르르하다
　　희번지르르하다＜겉모양이 희멀쑥하고 번지르르하다.＞
　　*희번질하다

2.5.2. [[X-대대]-대]-/[[X-데데]-데]-

　낱말 자격이 모자라는 뿌리 'X'에, 'X'의 홀소리 종류에 따라 '-대
대'나 '-데데'가 결합하여 새로운 뿌리 '[X-대대]-'나 '[X-대대]-'
가 파생된 다음에 이를 바탕소로 하고 끝 음절이 되풀이되어 비슷한 꼴
되풀이 뿌리 '[[X-대대]-대]-'나 '[[X-데데]-데]-'가 생성되었다.
'-대대'와 '-데데'는 꼭 같은 기능을 수행하여 변이형태의 관계에 놓인다.

2.5.2.1. [[X – 대대] – 대] –

납대대하다
　납대대하다<둥글고 판판하여 좀 넓은 듯하다.>
　*납대하다
가무대대하다
　가무대대하다<산뜻하지 못하고 조금 천박하게 가무스름하다.>
　*가무대하다
까무대대하다
　까무대대하다<산뜻하지 못하고 조금 천박하게 까무스름하다.>
　*까무대하다
노르대대하다
　노르대대하다<산뜻하지 못하고 조금 천박하게 노르스름하다.>
　*노르대하다
발그대대하다
　발그대대하다<산뜻하지 못하고 조금 천박하게 발그스름하다.>
　*발그대하다
볼그대대하다
　볼그대대하다<산뜻하지 못하고 조금 천박하게 볼그스름하다.>
　*볼그대하다
빨그대대하다
　빨그대대하다<산뜻하지 못하고 조금 천박하게 빨그스름하다.>
　*빨그대하다
파르대대하다
　파르대대하다<산뜻하지 못하고 조금 천박하게 파르스름하다.>
　*파르대하다

2.5.2.2. [[X – 데데] – 데] –

거무데데하다
　거무데데하다<산뜻하지 못하고 조금 천박하게 거무스름하다.>

　　*거무데하다
까무데데하다
　　꺼무데데하다<산뜻하지 못하고 조금 천박하게 꺼무스름하다.>
　　*까무데하다
누르데데하다
　　누르데데하다<산뜻하지 못하고 조금 천박하게 누르스름하다.>
　　*누르데하다
벌그데데하다
　　벌그데데하다<산뜻하지 못하고 조금 천박하게 벌그스름하다.>
　　*벌그데하다
볼그데데하다
　　불그데데하다<산뜻하지 못하고 조금 천박하게 불그스름하다.>
　　*볼그데하다
뻘그데데하다
　　뻘그데데하다<산뜻하지 못하고 조금 천박하게 뻘그스름하다.>
　　*뻘그데하다
푸르데데하다
　　푸르데데하다<산뜻하지 못하고 조금 천박하게 푸르스름하다.>
　　*푸르데하다

2.5.3. [[X-댕댕]-댕]-/[[X-뎅뎅]-뎅]-

　낱말 자격이 모자라는 뿌리 'X'에, 'X'의 홀소리 종류에 따라 '-댕댕'이나 '-뎅뎅'이 결합하여 새로운 뿌리 '[X-댕댕]-'이나 '[X-뎅뎅]-'이 파생된 다음에 이를 바탕소로 하고 끝 음절이 되풀이되어 비슷한 꼴 되풀이 뿌리 '[[X-댕댕]-댕]-'이나 '[[X-뎅뎅]-뎅]-'이 생성되었다. '-댕댕'과 '-뎅뎅'은 꼭 같은 기능을 수행하여 변이형태의 관계에 놓인다.

2.5.3.1. [[X-댕댕]-댕]-

가무댕댕댕하다
　가무댕댕하다<고르지 않게 가무스름하다.>
　*가무댕하다
까무댕댕댕하다
　까무댕댕하다<고르지 않게 까무스름하다.>
　*까무댕하다
노르댕댕댕하다
　노르댕댕하다<고르지 않게 노르스름하다.>
　*노르댕하다
발그댕댕댕하다
　발그댕댕하다<고르지 않게 발그스름하다.>
　*발그댕하다
볼그댕댕댕하다
　볼그댕댕하다<고르지 않게 볼그스름하다.>
　*볼그댕하다
빨그댕댕댕하다
　빨그댕댕하다<산뜻하지 못하고 조금 천박하게 빨그스름하다.>
　*빨그댕하다
파르댕댕댕하다
　파르댕댕하다<고르지 않게 파르스름하다.>
　*파르댕하다

2.5.3.2. [[X-뎅뎅]-뎅]-

거무뎅뎅뎅하다
　거무뎅뎅하다<고르지 않게 거무스름하다.>
　*거무뎅하다
까무뎅뎅뎅하다
　꺼무뎅뎅하다<고르지 않게 꺼무스름하다.>

　　*까무뎅하다

누르뎅뎅뎅하다

　　누르뎅뎅하다<고르지 않게 누르스름하다.>

　　*누르뎅하다

벌그뎅뎅뎅하다

　　벌그뎅뎅하다<고르지 않게 벌그스름하다.>

　　*벌그뎅하다

볼그뎅뎅뎅하다

　　불그뎅뎅하다<고르지 않게 불그스름하다.>

　　*볼그뎅하다

뻘그뎅뎅뎅하다

　　뻘그뎅뎅하다<고르지 않게 뻘그스름하다.>

　　*뻘그뎅하다

푸르뎅뎅뎅하다

　　푸르뎅뎅하다<고르지 않게 푸르스름하다.>

　　*푸르뎅하다

2.5.4. [[X－드드]－드]－

뜻을 가지지 않은 단순 음절 'X'에 '드드'가 결합하여 단순형식의 뿌리 '[X－드드]－'를 짜 이루었다. 이를 바탕소로 하고 끝 음절이 되풀이되어 비슷한 꼴 되풀이 뿌리 '[[X－드드]－드]－'가 생성되었지만, 이에 해당하는 보기는 극히 드물다.

　　부드드드하다

　　부드드하다<①떫은맛이 있어 약간 텁텁하다. ②인색하게 잔뜩 움켜
　　　　쥐고 내놓기 싫어하는 기색이 있다.>

　　*부드하다

2.5.5. [[X-속속]-속]-/[[X-숙숙]-숙]-

낱말 자격이 모자라는 뿌리 'X'에, 'X'의 홀소리 종류에 따라 '-속속'
이나 '-숙숙'이 결합하여 새로운 뿌리 '[X-속속]-'이나 '[X-숙숙]-'
이 파생된 다음에 이를 바탕소로 하고 끝 음절이 되풀이되어 비슷한 꼴
되풀이 뿌리 '[[X-속속]-속]-'이나 '[[X-숙숙]-숙]-'이 생성되었
다. '-속속'과 '-숙숙'은 기능이 같고 'X'의 홀소리 환경에 따라 실현
이 결정되지만 반드시 지켜지는 것은 아니다.

2.5.5.1. [[X-속속]-속]-

발그속속속하다
　발그속속하다<수수하고 걸맞게 발갛다.>
　*발그속하다
볼그속속속하다
　볼그속속하다<수수하고 걸맞게 볼그스름하다.>
　*볼그속하다

2.5.5.2. [[X-숙숙]-숙]-

가무숙숙숙하다
　가무숙숙하다<수수하고 걸맞게 감다.>
　*가무숙하다
거무숙숙숙하다
　거무숙숙하다<수수하고 걸맞게 거무스름하다.>
　*거무숙하다
까무숙숙숙하다
　까무숙숙하다<수수하고 걸맞게 깜다.>
　*까무숙하다
꺼무숙숙숙하다

꺼무숙숙하다<수수하고 걸맞게 꺼무스름하다.>
  *꺼무숙하다
벌그숙숙숙하다
  벌그숙숙하다<수수하고 걸맞게 벌겋다.>
  *벌그숙하다
불그숙숙숙하다
  불그숙숙하다<수수하고 걸맞게 불그스름하다.>
  *불그숙하다

2.5.6. [[X-잡잡]-잡]-/[[X-접접]-접]-

낱말 자격이 모자라는 뿌리 'X'에, 'X'의 홀소리 종류에 따라 '-잡잡'
이나 '-접접'이 결합하여 새로운 뿌리 '[X-잡잡]-'이나 '[X-접접]-'
이 파생된 다음에 이를 바탕소로 하고 끝 음절이 되풀이되어 비슷한 꼴
되풀이 뿌리 '[[X-잡잡]-잡]-'이나 '[[X-접접]-접]-'이 생성되었다.
'-잡잡'과 '-접접'은 꼭 같은 기능을 수행하여 변이형태의 관계를 이룬다.

2.5.6.1. [[X-잡잡]-잡]-

가무잡잡잡하다
  가무잡잡하다<약간 짙게 가무스름하다.>
  *가무잡하다
까무잡잡잡하다
  까무잡잡하다<약간 짙게 까무스름하다.>
  *까무잡하다

2.5.6.2. [[X-접접]-접]-

거무접접접하다
  거무접접하다<약간 짙게 거무스름하다.>
  *거무접하다

꺼무접접접하다
  꺼무접접하다<약간 짙게 꺼무스름하다.>
 *꺼무접하다

2.5.7. [[X-족족]-족]-/[[X-죽죽]-죽]-

낱말 자격이 모자라는 뿌리 'X'에, 'X'의 홀소리 종류에 따라 '-족족'
이나 '-죽죽'이 결합하여 새로운 뿌리 '[X-족족]-'이나 '[X-죽죽]-'
이 파생된 다음에 이를 바탕소로 하고 끝 음절이 되풀이되어 비슷한 꼴
되풀이 뿌리 '[[X-족족]-족]-'이나 '[[X-죽죽]-죽]-'이 생성되었
다. '-족족'과 '-죽죽'은 꼭 같은 기능을 수행하여 변이형태의 관계를
이룬다.

2.5.7.1. [[X-족족]-족]-

가무족족족하다
  가무족족하다<칙칙하고 고르지 않게 가무스름하다.>
 *가무족하다
까무족족족하다
  까무족족하다<칙칙하고 고르지 않게 까무스름하다.>
 *까무족하다
노르족족족하다
  노르족족하다<칙칙하고 고르지 않게 노르스름하다.>
 *노르족하다
발그족족족하다
  발그족족하다<칙칙하고 고르지 않게 발그스름하다.>
 *발그족하다
볼그족족족하다
  볼그족족하다<칙칙하고 고르지 않게 볼그스름하다.>
 *볼그족하다
빨그족족족하다

빨그족족족하다<칙칙하고 고르지 않게 빨그스름하다.>

*빨그족하다

뽈그족족족하다

　　뽈그족족하다<칙칙하고 고르지 않게 뽈그스름하다.>

*뽈그족하다

파르족족족하다

　　파르족족하다<칙칙하고 고르지 않게 파르스름하다.>

*파르족하다

2.5.7.2. [[X - 죽죽] - 죽] -

거무죽죽죽하다

　　거무죽죽하다<칙칙하고 고르지 않게 거무스름하다.>

*거무죽하다

꺼무죽죽죽하다

　　꺼무죽죽하다<칙칙하고 고르지 않게 꺼무스름하다.>

*꺼무죽하다

누르죽죽죽하다

　　누르죽죽하다<칙칙하고 고르지 않게 누르스름하다.>

*누르죽하다

벌그죽죽죽하다

　　벌그죽죽하다<칙칙하고 고르지 않게 벌그스름하다.>

*벌그죽하다

불그죽죽죽하다

　　불그죽죽하다<칙칙하고 고르지 않게 불그스름하다.>

*불그죽하다

뻘그죽죽죽하다

　　뻘그죽죽하다<칙칙하고 고르지 않게 뻘그스름하다.>

*뻘그족하다

뽈그죽죽죽하다

　　뽈그죽죽하다<칙칙하고 고르지 않게 뽈그스름하다.>

*뽈그죽하다

푸르죽죽죽하다

푸르죽죽하다<칙칙하고 고르지 않게 푸르스름하다.>
*푸르죽하다

2.5.8. [[X-총총]-총]-/[[X-충충]-충]-

낱말 자격이 모자라는 뿌리 'X'에, 'X'의 홀소리 종류에 따라 '-총총'이나 '-충충'이 결합하여 새로운 뿌리 '[X-총총]-'이나 '[X-충충]-'이 파생된 다음에 이를 바탕소로 하고 끝 음절이 되풀이되어 비슷한 꼴 되풀이 뿌리 '[[X-총총]-총]-'이나 '[[X-충충]-충]-'이 생성되었다. '-총총'과 '-충충'은 꼭 같은 기능을 수행하여 변이형태의 관계를 이룬다.

2.5.8.1. [[X-총총]-총]-

가무총총총하다
　가무총총하다<꺼림칙해 보일 정도로 어둠침침하게 가무스름하다.>
　*가무총하다
까무총총총하다
　까무총총하다<꺼림칙해 보일 정도로 어둠침침하게 까무스름하다.>
　*까무총하다

2.5.8.2. [[X-충충]-충]-

거무충충충하다
　거무충충하다<꺼림칙하게 보일 정도로 어둠침침하게 거무스름하다.>
　*거무충하다
꺼무충충충하다
　꺼무충충하다<꺼림칙하게 보일 정도로 어둠침침하게 꺼무스름하다.>
　*꺼무충하다

2.5.9. [[X−축축]−축]−

낱말 자격이 모자라는 뿌리 'X'에 '−축축'이 결합하여 새로운 뿌리 '[X−축축]−'이 파생된 다음에 이를 바탕소로 하고 끝 음절이 되풀이되어 비슷한 꼴 되풀이 뿌리 '[[X−축축]−축]−'이 생성되었지만, 이에 해당하는 보기는 극히 드물다.

> **거무축축축**하다
>   **거무축축**하다<거무스름하고 축축한 느낌이 있다.>
>   *거무축하다

2.5.10. [[X−칙칙]−칙]−

낱말 자격이 모자라는 뿌리 'X'에 '−칙칙'이 결합하여 새로운 뿌리 '[X−칙칙]−'이 파생된 다음에 이를 바탕소로 하고 끝 음절이 되풀이되어 비슷한 꼴 되풀이 뿌리 '[[X−칙칙]−칙]−'이 생성되었지만, 이 짜임새에 해당하는 보기는 극히 적다.

> **까무칙칙칙**하다
>   **까무칙칙**하다<산뜻하지 않고 짙게 깜다.>
>   *까무칙하다
> **꺼무칙칙칙**하다
>   **꺼무칙칙**하다<산뜻하지 않고 짙게 껌다.>
>   *꺼무칙하다
> **노르칙칙칙**하다
>   **노르칙칙**하다<산뜻하지 않고 짙게 노랗다.>
>   *노르칙하다
> **누르칙칙칙**하다
>   **누르칙칙**하다<산뜻하지 않고 짙게 누렇다.>

*누르칙하다

2.5.11. [[X-퉁퉁]-퉁]-

낱말 자격이 모자라는 뿌리 'X'에 '-퉁퉁'이 결합하여 새로운 뿌리 '[X-퉁퉁]-'이 파생된 다음에 이를 바탕소로 하고 끝 음절이 되풀이되어 비슷한 꼴 되풀이 뿌리 '[[X-퉁퉁]-퉁]-'이 생성되었지만, 이에 해당하는 보기는 극히 드물다.

누루퉁퉁퉁하다
　누르퉁퉁하다<윤기가 없어 산뜻하지 않게 누르다.>
　*누루퉁하다

2.5.12. [[X-퇴퇴]-퇴]-/[[X-튀튀]-튀]-

낱말 자격이 모자라는 뿌리 'X'에, 'X'의 홀소리 종류에 따라 '-퇴퇴'나 '-튀튀'가 결합하여 새로운 뿌리 '[X-퇴퇴]-'나 '[X-튀튀]-'가 파생된 다음에 이를 바탕소로 하고 끝 음절이 되풀이되어 비슷한 꼴 되풀이 뿌리 '[[X-퇴퇴]-퇴]-'나 '[[X-튀튀]-튀]-'가 생성되었다. '-퇴퇴'와 '-튀튀'는 꼭 같은 기능을 수행하여 변이형태의 관계를 이룬다.

2.5.12.1. [[X-퇴퇴]-퇴]-

가무퇴퇴퇴하다
　가무퇴퇴하다<너저분해 보일 정도로 탁하게 가무스름하다.>
　*가무퇴하다
까무퇴퇴퇴하다
　까무퇴퇴하다<너저분해 보일 정도로 탁하게 까무스름하다.>
　*까무퇴하다

노르퇴퇴퇴하다
　　노르퇴퇴하다<너저분해 보일 정도로 탁하게 노르스름하다.>
　*노르퇴하다

2.5.12.2. [[X－튀튀]－튀]－

거무튀튀튀하다
　　거무튀튀하다<너저분하게 보일 정도로 탁하게 거무스름하다.>
　*거무튀하다
꺼무튀튀튀하다
　　꺼무튀튀하다<너저분하게 보일 정도로 탁하게 꺼무스름하다.>
　*꺼무튀하다
누르튀튀튀하다
　　누르튀튀하다<너저분하게 보일 정도로 탁하게 누르스름하다.>
　*누르튀하다

　위에서 살핀 바와 같이 색깔을 나타내는 ‘－하다’ 결합 그림씨 뿌리들은 끝 음절이 되풀이된 짜임새를 이루었다. 특히 검정, 노랑, 빨강, 파랑의 색깔을 나타내는 뿌리에 되풀이 음절로 이루어진 ‘－대대－/－데데－’, ‘－댕댕－/－뎅뎅－’, ‘－속속－/－숙숙－’, ‘－잡잡－/－접접－’, ‘－족족－/－죽죽－’, ‘－충충－’, ‘－칙칙－’, ‘－퇴퇴－/－튀튀－’ 따위가 수의적으로 결합하여 많은 색깔 관련 풀이씨가 생성되었으며, 이들 뿌리의 마지막 음절이 되풀이되어 비슷한 꼴 되풀이 그림씨가 생성되었다.

　위 짜임새보다 ‘X’의 음절수가 더 많은 것들로 다음 보기를 들 수 있다. 이들 뿌리도 ‘AA’의 마지막 음절이 되풀이되어 비슷한 꼴 되풀이 그림씨가 생성되었다.

　　시푸르뎅뎅뎅하다
　　　시푸르뎅뎅하다<고르지 아니하게 매우 푸르스름하다.>
　　*시푸르뎅하다

감파르잡잡잡하다

　　감파르잡잡하다<약간 검은 빛을 띠면서 칙칙하고 짙게 파르스름하
　　　　다.>

　*감파르잡하다

감푸르잡잡잡하다

　　감푸르잡잡하다<감은빛을 띠면서 푸르스름하다.>

　*감푸르잡하다

검푸르접접접하다

　　검푸르접접하다[15]<검은빛을 띠면서 약간 짙게 푸르스름하다.>

　*검푸르접하다

감파르족족족하다

　　감파르족족하다<약간 검은 빛을 띠면서 고르지 못하고 칙칙하게 파
　　　　랗다.>

　*감파르족하다

검푸르죽죽죽하다

　　검푸르죽죽하다<검은빛을 띠면서 칙칙하고 고르지 않게 푸르다.>

　*검푸르죽하다

시푸르죽죽죽하다

　　시푸르죽죽하다<칙칙하고 고르지 아니하게 매우 푸르스름하다.>

　*시푸르죽하다

3. [[AA]−A] 꼴 낱말 생성 되풀이법

　[[AA]−A]로 이루어진 되풀이 낱말은 단순히 'A'가 여러 번 되풀이된 같은 꼴 되풀이 낱말에 해당하는 것으로 생각하기 쉽다. 그러나 짜임의 순서에서 보면 [AA]가 바탕소가 되어 되풀이될 때 끝 음절 'A'만이 되풀이되었기 때문에 바탕소의 부분되풀이에 해당하며 비슷한 꼴 되풀이

---

15) '푸르죽죽하다'와 '푸르뎅뎅하다'는 풀이씨로서 낱말 자격을 가지지만, '검푸르접 접하다'에서의 '푸르접접하다'는 낱말로써 존재하지 않는다.

낱말에 속한다. 같은 꼴 되풀이 낱말은 [[AA]−AA] 짜임새에 해당되어 되풀이소와 바탕소가 꼭 같아야 한다.

이 짜임새에서 바탕소인 [AA]를 보면, 'A'가 낱말에 해당되어 바탕소 자체가 같은 꼴 되풀이 낱말인 경우가 있다. 이를테면, '꽉꽉'에서 '꽉'은 낱말로 어찌씨이며, 이를 되풀이소로 하여 생성된 '꽉꽉'도 같은 꼴 되풀이 낱말로 어찌씨에 해당한다. '꽉꽉'이 다시 바탕소가 되어 되풀이된 '꽉꽉꽉'은 바탕소의 일부만 되풀이되었기 때문에 비슷한 꼴 되풀이 어찌씨에 해당한다. 'A'가 낱말이나 뜻을 가진 뿌리가 되지 못한 단순 음절인 경우도 있다. 이 경우의 'AA'는 단순 음절의 되풀이로써 그 자체가 단순형식의 낱말이 되며, 이것이 바탕소가 되어 끝 음절만 되풀이 되어 비슷한 꼴 되풀이 낱말의 짜임새를 이루게 된다.

바탕소의 구성소인 'A'가 낱말에 해당하는 것과, 단순 음절에 해당하는 것으로 갈라 각각의 보기를 들고 그 특성을 살피기로 한다.

3.1. A가 낱말인 [[AA]−A]   '

단음절로 이루어진 낱말 'A'가 같은 꼴 되풀이 낱말 [AA]가 생성된 다음, 부분적으로 끝 음절이 다시 되풀이되어 [[AA]−A]이란 비슷한 꼴 되풀이 낱말이 생성되었다. 바탕소 [AA]가 모두 되풀이되어 [[AA]−AA]가 생성되었다면 같은 꼴 되풀이 낱말에 해당하지만 [AA]의 뒤 'A'만이 되풀이되었기 때문에 비슷한 꼴 되풀이 낱말에 해당한다. [[AA]−A]에서 [A]가 잇따라 세 번 되풀이된 것이 아니고 [AA]로 되풀이되어 같은 꼴 되풀이 낱말이 생성된 다음, 이를 바탕소로 하여 다시 [[AA]−A]로 되풀이되었다. 이 짜임새에 해당하는 낱말은 주로 어찌씨이며, 일부 느낌씨도 해당된다. 어찌씨 중에 주로 소리흉내말, 모양흉내말, 소리・모양흉내말이 해당되며, 이들 비슷한 꼴 되풀이 어찌씨는 대부분 사전류에는 올림말로 올라 있지 않은 실정이다. 비록 사전류에서는 낱말로 올라 있지 않지만 실제 말살이에서는 낱말로서 활발히 쓰이고 있다.

이들 비슷한 꼴 되풀이 낱말은 바탕소인 [AA]에 <강조>를 바탕으로 하고 <잇따라, 자꾸> 따위의 뜻이 덧보태진다.

이 짜임새에 해당하는 비슷한 꼴 되풀이 낱말을 품사에 따라 구분하여 보기를 들면 다음과 같다.

3.1.1. 어찌씨

[[AA]-A] 짜임새에 속하는 비슷한 되풀이 어찌씨는 상당히 많은 편으로, 어찌씨인 'A'가 그대로 되풀이되어 같은 꼴 되풀이 어찌씨 'AA'가 생성되었으며, 'AA'가 끝 음절만 되풀이되어 비슷한 꼴 되풀이 어찌씨 'AAA'가 생성되었다. 뜻에서 보면 어찌씨 'AAA'는 어찌씨 'AA'의 뜻에 강조를 바탕으로 <잇따라, 자꾸, 계속> 따위를 덧보태며, 어찌씨 'AA'는 어찌씨 'A'의 뜻에 강조를 바탕으로 <잇따라, 자꾸, 계속> 따위를 덧보탠다. 따라서 어찌씨 'AAA'가 다시 되풀이되어 'AAAA'가 생성되더라도 그 뜻을 쉽게 유추해낼 수 있다. 이론적으로는 여러 번 되풀이도 가능하다.

이 짜임새에 해당하는 보기를 소리흉내말, 모양흉내말, 소리·모양흉내말로 나누어 보기를 들고, 'AA', 'A'에 해당하는 어찌씨들의 보기와 뜻을 정리하면 다음과 같다.

3.1.1.1. 소리흉내말

깍깍깍
　깍깍<까마귀나 까치 따위가 자꾸 우는 소리>
　깍<까마귀나 까치 따위가 우는 소리>
깩깩깩
　깩깩<몹시 놀라거나 충격을 받아 자꾸 지르는 소리>

깩<몹시 놀라거나 충격을 받아 한껏 새되게 외마디로 지르는 소리>

깍깍깍

깍깍<짐승 따위가 몹시 놀라거나 죽게 될 때 되바라지게 잇따라 지르는 소리>

깍<짐승 따위가 몹시 놀라거나 죽게 될 때 되바라지게 지르는 소리>

깽깽깽

깽깽<몹시 아프거나 힘에 겨워 조금 괴롭게 자꾸 내는 소리>

깽<몹시 아프거나 힘에 겨워 조금 괴롭게 내는 소리>

꽁꽁꽁

꽁꽁<작고 가벼운 물건이 잇따라 바닥이나 물체 위에 떨어지거나 부딪쳐 나는 소리>

꽁<작고 가벼운 물건이 바닥이나 물체 위에 떨어지거나 부딪쳐 나는 소리>

꽝꽝꽝

꽝꽝<무겁고 단단한 물체가 잇따라 바닥에 떨어지거나 다른 물체와 부딪쳐 울리는 소리>

꽝<무겁고 단단한 물체가 바닥에 떨어지거나 다른 물체와 부딪쳐 울리는 소리>

꽹꽹꽹

꽹꽹<꽹과리나 징 따위를 잇따라 치는 소리>

꽹<꽹과리나 징 따위를 치는 소리>

꿍꿍꿍

꿍꿍<크고 무거운 물건이 잇따라 바닥이나 물체 위에 떨어지거나 부딪쳐 나는 소리>

꿍<크고 무거운 물건이 바닥이나 물체 위에 떨어지거나 부딪쳐 나는 소리>

꿩꿩꿩

꿩꿩<무겁고 단단한 물체가 잇따라 바닥에 떨어지거나 다른 물체와 부딪쳐 크게 울리는 소리>

꿩<무겁고 단단한 물체가 바닥에 떨어지거나 다른 물체와 부딪쳐 크게 울리는 소리>

끅끅끅

끅끅<트림을 자꾸 거칠게 하는 소리>

꾹<트림을 거칠게 하는 소리>

끙끙끙

끙끙<몹시 앓거나 힘에 겨운 일에 부대껴 자꾸 내는 소리>

끙<몹시 앓거나 힘에 겨운 일에 부대껴 내는 소리>

끽끽끽

끽끽<몹시 놀라거나 충격을 받아 한껏 되게 외마디로 자꾸 지르는
소리>

끽<몹시 놀라거나 충격을 받아 한껏 되게 외마디로 지르는 소리>

낑낑낑

낑낑<몹시 아프거나 힘에 겨워 매우 괴롭게 자꾸 내는 소리>

낑<몹시 아프거나 힘에 겨워 매우 괴롭게 내는 소리>

댕댕댕

댕댕<작은 종이나 그릇 따위의 쇠붙이를 잇따라 두드리는 소리>

댕<작은 종이나 그릇 따위의 쇠붙이를 두드리는 소리>

뎅뎅뎅

뎅뎅<큰 종이나 그릇 따위의 쇠붙이를 잇따라 두드리는 소리>

뎅<큰 종이나 그릇 따위의 쇠붙이를 두드리는 소리>

둥둥둥

둥둥<큰 북 따위를 잇따라 두드리는 소리>

둥<큰 북 따위를 두드리는 소리>

땡땡땡

땡땡<작은 종이나 그릇 따위의 쇠붙이를 잇따라 두드리는 소리. ‘댕
댕’보다 센 느낌>

땡<작은 종이나 그릇 따위의 쇠붙이를 두드리는 소리. ‘댕댕’보다
센 느낌>

떡떡떡②

떡떡<든든한 물건이 다른 단단한 물체에 잇따라 부딪치면서 굴러가
는 소리>

떡<든든한 물건이 다른 단단한 물체에 부딪치면서 굴러가는 소리>

떵떵떵

떵떵<큰 쇠붙이나 단단한 물건이 잇따라 세게 부딪쳐 울리는 소리>

떵<큰 쇠붙이나 단단한 물건이 세게 부딪쳐 울리는 소리>

뗑뗑뗑

뗑뗑<큰 종이나 그릇 따위의 쇠붙이를 잇따라 두드리는 소리. ‘뎅
뎅’보다 센 느낌>

뗑<큰 종이나 그릇 따위의 쇠붙이를 두드리는 소리. ‘뎅뎅’보다 센
느낌>

뚜뚜뚜

뚜뚜<고동이나 기적, 나팔 따위를 잇따라 울리는 소리>

뚜<고동이나 기적, 나팔 따위를 울리는 소리>

매매매

매매<염소나 양 따위가 잇따라 우는 소리>

매<염소나 양 따위가 우는 소리>

맴맴맴

맴맴<매미가 잇따라 우는 소리>

맴<매미가 우는 소리>

복복복

복복<보드랍고 무른 물건의 거죽을 자꾸 세게 갈기거나 긁는 소리>

복<보드랍고 무른 물건의 거죽을 세게 갈기거나 긁는 소리>

부부부

부부<기선 따위에서 연이어 나는 기적 소리>

부<기선 따위에서 나는 기적 소리>

붕붕붕

붕붕<문풍지 따위가 뚫어질 때 잇따라 나는 다소 둔탁한 소리>

붕<문풍지 따위가 뚫어질 때 나는 다소 둔탁한 소리>

빵빵빵

빵빵<자동차 따위의 경적이 잇따라 울리는 소리>

빵<자동차 따위의 경적이 울리는 소리>

빼빼빼

빼빼<어린 아이가 듣기 싫게 자꾸 우는 소리>

빼<어린 아이가 듣기 싫게 우는 소리>

빽빽빽

빽빽<새, 사람 또는 기적 따위가 갑자기 자꾸 날카롭게 지르거나 내
는 소리>

빽<새, 사람 또는 기적 따위가 갑자기 날카롭게 지르거나 내는 소리>

뻥뻥뻥

뻥뻥<풍선이나 폭탄 따위가 갑자기 잇따라 요란스럽게 터지는 소리>

뻥<풍선이나 폭탄 따위가 갑자기 요란스럽게 터지는 소리>

뽁뽁뽁

뽁뽁<보드랍고 무른 물건의 거죽을 자꾸 세게 갈기거나 긁는 소리.
'복복'보다 거센 느낌>

뽁<보드랍고 무른 물건의 거죽을 세게 갈기거나 긁는 소리. '복복'
보다 거센 느낌>

삐삐삐

삐삐<어린 아이가 듣기 싫게 찌르듯이 자꾸 우는 소리>

삐<어린 아이가 듣기 싫게 찌르듯이 우는 소리>

삑삑삑

삑삑<새, 사람 또는 기적 따위가 갑자기 자꾸 매우 날카롭게 지르거
나 내는 소리>

삑<새, 사람 또는 기적 따위가 갑자기 매우 날카롭게 지르거나 내는
소리>

쇄쇄쇄

쇄쇄<물이 잇따라 내려가거나 나오는 소리>

쇄<물이 내려가거나 나오는 소리>

쇄쇄쇄

쇄쇄<물이 잇따라 급히 나오거나 내려가는 소리>

쇄<물이 급히 나오거나 내려가는 소리>

쉭쉭쉭

쉭쉭<공기나 입김 따위가 좁은 구멍으로 자꾸 새어 나오는 소리>

쉭<공기나 입김 따위가 좁은 구멍으로 새어 나오는 소리>

쏴쏴쏴

쏴쏴<물이 잇따라 급히 나오거나 내려가는 소리. '쇄쇄'보다 센 느낌>

쏴<물이 급히 나오거나 내려가는 소리. '쇄'보다 센 느낌>

쐐쐐쐐

쐐쐐<물이 잇따라 급히 나오거나 내려가는 소리. '쇄쇄'보다 센 느낌>

쐐<물이 급히 나오거나 내려가는 소리. '쇄'보다 센 느낌>

앵앵앵

앵앵<모기나 벌 따위가 빨리 날아갈 때 잇따라 나는 소리>

앵<모기나 벌 따위가 빨리 날아갈 때 나는 소리>

왕왕왕

　왕왕<귀가 멍멍하게 울릴 정도로 크고 시끄럽게 잇따라 떠들거나
　　우는 소리>

　왕<귀가 멍멍하게 울릴 정도로 크고 시끄럽게 떠들거나 우는 소리>

왱왱왱

　왱왱<작은 날벌레나 돌팔매 따위가 잇따라 빠르게 날아가는 소리>

　왱<작은 날벌레나 돌팔매 따위가 빠르게 날아가는 소리>

욍욍욍

　욍욍<작은 벌레나 돌 따위가 잇따라 빠르게 날아가는 소리>

　욍<작은 벌레나 돌 따위가 빠르게 날아가는 소리>

윙윙윙

　윙윙<날벌레나 돌팔매 따위가 잇따라 빠르게 날아가는 소리>

　윙<날벌레나 돌팔매 따위가 빠르게 날아가는 소리>

윙윙윙

　윙윙<조금 큰 벌레나 돌 따위가 잇따라 빠르고 세차게 날아가는 소리>

　윙<조금 큰 벌레나 돌 따위가 빠르고 세차게 날아가는 소리>

잉잉잉

　잉잉<날벌레 따위가 잇따라 날아가는 소리>

　잉<날벌레 따위가 날아가는 소리>

짝짝짝②

　짝짝<손뼉을 자꾸 치는 소리>

　짝<손뼉을 치는 소리>

짹짹짹

　짹짹<참새 따위가 자꾸 우는 소리>

　짹<참새 따위가 우는 소리>

쩌쩌쩌

　쩌쩌<언짢거나 안쓰러운 일이 있어 자꾸 혀를 차는 소리>

　쩌<혀를 차는 소리>

쩍쩍쩍①

　쩍쩍<자꾸 혀를 세게 차며 입맛을 크게 다시는 소리>

　쩍<혀를 세게 차며 입맛을 크게 다시는 소리>

쩟쩟쩟

　쩟쩟<못마땅하여 자꾸 혀를 차는 소리>

쩟<못마땅하여 혀를 차는 소리>

쯧쯧쯧

　쯧쯧<가엾거나 못마땅하여 자꾸 가볍게 혀를 차는 소리>

　쯧<가엾거나 못마땅하여 가볍게 혀를 차는 소리>

찍찍찍③

　찍찍<쥐나 새 따위가 자꾸 우는 소리>

　찍<쥐나 새 따위가 우는 소리>

칵칵칵

　칵칵<목구멍에 걸린 것을 뱉어 내려고 목청에 힘을 주어 자꾸 거칠
　　게 내는 소리>

　칵<목구멍에 걸린 것을 뱉어 내려고 목청에 힘을 주어 거칠게 내는
　　소리>

캉캉캉

　캉캉<가볍고 단단한 것이 잇따라 바닥에 떨어지거나 무엇과 부딪쳐
　　울리는 소리>

　캉<가볍고 단단한 것이 바닥에 떨어지거나 무엇과 부딪쳐 울리는
　　소리>

캑캑캑

　캑캑<목구멍에 무엇이 걸리거나 막히어 목청에서 가까스로 자꾸 짜
　　내는 소리>

　캑<목구멍에 무엇이 걸리거나 막히어 목청에서 가까스로 짜내는
　　소리>

캥캥캥

　캥캥<강아지 따위가 몹시 놀라거나 아파서 자꾸 애달프게 내는 소리>

　캥<강아지 따위가 몹시 놀라거나 아파서 애달프게 내는 소리>

컄컄컄

　컄컄<목구멍에 깊이 걸린 것을 목구멍을 바짝 좁혀서 힘 있게 자꾸
　　내뱉는 소리>

　컄<목구멍에 깊이 걸린 것을 목구멍을 바짝 좁혀서 힘 있게 내뱉는
　　소리>

컁컁컁

　컁컁<여우 따위의 짐승이 자꾸 날카롭게 우는 소리>

　컁<여우 따위의 짐승이 날카롭게 우는 소리>

킥킥킥②

  킥킥<목구멍에 깊이 걸린 것을 뱉어 내려고 목구멍에 힘을 주어 자
꾸 거칠게 내는 소리>

  킥<목구멍에 깊이 걸린 것을 뱉어 내려고 목구멍에 힘을 주어 거칠
게 내는 소리>

콩콩콩

  콩콩<작고 가벼운 물건이 잇따라 단단한 바닥에 떨어지거나 무엇에
부딪쳐 울리는 소리>

  콩<작고 가벼운 물건이 단단한 바닥에 떨어지거나 무엇에 부딪쳐
울리는 소리>

쾅쾅쾅

  쾅쾅<무겁고 단단한 물체가 잇따라 바닥에 떨어지거나 다른 물체에
맞부딪쳐 거세게 울릴 때 나는 소리>

  쾅<무겁고 단단한 물체가 바닥에 떨어지거나 다른 물체에 맞부딪쳐
거세게 울릴 때 나는 소리>

쿵쿵쿵

  쿵쿵<크고 무거운 물건이 잇따라 거세게 바닥에 떨어지거나 무엇에
부딪쳐 나는 소리>

  쿵<크고 무거운 물건이 거세게 바닥에 떨어지거나 무엇에 부딪쳐
나는 소리>

쿵쿵쿵

  쿵쿵<무겁고 단단한 물건이 잇따라 바닥에 떨어지거나 다른 물체와
맞부딪쳐 크고 거세게 울릴 때 나는 소리>

  쿵<무겁고 단단한 물건이 바닥에 떨어지거나 다른 물체와 맞부딪쳐
크고 거세게 울릴 때 나는 소리>

킥킥킥

  킥킥<나오려는 웃음을 참지 못하여 자꾸 살짝 터져 나오는 웃음소리>

  킥<나오려는 웃음을 참지 못하여 살짝 터져 나오는 웃음소리>

킹킹킹

  킹킹<몹시 아프거나 힘에 겨워 매우 괴롭게 자꾸 내는 소리>

  킹<몹시 아프거나 힘에 겨워 매우 괴롭게 내는 소리>

탕탕탕①

  탕탕<작은 쇠붙이가나 단단한 물건이 잇따라 거세게 부딪쳐 울리는

소리>

　　탕<작은 쇠붙이나 단단한 물건이 거세게 부딪쳐 울리는 소리>

텅텅텅②

　　텅텅<큰 쇠붙이나 단단한 물건이 잇따라 거세게 부딪쳐 울릴 때 나는 소리>

　　텅<큰 쇠붙이나 단단한 물건이 거세게 부딪쳐 울릴 때 나는 소리>

통통통

　　통통<작은 북이나 속이 빈 나무통 따위를 잇따라 칠 때 나는 소리>

　　통<작은 북이나 속이 빈 나무통 따위를 칠 때 나는 소리>

퉁퉁퉁

　　퉁퉁<큰북이나 속이 빈 나무통 따위를 잇따라 칠 때 굵게 울려 나는 소리>

　　퉁<큰북이나 속이 빈 나무통 따위를 칠 때 굵게 울려 나는 소리>

팡팡팡

　　팡팡<풍선이나 폭죽, 폭탄 따위가 잇따라 매우 요란스럽게 터질 때 나는 소리>

　　팡<풍선이나 폭죽, 폭탄 따위가 매우 요란스럽게 터질 때 나는 소리>

팽팽팽①

　　팽팽<코를 순간적으로 힘 있게 잇따라 푸는 소리>

　　팽<코를 순간적으로 힘 있게 푸는 소리>

펑펑펑①

　　펑펑<풍선이나 폭죽, 폭탄 따위가 잇따라 매우 요란스럽게 터질 때 나는 소리>

　　펑<풍선이나 폭죽, 폭탄 따위가 매우 요란스럽게 터질 때 나는 소리>

펑펑펑②

　　펑펑<조금 크고 무거운 물건이 깊은 물에 잇따라 떨어지는 소리>

　　펑<조금 크고 무거운 물건이 깊은 물에 떨어지는 소리>

퐁퐁퐁①

　　퐁퐁<아주 팽팽하게 당겨진 얇은 종이나 천에 작은 구멍이 자꾸 거세게 뚫릴 때 나는 소리>

　　퐁<아주 팽팽하게 당겨진 얇은 종이나 천에 작은 구멍이 거세게 뚫릴 때 나는 소리>

퐁퐁퐁②

풍풍<작고 무거운 물건이 얕은 물에 잇따라 떨어질 때 나는 소리>
풍<작고 무거운 물건이 얕은 물에 떨어질 때 나는 소리>

푸푸푸
푸푸<다물었던 입술을 내밀고 조금씩 벌려 입김을 자꾸 내뿜는 소리>
푸<다물었던 입술을 내밀고 조금씩 벌려 입김을 내뿜는 소리>

풍풍풍①
풍풍<아주 팽팽하게 당겨진 종이나 천에 조금 큰 구멍이 자꾸 거세
게 뚫릴 때 나는 소리>
풍<아주 팽팽하게 당겨진 종이나 천에 조금 큰 구멍이 거세게 뚫릴
때 나는 소리>

풍풍풍②
풍풍<크고 무거운 물건이 깊은 물에 잇따라 떨어질 때 나는 소리>
풍<크고 무거운 물건이 깊은 물에 떨어질 때 나는 소리>

픽픽픽①
픽픽<막혔던 기체나 가스 따위가 힘없이 자꾸 터져 나올 때 나는
소리>
픽<막혔던 기체나 가스 따위가 힘없이 터져 나올 때 나는 소리>

핑핑핑②
핑핑<총알 따위가 매우 빠르게 공기를 가르며 잇따라 날아가는 소리>
핑<총알 따위가 매우 빠르게 공기를 가르며 날아가는 소리>

해해해
해해<마음에 만족하여 자꾸 까불며 웃는 소리>
해<마음에 만족하여 까불며 웃는 소리>

헤헤헤
헤헤<마음에 만족하여 자꾸 몹시 까불며 웃는 소리>
헤<마음에 만족하여 몹시 까불며 웃는 소리>

혹혹혹
혹혹<물 따위를 조금씩 잇따라 들이마실 때 나는 소리>
혹<물 따위를 조금씩 들이마실 때 나는 소리>

휘휘휘
휘휘<강한 바람이 자꾸 거칠게 스쳐 지나갈 때 나는 소리>
휘<강한 바람이 거칠게 스쳐 지나갈 때 나는 소리>

흑흑흑

흑흑<서러움이 복받쳐 올라 거친 숨소리를 내며 자꾸 흐느껴 우는
소리>

흑<서러움이 복받쳐 올라 거친 숨소리를 내며 흐느껴 우는 소리>

흥흥흥

흥흥<코를 잇따라 세게 풀거나 콧김을 부는 소리>

흥<코를 세게 풀거나 콧김을 부는 소리>

힝힝힝

힝힝<코를 잇따라 세게 풀거나 콧김을 부는 소리>

힝<코를 세게 풀거나 콧김을 부는 소리>

3.1.1.2. 모양흉내말

꼭꼭꼭

꼭꼭<잇따라 또는 매우 야무지게 힘을 주어 누르거나 죄는 모양>

꼭<야무지게 힘을 주어 누르거나 죄는 모양>

꽉꽉꽉

꽉꽉<자꾸 힘을 주어 누르거나 잡거나 묶는 모양>

꽉<힘을 주어 누르거나 잡거나 묶는 모양>

꾹꾹꾹

꾹꾹<잇따라 또는 매우 여무지게 힘을 주어 누르거나 죄는 모양>

꾹<여무지게 힘을 주어 누르거나 죄는 모양>

딱딱딱①

딱딱<계속되던 것이 여럿이 다 또는 잇따라 그치거나 멎는 모양>

딱<계속되던 것이 그치거나 멎는 모양>

딱딱딱②

딱딱<여럿이 다 또는 잇따라 활짝 바라지거나 벌어진 모양>

딱<활짝 바라지거나 벌어진 모양>

떡떡떡①

떡떡<여럿이 다 또는 잇따라 훨쩍 바라지거나 벌어진 모양>

떡<훨쩍 바라지거나 벌어진 모양>

뚝뚝뚝①

뚝뚝<성적이나 순위 따위가 몹시 두드러지게 떨어지는 모양>

뚝<성적이나 순위 따위가 두드러지게 떨어지는 모양>

뱅뱅뱅

　　뱅뱅<일정한 범위를 자꾸 도는 모양>

　　뱅<일정한 범위를 도는 모양>

빙빙빙

　　빙빙<약간 넓은 일정한 범위를 자꾸 도는 모양>

　　빙<약간 넓은 일정한 범위를 도는 모양>

뺑뺑뺑

　　뺑뺑<일정한 좁은 범위를 자꾸 도는 모양>

　　뺑<일정한 좁은 범위를 도는 모양>

뼁뼁뼁

　　뼁뼁<약간 넓은 일정한 범위를 자꾸 도는 모양>

　　뼁<약간 넓은 일정한 범위를 도는 모양>

쏙쏙쏙

　　쏙쏙<자꾸 밀어 넣거나 뽑아내는 모양>

　　쏙<밀어 넣거나 뽑아내는 모양>

쑥쑥쑥

　　쑥쑥<자꾸 빠지거나 터지는 모양>

　　쑥<빠지거나 터지는 모양>

쓱쓱쓱

　　쓱쓱<자꾸 슬쩍 문지르거나 비비는 모양>

　　쓱<슬쩍 문지르거나 비비는 모양>

우우우

　　우우<여럿이 한꺼번에 한곳으로 잇따라 몰려드는 모양>

　　우<여럿이 한꺼번에 한곳으로 몰려드는 모양>

족족족

　　족족<가는 줄이나 금 따위를 잇따라 곧게 내긋는 모양>

　　족<가는 줄이나 금 따위를 곧게 내긋는 모양>

좍좍좍

　　좍좍<글을 조금도 막힘이 없이 계속 읽거나 외거나 말하는 모양>

　　좍<조금도 막힘이 없이 읽거나 외거나 말하는 모양>

죽죽죽

　　죽죽<줄이나 금 따위를 잇따라 곧게 내긋는 모양>

　　죽<줄이나 금 따위를 곧게 내긋는 모양>

쩍쩍쩍②

　쩍쩍<차지고 끈끈한 큰 물체가 자꾸 바짝 다가붙거나 끈기 있게 달
　　라붙는 모양>

　쩍<큰 물체가 바짝 다가붙거나 끈기 있게 달라붙는 모양>

쪽쪽쪽

　쪽쪽<가는 줄이나 금 따위를 잇따라 곧게 내긋는 모양. ‘족족’보다
　　센 느낌>

　쪽<가는 줄이나 금 따위를 곧게 내긋는 모양. ‘족’보다 센 느낌>

쭉쭉쭉

　쭉쭉<줄이나 금 따위를 잇따라 곧게 내긋는 모양. ‘죽죽’보다 센 느낌>

　쭉<줄이나 금 따위를 곧게 내긋는 모양. ‘죽’보다 센 느낌>

쫙쫙쫙

　쫙쫙<굵은 빗방울이나 빗줄기가 자꾸 세게 쏟아지는 모양>

　쫙<물 따위의 액체가 한꺼번에 뿌려지거나 쏟아지는 모양>

착착착①

　착착<무엇을 솜씨 있고 시원스럽게 잘 해 내는 모양>

　착<머뭇거리거나 서슴지 않고 거침없이 바로 행하는 모양>

착착착②

　착착<차지고 끈끈한 물체가 자꾸 바짝 달라붙거나 끈기 있게 달라
　　붙는 모양>

　착<차지고 끈끈한 물체가 바짝 달라붙거나 끈기 있게 달라붙는 모양>

착착착③

　착착<물체가 아래로 자꾸 휘어지거나 늘어진 모양>

　착<물체가 아래로 휘어지거나 늘어진 모양>

척척척①

　척척<차지고 끈끈한 큰 물체가 자꾸 아주 바짝 달라붙거나 끈기 있
　　게 달라붙는 모양>

　척<차지고 끈끈한 큰 물체가 아주 바짝 달라붙거나 끈기 있게 달라
　　붙는 모양>

척척척②

　척척<물체가 아래로 자꾸 힘없이 휘어지거나 늘어진 모양>

　척<물체가 아래로 힘없이 휘어지거나 늘어진 모양>

촉촉촉

촉촉<작은 물건 따위가 아래로 자꾸 늘어지거나 처진 모양>

　촉<작은 물건 따위가 아래로 늘어지거나 처진 모양>

축축축

　축축<물건 따위가 아래로 자꾸 늘어지거나 처진 모양>

　축<물건 따위가 아래로 늘어지거나 처진 모양>

컥컥컥①

　컥컥<숨이 답답하게 자꾸 막히는 모양>

　컥<숨이 답답하게 막히는 모양>

콕콕콕

　콕콕<날카로운 물건으로 자꾸 얕게 찌르거나 찍거나 박는 모양>

　콕<날카로운 물건으로 얕게 찌르거나 찍거나 박는 모양>

콱콱콱

　콱콱<잇따라 세차게 박거나 찌르거나 부딪치는 모양>

　콱<세차게 박거나 찌르거나 부딪치는 모양>

쿡쿡쿡

　쿡쿡<크거나 깊게 자꾸 찌르거나 찍거나 누르거나 하는 모양>

　쿡<크거나 깊게 찌르거나 찍거나 누르거나 하는 모양>

탕탕탕②

　탕탕<여럿이 다 속이 비어 있는 모양을 나타내는 말>

　탕<작은 물건이 속이 비어 아무 것도 없는 모양>

텅텅텅①

　텅텅<큰 것 여럿이 다 속이 비어 있는 모양>

　텅<속이나 안이 비어서 아무것도 없는 모양>

팩팩팩①

　팩팩<잇따라 갑자기 방향을 돌리는 모양>

　팩<갑자기 방향을 돌리는 모양>

팩팩팩②

　팩팩<갑자기 자꾸 성을 내는 모양>

　팩<갑자기 성을 내는 모양>

팩팩팩③

　팩팩<맥없이 가볍게 자꾸 쓰러지는 모양>

　팩<맥없이 가볍게 쓰러지는 모양>

팽팽팽②

팽팽<일정한 둘레를 에워싸듯이 자꾸 매우 빠르게 도는 모양>

팽<일정한 둘레를 에워싸듯이 매우 빠르게 도는 모양>

퍅퍅퍅

퍅퍅<힘없이 자꾸 쓰러지는 모양>

퍅<힘없이 쓰러지는 모양>

폭폭폭

폭폭<함씬 익을 정도로 자꾸 끓이거나 삶거나 고는 모양>

폭<함씬 익을 정도로 끓이거나 삶거나 고는 모양>

푹푹푹

푹푹<흠씬 익을 정도로 자꾸 몹시 끓이거나 삶거나 고는 모양>

푹<흠씬 익을 정도로 몹시 끓이거나 삶거나 고는 모양>

픽픽픽②

픽픽<맥없이 아주 가볍게 자꾸 쓰러지는 모양>

픽<맥없이 아주 가볍게 쓰러지는 모양>

픽픽픽③

픽픽<잇따라 갑자기 방향을 돌리는 모양>

픽<갑자기 방향을 돌리는 모양>

핑핑핑①

핑핑<약간 넓은 일정한 둘레를 에워싸듯이 자꾸 빠르게 도는 모양>

핑<약간 넓은 일정한 둘레를 에워싸듯이 빠르게 도는 모양>

확확확

확확<바람이나 냄새 또는 기운 따위가 잇따라 세차게 끼치는 모양>

확<바람이나 냄새 또는 기운 따위가 세차게 끼치는 모양>

홱홱홱

홱홱<힘을 주어 날쌔게 잇따라 뿌리치는 모양>

홱<힘을 주어 날쌔게 뿌리치는 모양>

획획획

획획<잇따라 빨리 움직이거나 스치는 모양>

획<빨리 움직이거나 스치는 모양>

휙휙휙

휙휙<잇따라 빨리 크게 돌거나 휘는 모양>

휙<빨리 크게 돌거나 휘는 모양>

3.1.1.3. 소리·모양흉내말

꺽꺽꺽
  꺽꺽<숨이 막힐 정도로 잇따라 우는 소리. 또는 그 모양>
  꺽<숨이 막힐 정도로 우는 소리. 또는 그 모양>
꽥꽥꽥
  꽥꽥<갑자기 목청을 높여 자꾸 세게 지르는 소리. 또는 그 모양>
  꽥<갑자기 목청을 높여 세게 지르는 소리. 또는 그 모양>
꿱꿱꿱
  꿱꿱<구역질이 나서 무엇을 자꾸 토하는 소리. 또는 그 모양>
  꿱<구역질이 나서 무엇을 토하는 소리. 또는 그 모양>
닥닥닥
  닥닥<금이나 줄을 자꾸 그을 때 나는 소리. 또는 그 모양>
  닥<금이나 줄을 그을 때 나는 소리. 또는 그 모양>
득득득
  득득<세게 금이나 줄을 자꾸 그을 때 나는 소리. 또는 그 모양>
  득<세게 금이나 줄을 그을 때 나는 소리. 또는 그 모양>
딱딱딱③
  딱딱<단단한 물건이 자꾸 부러지거나 서로 부딪치는 소리. 또는 그
    모양>
  딱<단단한 물건이 부러지거나 서로 부딪치는 소리. 또는 그 모양>
똑똑똑
  똑똑<작은 물체나 물방울 따위가 잇따라 가볍게 아래로 떨어지는
    소리. 또는 그 모양>
  똑<작은 물체나 물방울 따위가 가볍게 아래로 떨어지는 소리. 또는
    그 모양>
뚝뚝뚝②
  뚝뚝<큰 물체나 물방울 따위가 잇따라 가볍게 아래로 떨어지는 소
    리. 또는 그 모양>
  뚝<큰 물체나 물방울 따위가 가볍게 아래로 떨어지는 소리. 또는 그
    모양>
박박박

박박<야무지게 자꾸 긁거나 문대는 소리. 또는 그 모양>

박<야무지게 긁거나 문대는 소리. 또는 그 모양>

봉봉봉

봉봉<문풍지 따위가 뚫어질 때 잇따라 나는 소리. 또는 그 모양>

봉<문풍지 따위가 뚫어질 때 나는 소리. 또는 그 모양>

북북북

북북<부드럽고 무른 물건의 거죽을 자꾸 세게 갈거나 긁는 소리. 또는 그 모양>

북<부드럽고 무른 물건의 거죽을 세게 갈거나 긁는 소리. 또는 그 모양>

빡빡빡

빡빡<야무지게 자꾸 긁거나 문대는 소리. 또는 그 모양. '박박'보다 센 모양>

빡<야무지게 긁거나 문대는 소리. 또는 그 모양. '박'보다 센 모양>

뿍뿍뿍

뿍뿍<부드럽고 무른 물건의 거죽을 자꾸 세게 갈거나 긁는 소리. 또는 그 모양. '북북'보다 센 느낌>

뿍<부드럽고 무른 물건의 거죽을 세게 갈거나 긁는 소리. 또는 그 모양. '북'보다 센 느낌>

뿡뿡뿡

뿡뿡<문풍지 따위가 뚫어질 때 잇따라 나는 다소 둔탁한 소리. 또는 그 모양. '붕붕'보다 센 느낌>

뿡<문풍지 따위가 뚫어질 때 나는 다소 둔탁한 소리. 또는 그 모양. '붕'보다 센 느낌>

삭삭삭

삭삭<종이나 헝겊 따위를 칼이나 가위로 거침없이 자꾸 베는 소리. 또는 그 모양>

삭<종이나 헝겊 따위를 칼이나 가위로 거침없이 베는 소리. 또는 그 모양>

싹싹싹

싹싹<종이나 헝겊 따위를 칼이나 가위로 거침없이 자꾸 베는 소리. 또는 그 모양. '삭삭'보다 센 느낌>

싹<종이나 헝겊 따위를 칼이나 가위로 거침없이 베는 소리. 또는 그

모양. '삭'보다 센 느낌>

쌩쌩쌩

    쌩쌩<바람이 잇따라 세차게 스쳐 지나가는 소리. 또는 그 모양>

    쌩<바람이 세차게 스쳐 지나가는 소리. 또는 그 모양>

썩썩썩

    썩썩<종이나 헝겊 따위를 거침없이 자꾸 베는 소리. 또는 그 모양>

    썩<종이나 헝겊 따위를 거침없이 베는 소리. 또는 그 모양>

씽씽씽

    씽씽<바람이 잇따라 세차게 스쳐 지나가는 소리. 또는 그 모양>

    씽<바람이 세차게 스쳐 지나가는 소리. 또는 그 모양>

와와와

    와와<여러 사람이 한꺼번에 잇따라 웃거나 소리를 지르거나 시끄럽
게 떠들어대는 소리. 또는 그 모양>

    와<여러 사람이 한꺼번에 웃거나 소리를 지르거나 시끄럽게 떠들어
대는 소리. 또는 그 모양>

왝왝왝

    왝왝<구역질이 나서 잇따라 토하는 소리. 또는 그 모양>

    왝<구역질이 나서 토하는 소리. 또는 그 모양>

웩웩웩

    웩웩<구역질이 나서 잇따라 마구 토하는 소리. 또는 그 모양>

    웩<구역질이 나서 마구 토하는 소리. 또는 그 모양>

작작작

    작작<줄이나 획을 잇따라 함부로 긋는 소리. 또는 그 모양>

    작<줄이나 획을 함부로 긋는 소리. 또는 그 모양>

직직직

    직직<액체가 가는 줄기로 자꾸 세차게 뻗치는 소리. 또는 그 모양>

    직<액체가 가는 줄기로 세차게 뻗치는 소리. 또는 그 모양>

짝짝짝③

    짝짝<자꾸 세차게 쪼개거나 벌어지는 소리. 또는 그 모양>

    짝<세차게 쪼개거나 벌어지는 소리. 또는 그 모양>

쩡쩡쩡

    쩡쩡<매우 세차고 옹골차게 울리는 소리. 또는 그 모양>

    쩡<세차고 옹골차게 울리는 소리. 또는 그 모양>

쭉쭉쭉

　　쭉쭉<줄이나 금 따위를 잇달아 크고 아주 곧게 내긋는 소리. 또는
　　　그 모양>

　　쭉<줄이나 금 따위를 크고 아주 곧게 내긋는 소리. 또는 그 모양>

찍찍찍①

　　찍찍<줄이나 글씨의 획 따위를 자꾸 길고 세게 마구 긋는 소리. 또
　　　는 그 모양>

　　찍<줄이나 글씨의 획 따위를 세게 한번 긋는 소리. 또는 그 모양>

찍찍찍②

　　찍찍<물 따위의 액체가 가는 줄기로 자꾸 세게 뻗치는 소리. 또는
　　　그 모양>

　　찍<물 따위의 액체가 가는 줄기로 세게 뻗치는 소리. 또는 그 모양>

탁탁탁

　　탁탁<울림이 없는 물체를 자꾸 살짝 두드리거나 먼지를 자꾸 떠는
　　　소리. 또는 그 모양>

　　탁<울림이 없는 물체를 살짝 두드리거나 먼지를 떠는 소리. 또는 그
　　　모양>

턱턱턱

　　턱턱<울림이 없는 물체를 자꾸 힘주어 두드리거나 먼지를 자꾸 떠
　　　는 소리. 또는 그 모양>

　　턱<울림이 없는 물체를 힘주어 두드리거나 먼지를 떠는 소리. 또는
　　　그 모양>

톡톡톡

　　톡톡<작고 탄력성 있는 것이 자꾸 튀거나 터지는 소리. 또는 그 모
　　　양>

　　톡<작고 탄력성 있는 것이 튀거나 터지는 소리. 또는 그 모양>

툭툭툭

　　툭툭<조금 크고 탄력성 있는 것이 자꾸 튀거나 터지는 소리. 또는
　　　그 모양>

　　툭<조금 크고 탄력성 있는 것이 튀거나 터지는 소리. 또는 그 모양>

퉤퉤퉤

　　퉤퉤<침이나 입안에 있는 것을 잇따라 내뱉는 소리. 또는 그 모양>

　　퉤<침이나 입안에 있는 것을 내뱉는 소리. 또는 그 모양>

팍팍팍

　팍팍<힘 있게 자꾸 치거나 내지르거나 쑤시는 소리. 또는 그 모양>

　팍<힘 있게 치거나 내지르거나 쑤시는 소리. 또는 그 모양>

퍽퍽퍽

　퍽퍽<크고 힘 있게 자꾸 치거나 내지르거나 쑤시는 소리. 또는 그
　　모양>

　퍽<크고 힘 있게 치거나 내지르거나 쑤시는 소리. 또는 그 모양>

헉헉헉

　헉헉<몹시 놀라거나 숨이 차서 숨을 자꾸 몰아쉬는 소리. 또는 그
　　모양>

　헉<몹시 놀라거나 숨이 차서 숨을 몰아쉬는 소리. 또는 그 모양>

호호호

　호호<입을 오므려 내밀고 입김을 자꾸 내뿜는 소리. 또는 그 모양>

　호<입을 오므려 내밀고 입김을 내뿜는 소리. 또는 그 모양>

횡횡횡

　횡횡<작은 바람이 일 정도로 잇따라 빠르게 날아가거나 떠나가 버
　　리는 소리. 또는 그 모양>

　횡<작은 바람이 일 정도로 빠르게 날아가거나 떠나가 버리는 소리.
　　또는 그 모양>

후후후

　후후<입을 둥그렇게 우므려 입김을 자꾸 많이 내는 소리. 또는 그
　　모양>

　후<입을 둥그렇게 우므려 입김을 많이 내는 소리. 또는 그 모양>

훅훅훅

　훅훅<물 따위를 잇따라 들이마시는 소리. 또는 그 모양>

　훅<물 따위를 들이마시는 소리. 또는 그 모양>

휭휭휭

　휭휭<바람이 일 정도로 잇따라 아주 빠르게 날아가거나 떠나가 버
　　리는 소리. 또는 그 모양>

　휭<바람이 일 정도로 아주 빠르게 날아가거나 떠나가 버리는 소리.
　　또는 그 모양>

흠흠흠

　흠흠<냄새를 맡으려고 잇따라 콧숨을 들이쉬는 소리. 또는 그 모양>

흠<냄새를 맡으려고 콧숨을 들이쉬는 소리. 또는 그 모양>
히히히
　히히<마음에 만족하여 자꾸 몹시 까불며 웃는 소리. 또는 그 모양>
　히<마음에 만족하여 몹시 까불며 웃는 소리. 또는 그 모양>

3.1.2. 느낌씨

[[AA]−A] 짜임새에 속하는 비슷한 꼴 되풀이 느낌씨는 이 짜임새와 같은 비슷한 꼴 되풀이 어찌씨에 비해 그 수효가 적은 편이다. 이 짜임새를 보면, 느낌씨인 'A'가 그대로 되풀이되어 같은 꼴 되풀이 느낌씨 'AA'가 생성되었으며, 'AA'가 끝 음절만 되풀이되어 비슷한 꼴 되풀이 느낌씨 'AAA'가 생성되었다. 뜻에서 보면 느낌씨 'AAA'는 느낌씨 'AA'의 뜻에 강조를 바탕으로 <잇따라, 자꾸, 계속> 따위를 덧보태며, 느낌씨 'AA'는 느낌씨 'A'의 뜻에 강조를 바탕으로 <잇따라, 자꾸, 계속> 따위를 덧보태어 어찌씨인 경우와 차이가 없다.

이 짜임새에 해당하는 보기를 들고, 'AA', 'A'에 해당하는 느낌씨들의 보기와 그 뜻을 정리하면 다음과 같다.

　워워워
　　워워<말이나 소를 멈추게 하거나 진정하도록 달랠 때 잇따라 내는 말>
　　워<말이나 소를 멈추게 하거나 진정하도록 달랠 때 내는 말>
　쩌쩌쩌
　　쩌쩌<말이나 소 따위를 왼쪽으로 가도록 몰 때 잇따라 내는 말>
　　쩌<말이나 소 따위를 왼쪽으로 가도록 몰 때 내는 말>
　쯧쯧쯧
　　쯧쯧<가엾거나 못마땅하여 자꾸 가볍게 혀를 차 내는 말>
　　쯧<가엾거나 못마땅하여 가볍게 혀를 차 내는 말>
　허허허
　　허허<뜻하지 않게 놀라거나 기막힌 일을 당하여 깊이 탄식할 때 잇
　　　　따라 내는 말>

　　　　허<기쁘거나 슬프거나 걱정이 되거나 안타까울 때 내는 말>

　호호호

　　　　호호<뜻밖이어서 놀라거나 감탄할 때 잇따라 내는 소리>

　　　　호<뜻밖이어서 놀라거나 감탄할 때 내는 소리>

　후후후

　　　　후후<수수방관하는 태도로 냉소적으로 웃으며 잇따라 내는 말>

　　　　후<힘든 일이나 걱정거리 때문에 답답하여 크고 길게 숨을 내쉴 때
　　　　　　내는 말>

　흠흠흠

　　　　흠흠<흐뭇하거나 흥겨울 때 입을 다물고 잇따라 콧숨을 내쉬며 내
　　　　　　는 소리>

　　　　흠<흐뭇하거나 흥겨울 때 입을 다물고 콧숨을 내쉬며 내는 소리>

　흥흥흥

　　　　흥흥<대수롭지 않다고 생각하여 비웃거나 아니꼬울 때 자꾸 코로
　　　　　　내는 말>

　　　　흥<대수롭지 않다고 생각하여 비웃거나 아니꼬울 때 코로 내는 말>

　힝힝힝

　　　　힝힝<남의 행동이나 말 따위가 아니꼬워 잇따라 코웃음을 치면서
　　　　　　비웃을 때 내는 말>

　　　　힝<남의 행동이나 말 따위가 아니꼬워 코웃음을 치면서 비웃을 때
　　　　　　내는 말>

3.2. A가 단순 음절인 [[AA]-A]

[AA]에서 ‘A’는 형태소 자격이 모자라는 단순 음절로, 단순 음절의
되풀이인 [AA]가 단순형식의 낱말에 해당하며, [AA]가 바탕소가 되고
끝 음절 ‘A’만이 되풀이되어 비슷한 꼴 되풀이 낱말이 생성되었다. 이
짜임새에 해당하는 낱말은 주로 어찌씨이며, 일부 느낌씨와 이름씨가 해
당한다.

이 짜임새에 해당하는 비슷한 꼴 되풀이 낱말을 품사에 따라 구분하

여 보기를 들면 다음과 같다.

3.2.1. 어찌씨

뜻을 가지지 않은 단순 음절 'A'가 되풀이된 어찌씨 [AA]가 바탕소가 되고, 바탕소의 끝 음절 'A'만이 되풀이되어 비슷한 꼴 되풀이 어찌씨가 생성된 것들이 이 짜임새에 해당한다. 이 짜임새에 해당하는 보기를 소리흉내말, 모양흉내말, 소리·모양흉내말로 가르고, 'AA'에 해당하는 어찌씨들의 보기와 그 뜻을 정리하면 다음과 같다.

3.2.1.1. 소리흉내말

갈�걀걀
　걀걀<암탉이나 갈매기 따위가 새되게 지르는 소리>
골골골①
　골골<암탉이 알을 배기 위하여 수탉을 부르는 소리>
구구구
　구구<닭이나 비둘기 따위가 우는 소리>
깔깔깔
　깔깔<되바라진 소리로 못 참을 듯이 웃는 소리>
깨깨깨
　깨깨<어린 아이가 듣기 싫게 자꾸 우는 소리>
꺌꺌꺌
　꺌꺌<암탉이나 갈매기 따위가 새되게 지르는 소리. '걀걀'보다 센
　　　느낌>
껄껄껄
　껄껄<매우 시원스럽고 우렁찬 목소리로 못 참을 듯이 웃는 소리>
껑껑껑
　껑껑<개가 몹시 짖는 소리>
꼬꼬꼬
　꼬꼬<암탉이 우는 소리>

꼭꼭꼭

꼭꼭<암탉이 알을 안는 소리>

꼴꼴꼴

꼴꼴<새끼 돼지가 내는 소리>

꽁꽁꽁

꽁꽁<아프거나 괴로울 때 견디지 못하여 내는 앓는 소리>

꽐꽐꽐

꽐꽐<많은 양의 물체가 급히 쏟아져 흐르는 소리>

꾸꾸꾸

꾸꾸<닭이나 비둘기 따위가 우는 소리. '구구'보다 센 느낌>

꾹꾹꾹

꾹꾹<비둘기가 자꾸 우는 소리>

꿜꿜꿜

꿜꿜<많은 양의 액체가 급히 쏟아져 세차게 흐르는 소리>

낑낑낑

낑낑<몹시 아프거나 힘에 겨워 괴롭게 자꾸 내는 소리>

덩덩덩

덩덩<북이나 장구, 소고 따위를 치는 소리>

동동동①

동동<작은 북 따위를 잇따라 두드리는 소리>

돨돨돨

돨돨<먹은 것이 잘 삭지 아니하여 배 속에서 끓는 소리>

떨떨떨

떨떨<큰 바퀴 따위가 단단한 바닥을 구르며 흔들리는 소리>

딸딸딸

딸딸<먹은 것이 잘 삭지 아니하여 배 속에서 끓는 소리. '돨돨'보다
　　센 느낌>

뙤뙤뙤

뙤뙤<말더듬는 소리>

뛰뛰뛰

뛰뛰<자동차의 경적을 울리는 소리>

멍멍멍

멍멍<개가 짖는 소리>

색색색

　색색<숨을 고르고 가늘게 쉬는 소리>

쇄쇄쇄

　쇄쇄<나뭇가지나 물건의 틈 사이로 바람이 자꾸 몰아쳐 부는 소리>

식식식

　식식<숨을 매우 가쁘고 거칠게 쉬는 소리>

쌕쌕쌕

　쌕쌕<숨을 고르고 가늘게 쉬는 소리. ‘색색’보다 센 느낌>

씩씩씩

　씩씩<숨을 매우 가쁘고 거칠게 쉬는 소리. ‘식식’보다 센 느낌>

왈왈왈

　왈왈<개가 짖는 소리>

짤짤짤②

　짤짤<물체가 바닥에 늘어지거나 닿아서 조금 세게 끌리는 소리>

짤짤짤⑤

　짤짤<적은 양의 액체가 그치지 않고 계속해서 세게 흐르는 소리>

쫄쫄쫄①

　쫄쫄<가는 물줄기 따위가 끊이지 않고 세게 흐르는 소리>

쫠쫠쫠

　쫠쫠<많은 양의 액체가 아주 세차게 흐르는 소리>

칙칙칙

　칙칙<김 따위가 좁은 구멍이나 틈으로 잇따라 거칠게 새어 나오는
　　소리>

캉캉캉

　캉캉<작은 개가 짖는 소리>

컐컐컐

　컐컐<웃음을 참지 못하고 높은 목소리로 웃는 소리>

컹컹컹

　컹컹<큰 개가 굵게 짖는 소리>

콩콩콩

　콩콩<강아지가 자꾸 심하게 짖는 소리>

콸콸콸

　콸콸<많은 양의 액체가 좁은 구멍으로 급하고 세차게 쏟아져 나오

는 소리>

쿨쿨쿨②

　쿨쿨<물 따위의 액체가 굵은 줄기로 거세게 몰려서 흐르는 소리>

퀄퀄퀄

　퀄퀄<많은 양의 액체가 조금 큰 구멍으로 급하고 세차게 쏟아져 나
　　오는 소리>

큼큼큼

　큼큼<목소리를 고르게 잘 가다듬으려고 기침하듯이 자꾸 내는 소리>

킁킁킁

　킁킁<숨을 콧구멍으로 띄엄띄엄 세차게 내쉬는 소리>

투투투

　투투<소 따위의 짐승이 힘겹게 숨을 내쉬는 소리>

팡팡팡①

　팡팡<액체 따위가 세차게 쏟아져 나오거나 솟을 때 나는 소리>

퐁퐁퐁

　퐁퐁<액체 따위가 좁은 구멍으로 거세게 쏟아져 나올 때 나는 소리>

풍풍풍

　풍풍<액체 따위가 넓은 구멍으로 거세게 쏟아져 나올 때 나는 소리>

흐흐흐

　흐흐<털털하게 웃는 소리>

3.2.1.2. 모양흉내말

골골골②

　골골<병이 오래되거나 몸이 약하여 시름시름 앓는 모양>

달달달①

　달달<춥거나 무서워서 몹시 떠는 모양>

달달달②

　달달<콩이나 깨 따위를 휘저으며 볶거나 맷돌에 가는 모양>

덜덜덜

　덜덜<춥거나 무서워서 몹시 떠는 모양>

동동동②

　동동<매우 안타깝거나 추워서 발을 가볍게 자꾸 구르는 모양>

둥둥둥
　둥둥<물체가 떠서 움직이는 모양>
들들들①
　들들<콩이나 깨 따위를 휘저으며 볶거나 맷돌에 거칠게 가는 모양>
땅땅땅
　땅땅<위세를 부리며 기세 좋게 으르대는 모양>
땍땍땍
　땍땍<콧대를 세우고 으스대며 거만하게 큰소리로 말하거나 행동하
　　는 모양>
떵떵떵
　떵떵<위세를 부리며 기세 좋게 으르대는 모양>
떽떽떽
　떽떽<콧대를 세우고 으스대며 매우 거만하게 큰소리로 말하거나 행
　　동하는 모양>
뜰뜰뜰
　뜰뜰<바퀴 따위가 단단한 바닥을 굴러가는 모양. '들들'보다 센 느낌>
발발발①
　발발<추위, 두려움, 흥분 따위로 몸이나 몸의 일부분을 자꾸 떠는
　　모양>
발발발②
　발발<바쁘게 여기저기 돌아다니는 모양>
벌벌벌①
　벌벌<추위, 두려움, 흥분 따위로 몸이나 몸의 일부분을 크게 자꾸
　　떠는 모양>
벌벌벌②
　벌벌<몹시 바쁘게 여기저기 돌아다니는 모양>
빌빌빌
　빌빌<느릿느릿하게 움직이는 모양>
뻘뻘뻘
　뻘뻘<몹시 바쁘게 여기저기 돌아다니는 모양. '벌벌'보다 센 느낌>
살살살①
　살살<남이 모르게 살그머니 행동하는 모양>
살살살②

살살<넓은 그릇의 물 따위가 천천히 고루 끓는 모양>

새새새

새새<실없이 웃으며 가볍게 자꾸 웃는 모양>

설설설

설설<넓은 그릇의 물 따위가 천천히 고루 끓는 모양>

솔솔솔

솔솔<물이나 가루 따위가 틈이나 구멍으로 가볍게 새어 나오는 모양>

송송송

송송<어떤 물건을 조금 잘게 빨리 써는 모양>

술술술

술술<물이나 가루 따위가 틈이나 구멍으로 가볍게 새어 나오는 모양>

숭숭숭

숭숭<연한 물건을 조금 굵직하게 빨리 써는 모양>

슬슬슬

슬슬<남이 모르게 슬그머니 행동하는 모양>

실실실

실실<소리 없이 실없게 웃는 모양>

쌀쌀쌀

쌀쌀<넓은 그릇의 물 따위가 천천히 고루 끓는 모양>

앙앙앙

앙앙<어린 아이가 우는 소리를 내며 자꾸 보채는 모양>

엉엉엉

엉엉<목을 놓아 크게 우는 소리. 또는 그 모양>

잘잘잘①

잘잘<기름기나 윤기가 반드르르 흐르는 모양>

잘잘잘②

잘잘<주책없이 자꾸 이리저리 바삐 싸다니는 모양>

재재재

재재<좀 수다스럽게 재잘대는 소리. 또는 그 모양>

잴잴잴

잴잴<몸에 지닌 물건들을 주책없이 여기저기 자꾸 흘리거나 빠뜨리
　　는 모양>

쟁쟁쟁

쟁쟁<조금 언짢거나 못마땅하여 자꾸 보채거나 짜증을 내는 모양>

절절절①

　절절<주책없이 자꾸 이리저리 바삐 쏘다니는 모양>

종종종

　종종<발걸음을 가까이 자주 떼며 빨리 걷는 모양>

질질질①

　질질<물이나 침, 땀, 콧물 따위가 자꾸 흐르는 모양>

징징징

　징징<언짢거나 못마땅하여 자꾸 보채거나 짜증을 내는 모양>

짤짤짤①

　짤짤<머리를 가볍게 좌우로 세게 자꾸 흔드는 모양>

짤짤짤③

　짤짤<액체 따위가 매우 높은 열에서 끓는 모양>

짤짤짤④

　짤짤<얼굴이나 몸에 기름기나 윤기가 매우 반질거리며 흐르는 모양>

짤짤짤

　짤짤<몸에 지닌 물건들을 주책없이 여기저기 자꾸 흘리거나 빠뜨리
　　는 모양. '잴잴'보다 센 느낌>

쨍쨍쨍

　쨍쨍<조금 언짢거나 못마땅하여 자꾸 보채거나 짜증을 내는 모양.
　　'쟁쟁'보다 센 느낌>

쩔쩔쩔①

　쩔쩔<머리를 좌우로 조금 크게 자꾸 흔드는 모양>

쩔쩔쩔②

　쩔쩔<액체 따위가 매우 높은 열에서 크게 끓는 모양>

쫄쫄쫄②

　쫄쫄<끼니를 굶어 아무 것도 먹지 못한 모양>

쫄쫄쫄③

　쫄쫄<물건의 끝을 입에 대고 힘 있게 자꾸 빠는 모양>

쫑쫑쫑①

　쫑쫑<바늘땀 따위가 틈이나 간격이 좁거나 작은 모양>

쫑쫑쫑②

　쫑쫑<발걸음을 아주 재게 옮겨 디디며 바쁘게 걷는 모양>

쫑쫑쫑③

　　쫑쫑<원망하는 태도로 자꾸 작게 혼잣말을 하는 모양>

쭐쭐쭐②

　　쭐쭐<물건의 끝을 입에 대고 매우 힘 있게 자꾸 빠는 모양>

찔찔찔①

　　찔찔<물건들을 주책없이 여기저기 함부로 흘리거나 빠뜨리는 모양>

찔찔찔②

　　찔찔<신발이나 다리, 물건 따위가 바닥에 닿아서 느리고 세게 끌리
　　　　는 모양>

찔찔찔③

　　찔찔<사람이 매우 실없고 진득하지 못하게 행동하는 모양>

찡찡찡

　　찡찡16)<못마땅하거나 언짢아서 자꾸 짜증을 내며 몹시 보채는 모양>

찰찰찰

　　찰찰<액체가 조금씩 넘쳐흐르는 모양>

챙챙챙

　　챙챙<단단하게 여러 번 감거나 동여매는 모양>

철철철

　　철철<많은 액체가 넘쳐흐르는 모양>

촐촐촐

　　촐촐<물 따위가 조금씩 넘치는 모양>

총총총①

　　총총<발걸음을 아주 재게 떼며 서둘러서 급히 걷는 모양>

총총총②

　　총총<밤하늘에 촘촘하게 뜬 별이 또렷또렷하게 빛나는 모양>

출출출

　　출출<물 따위가 많이 넘치는 모양>

충충충

　　충충<발걸음을 크게 매우 재게 떼며 급히 걷는 모양>

친친친

---

16) <감동을 받아 속이 뻐근하도록 강한 느낌>의 어찌씨 '찡'이 있지만, '찡찡'과는
　　관련이 없다.

친친<실이나 노끈 따위로 꼭꼭 감거나 동여매는 모양>

칭칭칭

　칭칭<긴 천이나 끈, 또는 생물에 의해 여러 번 꽁꽁 감기거나 동여
　　매인 모양>

쿨쿨쿨③

　쿨쿨<구리터분하거나 시금털털한 냄새가 몹시 나는 모양>

털털털

　털털<매우 지치거나 피곤하여 나른한 걸음으로 천천히 걷는 모양>

텅텅텅

　텅텅<헛된 장담을 매우 거드럭거리며 함부로 하는 모양>

통통통

　통통<키가 작고 살이 찌거나 붓거나 하여 몸이 굵어진 모양>

툴툴툴

　툴툴<못마땅하여 불평 섞인 말투로 중얼거리는 모양>

퉁퉁퉁

　퉁퉁<살이 찌거나 붓거나 하여 몸이 몹시 굵어진 모양>

팔팔팔

　팔팔<적은 양의 물이 용솟음치듯 몹시 끓는 모양>

팡팡팡②

　팡팡<아무 일도 하지 않고 빈둥거리는 모양>

펄펄펄

　펄펄<많은 양의 물이 용솟음치듯 몹시 끓는 모양>

펑펑펑

　펑펑<액체 따위가 아주 세차게 쏟아져 내리는 모양>

폴폴폴

　폴폴<눈이나 먼지 연기 따위가 바람에 흩날리는 모양>

풀풀풀

　풀풀<눈이나 연기, 먼지 따위가 바람에 마구 흩날리는 모양>

할할할

　할할<숨이 차서 숨을 고르지 아니하게 쉬는 모양>

헐헐헐

　헐헐<숨이 몹시 차서 숨을 고르지 아니하게 쉬는 모양>

활활활

활활<불길이 거침없이 세차게 타오르는 모양>

홧홧홧

홧홧<달아오를 듯이 뜨거운 기운이 이는 모양>

혹혹혹

혹혹<찬바람이 피부에 닿아 따끔거리는 느낌>

훌훌훌

훌훌<새 따위가 잇따라 크게 날개를 치며 나는 모양>

훗훗훗

훗훗<바람이나 입김 따위가 훈훈하게 거듭 안겨 오는 모양>

훨훨훨

훨훨<날짐승 따위가 공중에 높이 떠서 느릿느릿 크게 날개를 치며
  아주 시원스럽게 나는 모양>

훼훼훼

훼훼<이리저리 휘두르는 모양>

휘휘휘

휘휘<여러 번 감거나 감기는 모양>

흘흘흘

·흘흘<숨이 차서 숨을 거칠게 쉬는 모양>

희희희

희희<바보 같이 웃는 소리. 또는 그 모양>

3.2.1.3. 소리·모양흉내말

깰깰깰

깰깰<웃음을 억지로 참으면서 입속으로 조금 새되게 웃는 소리. 또
  는 그 모양>

낄낄낄

낄낄<웃음을 억지로 참으면서 입속으로 웃는 소리. 또는 그 모양>

냠냠냠

냠냠<어린 아이들이 음식을 맛있게 먹는 소리. 또는 그 모양>

돌돌돌

돌돌<작고 둥근 물건이 가볍고 빠르게 구르거나 돌아가는 소리. 또
  는 그 모양>

둘둘둘

　둘둘<작고 둥근 물건이 가볍고 빠르게 구르거나 돌아가는 소리. 또
　　는 그 모양>

들들들②

　들들<바퀴 따위가 단단한 바닥을 굴러가는 소리. 또는 그 모양>

똘똘똘

　똘똘<작고 둥근 물건이 가볍고 빠르게 구르거나 돌아가는 소리. 또
　　는 그 모양. ‘돌돌’보다 센 느낌>

뚤뚤뚤

　뚤뚤<작고 둥근 물건이 가볍고 빠르게 구르거나 돌아가는 소리. 또
　　는 그 모양. ‘둘둘’보다 센 느낌>

뚱뚱뚱

　뚱뚱<단단한 물체에 부딪치는 소리. 또는 그 모양>

빡빡빡①

　빡빡<담배를 자꾸 세게 빠는 소리. 또는 그 모양>

빡빡빡②

　빡빡<야무지게 긁거나 문대는 소리. 또는 그 모양. ‘박박’보다 센 느
　　낌>

뻑뻑뻑

　뻑뻑<담배를 자꾸 아주 세게 빠는 소리. 또는 그 모양>

살살살

　살살<고운 가루나 모래 따위가 좁은 틈이나 구멍으로 거침없이 자
　　꾸 흘러내리는 소리. 또는 그 모양>

왝왝왝

　왝왝<비밀이나 꺼리는 사실을 함부로 말하거나 떠드는 소리. 또는
　　그 모양>

웅웅웅

　웅웅<센 바람이 나뭇가지 따위에 부딪칠 때 나는 소리. 또는 그 모양>

응응응

　응응<어린 아이가 응석을 부리며 잇따라 우는 소리. 또는 그 모양>

잉잉잉

　잉잉<어린 아이가 입을 찡그리듯 벌리고 밉살스럽게 잇따라 우는
　　소리. 또는 그 모양>

절절절②

　　절절<물이 끊임없이 흐르는 소리. 또는 그 모양>

졸졸졸

　　졸졸<가는 물줄기 따위가 잇따라 부드럽게 흐르는 소리. 또는 그 모양>

좔좔좔

　　좔좔<많은 양의 액체가 세차게 흐르는 소리. 또는 그 모양>

줄줄줄

　　줄줄<굵은 물줄기 따위가 잇따라 부드럽게 흐르는 소리. 또는 그 모양>

지지지

　　지지<수다스럽게 지껄이는 소리. 또는 그 모양>

질질질②

　　질질<바닥에 늘어지거나 닿아서 느리게 끌리는 소리. 또는 그 모양>

짭짭짭

　　짭짭<어떤 대상이나 일이 못마땅할 때 씁쓰레하게 입맛을 다시는
　　　소리. 또는 그 모양>

쩔쩔쩔③

　　쩔쩔<조금 많은 양의 액체가 그치지 않고 계속해서 세게 흐르는 소
　　　리. 또는 그 모양>

쩝쩝쩝

　　쩝쩝<어떤 대상이나 일이 못마땅할 때 몹시 씁쓰레하게 입맛을 다
　　　시는 소리. 또는 그 모양>

쭐쭐쭐①

　　쭐쭐<굵은 물줄기 따위가 끊이지 않고 세게 흐르는 소리. 또는 그
　　　모양>

캘캘캘

　　캘캘<웃음을 억지로 참으면서 입속으로 조금 새되게 웃는 소리. 또
　　　는 그 모양>

콜콜콜

　　콜콜<곤하게 자면서 숨을 크게 쉬는 소리. 또는 그 모양>

쿨쿨쿨①

　　쿨쿨<사람이나 동물이 깊이 잠든 상태에서 코를 골듯이 크게 숨쉬
　　　는 소리. 또는 그 모양>

킬킬킬

킬킬<웃음을 억지로 참으면서 입속으로 웃는 소리. 또는 그 모양>
탈탈탈
　탈탈<먼지 따위를 털기 위해 잇따라 가볍게 두드리는 소리. 또는 그
　　　　모양>
허허허
　허허<입을 벌리고 크게 거침없이 웃는 소리. 또는 그 모양>
후후후
　후후<입을 둥그렇게 오므리고 약간 내밀어 웃는 소리. 또는 그 모양>

3.2.2. 느낌씨

　뜻을 가지지 않은 단순 음절 'A'가 되풀이된, 느낌씨 [AA]가 바탕소
가 되고, 바탕소의 끝 음절 'A'만이 되풀이되어 비슷한 꼴 되풀이 느낌
씨가 생성된 것들이 이 짜임새에 해당한다. 이 짜임새에 해당하는 보기
를 들고, 'AA'에 해당하는 느낌씨들의 보기와 그 뜻을 정리하면 다음과
같다.

구구구
　구구<닭이나 비둘기를 부를 때 내는 소리를 나타내는 말>
꾸꾸꾸
　꾸꾸<닭이나 비둘기를 부를 때 세게 내는 소리를 나타내는 말>
둥둥둥
　둥둥<어린 아기를 안거나 업고 어를 때 하는 말>
용용용
　용용<어린 아이들이 양쪽 엄지손가락 끝을 자기의 양 볼에 대고 나
　　　　머지 손가락을 펴서 너울거리며 남을 약 올릴 때 하는 말>
쭈쭈쭈
　쭈쭈<갓난아이의 사타구니를 손으로 쓸어 주면서 내는 소리>
핫핫핫
　핫핫<어색하거나 쑥스러운 상황을 무마하려 할 때 웃으며 내는 말>

3.2.3. 이름씨

뜻을 가지지 않은 단순 음절 'A'가 되풀이된 이름씨, [AA]가 바탕소
가 되고, 바탕소의 끝 음절 'A'만이 되풀이되어 비슷한 꼴 되풀이 이름
씨가 생성된 것들이 이 짜임새에 해당한다. 이 짜임새에 해당하는 보기
는 극히 드물다.

> **쭈쭈쭈**
> **쭈쭈**<갓난아이의 사타구니를 손으로 쓸어 주어 아이가 기지개를 켜
> 듯 곧추 뻗도록 하는 동작>

4. [[AB]−B] 꼴 낱말 생성 되풀이법

바탕소의 끝 음절이 되풀이되어 생성된 비슷한 꼴 되풀이 낱말 짜임
새에는 [[X−AA]−A] 꼴과 [[AA]−A] 꼴이 있음은 앞에서 살핀 바 있
다. 이들 짜임새 밖에도 바탕소의 끝 음절이 되풀이되는 낱말 짜임새로
는 [[AB]−B] 꼴이 있어 이 방식에 따라 생성된 비슷한 꼴 되풀이 낱말
도 있다. 곧 다른 꼴의 두 음절로 이루어진 바탕소 [AB]가 되풀이되면서
바탕소의 둘째 음절인 'B'만이 되풀이소로 실현되어 [[AB]−B]의 짜임
새를 이룬다.

이 짜임새에는 [AB]가 어찌씨이며, [[AB]−B]도 어찌씨인 것들이 있
고, [AB]가 느낌씨이며, [[AB]−B]도 느낌씨인 것들이 있다. 바탕소의
구성 요소인 'A'와 'B'는 모두 뜻을 가지지 않은 단순 음절에 해당한다.

4.1. 어찌씨

비슷한 꼴 되풀이 어찌씨 중에 뜻이 없는 단순 두 음절 'A'와 'B'로
이루어진 바탕소가 되풀이되면서 바탕소의 'A'는 삭제되고 'B'만 되풀이
된 짜임새가 이에 해당한다. 이를테면, 뜻을 가지지 않은 단순 음절 '콩'
과 '작'으로 이루어진 단순형식의 어찌씨 '콩작'이 바탕소가 되어 되풀
이되면서 바탕소의 'A'부분인 '콩'이 삭제되고 '작'만이 되풀이되어 비
슷한 꼴 되풀이 어찌씨 '콩작작'이 생성되었다.

이 짜임새에 의한 비슷한 꼴 되풀이 어찌씨들은 그리 많은 편은 아니
다. 그 보기와 뜻을 정리하면 다음과 같다.

> **콩작작**<'콩작'을 잇따라 내는 소리>
> **콩작**<작은 북 따위를 막대기로 가볍게 두드리는 소리>
> **쿵덕덕**<'쿵덕'을 잇따라 내는 소리>
> **쿵덕**<절구나 방아를 찧을 때 나는 소리>
> **쿵적적**<'쿵적'을 잇따라 내는 소리>
> **쿵적**<큰 북 따위를 박자에 맞추어 막대기로 두드리는 소리>

뜻이 없는 단순 세 음절 'A'와 'B', 'C'로 이루어진 바탕소가 되풀이
되면서 바탕소의 'A'와 'B'는 삭제되고 'C'만 되풀이되어 [[ABC]−C]
짜임새를 이루는 비슷한 꼴 되풀이 낱말들도 있다. 이 짜임새에 해당하
는 낱말들은 바탕소인 [ABC]도 어찌씨이고 되풀이된 [[ABC]−C]도 어
찌씨에 해당한다.

> **와당탕탕**<'와당탕'을 잇따라 내는 소리>
> **와당탕**<잘 울리는 바닥에 무엇이 몹시 요란하게 떨어지거나 부딪칠
>   때 나는 소리>
> **와장창창**<'와장창'을 잇따라 내는 소리. 또는 그 모양>
> **와장창**<갑자기 한꺼번에 무너지거나 부서지는 소리. 또는 그 모양>

우당탕탕<‘우당탕’을 잇따라 내는 소리>
　　우당탕<잘 울리는 바닥에 무엇이 몹시 요란하게 떨어지거나 부딪칠
　　　　때 나는 소리>

4.2. 느낌씨

비슷한 꼴 되풀이 느낌씨 중에 뜻이 없는 단순 두 음절 ‘A’와 ‘B’로
이루어진 바탕소가 되풀이되면서 바탕소의 ‘A’는 삭제되고 ‘B’만 되풀이
된 짜임새가 이에 해당한다. 이를테면, 뜻을 가지지 않은 단순 음절 ‘애’
와 ‘개’로 이루어진 단순형식의 느낌씨 ‘애개’가 바탕소가 되어 되풀이
되면서 바탕소의 ‘A’부분인 ‘애’가 삭제되고 ‘개’만이 되풀이되어 비슷
한 꼴 되풀이 느낌씨 ‘애개개’가 생성되었다.

이 짜임새에 해당하는 보기는 바탕소도 느낌씨이고, 이의 비슷한 꼴
되풀이 낱말도 느낌씨인 것들로, 그리 많은 편은 아니다. 그 보기와 뜻을
정리하면 다음과 같다.

　　아차차<‘아차’를 잇따라 내는 소리>
　　　아차<무엇이 잘못된 것을 갑자기 깨달았을 때 하는 말>
　　애개개<‘애개’를 잇따라 내는 소리>
　　　애개<뉘우치거나 탄식할 때 아주 가볍게 내는 소리>
　　애고고<‘애고’를 잇따라 내는 소리>
　　　애고<‘아이고<아프거나 힘들거나 놀라거나 원통하거나 기막힐 때
　　　　　내는 소리>’의 준말>
　　어머머<‘어머’를 잇따라 내는 소리>
　　　어머<주로 여자들이 깜짝 놀라거나 끔찍한 느낌이 들었을 때 내는
　　　　　소리>

이 짜임새에서의 되풀이 역할은 주로 바탕소에 <잇따라, 자꾸>의 뜻
을 더하는 것이며, 경우에 따라서는 <강조>의 뜻을 더하여 새로운 낱말

을 생산하는 일을 하기도 한다. 바탕소의 끝 음절 되풀이는 한 번만 가능한 것이 아니라 두 번 이상의 되풀이도 가능하며, 그렇게 되면 <잇따라, 자꾸>의 빈도수가 커지거나 바탕소의 뜻을 강화시키게 된다. 바탕소에 끝 음절만 거듭해서 되풀이됨을 나타내면 아래와 같다.

[아차] → 아차차 → 아차차차 → 아차차차차
[애개] → 애개개 → 애개개개 → 애개개개개
[애고] → 애고고 → 애고고고 → 애고고고고
[어머] → 어머머 → 어머머머 → 어머머머머

거듭되는 끝 음절의 되풀이소는 바탕소에 결합되어 비슷한 꼴 되풀이 낱말이 되고, 이를 바탕소로 삼아 다시 결합되는 방식을 거듭 취하기 때문에 [[AB]−B], [[[AB]−B]−B], [[[[AB]−B]−B]−B] …의 짜임새에 해당한다. '아차'를 바탕소 삼아 이 짜임새로 되풀이되는 경우를 보면, [[아차]−차], [[[아차]−차]−차], [[[[아차]−차]−차]−차] …의 짜임새로 이루어진다.

5. 마무리

되풀이 낱말은 바탕소와 되풀이소의 결합으로 이루어지는데, 되풀이 대상인 바탕소가 그대로 되풀이되는 같은 꼴 되풀이 낱말이 있으며, 바탕소와 비슷한 꼴로 되풀이되는 비슷한 꼴 되풀이 낱말이 있다. 비슷한 꼴 되풀이 낱말에는 바탕소와 유사한 되풀이소가 결합된 것이 있고, 바탕소의 일부분만이 되풀이되는 부분 되풀이 낱말이 있다. 부분 되풀이 낱말에는 바탕소의 첫 부분이 되풀이되는 것, 가운데 부분이 되풀이되는 것, 끝 부분이 되풀이되는 것이 있다. 이 장에서는 바탕소의 끝 음절이 되풀이되어 생성되는 비슷한 꼴 되풀이 낱말에 관하여 논의하였다.

이에 속하는 낱말들의 짜임새에는 [[X−AA]−A]와 [[AA]−A], [[AB]−B]가 있다. [[X−AA]−A]에 속하는 비슷한 꼴 되풀이 낱말은 주로 어찌씨들이며, 'X' 자리에 형태소에 해당하는 것과 뜻을 가지지 않는 단순 음절에 해당하는 것들이 있다. 'AA' 자리에는 '르르', '루루', '스스/시시/소소/수수' 따위가 놓여 많은 어찌씨가 생성되었다. 이를 바탕소로 하고 끝 음절이 되풀이되어 결합되면 비슷한 꼴 되풀이 어찌씨가 생성된다. 'X'가 형태소이면 'AA'가 형태소 자격을 가지고, 'X'가 단순 음절이면 [X−AA]가 단순형식으로서 어찌씨를 이루었다. 'X'의 형태적 특성과 결합되는 'AA'의 종류에 따라서 분류하고, 이를 바탕소로 하여 생성된 비슷한 꼴 되풀이 낱말에 관하여 논의하였다.

[[AA]−A]에 속하는 비슷한 꼴 되풀이 낱말도 주로 어찌씨들이며, 일부 느낌씨, 이름씨가 포함되었다. 이 짜임새로 이루어진 되풀이 낱말은 단순히 'A'가 여러 번 되풀이된, 같은 꼴 되풀이 낱말에 해당하는 것으로 생각되지만, 짜임의 순서에서 보면, [AA]가 바탕소가 되어 되풀이될 때 끝 음절 'A'만이 되풀이되었기 때문에 바탕소의 부분되풀이에 해당하며, 비슷한 꼴 되풀이 낱말에 속한다. 이 짜임새에서 바탕소 [AA]의 'A'는 낱말에 해당되어 바탕소 자체가 같은 꼴 되풀이 낱말에 속한다. 'A'가 낱말이나 뜻을 가진 뿌리가 되지 못한 단순 음절인 경우의 'AA'는 단순 음절의 되풀이로써 그 자체가 단순형식의 낱말이 되며, 이것이 바탕소가 되어 끝 음절만 되풀이 되어 비슷한 꼴 되풀이 낱말의 짜임새를 이루었다. 바탕소의 구성소인 'A'가 낱말에 해당하는 것과, 단순 음절에 해당하는 것으로 갈라 각각의 보기를 들고 그 특성을 살폈다.

[[AB]−B]에 속하는 비슷한 꼴 되풀이 낱말은 어찌씨와 느낌씨이며, 바탕소인 [AB]의 구성요소 'A'와 'B'는 뜻을 가지지 않은 단순 음절들로, 바탕소가 단순형식의 어찌씨이거나 느낌씨에 해당되었다. 바탕소가 어찌씨이면 되풀이된 낱말도 어찌씨이고, 바탕소가 느낌씨이면 되풀이된

낱말도 느낌씨이다. 이 짜임새에 속하는 낱말들을 어찌씨와 느낌씨로 갈라 각각의 보기를 들고 그 특성을 밝히고자 하였다.

제6장

비슷한 꼴 되풀이 한자말 되풀이법

1. 들머리

한길(2009ㄱ:319-370)에서는 한자말은 토박이말과 다른 낱말 만들기의 특성을 보이기 때문에 토박이 낱말과는 별도로 한자말의 되풀이법에 관하여 다루어야 한다고 하고, 같은 꼴 되풀이 한자말에 관하여 논의한 바 있다.

같은 꼴 되풀이 한자말은 바탕소의 음절수에 따라 1음절 한자말 되풀이법과 2음절 한자말 되풀이법으로 나뉘고, 2음절 되풀이법은 바탕소 [AB]가 그대로 되풀이되는 [ABAB] 꼴과 바탕소의 각 음절이 되풀이되는 [AABB] 꼴로 나뉘었다. 이를테면, 바탕소인 '색(色)'이 '색색(色色)'으로 되풀이되면, 같은 꼴 1음절 한자말 되풀이법에 해당된다. 2음절인 바탕소 '순간(瞬間)'이 '순간순간(瞬間瞬間)'으로 되풀이되거나 '시비(是非)'가 '시시비비(是是非非)'로 되풀이되면 2음절 한자말 되풀이법에 해당하며, 앞의 것이 [ABAB] 꼴 되풀이에, 뒤의 것이 [AABB] 꼴 되풀이에 해당한다.

같은 꼴 되풀이법과는 달리 비슷한 꼴 되풀이법에서는 1음절 한자말 되풀이법은 적용되지 않는다. 그 까닭은 1음절인 한자말 바탕소가 소리ー뜻에서 부분적으로 같은 상태로 되풀이되는 경우가 없기 때문이다.[1] 또한 [AABB] 꼴로 되풀이되는 경우도 없다. 곧 바탕소의 첫음절 'A'나 둘째 음절 'B'가 소리ー뜻에서 부분적으로 같은 상태로 되풀이되는 경우가 없기 때문이다. 따라서 비슷한 꼴 되풀이법에서는 [ABAB] 꼴로 되풀이되되, 'B'는 그대로 되풀이되고 'A'가 달라져 [ABCB]로 되풀이되는 경우, 'A'는 그대로 되풀이되고 'B'가 달라져 [ABAC]로 되풀이되는 경우 등으로 되풀이되는 특성을 보인다.

비슷한 꼴 한자말 되풀이법은, 바탕소 [AB]가 되풀이되어 되풀이소 [CB]나 [AC]로 실현되며, 'A'와 'C', 'B'와 'C'는 반의관계에 놓이거나 상호 의존관계를 이루는 것들로 '바늘과 실'의 관계처럼 서로 뗄 수 없는 관계로 굳어져 한 낱말을 짜 이루게 된다.

바탕소 [AB]와 소리ー뜻에서 부분적 유사하더라도 'A'와 'B' 중 어느 하나가 꼭 같아야만 비슷한 꼴 되풀이 한자말에 해당한다. 비슷한 꼴 되풀이 한자말 바탕소가 반드시 2음절로만 이루어지는 것은 아니다. 3음절 이상으로 이루어지는 경우도 있다. 3음절 바탕소 '천부당(千不當)'이 비슷한 꼴 '만부당(萬不當)'으로 되풀이되어 '천부당만부당(千不當萬不當)'이란 비슷한 꼴 되풀이 이름씨가 생성되었다.

비슷한 꼴 되풀이 한자말에서 대체로 바탕소와 되풀이소의 자격이 결정되어 있다. 앞자리에 놓이는 바탕소는 바탕소로서의 자격을 가지고 있

---

1) 1음절 한자말 되풀이 중에는, 특정의 1음절 한자말이, 바탕소와 되풀이소로 동일한 한자말을 요구하는 것들이 있다. 이를테면, '불(不)'이, 바탕소와 되풀이소로 '복(福)', '성(成)', '친(親)', '호(好)'를 요구하여 비슷한 꼴 되풀이 한자말인 '복불복(福不福)', '성불성(成不成)', '친불친(親不親)', '호불호(好不好)'가 생성되었다. 이와 꼭 같은 짜임새로는 '익(益)'에 의한 '부익부(富益富)', '빈익빈(貧益貧)', '가(可)'에 의한 '불가불(不可不)', '득(得)'에 의한 '부득불(不得不)', '부(復)'에 의한 '일부일(日復日)', '일(一)'에 의한 '각일각(刻一刻)' 따위가 있다.

으며, 되풀이소도 마찬가지여서 그 자리가 바뀌면 낱말로서 부적격해지는 경우가 대부분이다. '동고동락(同苦同樂)'에서 '동고(同苦)'가 바탕소이고 '동락(同樂)'이 되풀이소로 고정되어 있어, 자리를 바꾸게 되면 '동락동고(同樂同苦)'가 되지만 낱말로서의 자격을 잃게 된다. 그러나 극히 일부에서는 되풀이소와 바탕소가 고정되지 않아 서로 자리를 바꾸더라도 낱말 자격을 잃지 않는 경우도 있다. '무궁무진(無窮無盡)'에서는 '무궁(無窮)'이 바탕소이고 '무진(無盡)'이 되풀이소이지만, '무진무궁(無盡無窮)'에서는 그 반대에 해당한다.

비슷한 꼴 되풀이 한자말의 뜻은 대체로 바탕소와 되풀이소의 의미 합계에 약간의 새로운 뜻이 덧붙어져 이루어기도 하며, 바탕소의 뜻에 <강조>의 뜻을 바탕으로 <잇따라, 자꾸, 겹셈> 따위의 뜻을 더하기도 한다. 일부에서는 바탕소와 되풀이소의 뜻과는 다른 제3의 뜻을 가지기도 하지만 바탕소와 되풀이소의 뜻에서 충분히 유추해 낼 수 있는 것들이 대부분을 차지한다.

비슷한 꼴 되풀이 토박이 낱말에서는 어찌씨에서 생산성이 큰, 낱말 만드는 방식이지만, 비슷한 꼴 되풀이 한자말에서는 어찌씨보다는 이름씨 생성에서 생산성이 더 크다. 비슷한 꼴 되풀이 한자말을 이루는 바탕소와 되풀이소는 각각 낱말 자격이 있는 것, 낱말 자격이 모자라는 뿌리에 해당하는 것, 낱말에 해당하더라도 품사 정보가 각기 다르고, 뿌리에 해당하더라도, 불구 뿌리에 해당하기도 하고, '－거리다' 등 파생의 가지가 결합되기도 하는 등 여러 양상을 보인다. 따라서 비슷한 꼴 되풀이 한자말을 그 바탕소와 되풀이소의 말본적 특성에 따라 구분하고 그 의미적 특성도 함께 드러낼 필요성이 제기된다.

이 장에서는 바탕소와 되풀이소의 한 음절 이상이 뜻과 말소리에서 꼭 같으면서 일부분에서 차이를 보이는 것을 비슷한 꼴 되풀이 한자말이라 하고, 이를 연구 대상으로 삼아 그 말본적 특성과 의미적 특성을 살피고자 한다.

2. [ABAC] 꼴 되풀이 한자말의 특성

바탕소 [AB]가 되풀이되되, 첫 음절 'A'는 그대로 되풀이되고 뒷음절 'B'가 뜻에서 반의관계나 유의관계, 상관관계 등 상호 의존적 관계를 이루며, 바탕소와 되풀이소 사이에 결속력이 강하여 한 낱말을 이루는 한자말이 이 짜임새에 해당한다.

이 짜임새에 해당하는 한자말에는 낱말에 해당하는 것과 '-하다'가 결합되어야 낱말 자격을 가지는 뿌리들이 있다. 낱말에 해당하는 것들은 주로 이름씨에 속하는 것들이며, 극히 일부 어찌씨에 속하는 것들이 있다.

2.1. 이름씨

비슷한 꼴 되풀이 한자말이 이름씨에 해당하더라도 바탕소와 되풀이소의 말본적 특성에서 차이를 보인다. 바탕소가 낱말인 것과 낱말 자격이 모자라는 뿌리인 것, 되풀이소도 마찬가지로 낱말인 것과 낱말 자격이 모자라는 뿌리인 것들이 있으며, 낱말이더라도 그 품사가 다른 것들도 있을 수 있다.

바탕소와 되풀이소의 말본적 특성에 따라 구분하면, 첫째 바탕소와 되풀이소가 모두 낱말인 것, 둘째 바탕소가 낱말이고 되풀이소가 뿌리인 것, 셋째 바탕소가 뿌리이고 되풀이소가 낱말인 것, 넷째 바탕소와 되풀이소 모두 뿌리인 것으로 나뉜다.

2.1.1. 바탕소와 되풀이소가 낱말인 경우

비슷한 꼴 되풀이 한자말 가운데 바탕소와 되풀이소가 낱말에 해당하는 것들이 이 짜임새에 해당한다. 바탕소와 되풀이소의 품사에 따라 구분하면, 첫째 바탕소와 되풀이소 모두 이름씨에 해당하는 것, 둘째 바탕소와 되풀이소 중 어느 하나가 이름씨가 아닌 것으로 나뉜다. 이 짜임새에 해당하는 낱말은 대부분 이름씨에 속하는 것들이다.

2.1.1.1. 바탕소와 되풀이소가 이름씨인 경우

바탕소와 되풀이소가 각각 이름씨로, 첫 음절이 꼴과 뜻에서 꼭 같은 경우가 이 짜임새에 해당한다. 바탕소의 뜻과 되풀이소의 뜻이 어우러져 전체 뜻을 이루기 때문에 합성이름씨에 포함된다.

이를테면, 이름씨 '동고(同苦)'가 비슷한 꼴인 이름씨 '동락(同樂)'과 결합되어 비슷한 꼴 합성이름씨 '동고동락(同苦同樂)'이 생성되는데, 이 생성 과정을 나타내면 다음과 같다.

[AB]이름씨 → [[AB]이름씨[AC]이름씨 → [ABAC]이름씨
[동고(同苦)]이름씨 → [[동고(同苦)]이름씨[동락(同樂)]이름씨 → [동고동락(同苦同樂)]합성이름씨

이 짜임새에 해당하는 보기는 상당히 많은 편에 해당하여 생산성이 크다. 이에 속하는 보기를 한글 자모순으로 들고, 각 보기의 바탕소와 되풀이소의 뜻과 전체 뜻을 정리하면 다음과 같다.

각양각색(各樣各色)<각기 다른 여러 가지 모양과 빛깔>
　각양(各樣)<각기 다른 여러 가지 모양>
　각색(各色)<갖가지의 빛깔>
각인각색(各人各色)<사람마다 각기 다름>
　각인(各人)<각각의 사람>
　각색(各色)<갖가지의 빛깔>
각인각성(各人各姓)<사람마다 각기 성이 다름>
　각인(各人)<각각의 사람>

각성(各姓)<서로 다른 성씨>
각인각양(各人各樣)<=각인각색>
　각인(各人)<각각의 사람>
　각양(各樣)<각기 다른 여러 가지 모양>
각인각자(各人各自)<한 사람 한 사람>
　각인(各人)<각각의 사람>
　각자(各自)<각각의 자기 자신>
각지각처(各地各處)<여러 지방이나 여러 곳>
　각지(各地)<각 지방. 또는 여러 곳>
　각처(各處)<각각의 곳. 또는 여러 곳>
검문검색(檢問檢索)<경찰 등이 범법자로 의심이 가는 사람을 조사하
　　여 따져 묻고 단서나 증거를 찾기 위해 살펴 조사함>
　검문(檢問)<범법자로 의심이 가는 사람을 조사하여 따져 물음>
　검색(檢索)<범죄나 사건을 밝히기 위한 단서나 증거를 찾기 위하여
　　살펴 조사함>
공존공영(共存共榮)<함께 살며 함께 번영함>
　공존(共存)<서로 도와서 함께 존재함>
　공영(共榮)<함께 번영함>
다종다양(多種多樣)<가짓수나 양식, 모양이 여러 가지로 많음>
　다종(多種)<종류가 많음. 또는 그 종류>
　다양(多樣)<여러 가지 모양이나 양식>
다행다복(多幸多福)<운이 좋고 복이 많음>
　다행(多幸)<뜻밖에 일이 잘되어 운이 좋음>
　다복(多福)<복이 많음. 또는 많은 복>
당리당략(黨利黨略)<당리와 당략을 아울러 이르는 말>
　당리(黨利)<한 정당이 얻게 되는 이익>
　당략(黨略)<한 정당의 정치적 계략>
대자대비(大慈大悲)<넓고 커서 끝이 없는 자비>
　대자(大慈)<큰 자비>
　대비(大悲)<중생의 고통을 가엾게 여겨 구제하려는 부처의 큰 자비>
동고동락(同苦同樂)<괴로움도 즐거움도 함께 함>
　동고(同苦)<함께 고생함>
　동락(同樂)<같이 즐김>

동남동녀(童男童女)<남자 아이와 여자 아이를 아울러 이르는 말>

　동남(童男)<사내아이>

　동녀(童女)<여자인 아이>

동문동괘(同文同軌)<여러 지방의 수레의 너비를 같게 하고 글은 같은
　　　글자를 쓰게 한다는 뜻으로, 천하가 통일된 상태를 이르는 말>

　동문(同文)<같은 글자>

　동괘(同軌)<같은 궤도>

동문동종(同文同種)[2]<서로 다른 두 나라가 같은 문자를 사용하고 인
　　　종도 같음>

　동문(同文)<같은 글자>

　동종(同種)<같은 종류>

동문동학(同門同學)<한 스승 밑에서 함께 학문을 닦음>

　동문(同門)<같은 학교에서 수학하였거나 같은 스승에게서 배운 사람>

　동학(同學)<한 학교나 한 스승 아래서 같이 공부함. 또는 그런 사람>

동생동락(同生同樂)<서로 같이 살고 같이 즐김>

　동생(同生)<함께 삶>

　동락(同樂)<같이 즐김>

동성동명(同姓同名)<성과 이름이 모두 같음>

　동성(同姓)<같은 성>

　동명(同名)<같은 이름>

동성동본(同姓同本)<성과 본관이 모두 같음>

　동성(同姓)<같은 성>

　동본(同本)<같은 본관>

동종동문(同種同文)<인종과 문자가 같음>

　동종(同種)<같은 종류>

　동문(同文)<같은 글자>

매문매필(賣文賣筆)<돈을 벌기 위하여 실속 없는 글을 짓거나 글씨를
　　　써서 팖>

　매문(賣文)<돈을 벌기 위하여 실속 없는 글을 지어서 팖>

　매필(賣筆)<돈을 벌기 위하여 글씨를 써서 팖>

무능무력(無能無力)<아무런 능력이 없음>

---

2) 바탕소와 되풀이소가 자리바꿈한 '동종동문(同種同文)'도 낱말로서 적격하다.

무능(無能)<능력이나 재능이 없음>

무력(無力)<힘이 없음>

무량무변(無量無邊)<한없이 크고 넓음. 또한 헤아릴 수 없이 많음>

무량(無量)<많아서 이루 다 헤아릴 수 없음>

무변(無邊)<끝이 닿은 데가 없음>

무상무념(無想無念)<선정 수행에서 그릇된 분별이나 집착을 떠나 마음이 빈 상태>

무상(無想)<마음속에 상념이 없음>

무념(無念)<어떤 일에 대하여 아무런 생각이나 감정이 없음>

무성무취(無聲無臭)<①이름나지 않았거나 세상을 피하여 숨어 살므로 소리도 냄새도 없음. ②천도(天道)는 알기 어려워서 들어도 소리가 없고 맡아도 냄새도 없음>

무성(無聲)<소리가 없음. 또는 소리를 내지 않음>

무취(無臭)<냄새가 없음>

무시무종(無始無終)<시작도 없고 끝도 없음>

무시(無始)<①아무리 돌아보아도 처음 비롯한 곳이 없음. ②시작을 알 수 없을 정도로 먼 과거>

무종(無終)<끝이 없음>

무아무심(無我無心)<미혹하거나 사악한 마음이 없음. 또는 그런 마음>

무아(無我)<자기의 존재를 잊음>

무심(無心)<감정이나 생각하는 마음이 없음>

무위무능(無爲無能)<하는 일도 없고 일할 능력도 없음>

무위(無爲)<아무 것도 하는 일이 없음. 또는 이루지 못함>

무능(無能)<능력이나 재능이 없음>

무위무사(無爲無事)<①하는 일이 없어서 탈도 없음. ②하는 일도 없고 할 일도 없음>

무위(無爲)<아무 것도 하는 일이 없음. 또는 이루지 못함>

무사(無事)<①아무런 일이 없음. ②아무 탈 없이 편안함>

무위무책(無爲無策)<하는 일도 없고 취할 방책도 없음>

무위(無爲)<아무 것도 하는 일이 없음. 또는 이루지 못함>

무책(無策)<방법이나 꾀가 없음>

무재무능(無才無能)<재주도 능력도 없음>

무재(無才)<재주가 없음>

무능(無能)<능력이나 재능이 없음>

무학무식(無學無識)<배운 것이 없고 아는 것이 없음>

무학(無學)<배운 것이 없음>

무식(無識)<배우지 않은 데다 보고 듣지 못하여 아는 것이 없음>

반농반목(半農半牧)<농사를 지으면서 목축업도 함께 하는 일>

반농(半農)<다른 생업을 겸한 농업>

반목(半牧)<다른 일도 하면서 목축업도 함께 함>

반농반상(半農半商)<농사를 지으면서 장사도 함께 하는 일>

반농(半農)<다른 생업을 겸한 농업>

반상(半農)<상업을 하면서 다른 일에도 종사하는 일>

반농반어(半農半漁)<농사를 지으면서 어업도 함께 하는 일>

반농(半農)<다른 생업을 겸한 농업>

반어(半漁)<어업만을 하는 것이 아니라 다른 일도 하면서 하는 어업>

반목반농(半牧半農)<농사를 지으면서 목축업도 함께 하는 일>

반목(半牧)<다른 일도 하면서 목축업도 함께 함>

반농(半農)<다른 생업을 겸한 농업>

반수반성(半睡半醒)<자는 둥 마는 둥 아주 얕은 잠을 잠>

반수(半睡)<반쯤 잠들고 반쯤 깨어 있는 듯이 아주 얕은 잠을 잠>

반성(半醒)<술기운이나 졸음이 반쯤 깸>

반취반성(半醉半醒)<반은 취하고 반은 깨어 있음>

반취(半醉)<술에 반쯤 취함>

반성(半醒)<술기운이나 졸음이 반쯤 깸>

백인백색(百人百色)<많은 사람들이 저마다 특색이 있음>

백인(百人)<백사람>

백색(百色)<여러 가지 특색>

백전백승(百戰百勝)<싸울 때마다 이김>

백전(百戰)<수많은 싸움>

백승(百勝)<①싸움이나 경기 따위에서 언제든지 이김. ②모든 면에
서 다 나음>

복명복창(復命復唱)<상관이 내린 명령이나 지시 내용을 확인하는 뜻
으로 그것을 되풀이하여 말함>

복명(復命)<어떤 일의 결과를 그 일을 마치고 돌아온 사람이 보고함>

복창(復唱)<명령이나 남의 말을 받아 그대로 다시 되풀이하여 욈>

부지불각(不知不覺)<자신도 모르는 결>

　부지(不知)<알지 못함>

　불각(不覺)<깨닫거나 생각하지 못함>

불면불휴(不眠不休)<자지도 않고 쉬지도 않는다는 뜻으로 조금도 쉬
　　지 않고 힘써 일함을 이르는 말>

　불면(不眠)<잠을 자지 못함>

　불휴(不休)<조금도 쉬지 아니함>

불사불멸(不死不滅)<①죽지도 않고 없어지지도 않은 채 영원함. ②죽
　　지도 않고 없어지지도 않는 하느님의 특성>

　불사(不死)<죽지 아니함>

　불멸(不滅)<없어지거나 사라지지 아니함>

불생불멸(不生不滅)<＝불생불사. (불교)생겨나지도 않고 없어지지도
　　않고 항상 그대로 변함이 없음. 모든 존재의 실상을 이름>

　불생(不生)<모든 현상은 진여(眞如) 그대로의 모양이며 늘 존재하는
　　것으로, 갑자기 생긴 것이 아님을 뜻하는 말>

　불멸(不滅)<없어지거나 사라지지 아니함>

불생불사(不生不死)<죽지도 살지도 아니하고 겨우 목숨만 붙어 있음>

　불생(不生)<모든 현상은 진여(眞如) 그대로의 모양이며 늘 존재하는
　　것으로, 갑자기 생긴 것이 아님을 뜻하는 말>

　불사(不死)<죽지 아니함>

불요불굴(不撓不屈)<한 번 먹은 마음이 흔들리거나 굽힘이 없음>

　불요(不撓)<마음이 흔들리지 아니함>

　불굴(不屈)<온갖 어려움에도 굽히지 아니함>

불충불효(不忠不孝)<충성스럽지 못하고 효성스럽지 못함>

　불충(不忠)<충성스럽지 아니함>

　불효(不孝)<어버이를 효성스럽게 잘 섬기지 아니하여 자식된 도리를
　　못함>

불측불효(不測不孝)<미루어 헤아릴 수 없을 정도로 자식된 도리를 너
　　무 못함>

　불측(不測)<미리 헤아릴 수 없음>

　불효(不孝)<부모를 잘 섬기지 아니하여 자식된 도리를 못함>

불평불만(不平不滿)<마음에 들지 않아 못마땅하여 마음에 차지 아니함>

　불평(不平)<마음에 들지 아니하여 못마땅하게 여김>

불만(不滿)<마음에 흐뭇하게 차지 않음>

사리사복(私利私腹)<사사로운 이익과 개인적인 욕심>
　사리(私利)<개인의 사사로운 이익>
　사복(私腹)<개인의 사사로운 이익이나 욕심>

사리사욕(私利私慾)<사사로운 이익과 개인적인 욕심>
　사리(私利)<개인의 사사로운 이익>
　사욕(私慾)<자기 자신의 개인적인 이익이나 만족만을 탐하는 욕심>

상부상조(相扶相助)<서로서로 도움>
　상부(相扶)<서로 도움>
　상조(相助)<서로 도움>

상생상극(相生相剋)<음양오행설에서 오행 상생과 오행 상극을 이르는 말>
　상생(相生)<음양오행설에서 금은 수를, 수는 목을, 목은 화를, 화는
　　토를, 토는 금을 낳음을 이르는 말>
　상극(相剋)<오행설에서 금은 목을, 목은 토를, 토는 수를, 수는 화를,
　　화는 금을 이김을 이르는 말>

상애상조(相愛相助)<서로서로 도움>
　상애(相愛)<서로 사랑함>
　상조(相助)<서로 도움>

선남선녀(善男善女)<①성품이 착한 남자와 여자란 뜻으로 착하고 어
　　진 사람을 이르는 말. ②곱게 단장을 한 남자와 여자를 이르는
　　말. ③불법에 귀의한 남자와 여자를 이르는 말>
　선남(善男)<①성품이 착한 남자. ②불법에 귀의한 남자>
　선녀(善女)<①성품이 착한 여자. ②불법에 귀의한 여자>

선성선사(先聖先師)<유교에서, 공자와 안회를 아울러 이르는 말>
　선성(先聖)<옛날의 성인>
　선사(先師)<어질고 사리에 밝은 어진 사람>

선인선과(善因善果)<선한 일을 쌓으면 좋은 일이 있음>
　선인(善因)<좋은 과보를 낳게 하는 원인이 되는 선행>
　선과(善果)<선업에 의해 받은 좋은 과보>

성심성의(誠心誠意)<참되고 성실한 마음과 뜻>
　성심(誠心)<정성스러운 마음>
　성의(誠意)<정성스러운 뜻>

속전속결(速戰速決)<①싸움을 오래 끌지 않고 되도록 빨리 끝장을 냄.

②어떤 일을 빨리 진행하여 빨리 끝냄>

속전(速戰)<운동 경기나 싸움 등에서 쉴 틈 없이 빨리 몰아쳐 싸움>

속결(速決)<신속하게 결정하거나 끝을 맺음>

악의악식(惡衣惡食)<너절하고 조잡한 옷을 입고 맛없는 음식을 먹음. 또는 그 옷이나 음식>

악의(惡衣)<너절하고 조잡한 옷>

악식(惡食)<맛없고 거친 음식. 또는 그 음식을 먹음>

애국애족(愛國愛族)<자기 나라와 자기 민족을 사랑하는 것>

애국(愛國)<자신의 나라를 사랑함>

애족(愛族)<자신의 겨레를 사랑함>

양목양족(兩目兩足)<두 발을 가진 이 중에서 가장 높은 존재라는 뜻으로, '부처'를 높여 이르는 말>

양목(兩目)<양쪽 눈>

양족(兩足)<양쪽 발>

연말연시(年末年始)<한 해의 마지막 때와 새해의 첫머리를 아울러 이르는 말>

연말(年末)<한 해의 마지막 무렵>

연시(年始)<새해의 처음>

연일연야(連日連夜)<어떤 일을 낮이나 밤이나 계속함>

연일(連日)<여러 날을 계속함>

연야(連夜)<여러 날 밤을 계속함>

연전연승(連戰連勝)<싸움 때마다 계속하여 이김>

연전(連戰)<연달아 계속하여 싸움>

연승(連勝)<싸움이나 경기에서 계속하여 이김>

연전연첩(連戰連捷)<＝연전연승>

연전(連戰)<연달아 계속하여 싸움>

연첩(連捷)<＝연승>

연전연패(連戰連敗)<싸울 때마다 계속하여 짐>

연전(連戰)<연달아 계속하여 싸움>

연패(連敗)<싸움이나 경기에서 계속하여 짐>

오륜오체(五輪五體)<진언종에서, 오대(五大)가 육체를 이룬다는 뜻으로 부모로부터 물려받은 몸을 이르는 말>

오륜(五輪)<진언종에서, 오대(五大)가 육체를 이룬다는 뜻으로 부모

　　　　로부터 물려받은 몸을 이르는 말>
　　오체(五體)<사람의 머리와 팔다리>
옥의옥식(玉衣玉食)<좋은 옷을 입고 맛있는 음식을 먹음>
　　옥의(玉衣)<아름답고 좋은 옷>
　　옥식(玉食)<맛있는 음식>
옥전옥답(沃田沃畓)<기름진 논과 밭>
　　옥전(沃田)<기름진 밭>
　　옥답(沃畓)<기름진 논>
우문우답(愚問愚答)<어리석은 질문에 대한 어리석은 대답>
　　우문(愚問)<어리석은 질문>
　　우답(愚答)<어리석은 대답. 또는 엉뚱한 대답>
유부유자(猶父猶子)<삼촌과 조카를 아울러 이르는 말>
　　유부(猶父)<아버지의 형제인 삼촌을 달리 이르는 말>
　　유자(猶子)<조카>
윤문윤무(允文允武)<진실로 문이 있고 진실로 무가 있다는 뜻으로, 천
　　　　자가 문무의 덕을 겸비하고 있음을 칭송하는 말>
　　윤문(允文)<문덕(文德)이 성함>
　　윤무(允武)<무덕(武德)이 성함>
이거이래(移去移來)<사람 사이에 돈을 빌려주고 빌려 오고 왔다 갔다 함>
　　이거(移去)<거처를 다른 곳으로 옮겨 감>
　　이래(移來)<다른 곳으로 옮겨 옴>
일문일족(一門一族)<＝일가권속>
　　일문(一門)<한 가문이나 문중>
　　일족(一族)<조상이 같은 겨레붙이. 또는 같은 조상의 친척>
인산인해(人山人海)<사람이 산을 이루고 바다를 이루었다는 뜻으로,
　　　　사람이 수없이 많이 모인 상태를 이르는 말>
　　인산(人山)<산처럼 사람이 수없이 많이 모인 모양>
　　인해(人海)<사람이 바다라는 뜻으로, 수없이 많은 사람이 모인 모양
　　　　을 이르는 말>
인수인계(引受引繼)<넘겨주고 이어받음>
　　인수(引受)<물건이나 권리 따위를 넘겨받음>
　　인계(引繼)<하던 일이나 사물 따위를 상대에게 넘겨주거나 넘겨받음>
일사일언(一事一言)<하나의 사물에 하나의 말이란 뜻으로 하나의 대

상을 나타내는 가장 정확한 말을 이르는 말>
　일사(一事)<한 사건. 또는 한 가지의 일>
　일언(一言)<한 마디의 말. 또는 한 번 한 말>
일사일호(一絲一毫)<한 오리의 실과 한 오리의 털이란 뜻으로, 지극히
　　하잘것없는 작은 일을 이르는 말>
　일사(一絲)<한 오라기의 실>
　일호(一毫)<한 가닥의 털이라는 뜻으로, 극히 작은 정도를 이르는 말>
일생일대(一生一代)<한 사람이 태어나서 죽을 때까지의 동안>
　일생(一生)<살아 있는 동안>
　일대(一代)<한 시대나 한 세대 전체>
일생일세(一生一世)<＝일생일대>
　일생(一生)<살아 있는 동안>
　일세(一世)<한 사람의 일생>
일세일기(一世一期)<＝일생일대>
　일세(一世)<한 사람의 일생>
　일기(一期)<한평생 살아 있는 동안>
일세일대(一世一代)<＝일생일대>
　일세(一世)<한 사람의 일생>
　일대(一代)<한 시대나 한 세대 전체>
일세일원(一世一元)<한 임금이 재위 동안에 하나의 연호만을 사용함>
　일세(一世)<한 사람의 일생>
　일원(一元)<단일한 근원이나 실체>
일숙일반(一宿一飯)<한 번 잠자리를 얻고 한 번 식사 대접을 받는다는
　　뜻으로 조그만 은덕을 입음을 이르는 말>
　일숙(一宿)<하룻밤을 묵음>
　일반(一飯)<한 번의 식사>
일신일가(一身一家)<①한 몸과 한 집안. ②개인의 사사로운 일>
　일신(一身)<자기 한 몸>
　일가(一家)<한 집안>
일언일구(一言一句)<한 마디의 말이나 한 마디의 글귀>
　일언(一言)<한 마디의 말. 또는 한 번 한 말>
　일구(一句)<한 마디의 말이나 글>
일인일기(一人一技)<한 사람이 하나의 기술을 익힘>

일인(一人)<한 사람. 또는 어떤 사람>

일기(一技)<한 가지 재주>

일일일야(一日一夜)<일주야>

일일(一日)<하루>

일야(一夜)<하룻밤>

일자일의(一字一義)<하나의 글자에 하나의 뜻만이 담겨 있음>

일자(一字)<한 글자>

일의(一義)<한 뜻>

일조일석(一夕一朝)<하루 아침과 하루 저녁이란 뜻으로, 짧은 시간을
이르는 말>

일조(一朝)<하루 아침이란 뜻으로, 갑작스럽도록 짧은 사이를 이르
는 말>

일석(一朝)<하루 저녁>

자고자대(自高自大)<스스로 잘난 체하며 교만함>

자고(自高)<스스로 높은 체하거나 높다고 여김>

자대(自大)<자기 스스로 큰 척함>

자급자족(自給自足)<필요한 물건이나 자원 따위를 스스로의 생산으로
충당함>

자급(自給)<필요한 물건이나 자원 따위를 스스로의 힘으로 마련하여
이용함>

자족(自足)<필요한 물건을 자기 스스로 충족시킴>

자락자족(自樂自足)<스스로 즐기고 스스로 만족하게 여김>

자락(自樂)<스스로 즐김>

자족(自足)<스스로 넉넉함을 느낌>

자립자영(自立自營)<남에게 의지하거나 남의 힘을 빌리지 않고 스스
로의 힘으로 일을 경영함>

자립(自立)<남에게 의지하거나 종속되지 않고 스스로의 힘으로 섬>

자영(自營)<사업 따위를 자신의 힘으로 경영함>

자만자족(自慢自足)<스스로 자랑스럽게 여겨 뽐내며 흡족해 함>

자만(自慢)<자신이나 자신과 관련이 있는 것을 스스로 자랑하며 뽐냄>

자족(自足)<스스로 넉넉함을 느낌>

자문자답(自問自答)<스스로 묻고 스스로 대답함>

자문(自問)<자신에게 스스로 물음>

자답(自答)<스스로 자기에게 물은 것에 대하여 스스로 대답함. 또는
　　그런 대답>
자생자결(自生自決)<자기가 살아 나갈 길을 남의 힘에 의지하지 아니
　　하고 스스로의 힘만으로 개척함>
　자생(自生)<스스로의 힘만으로 삶을 꾸려나감>
　자결(自決)<자기의 일을 스스로의 의사에 의하여 결정하고 해결함>
자숙자계(自肅自戒)<자신의 행동을 스스로 경계하고 조심함>
　자숙(自肅)<자신의 행동을 스스로 삼가서 조심함>
　자계(自戒)<스스로 경계함>
자유자재(自由自在)<자유롭고 거침이 없이 자기의 뜻대로 할 수 있음>
　자유(自由)<남에게 구속을 받거나 무엇에 얽매이지 않고 자기 뜻에
　　따라 행동하는 것>
　자재(自在)<구속이나 장애가 없이 마음대로임>
자작자급(自作自給)<필요한 것을 스스로 만들어 충당함>
　자작(自作)<자기가 직접 물건이나 작품 따위를 만듦>
　자급(自給)<필요한 물건이나 자원 따위를 스스로의 힘으로 마련하여
　　이용함>
자작자필(自作自筆)<자기 스스로 글을 짓고 씀>
　자작(自作)<자기가 직접 물건이나 작품 따위를 만듦>
　자필(自筆)<자기가 직접 글씨를 씀>
자작자활(自作自活)<남의 힘을 빌리지 않고 제힘으로 살아감>
　자작(自作)<자기가 직접 물건이나 작품 따위를 만듦>
　자활(自活)<자기 힘으로 살아감>
자존자대(自尊自大)<자기 자신을 높고 크게 여김>
　자존(自尊)<긍지를 가지고 스스로 존중하며 자기의 품위를 지킴>
　자대(自大)<자기 스스로 큰 척함>
자존자만(自尊自慢)<자기를 높여 잘난 체하며 뽐냄>
　자존(自尊)<자기를 높여 잘난 체함>
　자만(自慢)<자신이나 자신과 관련이 있는 것을 스스로 자랑하며 뽐냄>
자주자유(自主自由)<남의 간섭을 받지 않고 자기 일은 자기가 해 나가
　　는 자유>
　자주(自主)<남의 도움이나 간섭을 받지 않고 스스로 자기 일을 처리
　　하는 것>

자유(自由)<남에게 구속을 받거나 무엇에 얽매이지 않고 자기 뜻에
  따라 행동하는 것>

자중자애(自重自愛)<말이나 행동, 몸가짐을 삼가 신중하게 함>
  자중(自重)<자기의 말과 행동을 신중하게 함>
  자애(自愛)<제 몸을 스스로 아끼고 귀하게 여김>

자포자기(自暴自棄)<절망에 빠져 스스로 자신을 포기하여 내버리고
  돌보지 않음>
  자포(自暴)<절망에 빠져 스스로 자신을 포기하여 내버리고 돌보지
    않음>
  자기(自棄)<절망에 빠져 스스로 자신을 포기하여 내버리고 돌보지
    않음>

자학자습(自學自習)<남의 가르침이나 도움 없이 자기 스스로 학습함>
  자학(自學)<남의 가르침이나 도움 없이 자신의 힘으로 배움>
  자습(自習)<가르치는 사람 없이 혼자 힘으로 배워 익힘>

자화자찬(自畫自讚)<자기가 그린 그림을 스스로 칭찬한다는 뜻으로,
  자기가 한 일을 스스로 자랑함을 이르는 말>
  자화(自畫)<자기가 그린 그림>
  자찬(自讚)<자기를 스스로 칭찬함>

적기적작(適期適作)<농업 생산에서 가장 높은 수확을 얻을 수 있도록
  농작물의 특성과 자연적 조건 및 적당한 시기를 고려하여 알맞
  은 작물을 심어 가꾸는 것>
  적기(適期)<알맞은 시기>
  적작(適作)<어떤 토질에 알맞은 작물>

적시적기(適時適期)<꼭 알맞은 시기>
  적시(適時)<알맞은 때>
  적기(適期)<어떤 일을 하기에 알맞은 시기>

적시적지(適時適地)<알맞은 시기와 장소>
  적시(適時)<알맞은 때>
  적지(適地)<무엇을 하기에 조건이 알맞은 곳>

적재적소(適材適所)<어떤 일을 맡기기에 알맞은 재능을 가진 사람을
  알맞은 자리에 씀>
  적재(適材)<어떤 일이나 자리에 알맞은 인재>
  적소(適所)<꼭 알맞은 자리>

적지적작(適地適作)<알맞은 땅에 알맞은 작물을 골라 심음>

　적지(適地)<무엇을 하기에 알맞은 땅>

　적작(適作)<어떤 토질에 알맞은 작물>

전심전력(全心全力)<온 마음과 온 힘을 한곳에 모아 씀>

　전심(全心)<온 마음>

　전력(全力)<모든 힘>

전지전능(全知全能)<모든 것에 대하여 다 알고 있으며 행하지 못하는 일이 없음>

　전지(全知)<그 지닌 바의 능력으로 모든 것을 다 앎>

　전능(全能)<어떤 일이든지 못하는 것이 없이 모두 능함>

절체절명(絶體絶命)<몸도 목숨도 다 되었다는 뜻으로, 어찌할 수 없는 궁박한 경우를 비유적으로 이르는 말>

　절체(絶體)<＝절체절명>

　절명(絶命)<목숨이 끊어짐>

조의조식(粗衣粗食)<남루한 옷을 입고 맛없는 음식을 먹는 것. 또는 그 옷이나 음식>

　조의(粗衣)<허름하고 지저분한 옷>

　조식(粗食)<음식을 검소하게 먹음. 또는 그런 음식>

지고지상(至高至上)<더할 수 없이 높고 높음>

　지고(至高)<더없이 높음>

　지상(至上)<더할 수 없이 높은 위>

지고지순(至高至純)<더할 수 없이 높고 순수함>

　지고(至高)<더없이 높음>

　지순(至高)<더할 수 없이 순수함>

지어지선(至於至善)<대학에 나오는 세 강령 중의 하나로, 지극히 착한 경지에 이름을 뜻하는 말>

　지어(至於)<심하다 못해 나중에는>

　지선(至善)<더할 수 없이 착함>

지원지통(至冤至痛)<지극히 억울하여 가슴이 아픔>

　지원(至冤)<지극히 억울하고 분통스러움>

　지통(至痛)<아주 심한 고통>

척양척왜(斥洋斥倭)<서양과 왜의 문물이나 세력 따위를 거부하여 물리침>

척양(斥洋)<서양의 문물이나 세력 따위를 거부하여 물리침>

척왜(斥倭)<왜의 문물이나 세력 따위를 거부하여 물리침>

천근만근(千斤萬斤)<①마음이 걱정이나 부담 따위로 몹시 무거움. ②
몸이 병이나 피로 따위로 움직이기가 힘들 정도로 무거움>

천근(千斤)<마음이 걱정이나 부담 따위로 몹시 무거움을 비유적으로
이르는 말>

만근(萬斤)<아주 무거운 무게>

천량만량(千兩萬兩)<'노름'을 달리 이르는 말>

천량(千兩)<매우 많은 돈>

만량(萬兩)<아주 많은 돈>

천년만년(千年萬年)<아주 오랜 세월>

천년(千年)<아주 오랜 세월>

만년(萬年)<항상 변함없는 같은 상태>

천리만리(千里萬里)<매우 먼 거리>

천리(千里)<매우 먼 거리>

만리(萬里)<아주 먼 거리>

천상천하(天上天下)<하늘 위와 하늘 아래라는 뜻으로, 온 세상을 이르
는 말>

천상(天上)<하늘의 위>

천하(天下)<하늘 아래 온 세상>

치산치수(治山治水)<산과 내를 잘 관리하고 돌봐서 가뭄이나 홍수 따
위의 재해를 입지 아니하도록 예방함. 또는 그런 일>

치산(治山)<산사태나 수해 따위를 방지하기 위해 나무를 심는 등 산
을 잘 관리하고 손질함>

치수(治水)<수리 시설을 잘 하여 홍수나 가뭄의 피해를 막음. 또는
그런 일>

편애편증(偏愛偏憎)<한쪽은 지나치게 좋아하면서 다른 쪽은 지나치게
미워함>

편애(偏愛)<어느 한 사람이나 한쪽만을 유달리 사랑함>

편증(偏憎)<어떤 사람이나 한쪽을 치우치게 미워함>

하년하일(何年何日)<어느 해 어느 날>

하년(何年)<어느 해>

하일(何日)<어느 날. 또는 무슨 날>

허례허식(虛禮虛飾)<정성이 없이 겉으로만 번드르르하게 꾸밈. 또는
그런 예절이나 법식>
허례(虛禮)<정성이 없이 겉으로만 번드르르하게 꾸밈. 또는 그런 예절>
허식(虛飾)<실속이 없이 겉만 꾸밈>
호부호모(呼父呼母)<아버지라고 부르고 어머니라고 부름. 곧 부모로
모심을 이르는 말>
호부(呼父)<아버지라고 부름. 곧 아버지로 모심을 이르는 말>
호모(呼母)<어머니라고 부름>
호의호식(好衣好食)<좋은 옷과 좋은 음식이라는 뜻으로, 잘 먹고 잘
입음을 이르는 말>
호의(好衣)<좋은 옷>
호식(好食)<좋은 음식을 먹음. 또는 그런 음식>
호형호제(呼兄呼弟)<서로 형이니 아우니 하고 부른다는 뜻으로, 매우
가까운 친구로 지냄을 이르는 말>
호형(呼兄)<형이라 부름>
호제(呼弟)<아우라고 부름>

위의 낱말들은 바탕소와 되풀이소가 모두 2음절로 되어 있지만, 아래
보기는 바탕소와 되풀이소가 3음절로 되어 있다. 이 짜임새에 해당하는
보기는 극히 적으며, 바탕소의 첫음절만이 다른 것으로 되풀이되었다.

만부당천부당(萬不當千不當)<천 번 만 번 부당하다는 뜻으로, 전혀 이
치에 맞지 않거나 옳지 않음을 이르는 말>
만부당(萬不當)<만 번 부당하다는 뜻으로, 전혀 이치에 맞지 않거나
옳지 않음을 이르는 말>
천부당(千不當)<사리에 도저히 맞지 아니함>
천부당만부당(千不當萬不當)<천 번 만 번 부당하다는 뜻으로, 전혀 이
치에 맞지 않거나 옳지 않음을 이르는 말>
천부당(千不當)<사리에 도저히 맞지 아니함>
만부당(萬不當)<만 번 부당하다는 뜻으로, 전혀 이치에 맞지 않거나
옳지 않음을 이르는 말>

2.1.1.2. 바탕소나 되풀이소 중 하나가 이름씨가 아닌 경우

바탕소와 되풀이소가 낱말이되, 바탕소는 이름씨이지만 되풀이소가 어찌씨인 경우, 되풀이소는 이름씨이지만 바탕소가 어찌씨인 경우, 바탕소는 이름씨이지만 되풀이소가 매김씨인 경우가 있지만 이 짜임새에 해당하는 보기는 극히 드물어 생산성이 없다.

가. 바탕소 – 이름씨, 되풀이소 – 어찌씨

바탕소는 이름씨이지만 되풀이소가 어찌씨로, 결합되어 합성이름씨가 생성되었다. 이 짜임새에 해당하는 보기는 극히 드물다.

무궁무진(無窮無盡)＜끝도 없고 다함도 없음＞
　무궁(無窮)＜끝이 없음＞
　무진(無盡)＜끝이 없을 정도로 매우＞

나. 바탕소 – 어찌씨, 되풀이소 – 이름씨

바탕소는 어찌씨이지만 되풀이소가 이름씨로, 결합되어 합성이름씨가 생성되었지만, 이 짜임새에 해당하는 보기도 극히 드물다.

무진무궁(無盡無窮)＜끝도 없고 다함도 없음＞
　무진(無盡)＜끝이 없을 정도로 매우＞
　무궁(無窮)＜끝이 없음＞

다. 바탕소 – 이름씨, 되풀이소 – 매김씨

바탕소는 이름씨이지만 되풀이소가 매김씨로, 결합되어 합성이름씨가 생성되었다. 이 짜임새에 해당하는 보기는 극히 드물다.

일생일대(一生一大)<일생을 통하여 가장 중요함을 이르는 말>
　일생(一生)<살아 있는 동안>
　일대(一大)<아주 굉장한>

2.1.2. 바탕소는 이름씨이고 되풀이소는 뿌리인 경우

바탕소는 이름씨이지만 되풀이소가 낱말 자격이 모자라는 뿌리인 경우가 이 짜임새에 해당한다. 되풀이소가 뿌리인 경우에도 결합 가능한 낱말이나 뿌리가 오직 하나로 국한되는 유일 뿌리이거나 두셋 정도에 국한되는 불구 뿌리인 경우와, '－하다'나 '－거리다' 등 풀이씨 파생 가지가 결합 가능한 뿌리로 나뉜다.

2.1.2.1. 바탕소－이름씨, 되풀이소－불구 뿌리

바탕소는 이름씨이지만 되풀이소가 낱말 자격이 부족한 뿌리로서 오직 하나의 낱말이나 뿌리에 결합 가능한 유일 뿌리이거나 두셋 정도에 결합될 수 있는 불구 뿌리가 이 짜임새에 해당한다. 되풀이소가 비록 낱말 자격이 모자라고 결합에 많은 제약이 따르더라도, 뿌리에 해당하기 때문에 당연히 합성이름씨에 포함된다.

이를테면, 합성이름씨인 '각양각식(各樣各式)'에서 바탕소인 '각양(各樣)'은 이름씨이지만, 되풀이소인 '－각식(各式)'은 낱말 자격이 모자란다. 곧 앞자리에 '각양(各樣)'만이 결합될 수 있으며 뒷자리에는 결합될 수 있는 낱말이나 뿌리가 없기 때문에 유일 뿌리에 해당한다.

어떤 불구 뿌리는 비록 결합과정을 거치는 과정에서 낱말 자격도 유지하지 못하게 되었지만, 본디 통사적 짜임새에 해당하였던 것들도 있다. 곧 통사적 짜임새였던 것이 낱말 생성을 위해 결합과정을 거치면서 불구 뿌리로 바뀐 것들도 있다. '일자일점(一字一點)'에서 '일자(一字)'는 이름씨이지만, '－일점(一點)'은 앞자리에 '일자(一字)'가 결합되고 뒷자리에 '일획(一畫)’과 ‘혈육(血肉)’이 결합되는 불구 뿌리에 해당한다. 본디 통사적 짜임새 ‘일 점’에서 결합과정을 거쳐 불구 뿌리로 바뀌었다. 대체로 두 음절 한자말 뿌리는 뜻으로 보아 통사적 짜임새였던 것으로 풀이된다.

　이 짜임새에서도 합성이름씨의 뜻은 대체로 바탕소와 되풀이소의 합친 뜻이거나 여기에 약간의 새로운 뜻이 덧보태져 이루어졌다. 이 짜임새에 해당하는 합성이름씨를 선정하여 그 뜻을 밝히고, 바탕소와 되풀이소의 뜻과 형태 결합 특성을 살피기로 한다.

　　각양각식(各樣各式)<각기 다른 여러 가지 모양과 형식>
　　　각양(各樣)<각기 다른 여러 가지 모양>
　　＊각식(各式)
　　－각식(各式)<‘각양(各樣)’ 뒤에만 결합됨>
　　각양각태(各樣各態)<각기 다른 여러 가지 모양과 상태>
　　　각양(各樣)<각기 다른 여러 가지 모양>
　　＊각태(各態)
　　－각태(各態)<‘각양(各樣)’ 뒤에만 결합됨>
　　각인각설(各人各說)<사람마다 주장하는 의견이나 설이 각기 다름>
　　　각인(各人)<각각의 사람>
　　＊각설(各說)
　　－각설(各說)<‘각인(各人)’ 뒤에만 결합됨>
　　노근노골(努筋勞骨)<몸을 아끼지 않고 힘써 일함>
　　　노근(努筋)<부지런히 일함>
　　＊노골(勞骨)
　　－노골(勞骨)<‘노근(努筋)’ 뒤에만 결합됨>
　　막상막하(莫上莫下)<더 낫고 더 못함의 차이가 거의 없음>
　　　막상(莫上)<더할 수 없이 위이거나 제일 좋음. 또는 그러한 물건>
　　＊막하(莫下)
　　－막하(莫下)<‘막상(莫上)’ 뒤에만 결합됨>
　　무적무막(無敵無莫)<되어 가는 대로 그냥 맡겨 둠>
　　　무적(無敵)<겨루거나 상대할 만한 적수가 없음>
　　＊무막(無莫)

　－무막(無莫)<‘무적(無敵)’ 뒤에만 결합됨>

무해무득(無害無得)<해로울 것도 없고 이로울 것도 없음>

　　무해(無害)<해로울 것이 없음>

　＊무득(無得)

　－무득(無得)<‘무해(無害)’ 뒤와 ‘무실(無失)’ 앞에 결합됨>

반관반민(半官半民)<정부와 민간인이 공동으로 자본을 대어 회사, 시
　　　　설, 단체 따위를 설립, 경영하는 일>

　　반관(半官)<＝반관반민>

　＊반민(半民)

　－반민(半民)<‘반관(半官)’ 뒤에만 결합됨>

반농반공(半農半工)<농사를 지으면서 공장 따위의 일이나 가공업도
　　　　함께 하는 일>

　　반농(半農)<다른 생업을 겸한 농업>

　＊반공(半工)3)

　－반공(半工)<‘반농(半農)’ 뒤에만 결합됨>

반농반도(半農半陶)<농사도 짓고 도자기도 굽는 일을 하는 농가>

　　반농(半農)<다른 생업을 겸한 농업>

　＊반도(半陶)

　－반도(半陶)<‘반농(半農)’ 뒤와 ‘반자(半瓷)’ 앞에 결합됨>

반농반로(半農半勞)<예전에 농사를 지으면서 품팔이를 함께 하던 일>

　　반농(半農)<다른 생업을 겸한 농업>

　＊반로(半勞)

　－반로(半勞)<‘반농(半農)’ 뒤에만 결합됨>

반사반생(半死半生)<거의 죽게 되어 죽을지 살지 모를 지경에 이름>

　　반사(半死)<반죽음>

　＊반생(半生)4)

　－반생(半生)<‘반사(半死)’ 뒤와 ‘반숙(半熟)’ 앞에 결합됨>

반승반속(半僧半俗)<①반은 중이고 반은 속인인 사람. ②이것도 아니
　　　　고 저것도 아니어서 뚜렷한 명목을 붙이기 어려움을 비유적으로

---

3) 꼭 같은 한자로 <하루에 한 사람 몫의 반밖에 되지 않는 일. 또는 그 일의 양>이
　란 뜻의 이름씨가 있지만 여기에서의 뜻과는 관련이 없다.

4) 꼭 같은 한자로 <한평생의 절반>이란 뜻의 이름씨가 있지만 여기서의 뜻과는 관
　련 없다.

이르는 말>

　　반승(半僧)<＝반승반속>

　＊반속(半俗)

　－반속(半俗)<‘반승(半僧)’ 뒤에만 결합됨>

반신반의(半信半疑)<한편으로는 믿으면서도 다른 한편으로는 의심스
　　러워함>

　　반신(半信)<전부 믿지는 않고 반 정도만 믿음>

　＊반의(半疑)

　－반의(半疑)<‘반신(半信)’ 뒤에만 결합됨>

반조반미(半租半米)<쌀이 반, 뉘가 반이란 뜻으로, 쌀에 뉘가 많이 섞
　　여 있음을 과장하여 이르는 말>

　　반조(半租)<쌀에 뉘가 많이 섞여 있음을 과장하여 이르는 말>

　＊반미(半米)5)

　－반미(半米)<‘반조(半租)’ 뒤에만 결합됨>

백전백패(百戰百敗)<싸울 때마다 짐>

　　백전(百戰)<수많은 싸움>

　＊백패(百敗)

　－백패(百敗)<‘백전(百戰)’ 뒤에만 결합됨>

복인복과(福因福果)<복덕의 인(因)으로 말미암아 복덕의 과보(果報)를
　　얻음>

　　복인(福因)<행복을 가져오는 원인>

　＊복과(福果)

　－복과(福果)<‘복인(福因)’ 뒤에만 결합됨>

부지불식(不知不識)<생각하지도 못하고 알지도 못함>

　　부지(不知)<알지 못함>

　＊불식(不識)

　－불식(不識)<‘부지(不知)’ 뒤와 ‘매독(梅毒)’6) 앞에 결합됨>

불가불념(不可不念)<마음에 두고 생각함. 또는 그런 생각>

　　불가(不可)<가능하지 않음>

---

5) 꼭 같은 한자로 <속겨에 포함된 양분을 버리지 않으려고 반쯤 찧은 쌀>이란 뜻
　의 이름씨가 있지만 여기서의 뜻과는 관련 없다.

6) ‘매독(梅毒)’과 결합되면, 의학 용어의 이름씨가 된다.

＊불념(不念)

－불념(不念)＜‘불가(不可)’ 뒤에만 결합됨＞

불가불위(不可不爲)＜아니하지 못한다는 뜻으로 반드시 해야 할 일을
이르는 말＞

　불가(不可)＜가능하지 않음＞

＊불위(不爲)

－불위(不爲)＜‘불가(不可)’ 뒤에만 결합됨＞

불고불리(不告不理)＜형사 소송법에서, 법원은 원고가 심판을 청구할
때만 심리를 개시할 수 있고 청구한 사실에 대해서만 심리, 판
결할 수 있다는 원칙＞

　불고(不告)＜알리지 아니함＞

＊불리(不理)

－불리(不理)＜‘불고(不告)’ 뒤에만 결합됨＞

불언불면(不言不面)＜말도 하지 않고 얼굴도 대하지 않음＞

　불언(不言)＜말을 하지 않음＞

＊불면(不面)

－불면(不面)＜‘불언(不言)’ 뒤에만 결합됨＞

불언불소(不言不笑)＜말도 하지 않고 웃지도 않음＞

　불언(不言)＜말을 하지 않음＞

＊불소(不笑)

－불소(不笑)＜‘불언(不言)’ 뒤에만 결합됨＞

불언불어(不言不語)＜말을 하지 않음＞

　불언(不言)＜말을 하지 않음＞

＊불어(不語)

－불어(不語)＜‘불언(不言)’ 뒤에만 결합됨＞

불편부당(不偏不黨)＜아주 공정하여 어느 한 쪽으로 치우치지 아니함.
‘공정함’, ‘편들지 않음’으로 순화＞

　불편(不偏)＜어느 한쪽으로 치우치지 아니함＞

＊부당(不黨)

－부당(不黨)＜‘불편(不偏)’ 뒤에만 결합됨＞

비유비공(非有非空)＜(불교) ＝비유비무＜모든 법의 실상은 있지도 아
니하고 없지도 아니함＞＞

　비유(非有)＜유(有)가 아닌 것. 또는 유에 대립되는 것＞

　*비공(非空)

　－비공(非空)<‘비유(非有)’ 뒤에만 결합됨>

비유비무(非有非無)<(불) 모든 법의 실상은 있지도 아니하고 없지도
　　　아니함>

　비유(非有)<유(有)가 아닌 것. 또는 유에 대립되는 것>

　*비무(非無)

　－비무(非無)<‘비유(非有)’ 뒤에만 결합됨>

속성속패(速成速敗)<서둘러서 빨리 이루어진 것은 쉽게 결딴이 남을
　　　이르는 말>

　속성(速成)<어떤 일을 빨리 이룸. 또는 빨리 깨우침>

　*속패(速敗)

　－속패(速敗)<‘속성(速成)’ 뒤에만 결합됨>

연일연시(連日連時)<어떤 일을 날마다 때마다 계속함>

　연일(連日)<여러 날을 계속함>

　*연시(連時)

　－연시(連時)<‘연일(連日)’ 뒤에만 결합됨>

일거일동(一擧一動)<하나하나의 동작이나 움직임>

　일거(一擧)<한 번 움직임. 또는 한 번 일을 벌임>

　*일동(一動)

　－일동(一動)<‘일거(一擧)’ 뒤와 ‘－일정(一靜)’ 앞에 결합됨>

일국일당(一國一黨)<(정)한 나라의 정치를 하나의 당에서만 장악하고
　　　다른 당의 존재를 허락하지 아니하는 정치 형태>

　일국(一國)<한 나라>

　*일당(一黨)7)

　－일당(一黨)<‘일국(一國)’ 앞과 ‘독재(獨裁)’ 뒤에 결합됨>

일념일동(一念一動)<그때그때의 감흥이나 감동>

　일념(一念)<한결같은 마음. 또는 오직 한 가지 생각>

　*일동(一動)

　－일동(一動)<‘일거(一擧)’ 앞과 ‘일념(一念)’, ‘－일정(一靜)’ 뒤에 결합
　　　됨>

---

7) <목적이나 행동 따위를 같이 하는 무리>란 뜻의 이름씨 ‘일당(一黨)’이 있지만,
　‘일국일당(一國一黨)’의 ‘일당(一黨)－’과는 그 뜻에서 다르다.

일리일해(一利一害)＜하나의 이로움과 하나의 해로움이라는 뜻으로 이
로움이 있는 반면에 해로움도 있음을 이르는 말＞

　일리(一利)＜한 가지 이로움＞

　＊일해(一害)

　－일해(一害)＜'일리(一利)' 뒤에만 결합됨＞

일사일생(一死一生)＜＝일생일사＜한 번 태어나고 한 번 죽는 일＞＞

　일사(一死)＜한 번 죽음. 또는 한 목숨 버림＞

　＊일생(一生)[8]

　－일생(一生)＜'일사(一死)' 뒤와 앞에 결합됨＞

일생일급(一生一及)＜아버지가 죽은 후 아들이 그 대를 잇거나 형이 죽
은 후 동생이 그 뒤를 잇는 일＞

　일생(一生)＜살아 있는 동안＞

　＊일급(一及)

　－일급(一及)＜'일생(一生)' 뒤에만 결합됨＞

일수일족(一手一足)＜팔다리를 약간 움직인다는 뜻으로, 수고가 적음을
이르는 말＞

　일수(一手)＜혼자의 몫. 또는 혼자의 힘＞

　＊일족(一足)

　－일족(一足)＜'일수(一手)' 뒤에만 결합됨＞

일언일동(一言一動)＜하나하나의 말과 움직임. 또는 사소한 말과 행농＞

　일언(一言)＜한 마디의 말. 또는 한 번 한 말＞

　＊일동(一動)

　－일동(一動)＜'일언(一言)' 뒤와 '－일정(一靜)' 앞에 결합됨＞

일언일행(一言一行)＜하나하나의 말과 행동＞

　일언(一言)＜한 마디의 말. 또는 한 번 한 말＞

　＊일행(一行)[9]

　－일행(一行)＜'일언(一言)' 뒤에만 결합됨＞

일영일상(一詠一觴)＜시를 읊으며 술을 마심＞

　일영(一詠)＜한 번 소리를 길게 뽑아 시를 읊음＞

---

8) ＜살아 있는 동안＞을 뜻하는 이름씨 '일생(一生)'은 존재하지만, ＜한 번 태어남＞
을 뜻하는 이름씨 '일생(一生)'은 존재하지 않는다.

9) ＜①함께 길을 가는 사람들의 무리. ②함께 길을 가는 사람＞을 뜻하는 이름씨는
존재한다.

　*일상(一觴)

　－일상(一觴)<'일영(一詠)' 뒤와 앞에 결합됨>

일자일점(一字一點)<한 글자 한 점이란 뜻으로 아주 작은 것을 이르는 말>

　　일자(一字)<한 글자>

　*일점(一點)

　－일점(一點)<'일자(一字)'뒤와 '일획(一畫)', '혈육(血肉)' 앞에 결합됨>

일자일제(一字一涕)<한 글자 쓰고 울음 한 번 운다는 뜻으로 슬퍼서
　　　글을 제대로 못 씀을 이르는 말>

　　일자(一字)<한 글자>

　*일제(一涕)

　－일제(一涕)<'일자(一字)' 뒤에만 결합됨>

자작자수(自作自受)<자기가 저지른 일의 결과를 스스로 돌려받음>

　　자작(自作)<자기가 직접 물건이나 작품 따위를 만듦>

　*자수(自受)

　－자수(自受)<'자작(自作)'뒤와 '용신(用身)', '용토(用土)'[10] 앞에 결합됨>

자작자연(自作自演)<자기 지은 희곡 등의 작품을 스스로 연출하거나
　　　거기에 출연함>

　　자작(自作)<자기가 직접 물건이나 작품 따위를 만듦>

　*자연(自演)

　－자연(自演)<'자작(自作)' 뒤에만 결합됨>

자작자음(自酌自飮)<술을 직접 자기 손으로 따라 마심>

　　자작(自酌)<술을 직접 자기 손으로 따라 마심>

　*자음(自飮)

　－자음(自飮)<'자작(自酌)' 뒤에만 결합됨>

자탄자가(自歎自歌)<스스로 거문고를 타고 노래함>

　　자탄(自歎)<자기 일에 대하여 스스로 탄식함>

　*자가(自歌)

　－자가(自歌)<'자탄(自歎)' 뒤에만 결합됨>

자행자지(自行自止)<스스로 행하고 스스로 그친다는 뜻으로, 자기 마
　　　음대로 했다 말았다 함을 이르는 말>

　　자행(自行)<스스로 행함>

---

10) '용신(用身)', '용토(用土)'와 결합되면, 불교 용어의 이름씨가 된다.

*자지(自止)

－자지(自止)＜‘자행(自行)’ 뒤에만 결합됨＞

적지적수(適地適樹)＜알맞은 땅에 알맞은 나무를 골라 심음＞

　적지(適地)＜무엇을 하기에 알맞은 땅＞

*적수(適樹)

－적수(適樹)＜‘적지(適地)’ 뒤에만 결합됨＞

지공지평(至公至平)＜어느 한쪽으로 기울거나 치우치지 않고 지극히
　　　고르고 올바름＞

　지공(至公)＜한쪽으로 치우치지 않고 매우 공평하여 조금도 사사로움
　　　이 없음＞

*지평(至平)

－지평(至平)＜‘지공(至公)’ 뒤에만 결합됨＞

지정지간(至情至間)＜①정이 깊고 아주 가까운 사이. ②아주 가까운 친
　　　척 사이＞

　지정(至精)＜①아주 가까운 친척. ②지극히 가까운 정분. ③진심에서
　　　우러나오는 참된 정＞

*지간(至間)

－지간(至間)＜‘지정(至情)’ 뒤에만 결합됨＞

호조호원(互助互援)＜서로 돕고 서로 구원함＞

　호조(互助)＜서로 도움＞

*호원(互援)

－호원(互援)＜‘호조(互助)’ 뒤에만 결합됨＞

혹신혹의(或信或疑)＜혹은 믿기도 하고 혹은 의심하기도 함＞

　혹신(或信)＜홀딱 빠져 그대로 믿음＞

*혹의(或疑)

－혹의(或疑)＜‘혹신(或信)’ 뒤에만 결합됨＞

　바탕소가 이름씨이고 되풀이소가 불구 뿌리인 것으로, 바탕소가 3음
절인 것은 극히 드물다. 바탕소와 되풀이소의 끝 음절에서 대립관계에
놓인다.

　불가근불가원(不可近不可遠)＜가까이 할 수도 멀리 할 수도 없음＞

불가근(不可近)<가까이 할 것이 못 됨>

*불가원(不可遠)

-불가원(不可遠)<'불가근(不可近)' 뒤에만 결합됨>

2.1.2.2. 바탕소-이름씨, 되풀이소-'-하다' 결합 뿌리

바탕소는 이름씨이지만, 되풀이소가 낱말 자격이 부족한 뿌리로서 '-하다'가 결합되어 풀이씨가 파생될 수 있는 뿌리가 이 짜임새에 해당한다. 합성이름씨 '다정다감(多情多感)'을 보면, 비탕소인 '다정(多情)'은 이름씨이지만 되풀이소인 '다감(多感)-'은 낱말 자격이 모자라는 뿌리로서 풀이씨 파생가지 '-하다'가 결합되어 '다감(多感)하다'가 생성되는 뿌리이다.

이 짜임새에 해당하는 합성이름씨는 아주 적은 편으로, 그 보기와 뜻, 바탕소와 되풀이소의 뜻과 되풀이소의 결합 특성은 다음과 같다.

다정다감(多情多感)<정이 많고 감성이 풍부함>

다정(多情)<정이 많음>

*다감(多感)

다감(多感)하다<감정이나 감수성이 풍부하다.>

무신무의(無信無義)<신용도 의리도 없음>

무신(無信)<신의가 없음>

*무의(無義)

무의(無義)하다<신의나 의리가 없다.>

무해무독(無害無毒)<해도 없고 독도 없음>

무해(無害)<해로울 것이 없음>

*무독(無毒)

무독(無毒)하다<독한 기운이나 해로운 것이 없다.>

불효부제(不孝不悌)<어버이를 효성스럽게 잘 섬기지 못하고 어른에게 공손하지 못함>

불효(不孝)<어버이를 효성스럽게 잘 섬기지 아니하여 자식 된 도리를 못 함>

*부제(不悌)

부제(不悌)하다<①형에 대하여 아우로서의 도리를 지키지 못하다.
②웃어른에게 공손하지 못하다.>

2.1.3. 바탕소가 뿌리이고 되풀이소가 이름씨인 경우

바탕소는 낱말 자격이 모자라는 뿌리이지만 되풀이소가 이름씨인 경
우가 이 짜임새에 해당한다. 바탕소가 낱말 자격이 모자라지만, 뜻으로
보면, 본디 통사적 짜임새였던 것이 결합과정을 거치면서 낱말 자격도
가지지 못한 뿌리가 된 것들로, 유일 뿌리이거나 불구 뿌리, '-하다' 결
합 가능 뿌리 등으로 나뉜다.

2.1.3.1. 바탕소-불구 뿌리, 되풀이소-이름씨

이 짜임새에 해당하는 합성이름씨는 바탕소가 유일 뿌리이거나 두셋
정도의 낱말이나 뿌리에만 결합 가능한 불구 뿌리이며, 되풀이소가 이름
씨에 해당한다. 합성이름씨 '백발백중(百發百中)'을 보면 바탕소인 '백발(百
發)'은 본디 통사적 짜임새 '백 발'이었던 것이 결합과정을 거치면서 낱
말 자격조차 가지지 못한 뿌리가 되었으며, 오직 이름씨 '백중(百中)'에만
결합되는 유일 뿌리가 되었다.

이 짜임새에 해당하는 합성이름씨는 적은 편은 아니며, 그 보기와 뜻,
바탕소와 되풀이소의 뜻과 결합 특성은 다음과 같다.

> **독청독성(獨淸獨醒)**<혼탁한 세상에서 다만 홀로 깨끗하고 정신이 맑음>
> *독청(獨淸)
> 독청(獨淸)-<'독성(獨醒)' 앞에만 결합됨>
> 독성(獨醒)<홀로 깨어 정신을 차림>
> **무당무파(無黨無派)**<어느 당 어느 파에도 속하지 않음>
> *무당(無黨)
> 무당(無黨)-<'무파(無派)' 앞에만 결합됨>

무파(無派)<어느 당파에도 속하지 아니함>

무장무애(無障無礙)<아무런 거리낌이 없음>
　*무장(無障)
　무장(無障)-<'무애(無礙)' 앞에만 결합됨>
　무애(無礙)<막히거나 거치는 것이 없음>

무득무실(無得無失)<얻은 것도 없고 잃은 것도 없음>
　*무득(無得)
　무득(無得)-<'무실(無失)' 앞에만 결합됨>
　무실(無失)<잃은 것이 없음>

반류반분(半留半分)<환곡 따위를 반은 창고에 남겨 두고 반은 나누어 줌>
　*반류(半留)
　반류(半留)-<'반분(半分)' 앞에만 결합됨>
　반분(半分)<절반으로 나눔. 또는 그만한 분량>

반생반사(半生半死)<거의 죽게 되어 죽을지 살지 모를 지경에 이름>
　*반생(半生)[11]
　반생(半生)-<'반사(半死)', '반숙(半熟)' 앞에 결합됨>
　반사(半死)<반죽음>

반생반숙(半生半熟)<①음식이 반쯤은 설고 반쯤은 익음. ②어떤 기예
　　　가 아직 완숙하지 못함을 비유적으로 이르는 말>
　*반생(半生)
　반생(半生)-<'반숙(半熟)', '반사(半死)' 앞에 결합됨>
　반숙(半熟)<①과일이나 곡식 따위가 반쯤 여묾. ②달걀이나 음식 따
　　　위에 열을 가하여 반쯤 익힘>

백발백중(百發百中)<백 번 쏘아 백 번 맞춘다는 뜻으로, 총이나 활 따
　　　위를 쏠 때마다 겨눈 곳에 다 맞음을 뜻함>
　*백발(百發)
　백발(百發)-<'백중(百中)' 앞에만 결합됨>
　백중(百中)<총이나 포, 활 따위가 쏘는 족족 들어맞음>

백수백복(百壽百福)<①긴 수명과 온갖 복. ②여러 가지의 篆字로 써
　　　놓은 '壽福' 글자. 수복을 기원하기 위하여 지게문이나 두껍닫이

---

11) 같은 한자로 이름씨인 '반생(半生)<한평생의 반>'이 있지만 뜻에서 '반생반사'의
　　'반생-'과는 차이를 보인다.

따위에 써 붙였음>

 *백수(百壽)12)

  백수(百壽)―<‘백복(百福)’ 앞에만 결합됨>

  백복(百福)<여러 가지 복. 또는 온갖 복>

불권불식(不倦不息)<싫증내지도 아니하고 쉬지도 아니함>

 *불권(不倦)

  불권(不倦)―<‘불식(不息)’ 앞과 ‘불해(不懈)―’ 뒤에 결합됨>

  불식(不息)<쉬지 아니함>

불천불역(不遷不易)<변하지 않고 또한 바뀌지 아니함>

 *불천(不遷)

  불천(不遷)―<‘불역(不易)’과 ‘지위(之位)’13) 앞에 결합됨>

  불역(不易)<바꾸어 고칠 수 없거나 고치지 않음>

불황불망(不慌不忙)<침착하여 당황하지 아니함>

 *불황(不慌)

  불황(不慌)―<‘불망(不忙)’ 앞에만 결합됨>

  불망(不忙)<잊지 아니함>

악초악목(惡草惡木)<잘 자라지 못한 풀과 나무>

 *악초(惡草)14)

  악초(惡草)―<‘악목(惡木)’ 앞에만 결합됨>

  악목(惡木)<질이 나빠서 재목으로 쓰지 못할 나무>

유시유종(有始有終)<처음도 있고 끝도 있다는 뜻으로 시작한 일을 끝
     까지 마무리함을 이르는 말>

 *유시(有始)

  유시(有始)―<‘유종(有終)’과 ‘무종(無終)’ 앞에 결합됨>

  유종(有終)<시작한 일에 끝이 있음>

유의유식(遊衣遊食)<하는 일 없이 놀면서 입고 먹음>

 *유의(遊衣)

---

12) 비슷한 뜻과 같은 발음으로 이름씨인 ‘백수(白壽)<아흔 아홉 살>’이 있지만 한자
   에서 차이가 나며 뜻에서도 차이를 보인다.

13) ‘지위(之位)’와 결합하면, <예전에, 큰 공훈이 있어 영원히 사당에 모시기를 나라
   에서 허락한 신위>란 뜻의 이름씨가 된다.

14) <질이 나쁜 담배>라는 뜻의 이름씨는 존재하지만, ‘악초악목’의 ‘악초’와는 뜻이
   다르다.

유의(遊衣)-<‘유식(遊食)’ 앞에만 결합됨>

유식(遊食)<무위도식>

일빈일소(一嚬一笑)<한 번 찡그리고 한 번 웃는다는 뜻으로 성내기도
하고 기뻐하기도 하는 감정이나 표정의 변화를 이르는 말>

*일빈(一嚬)

일빈(一嚬)-<‘일소(一笑)’ 앞에만 결합됨>

일소(一笑)<한 번 웃음>

일생일사(一生一死)<한 번 태어나고 한 번 죽는 일>

*일생(一生)[15]

일생(一生)-<‘일사(一死)’ 앞에만 결합됨>

일사(一死)<한 번 죽음. 또는 한 목숨 버림>

일음일식(一飮一食)<약간의 음식>

*일음(一飮)

일음(一飮)-<‘일식(一食)’과 ‘일탁(一啄)’[16] 앞에 결합됨>

일식(一食)<한 끼의 식사. 또는 한 번의 식사>

일주일야(一晝一夜)<새벽부터 밤까지 만 하루>

*일주(一晝)

일주(一晝)-<‘일야(一夜)’ 앞에만 결합됨>

일야(一夜)<해가 지고 나서 다음날 해가 뜰 때까지의 동안>

일칭일념(一稱一念)<아미타불의 명호(名號)를 한 번 부르고 한 번 깊
이 생각함>

*일칭(一稱)

일칭(一稱)-<‘일념(一念)’ 앞에만 결합됨>

일념(一念)<한결같은 마음. 또는 한 가지 생각>

자개자락(自開自落)<사람이 가꾸지 않은 꽃이나 열매 따위가 스스로
꽃을 피우고 열매를 맺었다가 스스로 떨어짐>

*자개(自開)

자개(自開)-<‘-자락(自落)’ 앞에만 결합됨>

자락(自落)<저절로 떨어짐>

---

15) <살아 있는 동안>을 뜻하는 이름씨 ‘일생(一生)’은 존재한다.

16) ‘일탁(一啄)’ 앞에 결합하면, <조금씩 마시고 조금씩 먹는다는 뜻으로, 사람이 그
분수를 지키며 다른 것을 탐내지 아니하고 사는 모습을 이르는 말>이란 뜻의 이
름씨가 된다.

자부자강(自富自强)<자기 자신을 스스로 부강하게 함>
 *자부(自富)
  자부(自富)-<'자강(自强)' 앞에만 결합됨>
  자강(自强)<스스로 힘써 몸과 마음을 가다듬음>
자승자박(自繩自縛)<자기의 줄로 자기 목을 옭아 묶는다는 뜻으로, 자
       기가 한 말과 행동에 자기 자신이 옭혀 곤란하게 됨을 비유적으
       로 이르는 말>
 *자승(自繩)
  자승(自繩)-<'자박(自縛)' 앞에만 결합됨>
  자박(自縛)<자기 스스로 자신을 옭아 묶음>
자업자득(自業自得)<자기가 저지른 일의 결과를 자기가 받음>
 *자업(自業)
  자업(自業)-<'자득(自得)'과 '자박(自縛)' 앞에 결합됨>
  자득(自得)<자기가 한 일에 대하여 자기 스스로 갚음을 받음>
자업자박(自業自縛)<=자업자득>
 *자업(自業)
  자업(自業)-<'자득(自得)'과 '자박(自縛)' 앞에 결합됨>
  자박(自縛)<자기 스스로 자신을 옭아 묶음>
전지전청(傳之傳聽)<말이나 소식을 여러 사람을 거쳐 들음>
 *전지(傳之)
  전지(傳之)-<'전청(傳聽)', '전지(傳之)-', '전파(傳播)', '후세(後世)'
       앞에 결합됨>
  전청(傳聽)<다른 사람이 옮기는 말을 통하여 간접적으로 들음>
전지전청(轉之轉請)<여러 사람을 거쳐서 간접적으로 청함>
 *전지(轉之)
  전지(轉之)-<'전청(轉請)' 앞에만 결합됨>
  전청(轉請)<다른 사람을 사이에 넣어서 간접적으로 청함>
전지전파(傳之傳播)<말이 이 사람 저 사람에게로 전하여지면서 퍼짐>
 *전지(傳之)
  전지(傳之)-<'전청(傳聽)', '전지(傳之)-'[17), '전파(傳播)', '후세(後

---

17) '전지(傳之)-'와 결합하면, <전하고 전하여>란 뜻의 같은 꼴 되풀이 어찌씨기
    된다.

世)'18) 앞에 결합됨>

　전파(傳播)<전하여 널리 퍼트림>

척산척수(尺山尺水)<높은 곳에서 멀리 내려다볼 때 산수가 작게 보임
　　　을 이르는 말>

　*척산(尺山)

　척산(尺山)–<'척수(尺水)'와 '촌수(寸水)'19) 앞에 결합됨>

　척수(尺水)<얼마 안 되는 물. 또는 얕은 물>

필문필답(筆問筆答)<글로 써서 묻고 대답함>

　*필문(筆問)

　필문(筆問)–<'필답(筆答)' 앞에만 결합됨>

　필답(筆答)<글로 써서 대답함>

2.1.3.2. 바탕소–'–하다' 결합 뿌리, 되풀이소–이름씨

이 짜임새에 해당하는 합성이름씨는 바탕소가 낱말 자격이 모자라는
뿌리로, 풀이씨 파생가지 '–하다'가 결합 가능한 뿌리이며, 되풀이소가
이름씨에 해당한다. 합성이름씨 '다사다망(多事多忙)'을 보면, 바탕소 '다
사(多事)–'는 뜻으로 보아 본디 통사적 짜임새였던 것이 결합과정을 거
쳐 '–하다' 결합 가능한 뿌리가 되었으며, 비슷한 꼴 이름씨인 '다망(多
忙)'과 결합되어 합성이름씨가 생성되었다.

이 짜임새에 해당하는 합성이름씨는 극히 적은 편으로, 그 보기와 뜻,
바탕소와 되풀이소의 뜻과 결합 특성은 다음과 같다.

　다감다정20)(多感多情)<감정이 풍부하고 정이 많음>

　*다감(多感)

　다감(多感)하다<감정이나 감수성이 풍부하다.>

---

18) '후세(後世)'와 결합하면, <후세에 전함>이란 뜻의 이름씨가 된다.

19) '촌수(寸水)'와 결합하면, '척산척수'와 같은 뜻의 이름씨가 된다.

20) 『고려대 한국어대사전』에는 이름씨로 올라 있지만, 『표준국어대사전』에는 '–하
　다' 결합 뿌리로 올라 있다.

다정(多情)<정이 많음. 또는 정분이 두터움>
다사다망(多事多忙)<일이 많아 몹시 바쁨>
 *다사(多事)
 다사(多事)하다<일이 많다.>
 다망(多忙)<매우 바쁨>
불로불사(不老不死)<늙지도 아니하고 죽지도 아니함>
 *불로(不老)
 불로(不老)하다<늙지 아니하다.>
 불사(不死)<죽지 아니함>
불요불급(不要不急)<필요하지도 않고 급하지도 않음>
 *불요(不要)
 불요(不要)하다<필요하지 않다.>
 불급(不急)<①속도 따위가 빠르지 아니함. ②일 따위가 긴급하지 아
　니함>

2.1.4. 바탕소와 되풀이소가 뿌리인 경우

비슷한 꼴 되풀이 한자말로 이루어진 합성이름씨 가운데 바탕소와 되
풀이소가 모두 낱말 자격이 모자라는 뿌리로 이루어진 것들이 이 짜임새
에 해당한다. 뿌리를 불구 뿌리인 경우와 '-하다' 결합 가능 뿌리로 가
르면, 바탕소와 되풀이소 모두 불구 뿌리인 경우, 바탕소는 불구 뿌리이
고 되풀이소가 '-하다' 결합 가능 뿌리인 경우, 바탕소는 '-하다' 결합
가능 뿌리이고 되풀이소가 불구 뿌리인 경우, 바탕소와 되풀이소 모두
'-하다' 결합 가능 뿌리인 경우로 나뉜다.

2.1.4.1. 바탕소-불구 뿌리, 되풀이소-불구 뿌리

바탕소와 되풀이소가 모두 뿌리에 해당하되, 그 뿌리가 오직 하나의
낱말이나 뿌리에 결합될 수 있는 유일 뿌리이거나 두셋의 낱말이나 뿌리
에 결합될 수 있는 불구 뿌리가 이 짜임새에 해당한다. 합성이름씨 '구

문구대(口問口對)’는 바탕소 ‘구문(口問)−’과 되풀이소 ‘−구대(口對)’가 각각 오직 하나의 뿌리에만 결합 가능한 유일 뿌리에 해당되며, 뜻으로 보아 본디 통사적 짜임새에 해당되었던 것으로 볼 수 있다.

이 짜임새에 해당하는 합성이름씨는 아주 많은 편으로, 그 보기와 뜻, 바탕소와 되풀이소의 뜻과 결합 특성은 다음과 같다.

가동가서(可東可西)[21]<이렇게 할만도 하고 저렇게 할만도 함>
　*가동(可東)
　가동(可東)−<‘−가서(可西)’ 앞에만 결합됨>
　*가서(可西)
　−가서(可西)<‘가동(可東)−’ 뒤에만 결합됨>
감지덕지(感之德之)[22]<분에 넘치는 듯싶어 매우 고맙게 여김>
　*감지(感之)
　감지(感之)−<‘−덕지(德之)’ 앞에만 결합됨>
　*덕지(德之)
　−덕지(德之)<‘감지(感之)−’ 뒤에만 결합됨>
구문구대(口問口對)<옛날에, 묻는 말에 말로 대답하던 시험 방법. 오
　　　늘날의 구두시험에 해당함>
　*구문(口問)
　구문(口問)−<‘−구대(口對)’ 앞에만 결합됨>
　*구대(口對)
　−구대(口對)<‘구문(口問)−’ 뒤에만 결합됨>
구증구포(九蒸九曝)<한약재를 만들 때 약초를 찌고 말리기를 아홉 번
　　　거듭함>
　*구증(九蒸)
　구증(九蒸)−<‘−구포(九曝)’ 앞에만 결합됨>
　*구포(九曝)

---

21) 꼭 같은 뜻의 ‘가이동가이서(可以東可以西)’가 있다. 이의 준말이 ‘가동가서(可東可西)’이다.

22) 『표준국어대사전』에는 어찌씨로만 올라 있으나 『고려대 한국어대사전』에는 어찌씨와 아울러 이름씨로도 올라 있다.

−구포(九曝)<‘구증(九蒸)−’ 뒤에만 결합됨>
군책군력(群策群力)<여러 사람의 지혜와 능력>
 *군책(群策)
　군책(群策)−<‘−군력(群力)’ 앞에만 결합됨>
 *군력(群力)
−군력(群力)<‘군책(群策)−’ 뒤에만 결합됨>
난형난제(難兄難弟)<누구를 형이라 하기도 어렵고 아우라 하기도 어
　　　렵다는 뜻으로, 서로 비슷비슷하여 우열을 가리기 어려움을 비
　　　유적으로 이르는 말>
 *난형(難兄)
　난형(難兄)−<‘−난제(難弟)’ 앞에만 결합됨>
 *난제(難弟)
−난제(難弟)<‘난형(難兄)−’ 뒤에만 결합됨>
막왕막래(莫往莫來)<서로 오고 가지 않음>
 *막왕(莫往)
　막왕(莫往)−<‘−막래(莫來)’ 앞에만 결합됨>
 *막래(莫來)
−막래(莫來)<‘막왕(莫往)−’ 뒤에만 결합됨>
명야복야(命也福也)<잇따라 여러 번 생기는 행복>
 *명야(命也)
　명야(命也)−<‘−복야(福也)’ 앞에만 결합됨>
 *복야(福也)
−복야(福也)<‘명야(命也)−’ 뒤에만 결합됨>
몰두몰미(沒頭沒尾)<=‘무두무미(無頭無尾)’<머리도 꼬리도 없다는 뜻
　　　으로, 밑도 끝도 없음을 이르는 말>>
 *몰두(沒頭)
　몰두(沒頭)23)−<‘−몰미(沒尾)’ 앞에만 결합됨>
 *몰미(沒尾)
−몰미(沒尾)<‘몰두(沒頭)−’ 뒤에만 결합됨>
무각무인(無覺無認)<느끼지 않고 인식하지 않음>

---

23) <어떤 일에 온 정신이나 관심을 기울여 열중함>이란 뜻의 이름씨 ‘몰두(沒頭)’는
있지만 <머리가 없다>의 뜻인 ‘몰두(沒頭)’는 이름씨로 존재하지 않는다.

*무각(無覺)

　무각(無覺)-<‘-무인(無認)’ 앞에만 결합됨>

*무인(無認)

　-무인(無認)<‘무각(無覺-)’ 뒤에만 결합됨>

무두무미(無頭無尾)<머리도 꼬리도 없다는 뜻으로, 밑도 끝도 없음을
　　　이르는 말>

*무두(無頭)

　무두(無頭)-<‘-무미(無尾)’ 앞에만 결합됨>

*무미(無尾)

　-무미(無尾)<‘무두(無頭)-’ 뒤와 ‘계(鷄)’[24] 앞에 결합됨>

무득무실(無得無失)<해로울 것도 없고 이로울 것도 없음>

*무득(無得)

　무득(無得)-<‘-무실(無失)’ 앞에만 결합됨>

*무실(無失)

　-무실(無失)<‘무득(無得)-’ 뒤에만 결합됨>

무부무군(無父無君)<어버이도 임금도 없이 행동이 막됨>

*무부(無父)

　무부(無父)-<‘-무군(無君)’ 앞에만 결합됨>

*무군(無君)

　-무군(無君)<‘무부(無父)-’ 뒤에만 결합됨>

무실무가(無室無家)<매우 가난하여 들어 있을 만한 집도 없음을 이르
　　　는 말>

*무실(無室)

　무실(無室)-<‘-무가(無家)’ 앞에만 결합됨>

*무가(無家)

　-무가(無家)<‘무실(無室)-’ 뒤에만 결합됨>

무훼무예(無毁無譽)<훼방하는 일도 칭찬하는 일도 없음>

*무훼(無毁)

　무훼(無毁)-<‘-무예(無譽)’ 앞에만 결합됨>

*무예(無譽)

　-무예(無譽)<‘무훼(無毁)-’ 뒤에만 결합됨>

---

24) ‘계(鷄)’와 결합하면, <민꼬리닭>이란 뜻의 이름씨가 된다.

민고민지(民膏民脂)<백성의 피와 땀이란 뜻으로, 백성에게 조세로 거
　　　둔 돈이나 곡식을 이르는 말>
　*민고(民膏)
　　민고(民膏)-<'-민지(民脂)' 앞에만 결합됨>
　*민지(民脂)
　-민지(民脂)<'민고(民膏)-' 뒤에만 결합됨>
반상반하(半上半下)<태도나 성질이 위나 아래 어느 쪽에도 붙지 않고
　　　모호함>
　*반상(半上)
　　반상(半上)-<'-반하(半下)' 앞에만 결합됨>
　*반하(半下)
　-반하(半下)<'반상(半上)-' 뒤에만 결합됨>
반수반불(半袖半拂)<전통 궁중 무용에서 한 팔씩 들어 뒤로 뿌리는 춤
　　　사위>
　*반수(半袖)
　　반수(半袖)-<'-반불(半拂)' 앞에만 결합됨>
　*반불(半拂)
　-반불(半拂)<'반수(半袖)-' 뒤에만 결합됨>
반신반인(半神半人)<반은 신인 사람. 또는 아주 영묘한 사람>
　*반신(半神)
　　반신(半神)-<'-반인(半人)' 앞에만 결합됨>
　*반인(半人)
　-반인(半人)<'반신(半神)-' 뒤에만 결합됨>
반우반계(半羽半界)<국악 가곡에서 '반엽', '편락' 또는 '환계락'을 우
　　　조 곧 평조에서 계면조로 바꾸어 잇는 점에서 이르는 말>
　*반우(半羽)
　　반우(半羽)-<'-반계(半界)' 앞에만 결합됨>
　*반계(半界)
　-반계(半界)<'반우(半羽)-' 뒤에만 결합됨>
반인반수(半人半獸)<몸의 반은 인간이고 반은 짐승인 생명체>
　*반인(半人)[25]

---

25) 꼭 같은 한자로 <품삯의 절반만 받는 사람>이란 뜻의 이름씨가 있지만 여기서의

반인(半人)-<'-반수(半獸)' 앞에만 결합됨>

　*반수(半獸)

　-반수(半獸)<'반인(半人)-' 뒤에만 결합됨>

반흉반길(半凶半吉)<한편으로는 흉하기도 하고 한편으로는 길하기도 함>

　*반흉(半凶)

　반흉(半凶)-<'-반길(半吉)' 앞에만 결합됨>

　*반길(半吉)

　-반길(半吉)<'반흉(半凶)-' 뒤에만 결합됨>

부전자전(父傳子傳)<아버지가 아들에게 대대로 전함>

　*부전(父傳)

　부전(父傳)-<'-자전(子傳)' 앞에만 결합됨>

　*자전(子傳)

　-자전(子傳)<'부전(父傳)-' 뒤에만 결합됨>

부즉불리(不卽不離)<두 관계가 붙지도 않고 떨어지지도 아니함>

　*부즉(不卽)

　부즉(不卽)-<'-불리(不離)' 앞과 뒤에 결합됨>

　*불리(不離)

　-불리(不離)<'부즉(不卽)-' 뒤와 앞에 결합됨>

부증불감(不增不減)<늘지도 줄지도 않음>

　*부증(不增)

　부증(不增)-<'-불감(不減)' 앞에만 결합됨>

　*불감(不減)

　-불감(不減)<'-부증(不增)' 뒤에만 결합됨>

불권불해(不倦不懈)<싫증내지도 아니하고 게을리 하지도 아니함>

　*불권(不倦)

　불권(不倦)-<'불식(不息)'과 '불해(不懈)-' 앞에 결합됨>

　*불해(不懈)

　-불해(不懈)<'불권(不倦)-' 뒤에만 결합됨>

불농불상(不農不商)<농사도 짓지 않고 장사도 하지 않으면서 그저 놀
　　고만 지냄>

　*불농(不農)

뜻과는 관련 없다.

불농(不農)-<'-불상(不商)' 앞에만 결합됨>

　*불상(不商)

　-불상(不商)<'불농(不農)-' 뒤에만 결합됨>

불리부즉(不離不卽)<=부즉불리<두 관계가 붙지도 않고 떨어지지도

　　아니함>>

　*불리(不離)

　불리(不離)-<'-부즉(不卽)' 앞과 뒤에 결합됨>

　*부즉(不卽)

　-부즉(不卽)<'불리(不離)-' 뒤와 앞에 결합됨>

불선불후(不先不後)<공교롭게도 좋지 못한 때를 당함>

　*불선(不先)

　불선(不先)-<'-불후(不後)' 앞에만 결합됨>

　*불후(不後)

　-불후(不後)<'불선(不先)-' 뒤에만 결합됨>

불치불검(不侈不儉)<사치하지도 검소하지도 아니하고 수수함>

　*불치(不侈)

　불치(不侈)-<'-불검(不儉)' 앞에만 결합됨>

　*불검(不儉)

　-불검(不儉)<'불치(不侈)-' 뒤에만 결합됨>

불한불열(不寒不熱)<날씨가 춥지도 덥지도 아니하고 알맞게 따듯함>

　*불한(不寒)

　불한(不寒)-<'-불열(不熱)' 앞에만 결합됨>

　*불열(不熱)

　-불열(不熱)<'불한(不寒)-' 뒤에만 결합됨>

비몽사몽(非夢似夢)<완전히 잠이 들지도 잠에서 깨어나지도 않은 어

　　렴풋한 상태>

　*비몽(非夢)

　비몽(非夢)-<'-사몽(似夢)' 앞과 뒤에 결합됨>

　*사몽(似夢)

　-사몽(似夢)<'비몽(非夢)-' 뒤와 앞에 결합됨>

비산비야(非山非野)<산도 평야도 아닌 땅>

　*비산(非山)

　비산(非山)-<'-비야(非野)' 앞에만 결합됨>

　*비야(非野)

　－비야(非野)＜‘비산(非山)－’ 뒤에만 결합됨＞

비승비속(非僧非俗)＜중도 아니고 속인도 아니란 뜻으로, 이것도 저것

　　도 아닌 어중간함을 이르는 말＞

　*비승(非僧)

　비승(非僧)－＜‘－비속(非俗)’ 앞에만 결합됨＞

　*비속(非俗)

　－비속(非俗)＜‘비승(非僧)－’ 뒤에만 결합됨＞

비일비재(非一非再)＜어떤 현상이나 사실이 한두 번이나 한둘이 아니

　　고 많음＞

　*비일(非一)

　비일(非一)－＜‘－비재(非再)’ 앞에만 결합됨＞

　*비재(非再)

　－비재(非再)＜‘비일(非一)－’ 뒤에만 결합됨＞

사몽비몽(似夢非夢)＜＝비몽사몽＞

　*사몽(似夢)

　사몽(似夢)－＜‘－비몽(非夢)’ 앞과 뒤에 결합됨＞

　*비몽(非夢)

　－비몽(非夢＜‘사몽(似夢)－’ 뒤와 앞에 결합됨＞

생지살지(生之殺之)＜살리고 죽임＞

　*생지(生之)

　생지(生之)－＜‘－살지(殺之)’ 앞에만 결합됨＞

　*살지(殺之)

　－살지(殺之)＜‘생지(生之)－’ 뒤에만 결합됨＞

선문선답(禪問禪答)＜선종에서, 조사가 수행자를 인도하기 위하여 제시

　　하는 과제와 그에 대한 수행자의 대답을 아울러 이르는 말＞

　*선문(禪問)

　선문(禪問)－＜‘－선답(禪答)’ 앞에만 결합됨＞

　*선답(禪答)

　－선답(禪答)＜‘선문(禪問)－’ 뒤에만 결합됨＞

선시선종(善始善終)＜처음부터 끝까지 한결같이 잘함＞

　*선시(善始)

　선시(善始)－＜‘－선종(善終)’ 앞에만 결합됨＞

*선종(善終)

－선종(善終)<‘－선시(善始)’ 뒤에만 결합됨>

설왕설래(說往說來)<서로 변론을 주고받으며 옥신각신함. 또는 말이
　　오고 감>

*설왕(說往)

설왕(說往)－<‘－설래(說來)’ 앞에만 결합됨>

*설래(說來)

－설래(說來)<‘설왕(說往)－’ 뒤에만 결합됨>

수득수실(誰得誰失)<누가 이득을 보고 누가 손해를 .보는지 분명하지
　　않은 형편>

*수득(誰得)

수득(誰得)－<‘－수실(誰失)’ 앞에만 결합됨>

*수실(誰失)

－수실(誰失)<‘수득(誰得)－’ 뒤에만 결합됨>

수문수답(隨問隨答)<묻는 대로 거침없이 대답함>

*수문(隨問)

수문(隨問)－<‘－수답(隨答)’ 앞에만 결합됨>

*수답(隨答)

－수답(隨答)<‘수문(隨問)－’ 뒤에만 결합됨>

수원수구(誰怨誰咎)<누구를 원망하고 누구를 탓하겠느냐는 뜻으로, 남
　　을 원망하거나 탓할 것이 없음을 이르는 말>

*수원(誰怨)

수원(誰怨)－<‘－수구(誰咎)’와 ‘－숙우(孰尤)’26) 앞에 결합됨>

*수구(誰咎)

－수구(誰咎)<‘수원(誰怨)－’ 뒤에만 결합됨>

숙시숙비(熟是熟非)<누가 옳고 누가 그른지 분명하지 아니함>

*숙시(熟是)

숙시(熟是)－<‘－숙비(熟非)’ 앞에만 결합됨>

*숙비(熟非)

－숙비(熟非)<‘숙시(熟是)－’ 뒤에만 결합됨>

쌍거쌍래(雙去雙來)<쌍쌍이 오고 감>

---

26) ‘－숙우(孰尤)’와 결합하면, 수원수구와 같은 뜻의 이름씨가 된다.

*쌍거(雙去)

　쌍거(雙去)-<'-쌍래(雙來)' 앞에만 결합됨>

*쌍래(雙來)

-쌍래(雙來)<'쌍거(雙去)-' 뒤에만 결합됨>

악지악각(惡知惡覺)<(불)佛果를 얻는 것을 방해하는 사악한 지식>

*악지(惡知)

　악지(惡知)-<'-악각(惡覺)' 앞에만 결합됨>

*악각(惡覺)

-악각(惡覺)<'악지(惡知)-' 뒤에만 결합됨>

약존약망(若存若亡)<있는 듯 없는 듯 함>

*약존(若存)

　약존(若存)-<'-약망(若亡)'과 '-약무(若無)' 앞에 결합됨>

*약망(若亡)

-약망(若亡)<'약존(若存)-' 뒤에만 결합됨>

약존약무(若存若無)<있는 듯 없는 듯 함>

*약존(若存)

　약존(若存)-<'-약무(若無)'와 '-약망(若亡)' 앞에 결합됨>

*약무(若無)

-약무(若無)<'약존(若存)-' 뒤에만 결합됨>

언거언래(言去言來)<①말이 가고 말이 온다는 뜻으로, 여러 말이 서로
　　　오고감을 이르는 말. ②말다툼>

*언거(言去)

　언거(言去)-<'-언래(言來)' 앞에 결합됨>

*언래(言來)

-언래(言來)<'언왕(言往)-'과 '언거(言去)-' 뒤에 결합됨>

언왕언래(言往言來)<＝설왕설래>

*언왕(言往)

　언왕(言往)-<'-언래(言來)'와 '설래(說來)'27) 앞에 결합됨>

*언래(言來)

-언래(言來)<'언왕(言往)-'과 '언거(言去)-' 뒤에 결합됨>

---

27) '설래(說來)'와 결합되면, <서로 변론을 주고받으며 옥신각신함. 또는 말이 오고
　감>이란 뜻의 이름씨가 된다.

여광여취(如狂如醉)<너무 기쁘거나 감격하여 미친 듯도 하고 취한 듯
　　　도 하다는 뜻으로, 이성을 잃은 상태를 비유적으로 이르는 말>
　*여광(如狂)
　여광(如狂)－<‘－여취(如醉)’ 앞과 뒤에 결합됨>
　*여취(如醉)
　－여취(如醉)<‘여광(如狂)－’ 뒤와 앞, ‘－여몽(如夢)’ 앞에 결합됨>
여원여모(如怨如慕)<원망하는 것 같기도 하고 사모하는 것 같기도 함>
　*여원(如怨)
　여원(如怨)－<‘－여모(如慕)’와 ‘－여소(如訴)’ 앞에 결합됨>
　*여모(如慕)
　－여모(如慕)<‘여원(如怨)－’ 뒤에만 결합됨>
여원여소(如怨如訴)<우는 것 같기도 하고 하소연하는 것 같기도 함>
　*여원(如怨)
　여원(如怨)－<‘－여모(如慕)’와 ‘－여소(如訴)’ 앞에 결합됨>
　*여소(如訴)
　－여소(如訴)<‘여원(如怨)－’과 ‘여읍(如泣)－’ 뒤에 결합됨>
여읍여소(如泣如笑)<우는 것 같기도 하고 웃는 것 같기도 함>
　*여읍(如泣)
　여읍(如泣)－<‘－여소(如訴)’와 ‘－여소(如笑)’ 앞에 결합됨>
　*여소(如笑)
　－여소(如笑)<‘여읍(如泣)－’ 뒤에 결합됨>
여읍여소(如泣如訴)<우는 것 같기도 하고 하소연하는 것 같기도 함>
　*여읍(如泣)
　여읍(如泣)－<‘－여소(如訴)’와 ‘－여소(如笑)’ 앞에 결합됨>
　*여소(如訴)
　－여소(如訴)<‘여원(如怨)－’과 ‘여읍(如泣)－’ 뒤에 결합됨>
여진여몽(如眞如夢)<꿈인지 생시인지 모를 지경임>
　*여진(如眞)
　여진(如眞)－<‘－여몽(如夢)’ 앞에 결합됨>
　*여몽(如夢)
　－여몽(如夢)<‘여진(如眞)－’ 뒤에 결합됨>
여진여퇴(旅進旅退)<아무런 주관이 없이 남의 의견을 맹목적으로 좇
　　　아 함께 어울림>

　　*여진(旅進)

　　여진(旅進)-<'-여퇴(旅退)' 앞에만 결합됨>

　　*여퇴(旅退)

　　-여퇴(旅退)<'여진(旅進)-' 뒤에만 결합됨>

여취여광(如醉如狂)<＝여광여취>

　　*여취(如醉)

　　여취(如醉)-<'-여광(如狂)' 앞과 뒤, '-여몽(如夢)' 앞에 결합됨>

　　*여광(如狂)

　　-여광(如狂)<'여취(如醉)-' 뒤와 앞에 결합됨>

여취여몽(如醉如夢)<취한 듯하기도 하고 꿈같기도 함>

　　*여취(如醉)

　　여취(如醉)-<'-여몽(如夢)'과 '-여광(如狂)' 앞에 결합됨>

　　*여몽(如夢)

　　-여몽(如夢)<'여취(如醉)-' 뒤에만 결합됨>

오시오중(五矢五中)<화살을 다섯 대 쏘아서 다섯 번 다 맞춤>

　　*오시(五矢)

　　오시(五矢)-<'-오중(五中)'과 '사중(四中)'[28] 앞에 결합됨>

　　*오중(五中)

　　-오중(五中)<'오시(五矢)-' 뒤에만 결합됨>

왈가왈부(曰可曰否)<어떤 일에 대하여 옳거니 옳지 아니하거니 하고
　　　　말함>

　　*왈가(曰可)

　　왈가(曰可)-<'-왈부(曰否)' 앞에만 결합됨>

　　*왈부(曰否)

　　-왈부(曰否)<'왈가(曰可)-' 뒤에만 결합됨>

왈시왈비(曰是曰非)<어떤 일에 대하여 옳으니 그르니 하고 말함>

　　*왈시(曰是)

　　왈시(曰是)-<'-왈비(曰非)' 앞에만 결합됨>

　　*왈비(曰非)

　　-왈비(曰非)<'왈시(曰是)-' 뒤에만 결합됨>

---

28) '사중(四中)'에 결합되면, <국궁에서 활을 다섯 번 쏘아 네 번 맞히는 일>을 뜻하
　는 이름씨가 된다.

왈형왈제(曰兄曰弟)<=호형호제>

　*왈형(曰兄)

　　왈형(曰兄)-<‘-왈제(曰弟)’ 앞에만 결합됨>

　*왈제(曰弟)

　-왈제(曰弟)<‘왈형(曰兄)-’ 뒤에만 결합됨>

외수외미(畏首畏尾)<처음도 두렵고 끝도 두렵다는 뜻으로, 남이 알게
　　　　되는 것을 두려워함을 이르는 말>

　*외수(畏首)

　　외수(畏首)-<‘-외미(畏尾)’ 앞에만 결합됨>

　*외미(畏尾)

　-외미(畏尾)<‘외수(畏首)-’ 뒤에만 결합됨>

유두유미(有頭有尾)<①행동이나 사물의 처음과 끝이 분명함. ②처음부
　　　　터 끝까지 조리 있음>

　*유두(有頭)

　　유두(有頭)-<‘-유미(有尾)’ 앞에만 결합됨>

　*유미(有尾)

　-유미(有尾)<‘유두(有頭)-’ 뒤에만 결합됨>

유왕유독(愈往愈篤)<갈수록 더욱 심함>

　*유왕(愈往)

　　유왕(愈往)-<‘-유독(愈篤)’ 앞과 ‘유심(愈甚)-’ 뒤에 결합됨>

　*유독(愈篤)

　-유독(愈篤)<‘유왕(愈往)-’ 뒤에만 결합됨>

일거일래(一去一來)<왔다 갔다 함. 또는 그런 일>

　*일거(一去)

　　일거(一去)-<‘-일래(一來)’ 앞에만 결합됨>

　*일래(一來)

　-일래(一來)<‘일거(一去)-’ 뒤에만 결합됨>

일거일래(日去日來)<날이 오고 간다는 뜻으로, 세월이 흐름을 이르는 말>

　*일거(日去)

　　일거(日去)-<‘-일래(日來)’ 앞에만 결합됨>

　*일래(日來)29)

---

29) <지난 며칠 동안>이란 뜻의 이름씨 ‘일래(日來)’가 있지만, ‘일거일래(日去日來)’

－일래(日來)<‘일거(日去)－’ 뒤에만 결합됨>

일고일락(一苦一樂)<한때 괴로워하고 한때 즐거워함. 즉 역경에 처할
  때는 괴롭고 순조로운 때는 즐거움을 이르는 말>

 *일고(一苦)
  일고(一苦)－<‘－일락(一樂)’ 앞에만 결합됨>

 *일락(一樂)30)
 －일락(一樂)<‘일고(一苦)－’ 뒤에만 결합됨>

일구일갈(一裘一葛)<한 장의 갖옷과 한 장의 베옷이란 뜻으로 매우 가
  난한 살림을 이르는 말>

 *일구(一裘)
  일구(一裘)－<‘－일갈(一葛)’ 앞에만 결합됨>

 *일갈(一葛)
 －일갈(一葛)<‘일구(一裘)－’ 뒤에만 결합됨>

일구일학(一邱一壑)<한 언덕과 한 골짜기란 뜻으로, 은자(隱者)가 사는
  곳을 이르는 말>

 *일구(一邱)
  일구(一邱)－<‘－일학(一壑)’ 앞에만 결합됨>

 *일학(一壑)
 －일학(一壑)<‘일구(一邱)－’ 뒤에만 결합됨>

일귀일천(一貴一賤)<①신분이 높았다 낮았다 함. ②물가가 올랐다 내
  렸다 함>

 *일귀(一貴)
  일귀(一貴)－<‘－일천(一賤)’ 앞에만 결합됨>

 *일천(一賤)
 －일천(一賤)<‘일귀(一貴)－’ 뒤에만 결합됨>

일남일북(一南一北)<혹은 남으로 가고 혹은 북으로 간다는 뜻으로 뿔
  뿔이 흩어짐을 이르는 말>

 *일남(一南)
  일남(一南)－<‘－일북(一北)’ 앞에만 결합됨>

에서의 ‘일래(日來)－’와는 그 뜻이 다르다.

30) <삼락(三樂) 가운데 첫째가는 즐거움. 부모가 다 살아 계시고 형제가 무고한 일을
  이른다.>이란 뜻의 이름씨 ‘일락(一樂)’이 있지만, ‘일고일락(一苦一樂)’의 ‘일락
  (一樂)－’과 그 뜻이 다르다.

＊일북(一北)

－일북(一北)＜‘일남(一南)－’ 뒤에만 결합됨＞

일동일정(一動一靜)＜하나하나의 동정 또는 모든 동작＞

＊일동(一動)

일동(一動)－＜‘일거(一擧)’와 ‘－일정(一靜)’ 앞과 뒤에 결합됨＞

＊일정(一靜)

－일정(一靜)＜‘일동(一動)－’ 뒤와 앞에 결합됨＞

일득일실(一得一失)＜한 가지 이로움이 있으면 한 가지 손해가 있다는 말＞

＊일득(一得)

일득(一得)－＜‘－일실(一失)’ 앞과 뒤에 결합됨＞

＊일실(一失)

－일실(一失)＜‘일득(一得)－’ 뒤와 앞에 결합됨＞

일룡일사(一龍一蛇)＜용이 되어 하늘로 올라가거나 뱀이 되어 못 속으
　　　로 숨는다는 뜻으로, 태평한 시대에는 세상에 나와 일을 하고
　　　어지러운 시대에는 은거하여 재능을 나타내지 않고 그 시대에
　　　잘 적응함을 이르는 말＞

＊일룡(一龍)

일룡(一龍)－＜‘－일사(一蛇)’와 ‘－일저(一猪)’ 앞에 결합됨＞

＊일사(一蛇)

－일사(一蛇)＜‘일룡(一龍)－’ 뒤에만 결합됨＞

일룡일저(一龍一猪)＜하나는 용이 되고 하나는 돼지가 된다는 뜻으로,
　　　사람의 능력은 배움이 있고 없음에 따라 크게 달라진다는 말＞

＊일룡(一龍)

일룡(一龍)－＜‘－일저(一猪)’와 ‘－일사(一蛇)’ 앞에 결합됨＞

＊일저(一猪)

－일저(一猪)＜‘일룡(一龍)－’ 뒤에만 결합됨＞

일명일암(一明一暗)＜하나는 밝고 하나는 어둡다는 뜻으로, 밝았다 어
　　　두웠다 함을 이르는 말＞

＊일명(一明)

일명(一明)－＜‘－일암’ 앞에만 결합됨＞

＊일암(一暗)

－일암(一暗)＜‘일명(一明)－’ 뒤에만 결합됨＞

일목일초(一木一草)＜＝일초일목＞

　*일목(一木)

　일목(一木)-<‘-일초(一草)’와 ‘-지지(之枝)’31) 앞에 결합됨>

　*일초(一草)

　-일초(一草)<‘일목(一木)-’ 뒤에만 결합됨>

일문일답(一問一答)<한 번 물음에 대하여 한 번 대답함>

　*일문(一問)

　일문(一問)-<‘-일답(一答)’ 앞에만 결합됨>

　*일답(一答)

　-일답(一答)<‘일문(一問)-’ 뒤에만 결합됨>

일물일가(一物一價)<같은 상품에는 오로지 하나의 가격만 있음>

　*일물(一物)

　일물(一物)-<‘-일가(一價)’ 앞에만 결합됨>

　*일가(一價)32)

　-일가(一價)<‘일물(一物)-’ 뒤에만 결합됨>

일부일부(一夫一婦)<=일부일처>

　*일부(一夫)33)

　일부(一夫)-<‘-일부(一婦)’, ‘일처(一妻)’, ‘양처(兩妻)’, ‘종사(從
　　　事)’, ‘종신(終身)’ 앞에 결합됨>

　*일부(一婦)

　-일부(一婦)<‘ 일부(一夫)-’ 뒤에만 결합됨>

일부일앙(一俯一仰)<한편 엎드리고 한편 위로 쳐다봄. 또는 머리를 숙
　　　이기도 하고 우러러 보기도 함>

　*일부(一俯)

　일부(一俯)-<‘-일앙(一仰)’ 앞에만 결합됨>

　*일앙(一仰)

　-일앙(一仰)<‘일부(一俯)-’ 뒤에만 결합됨>

일부일처(一夫一妻)<한 남편에게 한 아내가 있음>

　*일부(一夫)34)

---

31) ‘-지지(之枝)’와 결합되면, <한 나무의 가지란 뜻으로, ‘형제’를 이르는 말>이란
　　뜻의 이름씨가 된다.

32) <①값이 하나임. 또는 그 값. ②원자가 하나임. ③알코올이 히드록시기 한 개를
　　가짐. 또는 그런 상태>를 뜻하는 이름씨는 존재한다.

33) <한 사람의 평범한 남자>를 뜻하는 이름씨는 존재한다.

일부(一夫)-<'-일처(一妻)', '-일부(一婦)', '양처(兩妻)', '종사(從
    事)', '종신(終身)' 앞에 결합됨>
 *일처(一妻)
 -일처(一妻)<'일부(一夫)-' 뒤와 '다부(多夫)' 앞에 결합됨>
일분일초(一分一秒)<1분과 1초라는 뜻으로 아주 짧은 시간을 이르는 말>
 *일분(一分)[35]
  일분(一分)-<'-일초(一秒)' 앞에 결합됨>
 *일초(一秒)
 -일초(一秒)<'일분(一分)-' 뒤와 '광시(光時)', '진자(振子)' 앞에 결합됨>
일비일희(一悲一喜)<=일희일비>
 *일비(一悲)
  일비(一悲)-<'-일희(一喜)' 앞과 뒤에 결합됨>
 *일희(一喜)
 -일희(一喜)<'일비(一悲)-' 뒤와 앞, '일경(一警)', 일노(一怒)', '일우
    (一憂) 앞에 결합됨>
일빈일부(一貧一富)<한때는 가난하고 한때는 부유함>
 *일빈(一貧)
  일빈(一貧)-<'-일부(一富)' 앞에만 결합됨>
 *일부(一富)[36]
 -일부(一富)<'일빈(一貧)-' 뒤에만 결합됨>
일상일영(一觴一詠)<=일영일상<술을 마시면서 시를 읊음>>
 *일상(一觴)
  일상(一觴)-<'-일영(一詠)' 앞과 뒤에 결합됨>
 *일영(一詠)
 -일영(一詠)<'일상(一觴)-' 앞과 뒤, '-삼탄(三歎/嘆)'[37]에 결합됨>
일성일쇠(一盛一衰)<한 번 성하고 한 번 쇠함. 또는 성하는 때도 있고
    쇠하는 때도 있음>
 *일성(一盛)

---

34) <한 사람의 평범한 남자>를 뜻하는 이름씨는 존재한다.

35) <사소한 부분. 또는 아주 적은 양>을 뜻하는 이름씨는 존재한다.

36) <갑부>를 뜻하는 이름씨는 존재한다.

37) '-삼탄(三歎/嘆)'에 결합되면 <한 번 시를 읊을 때마다 세 번 감탄한다는 뜻으로,
    시나 문장의 표현이 잘됨을 칭찬하여 이르는 말>이란 뜻의 이름씨가 된다.

일성(一盛)-<‘-일쇠(一衰)’ 앞에만 결합됨>

*일쇠(一衰)

-일쇠(一衰)<‘일성(一盛)-’ 뒤에만 결합됨>

일승일부(一勝一負)<한 번 이기고 한 번 짐>

*일승(一勝)

일승(一勝)-<‘-일부(一負)’와 ‘-일패(一敗)’ 앞에 결합됨>

*일부(一負)

-일부(一負)<‘일승(一勝)-’ 뒤에만 결합됨>

일승일패(一勝一敗)<한 번 이기고 한 번 짐>

*일승(一勝)

일승(一勝)-<‘-일패(一敗)’와 ‘-일부(一負)’ 앞에 결합됨>

*일패(一敗)

-일패(一敗)<‘일승(一勝)-’ 뒤와 ‘-도지(塗地)’[38] 앞에 결합됨>

일상일하(一上一下)<오르기도 하고 내리기도 함>

*일상(一上)

일상(一上)-<‘-일하(一下)’ 앞에만 결합됨>

*일하(一下)

-일하(一下)<‘일상(一上)-’ 뒤에만 결합됨>

일신일축(一伸一縮)<＝일축일신>

*일신(一伸)

일신(一伸)-<‘-일축(一縮)’ 앞과 뒤에 결합됨>

*일축(一縮)

-일축(一縮)<‘일신(一伸)-’ 뒤와 앞에 결합됨>

일실일득(一失一得)<＝일득일실<한 가지 이로움이 있으면 한 가지 손
　　　해가 있다는 말>

*일실(一失)

일실(一失)-<‘-일득(一得)’ 앞과 뒤에 결합됨>

*일득(一得)

-일득(一得)<‘일실(一失)-’ 뒤와 앞에 결합됨>

---

38) ‘-도지(塗地)’ 앞에 결합되면 <싸움에 한 번 패하여 간과 뇌가 땅바닥에 으깨어
진다는 뜻으로, 여지없이 패하여 다시 일어설 수 없게 되는 지경에 이름을 이르
는 말>이란 뜻의 이름씨가 된다.

일언일앙(一偃一仰)<=일부일앙<한편 엎드리고 한편 위로 쳐다봄. 또
는 머리를 숙이기도 하고 우러러 보기도 함>

*일언(一偃)

일언(一偃)-<'-일앙(一仰)' 앞에만 결합됨>

*일앙(一仰)

-일앙(一仰)<'일언(一偃)-' 뒤에만 결합됨>

일영일락(一榮一落)<=일성일쇠<한 번 성하고 한 번 쇠함. 또는 성하
는 때도 있고 쇠하는 때도 있음>>

*일영(一榮)

일영(一榮)-<'-일락(一落)' 앞에만 결합됨>

*일락(一落)

-일락(一落)<'일영(一榮)-' 뒤와 '만장(萬丈)', '천장(千丈)'[39] 앞에 결
합됨>

일왕일래(一往一來)<왔다 갔다 함>

*일왕(一往)

일왕(一往)-<'-일래(一來)' 앞에만 결합됨>

*일래(一來)

-일래(一來)<'일왕(一往)-' 뒤에만 결합됨>

일영일상(一詠一觴)<=일상일영<술을 마시면서 시를 읊음>>

*일영(一詠)

일영(一詠)-<'-일상(一觴)-' 앞과 뒤, '-삼탄(三歎/嘆)'에 결합됨>

*일상(一觴)

-일상(一觴)<'-일영(一詠)' 앞과 뒤에 결합됨>

일웅일자(一雄一雌)<한 마리의 수컷이 특정한 한 마리의 암컷과만 교
미하는 일>

*일웅(一雄)

일웅(一雄)-<'-일자(一雌)'와 '다자(多雌)' 앞에 결합됨>

*일자(一雌)

-일자(一雌)<'일웅(一雄)-' 뒤에만 결합됨>

---

39) '만장(萬丈)', '천장(千丈)'에 결합되면 <물이 단번에 만 길/천 길이나 떨어져 부서
　　진다는 뜻으로, 신망이나 위신 따위가 여지없이 떨어짐을 이르는 말>이란 뜻의
　　이름씨가 된다.

일유일예(一遊一豫)<한 번의 놀이와 한 번의 즐거움이라는 뜻으로, 황
　　　제의 유행을 이르던 말>

　*일유(一遊)
　　일유(一遊)-<‘-일예(一豫)’ 앞에만 결합됨>
　*일예(一豫)
　　-일예(一豫)<‘일유(一遊)-’ 뒤에만 결합됨>

일음일양(一陰一陽)<한 번이 음이면 다음이 양이 되는 원리>

　*일음(一陰)
　　일음(一陰)-<‘-일양(一陽)’ 앞에 결합됨>
　*일양(一陽)
　　-일양(一陽)<‘일음(一陰)-’ 뒤와 ‘내복(來復)’[40] 앞에 결합됨>

일음일탁(一飮一啄)<조금씩 마시고 조금씩 먹는다는 뜻으로, 사람이
　　　그 분수를 지키며 다른 것을 탐내지 아니하고 사는 모습을 이르
　　　는 말>

　*일음(一飮)
　　일음(一飮)-<‘-일탁(一啄)’과 ‘일식(一食)’ 앞에 결합됨>
　*일탁(一啄)
　　-일탁(一啄)<‘일음(一飮)-’ 뒤에만 결합됨>

일장일단(一長一短)<일면의 장점과 다른 일면의 단점을 통틀어 일는 말>

　*일장(一長)
　　일장(一長)-<‘-일단(一短)’ 앞과 뒤에 결합됨>
　*일단(一短)
　　-일단(一短)<‘일장(一長)-’ 뒤와 앞에 결합됨>

일장일이(一張一弛)<활시위를 죄었다 늦추었다 한다는 뜻으로, 사람이
　　　나 물건을 부릴 때는 부리고 쉴 때는 쉬게 함을 이르는 말>

　*일장(一張)
　　일장(一張)-<‘-일이(一弛)’ 앞에만 결합됨>
　*일이(一弛)
　　-일이(一弛)<‘일장(一張)-’ 뒤에만 결합됨>

---

40) ‘일양(一陽)-’과 결합된 ‘일양내복(一陽來復)’은 <①음이 끝나고 양이 돌아온다는
　　뜻으로, 동짓달이나 동지를 이르는 말. ②궂은 일이 걷히고 좋은 일이 돌아옴. ③
　　겨울이 가고 봄이 돌아옴>을 뜻하는 이름씨이다.

일재일예(一才一藝)<한 가지 뛰어난 재능과 한 가지 뛰어난 예능을 통
틀어 이르는 말>

 *일재(一才)

　일재(一才)−<‘−일예(一藝)’ 앞에만 결합됨>

 *일예(一藝)

−일예(一藝)<‘일재(一才)−’ 뒤에만 결합됨>

일전일도(一顚一倒)<한 번 넘어졌다 굴렀다 함>

 *일전(一顚)

　일전(一顚)−<‘−일도(一倒)’ 앞에만 결합됨>

 *일도(一倒)

−일도(一倒)<‘일전(一顚)−’ 뒤에만 결합됨>

일점일획(一點一劃)<글자에서의 한 점과 한 획이란 뜻으로, 아주 작은
부분의 말이나 글 따위를 이르는 말>

 *일점(一點)41)

　일점(一點)−<‘−일획(一劃)’ 앞에만 결합됨>

 *일획(一劃)

−일획(一劃)<‘일점(一點)−’ 뒤에만 결합됨>

일종일횡(一縱一橫)<①가로와 세로로 되어 있음. 또는 그런 것. ②중
국 전국시대에, 합종과 연횡이 번갈아 이루어지던 일>

 *일종(一縱)

　일종(一縱)−<‘−일횡(一橫)’ 뒤에만 결합됨>

 “일횡(一橫)

−일횡(一橫)<‘일종(一縱)−’ 앞에만 결합됨>

일즙일채(一汁一菜)<국 한 그릇과 나물 한 그릇이란 뜻으로 변변하지
못한 음식을 이르는 말.

 *일즙(一汁)

　일즙(一汁)−<‘−일채(一菜)’ 앞에만 결합됨>

 *일채(一菜)

−일채(一菜)<‘일즙(一汁)−’ 뒤에만 결합됨>

일진일퇴(一進一退)<한 번 앞으로 나아갔다 한 번 뒤로 물러섰다 함>

 *일진(一進)

---

41) <물리학의 갈말로, 작용점>이란 뜻의 이름씨는 존재한다.

일진(一進)-<'-일퇴(一退)' 앞에만 결합됨>

*일퇴(一退)

-일퇴(一退)<'일진(一進)-' 뒤에만 결합됨>

일질일문(一質一文)<한번은 질박하고 한 번은 화려함>

*일질(一質)

일질(一質)-<'-일문(一文)' 앞에만 결합됨>

*일문(一文)[42]

-일문(一文)<'일질(一質)-' 뒤에만 결합됨>

일창일화(一唱一和)<시문이나 노래 따위를 한 편에서 부르고 한 편에
서 화답함>

*일창(一唱)

일창(一唱)-<'-일화(一和)' 앞에만 결합됨>

*일화(一和)

-일화(一和)<'일창(一唱)-' 뒤에만 결합됨>

일청일탁(一淸一濁)<맑았다 흐렸다 함>

*일청(一淸)

일청(一淸)-<'-일탁(一濁)' 앞에만 결합됨>

*일탁(一濁)

-일탁(一濁)<'일청(一淸)-' 뒤에만 결합됨>

일초일목(一草一木)

*일초(一草)

일초(一草)-<'-일목(一木)' 앞에만 결합됨>

*일목(一木)

-일목(一木)<'일초(一草)-' 뒤에만 결합됨>

일축일신(一縮一伸)

*일축(一縮)

일축(一縮)-<'-일신(一伸)' 앞과 뒤에 결합됨>

*일신(一伸)

-일신(一伸)<'일축(一縮)-' 뒤와 앞에 결합됨>

일한일망(一閑一忙)<한가하기도 하고 바쁘기도 함>

*일한(一閑)

---

42) <한 글자 또는 한 문장>이란 뜻의 이름씨는 존재한다.

일한(一閑)-<'-일망(一忙)' 앞에만 결합됨>

　*일망(一忙)

　-일망(一忙)<'일한(一閑)-' 뒤에만 결합됨>

일한일서(一寒一暑)<춥기도 하고 덥기도 함>

　*일한(一寒)[43]

　　일한(一寒)-<'-일서(一暑)' 앞에만 결합됨>

　*일서(一暑)

　-일서(一暑)<'일한(一寒)-' 뒤에만 결합됨>

일합일리(一合一離)<붙었다 떨어졌다 함. 또는 화합하였다 적대하였다 함>

　*일합(一合)

　　일합(一合)-<'-일리(一離)' 앞에만 결합됨>

　*일리(一離)

　-일리(一離)<'일합(一合)-' 뒤에만 결합됨>

일허일실(一虛一失)<없어졌다 생겨났다 한다는 뜻으로, 변화가 무쌍함
　　　을 이르는 말>

　*일허(一虛)

　　일허(一虛)-<'-일실(一失)'과 '-일영(一盈)' 앞에 결합됨>

　*일실(一失)

　-일실(一失)<'일허(一虛)-' 뒤와 '일득(一得)' 앞에 결합됨>

일허일영(一虛一盈)<=일허일실<없어졌다 생겨났다 한다는 뜻으로,
　　　변화가 무쌍함을 이르는 말>>

　*일허(一虛)

　　일허(一虛)-<'-일실(一失)'과 '-일영(一盈)' 앞에 결합됨>

　*일영(一盈)

　-일영(一盈)<'일허(一虛)-' 뒤에만 결합됨>

일희일경(一喜一驚)<한편으로는 기뻐하고 한편으로는 놀라워함. 또는
　　　기쁨과 놀라움이 번갈아 일어남>

　*일희(一喜)

　　일희(一喜)-<'-일경(一驚)', '-일구(一懼)', '-일노(一怒)', '-일비
　　　(一悲)' 앞에 결합됨>

　*일경(一驚)

---

43) <몹시 가난함>이란 뜻의 이름씨는 존재한다.

−일경(一驚)<‘일희(一喜)−’ 뒤와 앞에 결합됨>

일희일구(一喜一懼)<한편으로는 기뻐하고 한편으로는 두려워함. 또는
　　　기쁨과 두려움이 번갈아 일어남>

　*일희(一喜)

　일희(一喜)−<‘−일구(一懼)’, ‘−일경(一驚)’, ‘−일노(一怒)’, ‘−일비
　　　(一悲)’, ‘−일우(一憂)’ 앞에 결합됨>

　*일구(一懼)

　−일구(一懼)<‘일희(一喜)−’ 뒤에만 결합됨>

일희일노(一喜一怒)<한편으로는 기뻐하고 한편으로는 성냄. 또는 기쁨
　　　과 성냄이 번갈아 일어남>

　*일희(一喜)

　일희(一喜)−<‘−일노(一怒)’, ‘−일경(一驚)’, ‘−일구(一懼)’, ‘−일비
　　　(一悲)’, ‘−일우(一憂)’ 앞에 결합됨>

　*일노(一怒)

　−일노(一怒)<‘일희(一喜)−’ 뒤에만 결합됨>

일희일비(一喜一悲)<①한편으로는 기뻐하고 한편으로는 슬퍼함. 또는 기
　　　쁨과 슬픔이 번갈아 일어남. ②한편으로 기쁘고 한편으로 슬픔>

　*일희(一喜)

　일희(一喜)−<‘−일비(一悲)’, ‘−일노(一怒)’, ‘−일경(一驚)’, ‘−일구
　　　(一懼)’, ‘−일우(一憂)’ 앞에 결합됨>

　*일비(一悲)

　−일비(一悲)<‘일희(一喜)−’ 뒤와 앞에 결합됨>

일희일우(一喜一憂)<한편으로는 기뻐하고 한편으로는 걱정함. 또는 기
　　　쁨과 근심이 번갈아 일어남>

　*일희(一喜)

　일희(一喜)−<‘−일우(一憂)’, ‘−일비(一悲)’, ‘−일노(一怒)’, ‘−일경
　　　(一驚)’, ‘−일구(一懼)’ 앞에 결합됨>

　*일우(一憂)

　−일우(一憂)<‘일희(一喜)−’ 뒤에만 결합됨>

자창자화(自唱自和)<①스스로 거문고를 타고 노래함. ②남을 위하여
　　　자기가 마련한 것을 자기가 이용함을 비유적으로 이르는 말>

　*자창(自唱)

　자창(自唱)−<‘−자화(自和)’ 앞에만 결합됨>

*자화(自和)

ー자화(自和)<‘자창(自唱)ー’ 뒤에만 결합됨>

적재적처(適才適處)<어떤 일을 맡기기에 알맞은 재능을 가진 사람을
알맞은 자리에 씀>

*적재(適才)

적재(適才)ー<‘ー적처(適處)’ 앞에만 결합됨>

*적처(適處)

ー적처(適處)<‘적재(適才)ー’ 뒤에만 결합됨>

지남지북(之南之北)<남쪽으로도 가고 북쪽으로도 감>

*지남(之南)

지남(之南)ー<‘ー지북(之北)’ 앞에만 결합됨>

*지북(之北)

ー지북(之北)<‘지남(之南)ー’ 뒤에만 결합됨>

지동지서(之東之西)<동쪽으로도 가고 서쪽으로도 간다는 뜻으로, 뚜렷
한 목적 없이 이리저리 갈팡질팡함을 이르는 말>

*지동(之東)

지동(之東)ー<‘ー지서(之西)’ 앞에만 결합됨>

*지서(之西)

ー지서(之西)<‘지동(之東)ー’ 뒤에만 결합됨>

지동지서(指東指西)<동쪽을 가리키기도 하고 서쪽을 가리키기도 한다
는 뜻으로, 근본을 제쳐놓고 딴 것을 가지고 이러쿵저러쿵함을
비유적으로 이르는 말>

*지동(指東)

지동(指東)ー<‘ー지서(指西)’ 앞에만 결합됨>

*지서(指西)

ー지서(指西)<‘지동(指東)ー’ 뒤에만 결합됨>

지어지처(止於止處)<①일정하게 머무르는 곳이 없고 정처 없이 어디
든지 이르는 곳에서 머물러 잠. ②일이나 행동을 마땅히 그쳐야
할 자리에서 알맞게 그침>

*지어(止於)

지어(止於)ー<‘ー지처(止處)’ 앞에만 결합됨>

*지처(止處)

ー지처(止處)<‘지어(止於)ー’ 뒤에만 결합됨>

진선진미(盡善盡美)<더할 나위 없이 훌륭하고 아름다움. 완전무결함을
　　　이름>
　*진선(盡善)
　　진선(盡善)-<‘-진미(盡美)’와 ‘-완미(完美)’⁴⁴⁾ 앞에 결합됨>
　*진미(盡美)
　　-진미(盡美)<‘진선(盡善)-’ 뒤에만 결합됨>
차상차하(差上差下)<조금 낫기도 하고 조금 못하기도 함>
　*차상(差上)
　　차상(差上)-<‘-차하(差下)’ 앞에만 결합됨>
　*차하(差下)
　　-차하(差下)<‘차상(差上)-’ 뒤에만 결합됨>
차전차주(且戰且走)<한편으로 싸우면서 또 한편으로 달아남>
　*차전(且戰)
　　차전(且戰)-<‘-차주(且走)’ 앞에만 결합됨>
　*차주(且走)
　　-차주(且走)<‘차전(且戰)-’ 뒤에만 결합됨>
칠종칠금(七縱七擒)<마음대로 잡았다 놓아 주었다 함을 이르는 말>
　*칠종(七縱)
　　칠종(七縱)-<‘-칠금(七擒)’ 앞에만 결합됨>
　*칠금(七擒)
　　-칠금(七擒)<‘칠종(七縱)-’ 뒤에만 결합됨>
하후하박(何厚何薄)<누구에게 후하고 누구에게 박하다는 뜻으로, 차별
　　　하여 대우함을 이르는 말>
　*하후(何厚)
　　하후(何厚)-<‘-하박(何薄)’ 앞에만 결합됨>
　*하박(何薄)
　　-하박(何薄)<‘하후(何厚)-’ 뒤에만 결합됨>
혹시혹비(或是或非)<옳기도 하고 그르기도 하여 옳고 그름이 잘 분간
　　　되지 아니함>
　*혹시(或是)⁴⁵⁾

---

44) ‘-완미(完美)’가 결합된 ‘진선완미(盡善完美)’는 ‘진선진미(盡善盡美)’와 뜻이 같다.
45) <①그러할 리는 없지만 만일에. ②어쩌다가 우연히. ③짐작대로 어쩌면. ④그러

혹시(或是)-<'-혹비(或非)' 앞에만 결합됨>

*혹비(或非)

-혹비(或非)<'혹시(或是)-' 뒤에만 결합됨>

혹전혹후(或前或後)<때로는 앞서고 때로는 뒤서기도 함>

*혹전(或前)

혹전(或前)-<'-혹후(或後)' 앞에만 결합됨>

*혹후(或後)

-혹후(或後)<'혹전(或前)-' 뒤에만 결합됨>

홀현홀몰(忽顯忽沒)<문득 나타났다 문득 없어짐>

*홀현(忽顯)

홀현(忽顯)-<'-홀몰(忽沒)' 앞에만 결합됨>

*홀몰(忽沒)

-홀몰(忽沒)<'홀현(忽顯)-' 뒤에만 결합됨>

환득환실(患得患失)<물건이나 지위 따위를 얻기 전에는 그것을 얻으
려고 걱정하고, 얻은 후에는 그것을 잃지 않으려고 근심함>

*환득(患得)

환득(患得)-<'-환실(患失)' 앞에만 결합됨>

*환실(患失)

-환실(患失)<'환득(患得)-' 뒤에만 결합됨>

바탕소가 세 음절로 이루어진, 이 짜임새에 해당하는 합성이름씨는 극
히 드물다. 다음 보기가 이에 해당하며, 바탕소의 첫째 음절만 되풀이소
에서 같은 꼴로 되풀이되었다.

일거수일투족(一擧手一投足)<손 한 번 들고 발 한 번 옮긴다는 뜻으
로, 크고 작은 동작 하나하나를 이르는 말>

*일거수(一擧手)

일거수(一擧手)-<'-일투족(一投足)' 앞에만 결합됨>

*일투족(一投足)

-일투족(一投足)<'일거수(一擧手)-' 뒤에만 결합됨>

리라고 생각하지만 다소 미심쩍은 데가 있어 말하기를 주저할 때 쓰는 말>이란
뜻의 어찌씨가 있지만, 혹시혹비(或是或非)의 '혹시(或是)-'와는 그 뜻이 다르다.

다음 보기는 바탕소가 두 음절로 이루어지고, 되풀이소에서는 바탕소
의 두 음절 사이에 부정을 뜻하는 '부(不)'가 끼어들어 되풀이되었다. 이
짜임새에 해당하는 합성이름씨도 극히 드물다.

    혹중혹부중(或中或不中)<①예언 점괘가 때론 맞기도 하고 때로는 맞
       지 않기도 함. ②화살, 탄환 따위가 목표물에 맞기도 하고 맞지
       아니하기도 함>
     *혹중(或中)
     혹중(或中)-<'-혹부중(或不中)' 앞에만 결합됨>
     *혹부중(或不中)
    -혹부중(或不中)<'혹중(或中)-' 뒤에만 결합됨>

2.1.4.2. 바탕소-불구 뿌리, 되풀이소-'-하다' 결합 뿌리

비슷한 꼴 되풀이 한자말로 이루어진 합성이름씨 가운데 모두 낱말 자
격이 모자라는 뿌리로 이루어진 것들로, 바탕소가 불구 뿌리이고, 되풀이
소가 '-하다' 결합 가능 뿌리인 것들이 이 짜임새에 해당한다. 합성이름
씨인 '유왕유심(愈往愈甚)'을 보면, 바탕소 '유왕(愈往)-'은 오직 '-유심(愈
甚)'에만 결합 가능한 유일 뿌리이고, 되풀이소 '-유심(愈甚)'은 '-하다'가
결합될 수 있는 뿌리에 해당하여 이 짜임새에 속한다.

이 짜임새에 해당하는 합성이름씨는 극히 적은 편으로, 그 보기와 뜻,
바탕소와 되풀이소의 뜻과 결합 특성은 다음과 같다.

    유왕유심(愈往愈甚)<갈수록 더욱 심함>
     *유왕(愈往)
     유왕(愈往)-<'-유독(愈篤)' 앞과 '유심(愈甚)-' 뒤에 결합됨>
     *유심(愈甚)
     유심(愈甚)하다<더욱 심하다.>
    지긴지요(至緊至要)<어떤 일에 긴밀히 관여되어 있어서 그 일을 처리
       하는 데에 더할 수 없이 필요함>

*지긴(至緊)

　지긴(至緊)-<'-지요(至要)' 앞에만 결합됨>

*지요(至要)

　지요(至要)하다<매우 중요하다.>

2.1.4.3. 바탕소-'-하다' 결합 뿌리, 되풀이소-불구 뿌리

　비슷한 꼴 되풀이 한자말로 이루어진 합성이름씨 가운데 모두 낱말 자격이 모자라는 뿌리로 이루어진 것들로, 바탕소가 '-하다' 결합 가능 뿌리이고, 되풀이소가 불구 뿌리인 것들이 이 짜임새에 속한다.

　이 짜임새에 해당하는 합성이름씨는 찾기가 어려우며, 그 보기와 뜻, 바탕소와 되풀이소의 뜻과 결합 특성은 다음과 같다.

　　불로불소(不老不少)<늙지도 아니하고 젊지도 아니함>

　*불로(不老)

　불로(不老)하다<늙지 아니하다.>

　*불소<不少>46)

　-불소<不少><'불로(不老)-' 뒤에만 결합됨>

　　지정지미(至精至微)<아주 작은 부분까지 빈틈이 없고 정확하며 자세함>

　*지정(至精)

　지정(至精)하다<①더할 나위 없이 깨끗하다. ②더할 나위 없이 정밀

　　　하다.>

　지미(至微)

　-지미(至微)<'지정(至精)-' 뒤와 '-지세(至細)'47) 앞에 결합됨>

---

46) 그림씨로 '不少하다'가 있지만, <적지 아니하다.>란 뜻으로, '불로불소(不老不少)' 의 '불소(不少)와는 그 뜻이 다르다.

47) '-지세(至細)'와 결합된 '지미지세(至微至細)'는 '-하다'가 결합되어 <아주 잘고 작다.>란 뜻의 그림씨가 된다.

2.1.4.4. 바탕소와 되풀이소-'-하다' 결합 뿌리

비슷한 꼴 되풀이 한자말로 이루어진 합성이름씨 가운데 모두 낱말 자격이 모자라는 뿌리로 이루어진 것들로, 바탕소와 되풀이소가 모두 '-하다' 결합 가능 뿌리인 것들이 이 짜임새에 속한다.

이 짜임새에 해당하는 합성이름씨는 극히 적은 편으로, 그 보기와 뜻, 바탕소와 되풀이소의 뜻과 결합 특성은 다음과 같다.

    다사다난(多事多難)<여러 가지 일도 많고 어려움이나 탈도 많음>
     *다사(多事)
      다사(多事)하다<일이 많다.>
     *다난(多難)
      다난(多難)하다<힘들고 어려운 일이 많다.>
    다사다단(多事多端)<여러 가지 일이나 까닭이 서로 뒤얽혀 복잡함>
     *다사(多事)
      다사(多事)하다<일이 많다.>
     *다단(多端)
      다단(多端)하다<일이 갈래나 가닥이 많다.>
    지인지자(至仁至慈)<더없이 인자함>
     *지인(至仁)
      지인(至仁)하다<더없이 인자하다.>
     *지자(至慈)
      지자(至慈)하다<더없이 자비롭다.>
    지중지대(至重至大)<더할 수 없이 매우 중요함>
     *지중(至重)
      지중(至重)하다<더할 나위 없이 귀중하다.>
     *지대(至大)
      지대(至大)하다<더할 나위 없이 크다.>

2.2. 어찌씨

[ABAC] 꼴로 이루어진 비슷한 꼴 되풀이 한자말 가운데, 위에서 살펴 바와 같이 합성이름씨는 상당히 많지만, 합성어찌씨는 극히 드물다. 합성어찌씨를 이루는 바탕소와 되풀이소의 특성에 따라 바탕소가 이름씨이고 되풀이소가 불구 뿌리인 경우, 바탕소가 어찌씨이고 되풀이소가 불구 뿌리인 경우, 바탕소와 되풀이소가 불구 뿌리인 경우로 나누어, 각 짜임새에 해당하는 합성어찌씨의 보기와 뜻, 바탕소와 되풀이소의 뜻과 결합 특성을 살피기로 한다.

2.2.1. 바탕소-이름씨, 되풀이소-불구 뿌리

[ABAC] 꼴로 되풀이된 합성어찌씨 가운데, 바탕소는 이름씨이고, 되풀이소는 유일 뿌리이거나 불구 뿌리인 것들이 이 짜임새에 해당하며, 이 짜임새에 속하는 보기들은 다음과 같이 극히 적다.

> **불가부득(不可不得)**<부득이>
> 불가(不可)<가능하지 않음>
> *부득(不得)
> −부득(不得)<'불가(不可)' 뒤에 결합됨48)>

2.2.2. 바탕소-어찌씨, 되풀이소-불구 뿌리

[ABAC] 꼴로 되풀이된 합성어찌씨 가운데, 바탕소는 어찌씨이고, 되풀이소는 유일 뿌리이거나 불구 뿌리인 것들이 이 짜임새에 해당하며, 이 짜임새에 속하는 보기들은 다음과 같이 극히 적다.

---

48) '−부득(不得)' 뒤에는 한자말로 된 몇 가지 낱말이나 뿌리가 결합된다.

　　재삼재사(再三再四)＜여러 번 되풀이하여＞
　　　재삼(再三)＜두세 번. 또는 몇 번씩＞
　　＊재사(再四)
　　－재사(再四)＜‘재삼(再三)’ 뒤에만 결합됨＞

2.2.3. 바탕소와 되풀이소－불구 뿌리

[ABAC] 꼴로 되풀이된 합성어찌씨 가운데, 바탕소와 되풀이소가 유일 뿌리이거나 불구 뿌리인 것들이 이 짜임새에 해당한다. 이 짜임새에 속하는 보기들은 다음과 같이 아주 적은 편이다.

　　어차어피(於此於彼)＜이렇거나 저렇거나 귀결되는 바＞
　　＊어차(於此)
　　　어차(於此)－＜‘－어피(於彼)’ 앞에 결합됨49)＞
　　＊어피(於彼)
　　－어피(於彼)＜‘어차(於此)－’ 뒤에만 결합됨＞
　　지재지삼(至再至三)＜두 번 세 번이라는 뜻으로 여러 차례를 이르는 말＞
　　＊지재(至再)
　　　지재(至再)－＜‘－지삼(至三)’ 앞에만 결합됨＞
　　＊지삼(至三)
　　－지삼(至三)＜‘지재(至再)－’ 뒤에만 결합됨＞
　　철두철미(徹頭徹尾)＜처음부터 끝까지 철저하게＞
　　＊철두(徹頭)
　　　철두(徹頭)－＜‘－철미(徹尾)’ 앞에만 결합됨＞
　　＊철미(徹尾)
　　－철미(徹尾)＜‘철두(徹頭)－’ 뒤에만 결합됨＞

---

49) ‘어차(於此)－’ 뒤에 ‘에’가 결합되어 ＜여기에서 또는 이때＞란 뜻의 어찌씨 ‘어차에’가 형성되며, ‘피(彼)’가 결합되어 ‘어차피(於此彼)’란 어찌씨가 형성되었다.

2.3. '−하다' 결합 뿌리

[ABAC] 꼴로 이루어진 비슷한 꼴 되풀이 한자말 가운데, 낱말 자격을 가지지 못하고 '−하다'가 결합되어야 비로소 풀이씨로서의 낱말 자격을 가지게 되는 뿌리가 이 짜임새에 해당한다. 뿌리를 이루고 있는 바탕소와 되풀이소의 특성에 따라 바탕소가 이름씨이고 되풀이소가 불구 뿌리인 경우, 바탕소가 이름씨이고 되풀이소가 '−하다' 결합 가능 뿌리인 경우, 바탕소가 '−하다' 결합 가능 뿌리이고 되풀이소가 이름씨인 경우, 바탕소가 '−하다' 결합 가능 뿌리이고 되풀이소가 불구 뿌리인 경우로 나누어, 각 짜임새에 해당하는 보기와 뜻, 바탕소와 되풀이소의 뜻과 결합 특성을 살피기로 한다.

2.3.1. 바탕소−이름씨, 되풀이소−불구 뿌리

[ABCB] 꼴로 되풀이된 '−하다' 결합 가능 뿌리 가운데, 바탕소는 이름씨이고, 되풀이소는 유일 뿌리이거나 불구 뿌리인 것들이 이 짜임새에 해당한다. 이 짜임새에 속하는 보기들은 다음과 같이 극히 적다.

> **무지막지(無知莫知)**하다<①몹시 무지하고 상스러우며 포악하다. ②물
> 건 따위가 지나치게 크다.>
> 무지(無知)<①아는 것이 없음. ②미련하고 우악스러움>
> *막지(莫知)
> −막지(莫知)<'무지(無知)' 뒤에만 결합됨>
> **의사무사(擬似無似)**하다<같은 것 같기도 하고 다른 것 같기도 하다.
> 또는 어떤 일을 한 것 같기도 하고 안 한 것 같기도 하다.>
> 의사(擬似)<본연의 것과 비슷함>
> *무사(無似)50)

---

50) 꼭 같은 한자로 <편지글에서, 아버지나 할아버지만 못한 자식이란 뜻으로, 스스로를 겸손하게 가리키는 말>이란 뜻의 대이름씨가 있지만 여기서의 뜻과는 관련

−무사(無似)<'의사(擬似)' 뒤에만 결합됨>

2.3.2. 바탕소−이름씨, 되풀이소−'−하다' 결합 뿌리

[ABCB] 꼴로 되풀이된 '−하다' 결합 가능 뿌리 가운데, 바탕소는 이름씨이고, 되풀이소는 '−하다' 결합 뿌리인 것들이 이 짜임새에 해당한다. 이 짜임새에 속하는 보기들은 다음과 같이 극히 적다.

능수능란(能手能爛)하다<일 따위에 익숙하고 솜씨가 좋다.>
　능수(能手)<어떤 일에 능숙한 솜씨. 또는 그런 솜씨를 가진 사람>
　*능란(能爛)
　능란(能爛)하다<익숙하고 솜씨가 있다.>

2.3.3. 바탕소−'−하다' 결합 뿌리, 되풀이소−이름씨

[ABCB] 꼴로 되풀이된 '−하다' 결합 가능 뿌리 가운데, 바탕소는 '−하다' 결합 뿌리이고, 되풀이소는 이름씨인 것들이 이 짜임새에 해당한다. 이 짜임새에 속하는 보기들은 다음과 같이 극히 적다.

불공불손(不恭不遜)하다<언행이 공손하지 아니하고 건방지며 버릇이
　　　없다.>
　*불공(不恭)
　불공(不恭)하다<공손하지 아니하다.>
　불손(不遜)<말이나 행동 따위가 버릇이 없거나 겸손하지 못함>

2.3.4. 바탕소−'−하다' 결합 뿌리, 되풀이소−불구 뿌리

[ABCB] 꼴로 되풀이된 '−하다' 결합 가능 뿌리 가운데, 바탕소는

없다.

‘-하다’ 결합 뿌리이고, 되풀이소는 유일 뿌리이거나 불구 뿌리인 것들
이 이 짜임새에 해당한다. 이 짜임새에 속하는 보기들은 다음과 같이 극
히 적다.

　　무편무당(無偏無黨)하다＜＝불편부당하다＞
　　＊무편(無偏)
　　　무편(無偏)하다＜한쪽으로 치우침이 없다.＞
　　＊무당(無黨)
　　－무당(無黨)＜‘무편(無偏)－’ 뒤와 ‘무파(無派)’ 앞에 결합됨＞

3. [ABCB] 꼴 되풀이 한자말의 특성

바탕소 [AB]가 되풀이되되, 뒷음절 ‘B’는 그대로 되풀이되고 첫음절
‘A’가 뜻에서 반의관계나 유의관계, 상관관계 등 상호 의존적 관계를 이
루는 ‘C’로 바뀌어 [ABCB] 꼴로 되풀이되며, 바탕소와 되풀이소 사이에
결속력이 강하여 한 낱말을 이루는 한자말이 이 짜임새에 해당한다.
　이 짜임새에 해당하는 한자말은 주로 낱말에 해당하는 것들로, 대부분
이 이름씨에 속하는 것들이며 일부 어찌씨에 속하는 것들과 ‘-하다’ 결
합 가능 뿌리가 있다.

3.1. 이름씨

비슷한 꼴 되풀이 한자말이 이름씨에 해당하더라도 바탕소와 되풀이
소의 말본적 특성에서 차이를 보인다. 바탕소가 낱말인 것과 낱말 자격
이 모자라는 뿌리인 것, 되풀이소도 마찬가지로 낱말인 것과 낱말 자격
이 모자라는 뿌리인 것들이 있을 수 있다.

바탕소와 되풀이소의 말본적 특성에 따라 구분하면, 첫째 바탕소와 되풀이소가 모두 이름씨인 것, 둘째 바탕소는 이름씨이고 되풀이소가 불구 뿌리인 것, 셋째 바탕소는 불구 뿌리이고 되풀이소가 이름씨인 것, 넷째 바탕소와 되풀이소가 모두 불구 뿌리인 것으로 나뉜다.

3.1.1. 바탕소와 되풀이소－이름씨

[ABCB] 꼴로 되풀이된 합성이름씨 가운데 바탕소와 되풀이소가 이름씨인 것들이 이 짜임새에 해당한다. 합성이름씨 '자천타천(自薦他薦)'은 바탕소인 이름씨 '자천(自薦)'과 되풀이소인 이름씨 '타천(他薦)'이 결합되어 이루어졌다. 이 짜임새에 해당하는 보기들은 다음과 같이 아주 적은 편이다.

> **기진역진(氣盡力盡)**<스스로 몸을 가누지 못할 정도로 기력이나 기운이 다함>
> 기진(氣盡)<기운이 다하여 힘이 없음>
> 역진(力盡)<힘이 다하여 지침>
> **사고팔고(四苦八苦)**<온갖 괴로움과 심한 고통을 통틀어 이르는 말>
> 사고(四苦)<사람이 살아가면서 겪는 네 가지 고통. 곧 태어나는 것, 늙는 것, 병드는 것, 죽는 것을 이름>
> 팔고(八苦)<이 세상에서 태어난 사람이라면 누구나 겪어야 할 여덟 가지의 괴로움>
> **산전수전(山戰水戰)**<세상일이 어려운 고비를 다 겪어본 것을 비유적으로 이르는 말>
> 산전(山戰)<산 속에서 하는 전투>
> 수전(水戰)<강이나 바다 등 물위에서 하는 싸움>
> **애걸복걸(哀乞伏乞)**<소원이나 요구 따위를 들어달라고 애처롭게 사정하며 간절히 빎>
> 애걸(哀乞)<소원을 들어달라고 애처롭게 빎>
> 복걸(伏乞)<엎드려 빎>

유형무형(有形無形)<①모양이 있고 없음. ②형체가 있는지 없는지 분
　　명하지 아니함>
　유형(有形)<모양이나 형체가 있음>
　무형(無形)<형상이나 형체가 없음>
인정사정(人情事情)<인정과 사정을 아울러 이르는 말>
　인정(人情)<남을 동정하는 따뜻한 마음>
　사정(事情)<일의 형편이나 까닭>
자천타천(自薦他薦)<자신이 스스로를 추천하거나 다른 사람이 자신을
　　추천하는 일을 아울러 이르는 말>
　자천(自薦)<스스로 자기 자신을 추천함>
　타천(他薦)<남이 추천함>
전신만신(全身滿身)<'전신'을 강조하여 이르는 말>
　전신(全身)<온몸>
　만신(滿身)<온몸>
지은보은(知恩報恩)<남에게 입은 은혜를 알고 그 은혜를 갚음>
　지은(知恩)<은혜를 앎>
　보은(報恩)<은혜를 갚음>
천변지변(天變地變)<하늘과 땅에서 생기는 자연의 큰 변동>
　천변(天變)<돌풍, 번개, 일식, 월식 따위와 같이 하늘에서 생기는 자
　　연의 큰 변동>
　지변(地變)<땅의 변동, 지각의 운동, 화산의 분화, 지진 따위를 이름>

　　바탕소가 세 음절로 이루어진 합성이름씨도 있는데, 바탕소와 되풀이
소는 첫 음절에서만 다를 뿐 그 밖에는 꼭 같다.

만부당천부당(萬不當千不當)<어림없이 사리에 맞지 아니함>
　만부당(萬不當)<＝천부당만부당>
　천부당(千不當)<사리에 전혀 맞지 아니함>
천부당만부당(千不當萬不當)<어림없이 사리에 맞지 아니함>
　천부당(千不當)<사리에 전혀 맞지 아니함>
　만부당(萬不當)<＝천부당만부당>

3.1.2. 바탕소-이름씨, 되풀이소-'-하다' 결합 뿌리

[ABCB] 꼴로 되풀이된 합성이름씨 가운데 바탕소는 이름씨이고 되풀이소는 '-하다' 결합 가능 뿌리인 것들이 이 짜임새에 해당하며, 다음과 같이 그 보기는 극히 드물다.

> **기진맥진**(氣盡脈盡)<스스로 몸을 가누지 못할 정도로 기력이나 기운이 다함>
> 기진(氣盡)<기운이 다하여 힘이 없음>
> *맥진(脈盡)
> 맥진(脈盡)하다<맥이 풀리고 기운이 다 빠지다.>

3.1.3. 바탕소-이름씨, 되풀이소-불구 뿌리

[ABCB] 꼴로 되풀이된 합성이름씨 가운데 바탕소는 이름씨이고 되풀이소는 오직 하나의 낱말이나 뿌리에만 결합되는 유일 뿌리인 것들이 이 짜임새에 해당하며, 다음과 같이 그 보기는 극히 드물다.

> **중언부언**(重言復言)<이미 한 말을 자꾸 되풀이 함>
> 중언(重言)<거듭 말함. 또는 그런 말>
> *부언(復言)
> -부언(復言)<'중언(重言)' 뒤에만 결합됨>
> **천회만회**(千悔萬悔)<매우 후회함>
> 천회(千悔)<수없이 후회함. 또는 그런 후회>
> *만회(萬悔)
> -만회(萬悔)<'천회(千悔)' 뒤에만 결합됨>

다음은 바탕소가 세 음절로 이루어진 합성이름씨들로, 바탕소와 되풀이소는 첫 음절에서만 다를 뿐 그 밖에는 꼭 같다.

가부득감부득(加不得減不得)<더할 수도 덜할 수도 없음>
　가부득(加不得)<더할 수 없음>
　*감부득(減不得)
　−감부득(減不得)<‘가부득(加不得)’ 뒤에만 결합됨>
침불안식불안(寢不安食不安)<자도 걱정 먹어도 걱정이라는 뜻으로,
　　몹시 걱정이 많아 늘 그 걱정에서 벗어나지 못함을 이르는 말>
　침불안(寢不安)<불안이나 근심 등으로 편하지 자지 못함>
　*식불안(食不安)
　−식불안(食不安)<‘침불안(寢不安)’ 뒤에만 결합됨>

3.1.4. 바탕소−‘−하다’ 결합 뿌리, 되풀이소−이름씨

[ABCB] 꼴로 되풀이된 합성이름씨 가운데 바탕소는 ‘−하다’ 결합 가능 뿌리이고, 되풀이소가 이름씨인 것들이 이 짜임새에 해당하며, 다음과 같이 그 보기는 극히 드물다.

유실무실(有實無實)<실제적 내용의 있음과 없음>
　*유실(有實)
　유실(有實)하다<사실이나 실제적 내용이 있다.>
　무실(無實)<①실속이 없음. ②사실이나 실상이 없음>

3.1.5. 바탕소−불구 뿌리, 되풀이소−이름씨

[ABCB] 꼴로 되풀이된 합성이름씨 가운데 바탕소는 유일 뿌리이거나 불구 뿌리이고, 되풀이소가 이름씨인 것들이 이 짜임새에 해당하며, 다음과 같이 그 보기는 그리 많은 편이 아니다.

왈가불가(曰可不可)<옳으니 그르니 말한다는 뜻으로, 서로 이게 옳다
　　저게 옳다 하며 말다툼을 함을 이르는 말>
　*왈가(曰可)

왈가(曰可)-<'불가(不可)'와 '-왈부(曰否)'51) 앞에 결합됨>

불가(不可)<①가능하지 않음. ②찬성과 반대를 결정할 때 반대를 표
　　시하는 말. ③옳지 않음>

유처취처(有妻娶妻)<아내가 있는 사람이 또 아내를 얻음>

　*유처(有妻)

　유처(有妻)-<'취처(娶妻)' 앞에만 결합됨>

　취처(娶妻)<아내를 맞아들임>

이공보공(以空補空)<제 살로 제 때우기라는 뜻으로, 이 세상에서 공것
　　이나 거저 생기는 이득이 없음을 비유적으로 이르는 말>

　*이공(以空)

　이공(以空)-<'보공(補空)' 앞에만 결합됨>

　보공(補空)<빈 곳을 채워서 메움. 또는 그런 물건>

이독제독(以毒制毒)<＝이독공독<독을 없애기 위하여 다른 독을 씀.
　　악을 물리치는 데에 다른 악을 수단으로 삼는 것을 이른다.>>

　*이독(以毒)

　이독(以毒)-<'제독(制毒)'과 '-공독(攻毒)' 앞에 결합됨>

　제독(制毒)<미리 해독(害毒)을 막음>

이심전심(以心傳心)<마음과 마음으로 뜻이 통함. <전등록>에 나오는
　　말로 원래는 불교의 법통을 계승할 때에 쓰였다.>

　*이심(以心)

　이심(以心)-<'전심(傳心)' 앞에만 결합됨>

　전심(傳心)<말이나 글자에 의지하지 아니하고 마음에서 마음으로
　　전하여 자연스럽게 뜻을 이해하는 일>

이열치열(以熱治熱)<열은 열로써 다스림. 곧 열이 날 때에 땀을 낸다
　　든지, 더위를 뜨거운 차를 마셔서 이긴다든지, 힘은 힘으로 물
　　리친다는 따위를 이를 때에 흔히 쓰는 말>

　*이열(以熱)

　이열(以熱)-<'치열(治熱)' 앞에만 결합됨>

　치열(治熱)<병의 근원이 되는 열기를 다스림. 또는 그런 일>

이와전와(以訛傳訛)<거짓말에 또 거짓말이 생겨 자꾸 전하여 감>

---

51) '-왈부(曰否)'에 결합된 '왈가왈부(曰可曰否)'는 <어떤 일에 대하여 옳거니 옳지
　아니하거니 하고 말함>의 뜻을 나타내는 비슷한 꼴 되풀이 이름씨이다.

　　*이와(以訛)

　　이와(以訛)－<‘전와(傳訛)’ 앞에만 결합됨>

　　전와(傳訛)<잘못 전함>

　천근만근(千斤萬斤)<무게가 천근이나 만근이 된다는 뜻으로, 아주 무
　　　거움을 비유적으로 이르는 말>

　　*천근(千斤)

　　천근(千斤)－<‘－만근(萬斤)’과 ‘역사(力士)’[52] 앞에 결합됨>

　　만근(萬斤)<아주 무거운 무게>

　천사만사(千事萬事)<천 가지 일과 만 가지 일이라는 뜻으로 온갖 일
　　　을 이르는 말>

　　*천사(千事)

　　천사(千事)－<‘만사(萬事)’와 ‘만물(萬物)’[53] 앞에 결합됨>

　　만사(萬事)<여러 가지 온갖 일>

　천파만파(千坡萬坡)<①수없이 많이 이루어진 물결. ②갈피를 잡을 수
　　　없이 어지러운 현상을 비유적으로 이르는 말>

　　*천파(千坡)

　　천파(千坡)－<‘만파(萬坡)’ 앞에만 결합됨>

　　만파(萬坡)<수많은 물결>

3.1.6. 바탕소와 되풀이소－불구 뿌리

[ABCB] 꼴로 되풀이된 합성이름씨 가운데 바탕소와 되풀이소가 유일
뿌리이거나 불구 뿌리인 것들이 이 짜임새에 해당한다. 합성이름씨 ‘전
무후무(前無後無)’를 보면, 바탕소인 ‘전무(前無)－’는 ‘－후무(後無)’ 앞에만
결합될 수 있는 유일 뿌리이며, ‘－후무(後無)’ 또한 ‘전무(前無)－’ 뒤에만
결합될 수 있는 유일 뿌리에 해당한다.

이 짜임새에 해당하는 합성이름씨는 다음과 같이 그 보기가 비교적
많은 편이다.

---

52) ‘역사(力士)’와 결합된 ‘천근역사(千斤力士)’는 <천 근을 들어 올릴 수 있을 만큼
　　힘이 센 장사>란 뜻의 이름씨이다.

53) ‘만물(萬物)’에 결합된 ‘천사만물(千事萬物)’은 <온갖 사물>이란 뜻의 이름씨이다.

득부상부(得斧喪斧)<얻은 도끼나 잃은 도끼나 마찬가지란 뜻으로, 얻고
　　　잃은 것이 같아서 이익도 손해도 없음을 비유적으로 이르는 말>
　*득부(得斧)
　　득부(得斧)-<‘-상부(喪斧)’와 ‘-실부(失斧)’ 앞에 결합됨>
　*상부(喪斧))
　　-상부(喪斧)<‘득부(得斧)-’ 뒤에만 결합됨>
득부실부(得斧失斧)<얻은 도끼나 잃은 도끼나 마찬가지란 뜻으로, 얻고
　　　잃은 것이 같아서 이익도 손해도 없음을 비유적으로 이르는 말>
　*득부(得斧)
　　득부(得斧)-<‘-실부(失斧)’와 ‘-상부(喪斧)’ 앞에 결합됨>
　*실부(失斧)
　　-실부(失斧)<‘득부(得斧)-’ 뒤에만 결합됨>
소동대동(小東大東)<동양의 크고 작은 나라>
　*소동(小東)
　　소동(小東)-<‘-대동(大東)’ 앞에만 결합됨>
　*대동(大東)
　　-대동(大東)<‘소동(小東)-’ 뒤에 결합됨54)>
시야비야(是也非也)<옳다 그르다를 말함>
　*시야(是也)
　　시야(是也)-<‘-비야(非也)’ 앞에만 결합됨>
　*비야(非也)
　　-비야(非也)<‘시야(是也)-’ 뒤에만 결합됨>
애지석지(愛之惜之)<슬프고 아까움>
　*애지(愛之)
　　애지(愛之)-<‘-석지(惜之)’, ‘-휼지(恤之)’, ‘-중지(重之)’ 앞에 결
　　　합됨>
　*석지(惜之)
　　-석지(惜之)<‘애지(愛之)-’ 뒤에만 결합됨>
애지휼지(愛之恤之)<불쌍히 여기어 은혜를 베풂>
　*애지(愛之)
　　애지(愛之)-<‘-휼지(恤之)’, ‘-석지(惜之)’, ‘-중지(重之)’ 앞에 결

---

54) ‘-대동(大東)’ 뒤에 결합될 수 있는 낱말이나 뿌리가 몇 가지 있다.

합됨>

　*휼지(恤之)

　-휼지(恤之)<‘애지(愛之)-’ 뒤에만 결합됨>

우왕마왕(牛往馬往)<소 갈 데 말 갈 데 다닌다는 뜻으로, 함부로 온갖
　　　　군데를 다 쫓아다님을 이르는 말>

　*우왕(牛往)

　우왕(牛往)-<‘-마왕(馬往)’ 앞에만 결합됨>

　*마왕(馬往)

　-마왕(馬往)<‘우왕(牛往)-’ 뒤에만 결합됨>

우왕좌왕(右往左往)<올바른 방향을 잡거나 차분한 행동을 취하지 못
　　　　하고 이리저리 왔다 갔다 함>

　*우왕(右往)

　우왕(右往)-<‘-좌왕(左往)’ 앞과 뒤에 결합됨>

　*좌왕(左往)

　-좌왕(左往)<‘우왕(右往)-’ 앞과 뒤에 결합됨>

유난무난(有難無難)<있으나 없으나 다 곤란함>

　*유난(有難)

　유난(有難)-<‘-무난(無難)’ 앞에만 결합됨>

　*무난(無難)[55]

　-무난(無難)<‘유난(有難)-’ 뒤에만 결합됨>

유불여불(唯佛與佛)<오직 부처님과 부처님만이라는 뜻으로, 부처의
　　　　깨달음의 경지는 오직 부처님만이 알며, 범인이나 성자 등은 알
　　　　지 못함을 이르는 말>

　*유불(唯佛)

　유불(唯佛)-<‘-여불(與佛)’ 앞에만 결합됨>

　*여불(與佛)

　-여불(與佛)<‘유불(唯佛)-’ 뒤에만 결합됨)

유상무상(有象無象)<①별의 별 사람. ②세상에 있는 모든 물체>

　*유상(有象)

---

55) ‘무난(無難)하다<①별로 어려움이 없다. ②이렇다할 단점이나 흠잡을 만한 것이
　　없다. ③성격 따위가 까다롭지 않고 무던하다.>’의 뿌리와는 뜻에서 차이가 있기
　　때문에 ‘무난(無難)하다’의 뿌리로 볼 수 없다.

유상(有象)─<‘─무상(無象)’ 앞에만 결합됨>

*무상(無象)

─무상(無象)<‘유상(有象)─’ 뒤에만 결합됨>

유야무야(有耶無耶)<있는 듯 없는 듯 흐지부지함>

*유야(有耶)

유야(有耶)─<‘─무야(無耶)’ 앞에만 결합됨>

*무야(無耶)

─무야(無耶)<‘유야(有耶)─’ 뒤에만 결합됨>

이독공독(以毒攻毒)<독을 없애기 위하여 다른 독을 씀. 악을 물리치는
데에 다른 악을 수단으로 삼는 것을 이름>

*이독(以毒)

이독(以毒)─<‘─공독(攻毒)’과 ‘제독(制毒)’56) 앞에 결합됨>

*공독(攻毒)

─공독(攻毒)<‘이독(以毒)─’ 뒤에만 결합됨>

이효상효(以孝傷孝)<효성이 지극하여 어버이의 죽음을 슬퍼하다가 병
이 나거나 죽음>

*이효(以孝)

이효(以孝)─<‘─상효(傷孝)’ 앞에만 결합됨>

*상효(傷孝)

─상효(傷孝)<‘이효(以孝)─’ 뒤에만 결합됨>

일오재오(一誤再誤)<한 번 잘못한 것을 또 다시 잘못한다는 뜻으로, 선
인의 잘못을 다시 되풀이하거나 계속하여 실패함을 이르는 말>

*일오(一誤)

일오(一誤)─<‘─재오(再誤)’ 앞에만 결합됨>

*재오(再誤)

─재오(再誤)<‘일오(一誤)─’ 뒤에만 결합됨>

작지서지(作之書之)<①자기가 스스로 글을 짓고 씀. ②자기가 계획하
고 자기가 실천함을 비유적으로 이르는 말>

*작지(作之)

작지(作之)─<‘─서지(書之)’ 앞에만 결합됨>

*서지(書之)

---

56) ‘제독(制毒)’에 결합된 ‘이독제독(以毒制毒)’은 ‘이독공독(以毒攻毒)’과 뜻이 같다.

-서지(書之)<‘작지(作之)-’ 뒤에만 결합됨>

장계취계(將計就計)<상대방의 계략을 미리 알아채고 반대로 그것을
　　　이용하는 계략>

　*장계(將計)

　장계(將計)-<‘-취계(就計)’ 앞에만 결합됨>

　*취계(就計)

-취계(就計)<‘장계(將計)-’ 뒤에만 결합됨>

전무후무(前無後無)<이전에도 없었고 앞으로도 없음>

　*전무(前無)

　전무(前無)-<‘-후무(後無)’ 앞에만 결합됨>

　*후무(後無)

-후무(後無)<‘전무(前無)-’ 뒤에만 결합됨>

좌왕우왕(左往右往)<＝우왕좌왕<이리저리 왔다 갔다 하며 일이나 나
　　　아가는 방향을 종잡지 못하는 모양>>

　*좌왕(左往)

　좌왕(左往)-<‘-우왕(右往)’ 앞과 뒤에 결합됨>

　*우왕(左往)

-우왕(右往)<‘좌왕(左往)-’ 앞과 뒤에 결합됨>

좌지우지(左之右之)<이리저리 제 마음대로 휘두르거나 다룸>

　*좌지(左之)

　좌지(左之)-<‘-우지(右之)’ 앞에만 결합됨>

　*우지(右之)

-우지(右之)<‘좌지(左之)-’ 뒤에만 결합됨>

차탈피탈(此頉彼頉)<이리저리 핑계를 댐>

　*차탈(此頉)

　차탈(此頉)-<‘-피탈(彼頉)’ 앞에만 결합됨>

　*피탈(彼頉)

-피탈(彼頉)<‘차탈(此頉)-’ 뒤에만 결합됨>

창씨고씨(倉氏庫氏)<사물이 오래도록 변하지 않음을 비유적으로 이르
　　　는 말. 옛날 중국에서 창씨와 고씨가 세습적으로 곳집을 맡아보
　　　았다는 데서 유래>

　*창씨(倉氏)

　창씨(倉氏)-<‘-고씨(庫氏)’ 앞에만 결합됨>

　　*고씨(庫氏)
　　－고씨(庫氏)<‘창씨(倉氏)－’ 뒤에만 결합됨>
　천년만년(千年萬年)(＝천만년)
　　*천년(千年)57)
　　　천년(千年)－<‘－만년(萬年)’ 앞에 결합됨58)>
　　*만년(萬年)59)
　　－만년(萬年)<‘천년(千年)－’ 뒤에 결합됨60)>
　천리만리(千里萬里)<멀기가 천 리 또는 만 리가 된다는 뜻으로, 아주
　　　　　먼 거리를 이르는 말>
　　*천리(千里)
　　　천리(千里)－<‘－만리(萬里)’ 앞에 결합됨61)>
　　*만리(萬里)
　　－만리(萬里)<‘천리(千里)－’ 뒤에 결합됨62)>
　천사만사(千絲萬絲)<길고 가느다란 물건이 여러 갈래로 늘어진 모양>
　　*천사(千絲)
　　　천사(千絲)－<‘－만사(萬絲)’ 앞에만 결합됨>
　　*만사(萬絲)
　　－만사(萬絲)<‘천사(千絲)－’ 뒤에만 결합됨>
　천산지산(天山地山)<①이런 말 저런 말로 자꾸 핑계를 대는 모양. ②
　　　　　여러 가지가 엇갈리고 뒤섞여 갈피를 잡을 수 없는 모양>
　　*천산(天山)
　　　천산(天山)－<‘－지산(地山)’ 앞에만 결합됨>
　　*지산(地山)
　　－지산(地山)<‘천산(天山)－’ 뒤에만 결합됨>
　천언만언(千言萬言)63)<수없이 많은 말>

---

57) <‘어느 세월에’라는 뜻을 나타내는 말>이란 이름씨는 존재한다.
58) ‘천년(千年)－’ 뒤에 결합 가능한 낱말이나 뿌리가 비교적 많은 편이다.
59) <언제나 변함없이 한결같은 상태>란 이름씨는 존재한다.
60) ‘－만년(萬年)’ 뒤에 결합 가능한 낱말이나 뿌리가 비교적 많은 편이다.
61) ‘천리(千里)－’ 뒤에 결합 가능한 낱말이나 뿌리가 비교적 많은 편이다.
62) ‘－만리(萬里)’ 뒤에 결합 가능한 낱말이나 뿌리가 비교적 많은 편이다.
63) 『표준국어대사전』에는 올림말로 올라 있지 않으나 『고려대 한국어대사전』에는 올
　　림말로 올라 있다.

*천언(千言)

천언(千言)-<'-만언(萬言)'과 '-만어(萬語)'64) 앞에 결합됨>

*만언(萬言)

-만언(萬言)<'천언(千言)-' 뒤에만 결합됨>

천층만층(千層萬層)<①매우 많은 사물의 구별되는 층. 또는 그런 모
양. ②수없이 많이 포개어진 켜>

*천층(千層)

천층(千層)-<'-만층(萬層)' 앞에만 결합됨>

*만층(萬層)

-만층(萬層)<'천층(千層)-' 뒤에만 결합됨>

칠락팔락(七落八落)<사물이 가지런하게 고르지 못함>

*칠락(七落)

칠락(七落)-<'-팔락(八落)' 앞에만 결합됨>

*팔락(八落)

-팔락(八落)<'칠락(七落)-' 뒤에만 결합됨>

풍타낭타(風打浪打)<바람이 치고 물결이 친다는 뜻으로, 일정한 주의
(主義)나 주장 없이 그저 대세에 따라 행동함을 이르는 말>

*풍타(風打)

풍타(風打)-<'-낭타(浪打)' 앞에만 결합됨>

*낭타(浪打)

-낭타(浪打)<'풍타(風打)-' 뒤에만 결합됨>

횡설수설(橫說竪說)<조리가 없이 말을 이러쿵저러쿵 지껄임>

*횡설(橫說)

횡설(橫說)-<'-수설(竪說)' 앞에만 결합됨>

*수설(竪說)

-수설(竪說)<'횡설(橫說)-' 뒤에만 결합됨>

다음은 바탕소가 세 음절로 이루어진 합성이름씨들로, 바탕소와 되풀
이소의 첫 음절에서만 다를 뿐 그 밖에는 꼭 같다.

---

64) '-만어(萬語)' 와 결합된 '천언만어(千言萬語)'는 <천 마디 만 마디 말이라는 뜻
으로 수없이 많이 하는 말을 이르는 말>이란 뜻의 이름씨이다.

아장부피장부(我丈夫彼丈夫)<'나도 장부이고 그도 장부이다'라는 뜻
　　　으로 나와 남이 서로 굽힐 만한 것이 없어서 맞설 수 있음을 이
　　　르는 말>
　*아장부(我丈夫)
　아장부(我丈夫)-<'-피장부(彼丈夫)' 앞에만 결합됨>
　*피장부(彼丈夫)
　-피장부(彼丈夫)<'아장부(我丈夫)-' 뒤에만 결합됨>
선하심후하심(先何心後何心)<먼저는 무슨 마음이고 나중에는 무슨 마음이
　　　나는 뜻으로, 이랬다저랬다 하는 변덕스러운 마음을 이르는 말>
　*선하심(先何心)
　선하심(先何心)-<'-후하심(後何心)' 앞에만 결합됨>
　*후하심(後何心)
　-후하심(後何心)<'선하심(先何心)-' 뒤에만 결합됨>
조불식석불식(朝不食夕不食)<아침도 굶고 저녁도 굶는다는 뜻으로,
　　　매우 가난하여 늘 굶음을 이르는 말>
　*조불식(朝不食)
　조불식(朝不食)-<'-석불식(夕不食)' 앞에만 결합됨>
　*석불식(夕不食)
　-석불식(夕不食)<'조불식(朝不食)-' 뒤에만 결합됨>

　다음 보기에서 바탕소는 세 음절이며 되풀이소는 두 음절로 특이한 짜
임새를 이루고 있지만, 바탕소의 첫째와 둘째 음절인 '오십'이 되풀이소
의 첫 음절 '백'과 짝을 이루기 때문에 별다른 문제는 제기되지 않는다.

　　　오십보백보(五十步百步)<조금 낮고 못한 정도의 차이는 있으나 본질
　　　적으로는 차이가 없음을 이르는 말>
　*오십보(五十步)
　오십보(五十步)-<'-백보(百步)' 앞에만 결합됨>
　*백보(百步)
　-백보(百步)<'오십보(百步)-' 뒤와 '-천양(穿楊)'65) 앞에 결합됨>

---

65) '-천양(穿楊)'이 뒤에 결합된 '백보천양(百步穿楊)'은 <활 쏘는 솜씨가 매우 뛰어
　남을 이르는 말>이란 뜻의 이름씨가 된다.

3.2. 어찌씨

[ABCB] 꼴로 되풀이된 한자말이 합성어찌씨에 해당하더라도 바탕소와 되풀이소의 말본적 특성에서 차이를 보인다. 바탕소가 낱말인 것과 낱말 자격이 모자라는 뿌리인 것, 되풀이소도 마찬가지로 낱말인 것과 낱말 자격이 모자라는 뿌리인 것들이 있을 수 있다.

바탕소와 되풀이소의 말본적 특성에 따라 구분하면, 첫째 바탕소가 이름씨이고 되풀이소가 불구 뿌리인 것, 둘째 바탕소는 불구 뿌리이고 되풀이소가 이름씨인 것, 셋째 바탕소는 불구 뿌리이고 되풀이소가 '-하다' 결합 뿌리인 것, 넷째 바탕소와 되풀이소 모두 불구 뿌리인 것으로 나뉜다.

3.2.1. 바탕소-이름씨, 되풀이소-불구 뿌리

[ABCB] 꼴로 되풀이된 합성어찌씨 가운데 바탕소는 이름씨이고, 되풀이소가 유일 뿌리이거나 불구 뿌리인 것들이 이 짜임새에 해당하며, 다음과 같이 그 보기는 극히 적은 편이다.

> **차월피월(此月彼月)**<이달 저달 하고 자꾸 기한을 미루는 모양>
>　차월(此月)<이달>
>　*피월(彼月)
>　-피월(彼月)<'차월(此月)' 뒤에만 결합됨>
> **차일피일(此日彼日)**<이날 저날 하고 자꾸 기한을 미루는 모양>
>　차일(此日)<이날>
>　*피일(彼日)
>　-피일(彼日)<'차일(此日)' 뒤에만 결합됨>

3.2.2. 바탕소-불구 뿌리, 되풀이소-이름씨

[ABCB] 꼴로 되풀이된 합성어찌씨 가운데 바탕소는 유일 뿌리이거나 불구 뿌리이고, 되풀이소가 이름씨인 것들이 이 짜임새에 해당하며, 다음과 같이 그 보기는 극히 적은 편이다.

> **기연미연**(其然未然)<=기연가미연가<그런지 그렇지 않은지 분명하지
> 않은 모양>>
> *기연(其然)
> 기연(其然)-<‘미연(未然)’ 앞에만 결합됨>
> 미연(未然)<어떠한 일이 아직 그렇게 되지 아니한 때>

3.2.3. 바탕소-불구 뿌리, 되풀이소-‘-하다’ 결합 뿌리

[ABCB] 꼴로 되풀이된 합성어찌씨 가운데 바탕소는 유일 뿌리이거나 불구 뿌리이고, 되풀이소가 ‘-하다’ 결합 뿌리인 것들이 이 짜임새에 해당하며, 다음과 같이 그 보기는 극히 적은 편이다.

> **오밀조밀**(奧密稠密)<①솜씨나 재간이 매우 정교하고 세밀한 모양. ②
> 마음 씀씀이가 매우 꼼꼼하고 자상한 모양>
> *오밀(奧密)
> 오밀(奧密)-<‘-조밀(稠密)’ 앞에만 결합됨>
> *조밀(稠密)
> 조밀(稠密)하다<촘촘하고 빽빽하다.>

3.2.4. 바탕소와 되풀이소-불구 뿌리

[ABCB] 꼴로 되풀이된 합성어찌씨 가운데 바탕소와 되풀이소가 유일 뿌리이거나 불구 뿌리인 것들이 이 짜임새에 해당하며, 다음과 같이 그

보기는 비교적 적은 편이다.

감지덕지(感之德之)<분에 넘치는 듯싶어 매우 고맙게 여기는 모양>
 *감지(感之)
 감지(感之)-<'-덕지(德之)' 앞에만 결합됨>
 *덕지(德之)
 -덕지(德之)<'감지(感之)-' 뒤에만 결합됨>
우왕좌왕(右往左往)<이리저리 왔다 갔다 하며 일이나 나아가는 방향
    을 종잡지 못하는 모양>
 *우왕(右往)
 우왕(右往)-<'-좌왕(左往)' 앞이나 뒤에 결합됨>
 *좌왕(左往)
 -좌왕(左往)<'-우왕(右往)' 앞이나 뒤에 결합됨>
애지중지(愛之重之)<매우 사랑하고 소중히 여기는 모양>
 *애지(愛之)
 애지(愛之)-<'-중지(重之)', '-석지(惜之)', '-휼지(恤之)'66) 앞에
    결합됨>
 *중지(重之)
 -중지(重之)<'애지(愛之)-' 뒤에만 결합됨>
좌왕우왕(左往右往)<=우왕좌왕<이리저리 왔다 갔다 하며 일이나 나
    아가는 방향을 종잡지 못하는 모양>>
 *좌왕(左往)
 좌왕(左往)-<'우왕(右往)-' 앞이나 뒤에 결합됨>
 *우왕(左往)
 -우왕(右往)<'좌왕(左往)-' 앞이나 뒤에 결합됨>
천야만야(千耶萬耶)<가파른 산이나 벼랑 같은 것이 천길만길이나 되
    는 듯 까마득하게 높거나 깊은 모양>
 *천야(千耶)
 천야(千耶)-<'-만야(萬耶)' 앞에만 결합됨>
 *만야(萬耶)
 -만야(萬耶)<'천야(千耶)-' 뒤에만 결합됨>

---

66) '-석지(惜之)', '-휼지(恤之)'와 결합되어 되풀이되면 이름씨가 된다.

3.3. '-하다' 결합 뿌리

[ABCB] 꼴로 이루어진 비슷한 꼴 되풀이 한자말 가운데, '-하다' 결합 가능 뿌리에 해당하는 것은 다음과 같이 극히 드물다.

> **지궁차궁**(至窮且窮)하다<(살림이) 더할 수 없이 매우 가난하고 구차하다.>
>   *지궁(至窮)
>   지궁(至窮)하다<(생활이나 살림 따위가) 굉장히 곤궁하다.>
>   *차궁(且窮)
>   -차궁<'지궁(至窮)-' 뒤에만 결합됨>

지궁차궁(至窮且窮)에서 바탕소는 '-하다' 결합 가능 뿌리이고, 되풀이소는 '지궁(至窮)-' 뒤에만 결합되는 유일 뿌리에 해당한다.

4. 마무리

비슷한 꼴 되풀이법에서 한자말은 토박이말과 다른 낱말 만들기의 특성을 보이므로 이 장에서 별도로 다루었다. 한자말의 되풀이법도 바탕소와 되풀이소가 같으냐 다르냐에 따라 같은 꼴 되풀이법과 비슷한 꼴 되풀이법으로 나뉜다.

같은 꼴 되풀이 한자말에서는 바탕소가 [A]인 경우 [AA] 꼴로 되풀이되며, 바탕소가 [AB]인 경우 [ABAB] 꼴로 되풀이되기도 하고 [AABB] 꼴로 되풀이되기도 한다. 비슷한 꼴 되풀이 한자말에서는 바탕소가 [A]인 것은 없고, 최소한 [AB]인 것이 있다. 바탕소 [AB]가 되풀이될 때 되풀이소가 [AC]인 것과 [CB]인 것이 있어서, [ABAC] 꼴과 [ABCB] 꼴 되풀이 한자말이 생성된다.

[ABAC] 꼴은 바탕소의 첫 음절은 그대로 되풀이되지만 둘째 음절이

되풀이소에서 달리 실현되며, [ABCB] 꼴은 바탕소의 둘째 음절은 그대로 되풀이되지만 첫째 음절이 되풀이소에서 달리 실현된다. 이 때 'B'와 'C', 'A'와 'C'는 반의관계, 유의관계에 놓이거나 상호 의존관계를 맺는 것으로, 바탕소와 되풀이소는 결속력이 강하여 불가분의 관계에 놓여야 하는 제약이 따른다.

바탕소와 되풀이소는 소리−뜻에서 부분적으로 유사하더라도, 'A'와 'B' 중 어느 하나가 꼭 같아야만 비슷한 꼴 되풀이 한자말에 해당한다. 비슷한 꼴 되풀이 한자말 바탕소가 반드시 두 음절로만 이루어지는 것은 아니며, 천부당만부당(千不當萬不當)과 같이 세 음절 이상으로 이루어지는 경우도 있다.

비슷한 꼴 되풀이 한자말은 바탕소와 되풀이소의 자리가 대체로 고정되어 있어 자리바꿈이 일어나면 부적격해진다. 뜻은 대부분 바탕소와 되풀이소의 뜻 합계에 약간의 새로운 뜻이 덧붙어지거나 바탕소에 <강조>의 뜻을 더하며, 일부에서는 제3의 뜻을 가지기도 한다.

비슷한 꼴 되풀이 한자말은, 어찌씨에서 생산성을 보이는 토박이말의 비슷한 꼴 되풀이 낱말과 달리, 이름씨 생성에서 생산성이 크다.

[ABAC] 꼴 되풀이 한자말은 낱말에 해당하는 것, '−하다' 결합 뿌리에 해당하는 것이 있으며, 낱말에 속하는 것들은 주로 이름씨이고, 일부 어찌씨인 것도 있다. 이 짜임새에 해당하는 한자말을 선정하여 바탕소 [AB]와 되풀이소 [AC]의 말본적 특성에 따라 구분하여 각각의 보기를 들고 그 뜻을 살피며, 비슷한 꼴 되풀이 한자말인 [ABAC]의 뜻을 밝히고자 하였다.

[ABCB] 꼴 되풀이 한자말은 대체로 낱말에 속하는 것들로, 주로 이름씨이며, 일부 어찌씨에 해당하는 것들과 '−하다' 결합 가능 뿌리에 해당하는 것이 있다. [ABCB] 꼴을 이루는 바탕소 [AB]와 되풀이소 [CB]의 말본적 특성에 따라 구분하여 각각의 보기를 들고 그 뜻을 살피며, 비슷한 꼴 되풀이 한자말인 [ABCB]의 뜻을 밝히고자 하였다.

■■ ● **제7장** ● ■■
맺음말

우리말에서 되풀이법은 낱말 만들기에서도 유용한 방식 중에 하나이다. 이 글은 낱말 만드는 방식 중에서 바탕소와 비슷한 꼴의 되풀이소로 되풀이되어 낱말을 생성하는 비슷한 꼴 되풀이법에 대한 연구로서, 이 방식에 따라 생성된 비슷한 꼴 되풀이 낱말과 비슷한 꼴 되풀이 한자 낱말의 말본적 특성과 의미 기능을 밝히고자 하였다.

이 글의 연구 대상은 첫째로, 바탕소가 되풀이되는 과정에서, 뜻에서 상관관계를 이루는 되풀이소와 결합하여 생성되는 비슷한 꼴 되풀이 낱말과 뿌리이다. 둘째로, 되풀이소에 특정한 닿소리를 첨가하거나, 바탕소 첫소리의 닿소리를 삭제하여 생성되는 비슷한 꼴 되풀이 낱말과, 바탕소가 되풀이되는 과정에서 바탕소의 앞부분이나, 가운뎃부분, 끝부분만이 되풀이되어 생성되는 비슷한 꼴 되풀이 낱말과 뿌리이다. 셋째로, 한자 낱말 중 바탕소의 어느 한 음절이 소리-뜻에서 되풀이소의 그것과 일치하며, 나머지 음절이 뜻에서 반의관계나 유의관계, 상관관계를 이루고 있는 비슷한 꼴 되풀이 한자 낱말과 뿌리이다.

제2장에서는 비탕소와 되풀이소가 비슷한 꼴로 이루어진 되풀이 낱말과 뿌리에 관하여 논의하였다. 비슷한 꼴 되풀이법에 따라 생성된 낱말을 품사별로 가르고 각각의 짜임새와 바탕소 및 되풀이소의 형태적 특성과 의미적 특성을 밝혔으며 낱말 자격이 모자라는 뿌리에 관하여도 살폈다.

되풀이소가 바탕소와 비슷한 꼴로 이루어진 비슷한 꼴 되풀이 낱말에는, 바탕소와 되풀이소의 첫 번째 음절이 다른 [ABCB] 꼴, 바탕소가 그대로 되풀이되면서 결합과정에서 바탕소의 첫 닿소리가 탈락한 [A-cBAB] 꼴, 되풀이소의 첫 음절에 특정의 닿소리가 첨가된 [ABA+cB] 꼴이 있다.

[ABCB] 꼴 되풀이 낱말은 바탕소와 되풀이소가 첫 음절에서는 다르지만 끝 음절에서는 꼭 같아 부분적으로 같은 꼴을 유지하며, 뜻에서도 유사하거나 상호 의존적인 상관관계를 이루고 있다. 이 짜임새의 비슷한 꼴 되풀이 낱말은 어찌씨가 주류를 이루고, 이름씨, 풀이씨(움직씨, 그림씨), 매김씨, 느낌씨 따위가 일부 포함된다. 각 품사에 속하는 비슷한 꼴 되풀이 낱말의 유형을 살피고, 각각의 보기를 든 다음 바탕소와 되풀이소의 형태적 특성과 뜻을 기술하였다.

[A-cBAB] 꼴 비슷한 꼴 되풀이 낱말은, 바탕소의 둘째 음절이 넷째 음절로 그대로 되풀이되지만 바탕소의 첫째 음절은 첫소리가 탈락하여 되풀이된다. 바탕소의 첫소리 탈락에 해당되는 닿소리로는 /ㄱ/, /ㄲ/, /ㄷ/, /ㅂ/, /ㅅ/, /ㅈ/, /ㅍ/이 있으며, 이 가운데 가장 생산성이 큰 것은 /ㅂ/이다. 이 짜임새에 해당하는 보기를 들고 바탕소와 되풀이소의 형태적 특성과 뜻을 기술하였다.

[ABA+cB] 꼴 비슷한 꼴 되풀이 낱말은, 바탕소의 둘째 음절이 넷째 음절로 그대로 되풀이되지만 바탕소의 첫째 음절은 셋째 음절로 되풀이되면서 셋째 음절의 첫소리에 특정의 닿소리가 첨가되어 되풀이된다. 되풀

이소의 첫소리 첨가에 해당되는 닿소리로는 /ㄷ/을 비롯해, /ㅂ/, /ㅅ/, /ㅈ/
이 있으며, 이 가운데 가장 생산성이 큰 것은 /ㄷ/이다. 이 짜임새에 해당
하는 보기를 들고 바탕소와 되풀이소의 형태적 특성과 뜻을 기술하였다.

제3장에서는 바탕소의 앞부분이 되풀이되는 되풀이법에 관하여 논의
하였다. 바탕소의 앞부분 되풀이법에는 바탕소 [AB]가 비슷한 꼴 되풀
이 낱말인 [A[A]B]의 짜임새로 되풀이되는 것과 [[AB]A]의 짜임새로
되풀이되는 것 등 두 가지 방식이 있다.

[A[A]B] 꼴 되풀이법에서는 바탕소의 첫 음절인 되풀이소가 바탕소의
중간에 자리를 잡게 되어, 바탕소 [AB]가 [A[A]B] 꼴로 되풀이된 결과
불연속형태인 [A…B]로 바뀌게 된다. 바탕소의 한 부분인 'A'가 뜻을 가
지지 않은 단순 음절인 경우에도 되풀이소가 됨으로 말미암아 뜻을 가지
게 되어 형태소의 자격을 가지게 된다. 되풀이 자체가 바탕소에 강조를
바탕으로 한 <잇따라, 자꾸>의 뜻을 덧보태기도 하고, 새로운 뜻을 더
하는 역할을 한다.

바탕소가 세 음절 [ABC]로 이루어지거나 네 음절 [ABCD]로 이루어
진 경우에도, 바탕소의 앞부분 되풀이법이 적용되면 'A'만이 되풀이소로
되풀이되어 [A[A]BC]나 [A[A]BCD]의 짜임새를 이루어, 바탕소의 음절
수에 관계없이 바탕소의 첫 음절만 되풀이소로 실현된다.

[[AB]A] 꼴 되풀이법에서는 바탕소는 변화를 입지 않고 그대로 유지되
며, 되풀이소가 변화를 입어 바탕소의 앞 음절만 유지되고 뒤 음절은 삭
제된다. 이 방식에 의해 생성된 비슷한 꼴 되풀이 낱말은 극히 적으며, 바
탕소를 이루는 낱말과, 비슷한 꼴 되풀이 낱말은 모두 어찌씨에 속한다.
세 음절로 이루어진 바탕소 [ABC]에 이 방식의 되풀이법이 적용되면, 세
음절의 바탕소 중에 둘째 음절까지가 되풀이소가 되어 [[ABC]AB] 꼴 짜
임새로 되풀이되지만, 그 보기는 극히 드물다.

제4장에서는 바탕소의 가운뎃부분 되풀이법에 관하여 논의하였다. 가
운뎃부분 되풀이 낱말은 세 음절로 이루어진 바탕소가 되풀이되면서, 되

풀이소로 바탕소의 둘째 음절만 실현된 것들로, 거의 대부분 어찌씨에 속하는 것들이다. 가운뎃부분 되풀이법에 속하는 낱말은 공통적으로 바탕소를 이루는 세 음절 중 첫 음절이 뜻을 가지지 않은 단순 음절로 바탕소 자체가 단순형식의 어찌씨들이다.

가운뎃부분 되풀이 낱말은 비슷한 꼴 되풀이 어찌씨의 짜임새로서, [A-르륵]→[A-르[리]륵], [A-르롱]→[A-르[리]롱], [A-드득]→[A-드[드]득], [A-도독]→[A-도[도]독], [A-두둑]→[A-두[두]둑], [A-드덕]→[A-드[드]덕], [A-드등]→[A-드[드]등], [A-두둥]→[A-두[두]둥], [A-다닥]→[A-다[다]닥], [A-지직]→[A-지[지]직], [A-사삭]→[A-사[사]삭], [A-서석]→[A-서[서]석], [A-로록]→[A-로[로]록], [A-루룩]→[A-루[루]룩], [A-흐흑]→[A-흐[흐]흑]이 있으며, 비슷한 꼴 되풀이 느낌씨로서 [A-자잔]→[A-자[자]잔]이 있다.

이 짜임새에서 되풀이 자체는 바탕소에 <잇따라, 자꾸, 아주> 따위의 뜻을 더하는 기능을 나타낸다. 각 짜임새의 가운뎃부분 되풀이 낱말로는 어떤 것들이 있으며, 짜임새마다의 낱말 생산성은 어떠한가를 밝혔다.

제5장에서는 바탕소의 끝 음절이 되풀이되어 생성되는 비슷한 꼴 되풀이 낱말에 관하여 논의하였다. 이 짜임새에 속하는 유형으로는 [[X-AA]-A]와 [[AA]-A], [[AB]-B]가 있다.

[[X-AA]-A]에 속하는 비슷한 꼴 되풀이 낱말은 주로 어찌씨들이며, 'X' 자리에 형태소에 해당하는 것과 단순 음절에 해당하는 것들이 있다. 'AA' 자리에는 '르르', '루루', '스스/시시/소소/수수' 따위가 놓여 많은 어찌씨가 생성된다. 이를 바탕소로 하고 끝 음절이 되풀이되어 결합되면 비슷한 꼴 되풀이 어찌씨가 생성된다. 'X'가 형태소이면 'AA'가 형태소 자격을 가지고, 'X'가 단순 음절이면 [X-AA]가 단순형식으로서 어찌씨에 해당된다. 'X'의 형태적 특성과 결합되는 'AA'의 종류에 따라서 분류하고, 이를 바탕소로 하여 생성된 비슷한 꼴 되풀이 낱말에 관하여 살폈다.

[[AA]-A]에 속하는 비슷한 꼴 되풀이 낱말도 주로 어찌씨들이며, 일부 느낌씨, 이름씨가 포함되었다. 이 짜임새에서 바탕소 [AA]의 'A'가 낱말에 해당되면 바탕소 자체가 같은 꼴 되풀이 낱말에 속한다. 'A'가 단순 음절인 경우의 'AA'는 단순 음절의 되풀이로써 그 자체가 단순형식의 낱말이 되며, 이것이 바탕소가 되어 끝 음절만 되풀이되어 비슷한 꼴 되풀이 낱말의 짜임새를 이룬다. 바탕소의 구성소인 'A'가 낱말에 해당하는 것과, 단순 음절에 해당하는 것으로 갈라 각각의 보기를 들고 그 특성을 살폈다.

[[AB]-B]에 속하는 비슷한 꼴 되풀이 낱말은 어찌씨와 느낌씨이며, 바탕소인 [AB]의 구성요소 'A'와 'B'는 뜻을 가지지 않은 단순 음절들로, 바탕소가 단순형식의 어찌씨이거나 느낌씨에 해당된다. 바탕소가 어찌씨이면 되풀이된 낱말도 어찌씨이고, 바탕소가 느낌씨이면 되풀이된 낱말도 느낌이다. 이 짜임새에 속하는 낱말들을 어찌씨와 느낌씨로 갈라 각각의 보기를 들고 그 특성을 밝혔다.

제6장에서는 비슷한 꼴 한자말 되풀이법에 관하여 논의하였다. 비슷한 꼴 되풀이 한자말에서는 바탕소가 단일 음절 [A]인 것은 없으며, 최소한 두 음절 [AB]로 이루어진 것이 있다. 바탕소 [AB]가 비슷한 꼴로 되풀이되면, 되풀이소로 [AC]로 실현되는 것과 [CB]로 실현되는 것이 있다. 따라서 [AB]에 비슷한 꼴 되풀이법이 적용되면, [ABAC] 꼴과 [ABCB] 꼴 되풀이 한자말이 생성된다.

[ABAC] 꼴에서 'B'와 'C', [ABCB] 꼴에서 'A'와 'C'는 뜻에서 반의관계, 유의관계, 상관관계에 놓이는 것으로, 바탕소 [AB]와 되풀이소 [AC]나 [CB]는 결속력이 강하여 불가분의 관계에 놓여야 하는 제약이 따른다. 바탕소와 되풀이소는 소리-뜻에서 부분적으로 유사하더라도, 'A'와 'B' 중 어느 하나가 소리-뜻에서 꼭 같아야만 하며, 바탕소가 '천부당만부당(千不當萬不當)'에서의 '천부당(千不當)'과 같이 세 음절 이상으로 이루어지는 경우도 있다.

비슷한 꼴 되풀이 한자말도 바탕소와 되풀이소의 자리가 대체로 고정
되어 있어 자리바꿈이 일어나면 부적격해진다. 뜻에서는 대부분 바탕소
와 되풀이소의 뜻 합계에 약간의 새로운 뜻이 덧붙어지거나 바탕소에
<강조>의 뜻을 더하며, 일부에서는 제3의 뜻을 가지기도 한다. 토박이
말의 비슷한 꼴 되풀이 낱말은 어찌씨에서 생산성이 크지만, 비슷한 꼴
되풀이 한자말은 어찌씨보다는 이름씨에서 생산성이 크다.

■■ 부록 ■■
참고문헌

강기진(2005), 『국어학 논고1, 2』, 역락.

고려대학교 민족문화연구원(2009), 『고려대학교 한국어대사전』, 고려대학교 민족문화연구원.

고영근(1989), 『국어형태론연구』, 서울대학교 출판부.

고영근·구본관(2008), 『우리말 문법론』, 집문당.

국립국어연구원(1999), 『표준국어대사전』, 두산동아.

권재일(1985), 『국어의 복합문 구성연구』, 집문당.

______(1992), 『한국어통사론』, 민음사.

______(1994), 『한국어 문법의 연구』, 서광학술자료사.

금성판(1992), 『국어대사전』, 금성출판사.

김계곤(1996), 『현대국어의 조어법 연구』, 박이정.

김기혁(1995), 『국어 문법 연구』, 박이정.

김봉주(1984), 『형태론』, 한신문화사.

______(1988), 『개념학』, 한신문화사.

김석득(1992), 『우리말 형태론』, 탑출판사.

김수태(2006), "물음법 씨끝의 체계", 한글 274, 한글학회.

김승곤(1992), 『한국어의 토씨와 씨끝』, 서광학술자료사.

______(1996), 『현대 나라 말본』, 박이정.

김영석(1992), 『영어형태론』, 한신문화사.

김영석·이상억(1998), 『현대형태론』, 학연사.

김윤섭(1982), 『언어예술작품론』, 대방출판사.

김진수(1987), 『국어 접속조사와 어미 연구』, 탑판사.

남기심(1993), 『국어 조사의 용법』, 서광학술자료사.

______(1994), 『국어 연결어미의 쓰임』, 서광학술자료사.

______(1996), 『국어 문법의 탐구 Ⅲ』, 태학사.

______(2001), 『현대 국어 통사론』, 태학사.

남기심·고영근(1985), 『표준국어문법론』, 탑출판사.

민현식(1999), 『국어 문법 연구』, 역락.

박동근(2008), 『한국어 흉내말의 이해』, 역락.

서정수(1994), 『국어문법』, 뿌리깊은나무.

서태룡(1988), 『국어 활용어미의 형태와 의미』, 탑출판사.

성기철(2007), 『한국어 문법 연구』, 글누림.

심재기(1982), 『국어어휘론』, 집문당.

안상철(1998), 『형태론』, 민음사.

연세대학교 언어정보개발연구원(2001), 『연세한국어사전』, 두산동아.

왕문용·민현식(1993), 『국어 문법론의 이해』, 개문사.

윤평현(1992), 『국어의 접속어미 연구』, 한신문화사.

이석주(1989), 『국어형태론』, 한샘.

이을환·이철수(1981), 『한국어문법론』, 개문사.

이익섭(1983), "현대 국어의 반복 복합어의 구조", 국어학연구, 신구문화사.

이익섭·임홍빈(1983), 『국어문법론』, 학연사.

이익섭·채완(1999), 『국어문법론강의』, 학연사.

이희승(1974), 『국어학개설』, 민중서관.

장석진(1981), "국어의 반복 표현", 말 6, 연세대학교 한국어학당.

______(1985), 『화용론 연구』, 탑출판사.

______(1993), 『정보기반 한국어 문법』, 언어와 정보.

정원수(1992), 『국어의 단어 형성론』, 한신문화사.

전상범(역)(1987), 『생성형태론』, 한신문화사.

______(1995), 『형태론』, 한신문화사.

정동환(1993), 『국어 복합어의 의미 연구』, 서광학술자료사.

채 완(1986), 『국어 어순의 연구』, 탑출판사.

최현배(1937), 『우리말본』, 정음사.

______(1971), 『우리말본』, 정음사.

하치근(1989), 『국어 파생형태론』, 남명문화사.

______(2009), 『우리말의 형태와 의미』, 경진.

한글학회(1992), 『우리말큰사전』, 어문각.

한 길(1991), 『국어 종결어미 연구』, 강원대학교출판부.

______(1993), "월조각의 되풀이법 연구", 한글 221, 한글학회.

______(2002), 『현대 우리말의 높임법 연구』, 역락.

______(2004), 『현대 우리말의 마침씨끝 연구』, 역락.

______(2005), 『현대 우리말의 반어법 연구』, 역락.

______(2006), 『현대 우리말의 형태론』, 역락.

______(2007), "물음법 되풀이 마침씨끝 월의 특성", 강원인문논총 제18집, 강원
        대학교 인문과학연구소.

______(2008), "서술법 되풀이 마침씨끝 월의 특성", 한글 279, 한글학회.

______(2009ㄱ), 『우리말의 낱말 생성 되풀이법 연구』, 강원대학교출판부.

______(2009ㄴ), "우리말의 되풀이 매인이름씨에 관한 연구", 정신문화연구 제
        32권 제2호(통권 115호), 한국학중앙연구원.

______(2009ㄷ), 『현대 우리말의 되풀이법 연구』, 역락.

허 웅(1975), 『우리 옛말본』, 샘문화사.

______(1981), 『언어학』, 샘문화사.

______(1983), 『국어학』, 샘문화사.

______(1995), 『20세기 우리말의 형태론』, 샘문화사.

______(1999), 『20세기 우리말의 통어론』, 샘문화사.

후지사와 후미또(1996), 『현대 한국어의 형태론』, 계명대학교출판부.

■■■ 부록 ■■■
찾아보기